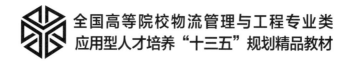

全国高等院校物流管理与工程专业类
应用型人才培养"十三五"规划精品教材

编委会

主　任
刘志学　教育部高等学校物流管理与工程类教学指导委员会副主任委员
　　　　华中科技大学教授

编　委　（按姓氏汉语拼音排序）
冯　春　西南交通大学教授
黄福华　教育部高等学校物流管理与工程类教学指导委员会委员
　　　　湖南商学院教授
李文锋　教育部高等学校物流管理与工程类教学指导委员会委员
　　　　武汉理工大学教授
李　燕　江汉大学副教授
李严峰　教育部高等学校物流管理与工程类教学指导委员会委员
　　　　云南财经大学教授
刘　丹　福州大学副教授
马　璐　广西科技大学教授
冉文学　云南财经大学教授
王忠伟　教育部高等学校物流管理与工程类教学指导委员会委员
　　　　中南林业科技大学教授
谢如鹤　教育部高等学校物流管理与工程类教学指导委员会委员
　　　　广州大学教授
徐贤浩　华中科技大学教授
张得志　中南大学副教授
张　锦　教育部高等学校物流管理与工程类教学指导委员会委员
　　　　西南交通大学教授
张良卫　教育部高等学校物流管理与工程类教学指导委员会委员
　　　　广东外语外贸大学教授
邹安全　湘南学院教授

全国高等院校物流管理与工程专业类应用型人才培养"十三五"规划精品教材

总主编◎刘志学

交通运输部交通建设发展前期工作研究基金项目"交通运输行业提升社会服务能力战略研究"（项目编号：2011-1-12）资助成果
"云南省'十二五'优势特色重点学科应用经济学建设"基金资助成果
中国博士后科学基金项目"'一带一路'物流节点安全预警系统建设机理与政策研究"（项目编号：2016M591346）资助成果

交通物流

TRAFFIC LOGISTICS

赵光辉◎编著

华中科技大学出版社
http://www.hustp.com
中国·武汉

内 容 提 要

本书从交通物流理论和实践的角度,向读者展示交通物流的系统理论知识。主要包括交通物流概述、公路物流、铁路物流、水运物流、航空物流、管道物流、特种物流、国际物流、交通物流优化等方面的内容,以及交通物流案例及分析、练习与思考等。全书结构合理、层次清晰、内容全面,是一部针对"交通物流"认知的,融合交通运输管理、物流管理及公共管理等多领域知识的专业书籍。

本书可作为高等院校交通运输规划、物流管理、交通管理及公共管理等相关专业的本科和研究生教材,也可作为从事物流管理、交通管理及公共管理的研究人员和技术人员的参考书。

图书在版编目(CIP)数据

交通物流/赵光辉主编.—武汉:华中科技大学出版社,2017.8
全国高等院校物流管理与工程专业类应用型人才培养"十三五"规划精品教材
ISBN 978-7-5680-1849-4

Ⅰ.①交⋯ Ⅱ.①赵⋯ Ⅲ.①交通运输业-物流-高等学校-教材 Ⅳ.①F506.4

中国版本图书馆 CIP 数据核字(2016)第 125220 号

交通物流
Jiaotong Wuliu

赵光辉　主编

策划编辑:周晓方　陈培斌	
责任编辑:李文星	
封面设计:原色设计	
责任校对:曾　婷	
责任监印:周治超	
出版发行:华中科技大学出版社(中国•武汉)	电话:(027)81321913
武汉市东湖新技术开发区华工科技园	邮编:430223
录　　排:华中科技大学惠友文印中心	
印　　刷:武汉市籍缘印刷厂	
开　　本:787mm×1092mm　1/16	
印　　张:22　插页:2	
字　　数:551 千字	
版　　次:2017 年 8 月第 1 版第 1 次印刷	
定　　价:58.00 元	

本书若有印装质量问题,请向出版社营销中心调换
全国免费服务热线:400-6679-118　竭诚为您服务
版权所有　侵权必究

总　序

物流业是国民经济和社会发展的基础性、战略性产业。加快发展现代物流业对于促进产业结构调整和提高企业市场竞争力都具有非常重要的作用。进入 21 世纪以来，随着经济全球化的加速推进和信息技术的强力驱动，我国现代物流业发展迅速并呈现出强劲的发展潜力，企业物流管理水平不断提高，物流企业服务能力显著增强，迫切需要大批高素质的物流管理与物流工程专业人才。《物流业发展中长期规划》指出"要着力完善物流学科体系和专业人才培养体系，以提高实践能力为重点"，对培养既有理论创新思维又有实践应用能力的应用型本科物流专业人才提出了明确要求。

在教育部《普通高等学校本科专业目录(2012 年)》中，物流管理与工程类专业已上升为管理学学科的一级大类本科专业，不仅为全国高校物流管理与物流工程专业的发展带来了崭新的发展机遇，而且对加速培养社会和企业需要的物流本科专业人才提供了重要的发展平台。据最新统计，我国开办物流管理与工程类本科专业的高等学校已达到 524 所，专业布点数有 570 个，其中物流管理专业点 456 个，物流工程专业点 109 个，在校本科生约 10 万人。可见，我国物流高等教育已进入全方位发展新阶段，亟须全面创新物流管理与工程类本科专业人才培养体系，切实提升物流专业人才培养质量，以更好地满足日益增长的现代物流业发展对物流专业人才的需求。

在本科专业人才培养体系中，教材建设是极其重要的基础工程。在教育部高等学校物流管理与工程类专业教学指导委员会的大力支持下，华中科技大学出版社 2015 年 7 月召开"全国高等院校物流管理与工程专业类应用型人才培养'十三五'规划精品教材"建设研讨会，来自国内二十多所大学的物流专业资深教授和中青年学科带头人就课程体系、教材定位、教学内容、编著团队、编写体例等进行认真研讨，并达成共识，成立由多位物流管理与工程类专业教学指导委员会委员领衔组成的编委会，组织物流领域的专家学者共同编写定位于应用型人才培养的精品教材。

经多次研讨，编委会力求本套规划教材凸显以下特色：

交通物流

一是充分反映现代物流业发展对应用型物流专业人才的培养要求。在考虑本套教材整体结构时,既注重物流管理学、供应链管理、企业物流管理等核心课程,更强调当今电商物流、冷链物流、物流服务质量等实践趋势;既注重知识结构的完整性,更强调知识内容的实践性,力求实现先进物流管理理论与当代物流管理实践的充分融合。

二是遵循《物流管理与工程类专业教学质量国家标准》规范要求。2015年,教育部高等学校物流管理与工程类专业教学指导委员会颁布了《物流管理与工程类专业教学质量国家标准》,对物流管理与工程类本科专业人才的培养目标、培养规格、课程体系、教学条件等提出了明确要求。因此,本套教材从书目选题到内容组织都力求以《物流管理与工程类专业教学质量国家标准》为指南。

三是强化案例分析教学。应用型本科物流专业人才特别注重实践动手能力的培养,尤其是培养其独立发现问题、分析问题和解决问题的能力,而案例分析教学是实现学生能力提升的有效途径。因此,本套教材的每章都以案例导入,并配备了大量的同步案例和综合案例,力求通过案例教学增强学生独立思考和综合分析能力,学以致用,知行合一。

本套教材由多年从事物流管理与工程类本科专业教学、在本学科领域具有丰富教学经验的专家学者担任各教材的主编。首批教材涵盖《物流管理学》、《供应链管理》、《企业物流管理》、《国际物流学》、《现代物流信息技术与应用》、《第三方物流》、《运输管理》、《仓储管理》、《物流系统建模与仿真》、《物流成本管理》、《采购与供应管理》、《物流系统规划与管理》、《物流自动化系统》、《物流工程》、《物流项目管理》、《冷链物流》、《物流服务质量管理》、《电子商务物流》、《物流决策与优化》等书目。同时,编委会将依据我国物流业发展变化趋势及其对应用型本科物流专业人才培养的新要求及时更新教材书目,不断丰富和完善教学内容。

为了充分反映国内外最新研究和实践成果,在本套教材的编写过程中参考了大量的专著、教材和论文资料,各位编著者已尽可能在参考文献中列出,在此对这些研究者和实践者表示诚挚的谢意。如果有疏漏之处,作者表示非常抱歉,一旦获知具体信息将及时予以纠正。

应该指出的是,编撰一套高质量的教材是一项十分艰巨的任务。尽管编著者认真尽责,但由于理论水平和实践能力所限,本套教材中难免存在一些疏忽与缺失,真诚希望广大读者批评指正,不吝赐教,以期在教材修订再版时补充完善。

2016年5月20日

前言

2006年,我从武汉理工大学管理学院博士毕业,分配到交通运输部管理干部学院工作,开始从事交通战略与人才研究。2008年,创办现代交通运输发展研究中心,开始关注物流在交通运输系统中的地位和作用。2010年,我以执笔人身份参与编制《交通运输部中长期人才发展规划纲要(2010—2020年)》,将物流人才第一次写进其中。2013年,我到美国密西根大学工程学院做访问研究员,实地参观了美国汽车研究中心等相关物流研究机构,考察了美国交通物流政策法规制度体系。其间,交通运输部运输司徐亚华司长带队到美国芝加哥考察多式联运中心,与交通运输部规划研究院物流所谭小平所长建立了持久的联系。2014年12月,我带着100多本关于美国多式联运和交通物流的资料,到交通运输部规划研究院物流所工作了一段时间,这本交通物流的教材是其中的一个部分,凝聚了我一直以来跟踪研究的成果。

物流实质进入中国,已经有20年的历史。但交通在物流中的地位与作用并不清晰。从公共管理的角度看,物流管理的部门主要有商务部门、工信部门、交通部门以及海关部门等,交通部门只是其中之一。有些做交通工作的同志并不熟悉物流管理,有些做物流管理的同志也并不熟悉交通管理。本书是一种尝试,力求将交通物流以交叉学科的成果形式展现出来,作为物流管理、交通管理以及公共管理专业的在校学生的基础课程之一。

本书共分为九章。

第一章为交通物流概述,讲述交通物流的含义、交通物流节点、交通物流方式、交通物流服务等。

第二章为公路物流,讲述公路交通物流系统的特点与功能、公路运输的技术装备与设施、公路运输工具、公路运输的基础条件、公路运输的发展趋势等。

第三章为铁路物流,讲述铁路物流的特征、铁路运输的技术装备与设施、铁路运输工具、铁路运输的基础条件、铁路运输的发展趋势等。

第四章为水运物流,讲述水路交通物流系统的特点与功能、水运物流的技术装备与设施、水运物流的工具、水运物流的基础条件、水运物流的发展趋势等。

第五章为航空物流，讲述航空交通物流系统的特点与功能、航空物流的技术装备与设施、航空运输的基础条件、航空运输的发展趋势、国际航空货物运输流程及主要单证等。

第六章为管道物流，讲述管道交通物流系统的特点与功能、管道物流的技术装备与设施、管道物流的基础条件、中国管道物流情况等。

第七章为特种物流，讲述邮政物流、大件物流、鲜活易腐物流、贵重品物流、易碎品物流、危货物流、成组运输等。

第八章为国际物流，讲述国际物流的概念、国际多式联运、国际多式联运的形式、国际物流运输合理化等。

第九章为交通物流优化，讲述综合交通物流系统、交通物流组织、交通物流管理、交通物流法规概述、绿色物流、交通物流趋势等。

本书由赵光辉主编。本书能够完成还要感谢交通运输部公路科学研究院田仪顺博士，交通运输部管理干部学院的李莲莲博士、单丽辉博士、李丽丽博士、李凤博士、刘娟博士、李继学博士；交通运输部科学研究院的杨雪英研究员、北京物资学院杨丽教授、中国地质大学张琦教授、安徽大学肖鹏教授。特别感谢交通运输部规划研究院副总工程师兼物流所所长谭小平研究员、物流所甘家华博士、秦建国博士。

本书在编写过程中参考了大量文献，已尽可能地列在书后的参考文献中，但其中仍难免有遗漏，这里特向被遗漏的作者表示歉意，并向所有的作者表示诚挚的感谢。

由于时间仓促及作者水平有限，本书错误之处在所难免，敬请读者批评指正。

赵光辉
2016 年 12 月

目录

第一章 交通物流概述 / 1

第一节 交通物流含义 / 2
第二节 交通物流节点 / 16
第三节 交通物流方式 / 24
第四节 交通物流服务 / 36
第五节 交通物流市场 / 53

第二章 公路物流 / 73

第一节 公路物流的系统 / 75
第二节 公路物流的技术 / 77
第三节 公路物流的工具 / 80
第四节 公路物流的条件 / 82
第五节 公路物流的趋势 / 85

第三章 铁路物流 / 89

第一节 铁路物流的特征 / 92
第二节 铁路物流的技术 / 95
第三节 铁路物流的工具 / 101
第四节 铁路物流的趋势 / 107

第四章 水运物流 / 111

第一节 水运物流系统 / 113
第二节 水运物流的技术 / 116
第三节 水运物流的工具 / 122
第四节 水运物流的条件 / 124
第五节 水运物流的趋势 / 128

第五章 航空物流 / 138

第一节 航空物流的系统 / 140
第二节 航空物流的技术装备与设施 / 145
第三节 航空物流的产生及趋势 / 150
第四节 国际航空物流 / 154

第六章 管道物流 / 160

第一节 管道物流的系统 / 161
第二节 管道物流的技术 / 162
第三节 管道物流的条件 / 164
第四节 管道物流的趋势 / 168

第七章 特种物流 / 174

第一节 邮政物流 / 174
第二节 大件物流 / 178
第三节 鲜活易腐物流 / 182
第四节 贵重品物流 / 187
第五节 易碎品物流 / 191
第六节 危货物流 / 197
第七节 成组运输 / 206

第八章　国际物流　　/ 215

第一节　国际物流的概念　　/ 217
第二节　国际多式联运　　/ 226
第三节　国际多式联运形式　　/ 232
第四节　国际物流运输合理化　　/ 236

第九章　交通物流优化　　/ 246

第一节　交通物流系统　　/ 246
第二节　交通物流组织　　/ 259
第三节　交通物流管理　　/ 266
第四节　交通物流法规　　/ 283
第五节　绿色交通物流　　/ 295
第六节　交通物流趋势　　/ 310

各章练习与思考题参考答案　　/ 325

附录 A　营造良好市场环境推动交通物流融合发展实施方案　　/ 334

参考文献　　/ 341

第一章
交通物流概述

学习目标

1. 知识目标：
①了解交通物流的基本概念；
②熟悉交通物流节点；
③掌握交通物流的方式与服务。
2. 能力目标：
①学会交通物流方式的实际运用；
②了解交通服务市场；
③知道交通物流的重要性。

交通物流是指以交通运输（包括铁道、民航、公路、水运、管道运输等）为中心的物流运作程序。2016年6月10日，国务院办公厅转发了国家发展改革委《营造良好市场环境 推动交通物流融合发展实施方案的通知》，交通物流形成了一个专有名词。之前，交通物流的表述分散在国家《物流业调整和振兴规划》、物流"国九条"、流通"国十条"等文件，此后国家发改委、交通运输部、商务部、工信部、公安部等先后出台了《全国物流园区发展规划（2013—2020年）》、《关于交通运输推进物流业健康发展的指导意见》、《关于加强和改进城市配送运输车辆与车辆管理工作的通知》等多个相关规划或政策。

交通物流指的是物质资料（包括原材料）的物理性移动。运输活动本身一般并不创造产品价值，只创造附加价值。产品不可能在生产出来后，不经过搬运装卸、包装、运输、保管就立即消费，因此交通物流是一个不可省略或者说不可跨越的过程，而且随着这个过程的发生，就会产生费用、时间、距离以及人力、资源、能源、环境等一系列问题。

第一节 交通物流含义

一、交通运输

《中华人民共和国国家标准物流术语》(GB/T 18354—2001)将运输定义为：用设备和工具，将物品从一地点向另一地点运送的物流活动。其中包括集货、分配、搬运、中转、装入、卸下、分散等一系列操作。物流业作为国民经济发展的动脉和基础产业，日益得到各界人士的普遍关注，整个物流中，运输是最基本的功能，是整个物流系统功能的核心，提到物流，人们首先想到的便是运输。作为企业"第三利润源"的物流，其全部费用的近50%由运费组成。

运输(transportation)就是人和物的载运和输送。运输是利用一定的工具或设备对人和物进行空间转移的过程，即人或物借助运力在空间上产生的位置移动。运送人员，使旅客移动位置，以满足其工作和生活的需要；运送货物，则是使产品变动场所，实现其使用价值，满足社会的需要。所谓运力，是由运输设施、路线、设备、工具和人力组成的，具有从事运输活动能力的系统。对旅客的运输简称为"客运"，对货物的运输简称为"货运"，本书内容专指货运[①]。

（一）交通系统

在商业社会中，因为市场的广阔性、商品的生产和消费不可能在同一个地方进行，一般来说商品都是集中生产、分散消费的。为了实现商品的价值和使用价值，使商品的交易过程能够顺利完成，必须经过交通这一个环节，把商品从生产地运到消费地，以满足社会消费的需要和进行商品的再生产。如果将原材料供应商、工厂、仓库及客户看作物流系统中的固定节点，那么商品的运输过程正是连接这些节点的纽带，是商品在系统中流动的载体。因此，可以把交通运输称为物流的动脉。

1. 交通具有以下两大功能

1) 产品转移功能

产品转移功能，即通过运输实现产品远距离的位置移动，创造产品的"空间效用"（或称"场所效用"）。

所谓空间效用，是指物品在不同的位置，其使用价值实现的程度（即效用价值）是不同的。通过运输活动，将物品从效用价值低的地方转移到效用价值高的地方，使物品的使用价值得到更好的实现，即创造物品的最佳效用价值。

2) 产品存储功能

产品存储功能，是指运输除了创造空间效用外，还能够创造时间效用，具有一定的储存功能。

---

① 运输是一项范围非常广泛的经济活动，但并非所有人和物的位移都属于运输。有许多国民经济与社会生活中发生的人与物体在空间位置上的移动并不在本书讨论的运输范畴之内。如由独立于交通运输体系的传输系统之外，不依赖于一般人们承认的交通工具而完成的传输（如输电、输水、供气、邮电通信等）；再如，为完成某项特定工作的必要组成部分而进行的人与物的传输（如消防车运输、扫路车、洒水车、水上运动等）也不属于本书中的运输。

所谓时间效用,是指产品处在不同的时刻,因其使用价值实现的程度不同,其效用价值是不一样的。通过储存保管,将产品从效用价值低的时刻延迟到效用价值高的时刻再进入消费,使产品的使用价值得到更好的实现。运输货物需要时间,特别是长途运输(如国际海运)需要的时间更长。在运输过程中,货物需储存在运输工具内,并且为了避免产品损坏或丢失,还必须为运输工具内的货物创造一定的储存条件,这在客观上创造了产品的时间效用。

2. 交通在物流系统中的地位和作用

1) 交通是物流系统功能的核心

物流具有空间效用、时间效用和形质效用三大功能。运输可以创造出商品的空间效用和时间效用。运输通过改变商品的地点或者位置所创造出的价值称为商品的空间效用;运输使得商品能够在适当的时间到达消费者的手中,就产生了商品的时间效用。通过这两种效用的产生,才能够真正地满足消费者消费商品的需要。物流过程中的流通加工活动不创造商品的使用价值,而是带有完善、补充、增加性质的加工活动,这种活动必然会形成劳动对象的形质效用(加工附加价值)。如果交通物流系统瘫痪,商品不能在指定的时间送到指定的地点,则消费者消费商品的需要就得不到满足,整个物流过程就不能得到实现。在社会物流总成本费用中,运费占有 50% 左右的比例,因此运输是物流系统功能的核心。

2) 交通是物流网络构成的基础

物流系统是一个网络系统,由线路和节点组成。运输和配送活动是线路活动,其他活动为节点活动,若没有运输和配送这类线路活动,网络节点将成为孤立的点,网络结构也就不存在。

3) 交通是物流系统合理化的关键

物流系统合理化是在各子系统合理化的基础上形成的最优物流系统总体功能,运输是物流系统功能的核心,只有运输合理化,才能使物流系统更加合理,功能更强,总体功能最优。

4) 交通可以扩大商品的市场范围

在古老的市场交易过程中,商品只在本地进行销售,每个企业所面对的市场都是有限的。随着各种运输工具的发明,企业通过运输可以到很远的地方去进行销售,企业的市场范围可以大大地扩展,企业的发展机会也大大增加。

5) 交通可以保证商品价格的稳定性

各个地区由于地理条件的不同,拥有的资源也各不相同。如果没有一个顺畅的运输体系,其他地区的商品就不能到达本地市场,那么本地市场所需要的商品也就只能由本地来供应。正是因为这种资源的地域不平衡性,造成了商品供给的不平衡性。因此,在一年中,商品的价格可能会出现很大的波动。但是,如果拥有了一个顺畅的运输体系,当本地市场的商品供给不足时,外地的商品就能够通过这个运输体系进入本地市场,本地的过剩产品也能够通过这个体系运送到其他市场,从而保持供求的动态平衡和价格的稳定。

6) 交通能够促进社会分工的发展

社会的发展必然会推动社会分工的发展。对于商品的生产和销售来说,也有必要进行分工,以达到最高的效率。但是,当商品的生产和销售两大功能分开之后,如果没有一个高效的运输体系,这两大功能都不能够实现。运输是商品生产和商品销售之间不可缺少的联结纽带,有了它才能真正实现生产和销售的分离,促进社会分工的发展。

(二) 交通的特点

交通是一种特殊的物质生产活动,它具有很强的服务性。按其在社会再生产中的地位、运输生产的过程和产品的属性与工农业生产比较,有很大的差别,具体特点如下。

1) 对象的广泛性

交通是一切经济部门生产过程的延续,运输生产的对象包括工、矿、农、林、牧、渔等各种产品的商品,种类繁多,且随着新产品的不断出现,其类别和品名也在不断地变化。

2) 不创造新的实物形态的产品

交通不像工农业生产那样改变劳动对象的物理、化学性质和形态,而只改变劳动对象的空间位置,并不创造新的实物形态产品。

3) 非实体性

运输产品是看不见、摸不着的,与被运输的实体产品结合在一起的产品,它只是实现空间的位移。

4) 不平衡性

表现在时间和空间上:工农业生产和销售的季节性导致运输往往在年内各季、季内各月以及月内各旬、旬内各日之间不均衡。资源分布和生产率的配置导致货物运输具有方向性,即往返程货运量不相等。如我国自然资源主要分布在西部和北部内陆地区,而工业基地则主要分布在东部和南部沿海,这就决定了我国物资由北向南、由西向东的基本流向。

5) 各种运输方式产品的同一性

各种运输方式虽然线路、运输工具以及技术装备各不相同,但生产的是同一种产品,即货物在空间上的位移,对社会具有同样的效用。

6) 巨大的外部性与成本转移性

所谓的外部性是指向市场以外其他人强加的成本和利益。发达的运输可带动周边区域的经济发展,它能使区域繁荣、商品价格下降、地价上涨,产生巨大的经济效益,"要想富,先修路"说的就是运输业的正外部性;同时运输活动也产生噪声、环境污染、能源消耗等不良后果,带来了巨大的负外部性。上述产生的后果并非由物流企业自身承担,而是由所有人共同承担,即将成本转移到物流企业的外部。

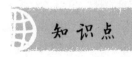

运输成本转移

如40座的公共汽车可装载80人甚至更多,4吨的载重量货车可超载到8吨甚至更多。运输业可以在成本几乎不增加(或少量增加)的情况下,成倍增加供给量,获得几倍的利益。但伴随而来的运输条件的恶化、运输服务质量下降、路面的加剧损坏,使得本该由物流企业承担的成本,部分转移到消费者身上或转移给社会。

（三）交通的分类

在引入交通运输服务贸易概念之前，传统上人们对交通运输有着多种分类方法，有很多不同层次的分类标准。例如，按运输的对象来分，可分为旅客运输和货物运输；按运输主体来分，可分为自有运输和公共运输；按运输方式来分，可分为铁路物流、公路物流、水运物流、航空物流和管道物流等类型；按运输涉及的经济空间范围来分，可分为市内运输、城市与腹地内运输、城市间运输、乡村运输、国内运输以及国际运输；此外从生产过程来看，运输又可分为内部运输和外部运输。

1) 按运输设备及运输工具不同分类

按运输设备及运输工具不同分类，可分为公路物流、铁路物流、水运物流、航空物流和管道物流。

2) 按运营主体不同分类

自营（用）运输，是指货主自己完成运输，即自备车辆运输，并且自行承担运输责任，从事货物的运输活动。

经营性运输，是以运输服务作为经营对象，为他人提供货物运输服务，并收取运输费用的一种运输运营方式，是与自营（用）运输体系相对应的。

公共运输，是指由政府投资或主导经营的各种运输工具（如飞机、火车等）以及相关的基础设施（如公路、铁路、港口、机场以及相关信息系统等）组成的统一的体系，由于其涉及因素相当多，因此又称为综合运输体系。

3) 按运输的范围分类

干线运输，是利用铁路、公路的干线，大型船舶的固定航线进行的长距离、大数量的运输，是进行远距离空间位置转移的重要运输形式。干线运输的一般速度较同种工具的其他运输要快，成本也较低。干线运输是运输的主体。

支线运输，是与干线相接的分支线路上的运输。支线运输是干线运输与收、发货地点之间的补充性运输形式，路程较短，运量相对较小。

二次运输，是一种补充性的运输形式，指的是干线、支线运输到站后，站与用户仓库或指定地点之间的运输。由于是某个单位的需要，所以运量也较小。

厂内运输，是指在工业企业范围内，直接为生产过程服务的运输。一般在车间与车间之间，车间与仓库之间进行。但小企业内的这种运输以及大企业车间内部、仓库内部则不称"运输"，而称搬运。

4) 按运输的作用分类

集货运输，将分散的货物汇集集中的运输形式。

配送运输，将节点中已按用户要求配好的货物分送各个用户的运输。

5) 按运输的协作程度分类

一般运输，是指孤立地采用不同的运输工具或同类运输工具而没有形成有机协作关系的运输。

联合运输，简称联运，它是将两种或两种以上运输方式或运输工具连起来，实行多环节、多区段相互衔接的接力式运输。

多式联运。在国内大范围物流和国际物流领域，往往需要反复地使用多种运输手段进行运输。在这种情况下,进行复杂的运输方式衔接,并且具有联合运输优势的运输称为多式联运。

6) 按运输中途是否换载分类

直达运输。在组织货物运输时,利用一种运输工具从起运站、港一直到目的站、港,中途不经换载,中途不入库储存的运输形式,称为直达运输。

中转运输。在组织货物运输时,在货物运往目的地的过程中,在途中的车站、港口、仓库进行转运换载,称为中转运输。

知识点

交通物流系统的分类

不同的分类标准对应不同的分类结果。

1) 按运输方式划分

按运输方式划分,交通物流系统可分为公路物流、铁路物流、水运物流、航空物流和管道物流。

2) 按运输线路的性质划分

按运输线路的性质划分,交通物流系统可分为干线运输、支线运输、二次运输和厂内运输。

干线运输是运输的主体,是指运用铁路、公路的干线和大型船舶的固定航线进行的长距离、大批量的运输,是进行远距离空间位置转移的重要运输形式。

支线运输是在与干线相接的分支线路上的运输。支线运输是干线运输与收、发货地之间的补充性运输形式,一般路程较短,运量相对较小。支线的建设水平低于干线,运输工具水平也往往低于干线,因而速度较慢。

二次运输是指干线、支线运输运到目的站后,目的站与用户仓库或指定地点之间的运输,是一种补充性的运输形式。路程较短,运量较小。

厂内运输是在工业企业范围内,直接为生产过程服务的运输。一般在车间与车间之间、车间与仓库之间进行。

3) 按运输作用划分

按运输作用划分,交通物流系统可分为集货运输和配送运输两部分。

集货运输是将分散的货物进行集中的运输形式。集货运输是干线大规模运输的前提,在货物集中后,能利用干线进行大批量、长距离的运输,所以集货运输多是短距离、小批量的运输。

配送运输是按用户要求配装好货物分送到各个用户的运输方式。一般发生在干线运输之间,属于运输的末端,是对干线运输的一种补充和完善,多为短距离、小批量的运输。

4) 按运输的协作程度划分

按运输的协作程度划分,交通物流系统可分为一般运输、联合运输和多式联运。

一般运输是指孤立地采用不同运输工具或同类运输工具而没有形成有机协作关系的运输方式,如单纯的汽车运输、火车运输等。

联合运输简称联运,是使用同一运输凭证,由不同运输方式或不同物流企业进行有机衔接运输货物的形式。采用联合运输,既可简化托运手续,方便用户,又可以提高运输速度,有利于节省运费,经常采用的联合运输形式有铁海联运、公铁联运、公海联运等。

多式联运是联合运输的一种现代形式,通常在国内大范围物流和国际物流领域中广泛应用。

5) 按运输中途是否换载划分

按运输中途是否换载划分,交通物流系统可分为直达运输和中转运输。

6) 按运输领域划分

按运输领域划分,交通物流系统可分为生产领域的运输和流通领域的运输。

7) 按运输主体划分

按运输主体划分,交通物流系统可分为自有运输、营业运输和公共运输。

8) 按运输业的产权性质划分

按运输业的产权性质划分,交通物流系统可分为国有运输和民营运输。

9) 按运输的空间范围划分

按运输的空间范围划分,交通物流系统可分为市内运输、城际运输、乡村运输,或者分为国内运输、国际运输。

物流涵盖了全部社会再生产过程,因而是一个非常庞大而且复杂的领域。从社会再生产的角度来看,国民经济所有工农业产品的生产过程,除了加工和生产的时间外,其余都是物流过程的时间。其中,机械产品的生产过程中,加工的时间共占10%左右。而物流时间却占90%,很大一部分生产成本消耗在物流过程中,从社会再生产的流通角度来看,转化为商品的工农业产品,都需要通过物流来实现资源的配置。运输是实现货物位置转移的活动,它是物流系统中的一个重要环节,发挥着不可替代的独特作用。

二、交通物流

(一) 物流

物流是若干领域经济活动系统的、集成的、一体的现代概念。它的基本含义可以理解为按用户要求,将物的实体从供给地向需求地转移的过程。这个过程涉及运输储存、保管、搬运、装卸、货物拣选、包装、流通加工、信息处理等许多相关活动。物流就是这些独立但又有某种联系的相关活动集成的、一体化的系统。①

1. 物流概念的演变

1) 实物分销时期

20世纪初至60年代,被誉为当今"管理学之父"的彼得·德鲁克首先使用了"物流"一词,标志着20世纪初物流管理的重要性逐渐显露。同时,彼得·德鲁克也指出,物流是"一

---

① 中国物流学会,中国物流与采购联合会.中国物流重点课题报告(2015中国物流与采购联合会系列报告)[M].北京:中国财富出版社,2015.

块经济界的黑暗大陆",这反映了彼得·德鲁克那个时代经济界、学术理论界对物流的认识。在经济界使用"实物分销"一词,是第二次世界大战以后的事。

2) 后勤时期

美国从 20 世纪 60 年代开始逐渐用 Logistics 一词取代了 Physical Distribution 一词。20 世纪初以来,欧美等国将"实物分销"改称为"后勤",是因为这一经济形态的实际内容发生了变化。原来集中于销售领域的活动,在学科体系逐渐形成、实践活动越来越深入之后,人们发现局限性太大了。单在销售领域是不行的,必须有更大的系统和更强的综合战略。物流不仅存在于销售领域,同样也存在于生产过程和生产前的供应领域,必须在更广泛的领域建立新的概念,"后勤"便是这样一个概念。

3) 日本和中国的表述

20 世纪 60 年代的日本和 20 世纪 80 年代的中国先后采用物流来表述 Physical Distribution 和 Logistics 两个阶段的词汇。日本、中国采用物流初期的定义,就远远高于"实物分销"本来所表述的范畴,已经赋予了物流一词系统性、总体性的含义。所以,有些人在了解了"后勤"一词的含义后认为,这和我们讲的物流是一码事,中国继续采用物流一词来表述"后勤"观念是有其道理的。

日本早稻田大学教授阿保荣司认为,日本物流观念与美国后勤观念的主要区别在日本的"物流"是着眼于企业、着眼于流通,所以才强调是企业的"第三利润源泉"。而美国的"后勤",中心点着眼于消费者,后勤的一切活动都是在满足消费者而不是满足企业自己,美国根本不谈"第三利润源泉"而特别强调后勤保障。所以,后勤的思想更具有战略性而不仅着眼于既得利益,是企业发展的战略举措而不是一时谋取利润的手段方法。因此,它不是一项单纯性的职能活动,而是企业制定经营战略的一项基本原则。

2. 物流定义

1) 中国国家标准的定义

物流是指物品从供应地向接受地的流动过程。根据实际需要,将运输、储存、装卸、搬运、包装、流通加工、配送、信息处理等基本功能实施有机结合。

2) 日本工业标准的定义

物流是指将实物从供给者物理性地移动到需求者这一过程的活动,一般包括输送、保管、装卸、包装以及与其有关的情报等各种活动。

3) 美国物流管理协会的定义

物流是对货物、服务及相关信息从生产地到消费地进行有效率、有效益的流通和储存以满足顾客要求的过程,以及对这个过程进行的计划、执行和控制。这个过程包括输入、输出、内部和外部的移动以及以环境保护为目的的物料回收。

4) 欧洲物流协会的定义

物流是对一个系统内人员和商品的运输、安排及与此相关的支持活动进行计划、执行和控制,以达到特定的目的。

5) 准确把握物流概念

(1) 物流学的研究对象是贯穿流通领域和生产领域的一切物料流以及有关的信息流,研究目的是对其进行科学规划、管理与控制。

(2) 物流的作用是将物资由供给主体向需求主体转移（包括物资的废弃与还原），创造时间价值与空间价值。

(3) 物流的活动包括运输、保管、装卸、搬运、包装、流通加工以及有关的信息活动等。

（二）物流的功能

1. 物流的总体功能

1) 组织实物进行物理性的流动

(1) 生产活动和工作活动的要求；

(2) 生活活动和消费活动的要求；

(3) 流通活动的要求；

(4) 军事活动的要求；

(5) 社会活动和公益活动的要求。

2) 实现对用户的服务

实现对用户的服务是物流的总体功能，某些物流领域可以有"利润中心"、"成本中心"等作用，但是所有的物流活动，无一例外地具有"服务"这个共同的功能特性。

2. 物流的具体功能

1) 运输功能

运输是物资或产品在较长空间距离的位移，一切物流过程均离不开运输，它是物流活动的核心业务。在物流费用中，运费所占比重很大，运输是一个十分关键的环节。要充分发挥我国铁路、公路、水运、航空和管道各种运输方式的特性和综合运输的优势，实行合理运输，实现社会物流过程合理化。

2) 仓储功能

仓库在物流网络组织体系中起节点的作用，一般的货运站多具有一定的仓储功能，并能产生商品的时间效用。功能更为完备的仓库还可提供库存控制服务和物品配送服务。

3) 装卸功能

运输、配送、仓储等过程在两端点的作业都离不开装卸，其内容包括物品的装上卸下、搬运、分类等作业。装卸、搬运在物流各环节间起联结和转换作用。装卸、搬运作业的机械化、电子化和自动化可以大大加快物流的中转和流动速度。

4) 包装功能

包装根据商品在流通中的作用不同，可以分为销售包装和运输包装。总体来讲，商品包装要满足消费者、运输商和销售商的要求。既要起到保护产品、方便使用、便于运输、促进销售的作用，同时又需要降低包装成本。

5) 配送功能

配送是面向城区区域内、短距离、高频率的商品送达服务。其本质也是物品的位移，但与运输功能相比，又具有自身的基本特点，如配送中心到连锁店、用户等的物品搭配及空间位移均可称为配送。

6) 流通加工

流通加工是指物品在从生产者向消费者移动的过程中，为保证产品质量、促进产品销售和实现物流高效化,而对物品进行的有关加工和作业,如装袋、分拣、质量检查、贴标签等作业。此外,在生产过程中对产品所进行的剪裁、组装等作业也属于这一范畴。流通加工一般在仓库、物流据点、配送中心等处进行。

7)物流信息

物流信息主要指为沟通物流各环节、各作业活动而建立的物流信息网,它有效地为用户提供有关的物资购、储、运、销一体化服务及有关信息的咨询服务,协调各部门、各环节的物流作业。

(三)学习交通物流的意义

我国物流服务质量较低、技术落后、成本偏高。从社会物流全过程的角度出发,不断寻求和探索提高交通物流质量的技术,具有重要意义。

1. 提高运输服务水准

要求运输经营者建立起能够控制物资从最初的供应者到最终的消费者之间的物流网体系,从而实现为用户提供订货、购买、包装、装卸、仓储、运输、配送等各项服务为一体的系统服务,满足用户希望货物快速、准时运输等多项优质服务的需要。

2. 提高运输的技术含量

要形成物流网络组织体系必须有现代科技做支撑。

现代科学技术的应用将大大提高运输的技术水平,使各种运输方式的优越性得到进一步的发挥和完善。

3. 实现物流全过程总费用节约

从社会物流系统总体出发,提供运输及其他物流服务功能,可以大大减少物流过程中的不必要环节,减少物流过程中的衔接不畅的现象及停滞时间,减少物流过程中不合理因素造成的物流时间与空间效益及自身价值的损失,从而实现社会物流过程总费用的节约。

4. 实现物流过程的系统化管理

将物流过程中的订货、包装、装卸、仓储、库存控制、物流加工、信息服务等环节,与运输、配送相互结合形成一体化,并加强对其相应的计划、组织和控制。在现代科技的支持下,形成物流过程的链式控制与管理。这也是提高物流质量、效率,同时降低物流成本所必需的。

5. 促进运输经营观念和组织方式的变革

引入物流概念,改变了分工所引起的运输与其他相关过程分离的现象。既要通过分工提高运输经济效益,又要通过相互间的渗透不断完善物流的服务功能,现代市场经济国家中企业的实践已经充分证明这是可行的。它可以促进运输经营观念、经营方式和组织结构的变革,为适应市场一体化、竞争国际化创造必要条件。[①]

---

① 杨咏中,张汉舟,钱勇生.交通运输业与现代物流业协同发展研究[M].北京:科学出版社,2013.

三、交通与物流关系

1. 交通是物流的有机组成部分

整个物流活动是由包装、装卸、保管、库存管理、流通加工、运输和配送等活动组成的,其中交通是物流活动的主要组成部分,是物流的核心环节,不论是企业的输入物流和输出物流,还是流通领域的销售物流,都要依靠交通来实现商品的空间转移。可以这样说,没有交通,就没有物流。为了适应物流的需要,要求有一个四通八达、畅行无阻的运输线路网系统作为支持。

现代物流以交通运输技术和信息技术为基础,在满足流通需求的同时,追求将服务全过程的系统总成本(包括时间成本和增值服务成本)降至最低水平,而流通过程本身则依托信息系统为支撑的交通物流系统来完成。没有运输就谈不上物流,运输费用在整个物流费用中占很大比例,但仅依靠运输也不可能满足当今社会经济发展所产生的日趋复杂的、多样化的流通服务需求。从这个意义上说,交通运输是物流的有机组成部分,是物流大系统中极为重要的子系统。

2. 运输是现代物流的基础

在物流业发展的今天,企业不仅仅停留在产业链的某个环节上,它们努力实现自己产品的多元化,同时为每个产品扩大市场。这样,一个企业可以为多个企业提供服务,同时企业也需要从多个企业取得原材料。从整体上看,众多企业组成了一个纵横交错的交易网。企业组成自己的供应链,管理大量产品的输入输出,而对单个企业来说,管理自己的供应链变得非常重要。对整个市场来说,建成实物产品高效流动的网络是社会运行机制的重要组成部分。全社会的物流观念正逐步形成,为实现这些物流提供运输服务的运输中介行业也逐渐形成自己的行业体系,物流管理逐渐实现专业化、社会化,物流企业则通过业务电子化和网络化为更多企业的生产和销售活动提供运输服务。

针对企业对物流管理社会化的这种需求,发展公路、铁路、水路和航空的联运,建立高速有效的综合交通物流系统成为交通运输行业发展的主要方向。在这些物流业务不断分化和组合的过程中,交通运输业在行业内部形成了自己的专业化分工。在行业基础层的是公路、铁路、水运和航空等运输公司,对它们来说,主要是实现运输线路的畅通,并能及时进行运输工具的调度;在行业的另一层面是那些直接承接交易主体运输业务的物流公司,它们为客户设计出完整的运输送达方案,综合运用多种运输方式,及时完成物品在交易主体之间的转移及其相关的物流活动。在物流系统创造的物品的空间、时间、形态三大效用(或称三大功能)中,时间效用主要由仓储活动来实现,形态效用由流通加工业务来实现,空间效用通过运输来实现。物流系统的三大功能是主体功能,其他功能(装卸、搬运和信息处理等)是从属功能,而主体功能中运输功能的主导地位更加凸显,成为所有功能的核心和基础,是物流系统不可缺少的功能。

3. 现代物流优于传统运输

(1) 物流系统打破了运输环节独立于生产环节之外的分业界限,通过供应链的概念建立起对企业供产销全过程的计划和控制,从整体上完成最优化的生产体系设计和运营,在利用现代信息技术的基础上,实现了货物流、资金流和信息流的有机统一,降低了社会生产总成本,使供应商、厂商、销售商、物流服务商及最终消费者达到共赢的战略目的。可以说物流服务是为企业营销进行的创造性设计。

(2) 物流系统遵循客户第一的服务宗旨,在生产趋向小批量、多样化和消费者需求趋向多元化、个性化的情况下,物流服务提供商需要发展专业化、个性化的服务项目。在物流追求高质量的服务过程中,凡是用户不满意的地方都加以改进,这些改进的工作,往往会形成新的服务项目或服务产品,为物流企业带来更多的商机和更高的回报。

(3) 物流同时还关注信息流和商流的同步联动,运输只注重实物的流动。信息流不仅通过电子或纸质媒介反映产品的运送、收取,更重要的是反映市场做出的对物流服务质量的评价。

(4) 现代物流是传统物流企业未来的发展方向。生产企业与物流企业利益融合的最佳渠道是现代物流服务。一般物流企业的主业是运输,企业所追求的直接目标是运输量的最大化,其服务空间基本局限在由起点站到终点站所构成的两点一线上,这种情况自然无法满足产品从生产者向使用者转移全过程服务的要求。一般运输业无暇顾及整个流通系统的运行效能与费用,不能适应市场经济条件下企业的物流需求。而综合物流企业为保证企业发展,拓展利润来源,加强市场竞争力,扩大市场份额,也必须通过高效、可靠的服务来加以保证。在这里,生产企业与物流企业的利益开始融合,而融合的最佳渠道与最佳手段就是现代物流服务。现代综合物流具有生产企业与流通企业间商业活动有机衔接所必需的系统综合与总成本控制思想,使其能够支持其用户提高服务水平,促进市场营销战略的实施,提高企业竞争能力。与此同时,交通企业也通过为其用户提供全过程的物流服务,从中获取交通企业自身发展所需要的商业利润和市场空间。因此综合物流企业开展综合物流服务已经成为今后发展的一个重要增长点,综合物流企业本身所拥有的运力、仓储和代理网络将成为其开展综合物流服务的重要支持力量。

4. 交通与物流的区别

物流是指为满足用户需要而进行的原材料、中间库存、最终产品及相关信息从起点到终点间的有效流动,以及实现这一流动而进行的计划、管理、控制的过程。物流过程包括包装、装卸、运输、储存、流通加工、配送和信息处理等内容。交通在物流过程中承担了改变空间状态的主要任务,它是改变物品空间状态的主要手段。交通再配以搬运、配送等活动,就能圆满地完成改变物品空间状态的全部任务。从概念中可以看出,交通只是物流过程中的一个组成部分。

现代物流具有系统性、综合性和总成本控制的思想,它将市场经济活动中的所有供应、生产、销售、运输、库存及相关的信息流动等活动视为一个具有动态性的系统总体,关心的是整个系统的运行效率和效益。物流的效率与效益是整个物流过程的综合反映,因此物流的现代化水平往往是整个国家综合国力的重要标志。另外,物流突出了市场服务的特点,一切从客户的需要出发。专业物流企业通过不断提高服务水平来取得竞争优势,争得市场份额。物流与交通的主要区别表现在以下几个方面。

1) 物流在时间上的刚性约束

物流的仓储、交通运输、配送是以企业的生产、销售计划为前提的。生产的精益化组织要求物流服务时间上的精确化，因此产品实物流动的快或慢、接取送达的早或晚都是不合理的，物流管理与交通的最大区别就在于全过程是否用精确的时间进行控制和组织。

2) 物流服务在时间上的弹性调整

物流的作业应当有高度的计划性，但这种计划的本质要求服从企业的生产、销售节奏，一旦生产、销售节奏发生变化，再合理的物流计划也要不厌其烦地进行调整和补救。物流作业计划不像交通计划那样可以作为与用户争执责任的理由，其随生产变化的灵活性是服务水准的体现。

3) 物流服务在范围上的延展性

物流对用户应追求高质量的水准，要理解质量有标准但没有极限。在服务过程中，凡是用户不满意的地方都应加以改进，这些改进和附加的工作往往会形成新的服务项目或服务产品，为企业带来更多的商机和更高的回报。

4) 物流服务是为企业营销进行的创造性设计

物流企业要加强营销以争取用户，但这种营销不是传统交通的报价和一笔合同的签订，而是为用户设计一整套最优化、最经济的产品物流方案，因此营销的成败往往取决于是否有一支既懂交通又精通生产、销售和财务管理的人才队伍，取决于他们的创造性、应变能力和设计能力。

5) 物流服务在实力上须有长期性伙伴关系

物流服务与交通的明显不同之处在于高度重视、选择那些能长期合作的用户，不惜代价与他们建立一荣俱荣、一损俱损的伙伴性关系。这种伙伴性关系的实力体现在与具有各种交通方式的协作伙伴关系是否巩固、网络化支撑是否强大，因此具备多式联运功能也是物流企业不可或缺的手段。

5. 交通与物流的差异

现代物流是指物质资料从供给者向需要者的物理性转移，是创造时间性、场所性价值的经济活动。它是以给顾客提供优质的服务为目标，以信息技术为支撑，以交通运输为主要手段，结合包装、装卸、搬运、储存等环节，为供应链各个节点上的企业提供后勤服务的经济活动。随着现代物流的发展，物流业已经逐渐成为沟通生产和流通两大环节的融合点。

而传统意义上的交通运输（本书指货运）是指公路、铁路、水运、航空和管道等各种交通运输方式独自或组合在一起，以满足货物移动为目标的经济活动。与物流活动不同的是，传统的运输只考虑物品的空间移动，运输业者和承运者也只是简单的承托关系。信息时代的到来，使得信息技术日新月异并与过去在交通领域中一直占压倒地位的运输技术共同构成当今社会交通运输的两大支撑。现代运输不断把信息技术融合进去，发展出如智能交通运输的现代化交通物流系统，使得运输业深入物流领域成为必然。

1) 交通运输是物流的有机组成部分

现代物流以交通运输技术和信息技术为基础，在满足流通需求的同时，追求将服务全过程的系统总成本（包括时间成本和增值服务成本）降至最低水平，而流通过程本身则依托信息系统为支撑的交通物流系统来完成。没有运输就谈不上物流，但仅依靠运输也不可能满足当今社会经济发展所产生的日趋复杂的、多样化的流通服务需求。并且运输费用在整个物流费用中占很大比例。从这个意义上说，交通运输是物流的有机组成部分，是物流大系统中极为重要的子系统。

同时运输也与物流其他环节关系密切。第一，运输与包装的关系。物资的包装材料、包装规格、包装方法等都不同程度地影响运输。因为包装的外廓尺寸与承运车辆的内部尺寸构成可约倍数时，车辆的容积才可以得到充分的利用。第二，运输与装卸的关系。装卸是运输的影子，有运输活动发生就必然有装卸活动。一般一次运输伴随两次装卸活动，装卸质量将影响运输质量，如装卸不好，在途中进行二次装卸将影响运输时间。装卸是各种运输方式的衔接手段。第三，运输和储存的关系。运输活动组织不善会延长物资在生产者仓库中的存放时间，同时也会使消费者的库存增加，因为交通物流组织不善会使消费者的安全库存数量增大。

2）交通运输在电子商务中发挥基础性作用

随着信息技术的发展，尤其是 Internet 的发展，使得电子商务这一运作模式在物流业中的应用越来越广泛，现代物流已经发展到基于电子商务的物流时代。而交通运输在电子商务中发挥着基础性作用。

电子商务的基础环境主要有三个方面：互联网通信基础设施、实现网上支付的金融环节和物流配送，而物流配送的主体环节是交通运输业。其中电信部门为电子商务提供低成本的通信网络环境，金融部门为电子商务提供低成本的支付转账环境，而交通运输为电子商务提供低成本的实体物品转移环境。

电子商务的交易过程之所以有大量的部门中介参与，交易主体之所以把一个交易过程分为几个交易环节，并在诸环节中都把一定的业务转移给中介行业来完成，主要目的就是通过分工实现整个交易过程的低成本。在电子商务的整个交易过程中，实体物品的运输费用占据了很大的一部分，因此，交易主体通过各种方式降低物流费用。交易主体之间的真正交易的实物是必须从一方移到另一方的，对于一般的交易主体来说，这个实物转移只能通过运输中介，而这类运输成本的降低只能借助于交通物流企业降低运输费用。所以交通运输在电子商务中的重要性是不言而喻的。

在我国大规模的网上购物实现起来之所以非常困难，一些从事网上购物的网站之所以经营不佳，其中一个因素就是运输条件跟不上。运输费用太高，配送不及时，尤其是零售型的网上交易，为每个客户实现送货上门是高成本的。传统的零售模式是消费者自己到零售店直接购买，并自己将商品拿回。而通过网络购买时，卖方还要负责将卖出的商品交到买方手里。虽然负责转移商品的责任人变了，但转移商品的费用并没有变，它依然要加到交易成本之中，最终由买方以商品售价的形式支付。而顾客最关心的是商品的最终售价，因此，能否降低商品本身的售价是能否成交的关键，这里面的运输费用是一个关键。在发达国家，成熟的网上销售商背后都有一个成熟的物流商为其完成所售商品的送货上门环节。而在我国，这种物流运输和配送提供的服务还不完善，这已成为限制我国电子商务发展的一个重要因素。所以如何降低运输和配送费用也成为运输业者要考虑的一个重要问题。

3）现代化运输体系的形成是实现现代物流管理的基础

在现代物流业发展的今天，企业不仅仅停留在产业链的某个环节上，它们努力实现自己产品的多元化，同时为每个产品扩大市场。这样，一个企业可以为多个企业提供服务，同时企业也需要从多个企业取得原材料。从整体上看，众多企业组成了一个纵横交错的交易网。企业组成自己的供应链，管理大量产品的输入输出，对每个企业来说，管理自己的供应链变得非常重要。对市场整体来说,建成实物产品高效流动的网络是社会运行机制的重要组成部分。[①] 全社会的物流观念逐步形成,为实现这些物流提供运输服务的运输中介行业也逐渐形成自己的行业体系,物流管理逐渐实现专业化、社会化,物流企业则通过业务电子化和网络化为更多企业的生产和销售活动提供运输服务。

4) 物流服务必须考虑运输因素的影响

根据物流及运输的特点,为实现良好的物流服务,交通运输作为物流服务的有机组成部分,必须满足以下要求:运输时间、运输频率、运输安全、运输可靠性、运输可获得性、运输网络及运输方式衔接的便利性、信息的及时性与准确性等。也就是说这些运输因素将影响物流服务的水平和质量,必须认真予以考虑。

5) 现代物流优于传统运输体系的特点

(1) 多种运输方式的集成,把传统运输方式下相互独立的海、陆、空的各个运输手段按照科学、合理的流程组织起来,从而使客户获得最佳的运输路线、最高的运输效率、最安全的运输保障和最低的运输成本,形成一种有效利用资源、保护环境的"绿色"服务体系。

(2) 运输只注重实物的流动,物流同时还关注信息流和增值流的同步联动。信息流不仅通过电子或纸质媒介反映产品的运送、收取,更重要的是反映物流服务质量由市场做出的评价。增值流是指物流所创造的形态效用(通过生产、制造或组装实现对商品的增值)、地点效用(原材料、半成品或成品从供方到需方的位置移动)和时间效用(商品或服务在客户要求的时间内按时送到)。物流所创造的增加值不断影响企业产品的价格和利润,这是因为:一方面,在市场零售价格均衡一致时(同类产品的价格相当),某个特定企业产品的物流费用越少,企业的利润就越高;另一方面,企业在确定了产品的合理利润率的情况下,物流费用越少,产品的零售价格就越有可能降低,从而刺激消费者购买,提高企业产品的市场份额。

(3) 在各种运输要素中,物流更着眼于运输流程的管理和高科技信息情报,使传统运输的"黑箱"作业变为公开和透明的,有利于适应生产的周期和产品销售计划。由于现代物流与提高服务顾客的水平、降低总成本和网络化、规模化相联系,人们普遍认为:建立 GPS(全球定位系统)对物流的全过程进行适时监控、适时跟踪货物和适时调度,与顾客特别是长期合作的主要顾客建立 EDI(电子数据交换)联系,都是很有必要的。这在一些物流先进的国家里已经有良好的实践经验。另外,自动化装卸机械、自动化立体仓库、自动堆垛机和先进适用的信息系统(包括用于物流中的条形码技术)也在国外得到长足的发展。

发展综合物流是改变传统揽货方式、取得增值效益的需要。货源是物流企业的生命,在我们所熟悉的运输业中,揽货竞争达到白热化的程度,降低运价也好、提高运输服务质量也罢,都是在拼命地保住仅有的市场份额,如果仅仅在运输行业这个空间里打转,回旋余地和获得的收益是很有限的,和货主的关系也是难以长久的,只有和货主形成利益共同体,才能保持长期稳定的货源。只有跳出运输这个框架,进入物流这个大空间中来,为货主设计整套的物流解决方案,把货主的利益与自己的综合物流服务紧密地结合起来,才能形成真正的利益共同体。

---

① 吴彬,孙会良.物流学基础[M].北京:首都经济贸易大学出版社,2007.

交通物流

第二节 交通物流节点

所谓交通物流节点,是指以连接不同运输方式为主要职能、处于运输线路上的、承担货物的集散、运输业务的办理、运输工具的保养和维修的基地与场所。交通物流节点是物流节点中的一种类型,属于转运型节点。例如,不同运输方式之间的转运站、终点站,公路运输线路上的停车场、货运站,铁路运输线路上的中间站、编组站、区段站、货运站,水运线路上的港口、码头,空运线路上的航空港,管道物流线路上的管道站等,都属于交通物流节点的范畴。一般而言,由于交通物流节点处于运输线路上,又以转运为主,所以货物在交通物流节点上停滞的时间较短。为了保证内容的完整性,本部分将旅客交通物流节点一并介绍。

一、公路交通物流节点

公路交通物流节点一般指汽车站。汽车站是汽车物流企业组织公路客货运输的基层单位,专门办理客、货运输业务,组织和调度车辆运行。根据经营的业务可分为客运站、货运站和客货兼营站。此外,城市公共汽车为乘客上下车在行车路线上设置的停车点,通常也称汽车站。

1. 客运站

客运站即运输旅客的车站,小到路边的站牌,大到某城市有组织地把周边的运输干线集中起来,以方便旅客出行,并可以为旅客办理乘车服务。专门办理旅客运输业务的汽车站,一般设在公路旅客集散点,其规模大小视当地的客运量而定。

客运站的主要工作分商务和车务两大部分。商务如售票、接受行李包裹的托运等;车务如车辆的调度、检查、加油、维修、接收和发送等。客运站的组织机构和人员配备视其等级和业务繁简而定,通常设有售票处、问事处、行包托运处、小件寄存处、候车室、停车场等。大的客运站还有为旅客和车辆驾乘人员提供食宿的设施。

客运站要定期做客源调查,掌握辖区旅客的流量、流向、流时及其变化规律和道路通阻情况,提出公路客运班车计划安排意见,并负责监督客车运行作业计划的执行,处理辖区内班车运行中发生的问题。

客运站主体建筑主要由候车厅、售票厅两大部分构成。客运站的主要任务是安全、迅速、有秩序地组织旅客上、下车,方便旅客办理一切旅行手续,为旅客提供舒适的候车条件。我国公路按站务(主要指日发送旅客量)结合所在地政治、经济、文化等因素,将客运站分为五级,分别为一级站、二级站、三级站、四级站和五级站。具体条件见表1.1和表1.2所示。

表1.1 汽车客运站设备配置表

设备名称	一级站	二级站	三级站	四级站	五级站
基本设备	旅客购票设备	●	●	★	★
候车休息设备	●	●	●	●	●
行包安全检查设备	●	★	★	—	—

续表

设 备 名 称	一级站	二级站	三级站	四级站	五级站
汽车尾气排放测试设备	★	★	—	—	—
安全消防设备	●	●	●	●	●
清洁清洗设备	●	●	★	—	—
广播通信设备	●	●	★	—	—
行包搬运与便民设备	●	●	★	—	—
采暖或制冷设备	●	★	★	★	★
宣传告示设备	●	●	●	★	★
智能系统设备	微机售票系统设备	●	●	★	★
生产管理系统设备	●	★	★	—	—
监控设备	●	★	★	—	—
电子显示设备	●	●	★	—	—

注:"●"——必备;"★"——视情况设置;"—"——不设。

表1.2　汽车客运站设施配置表

设 施 名 称	一级站	二级站	三级站	四级站	五级站
场地设施	站前广场	●	●	★	★
停车场	●	●	●	●	●
发车位	●	●	●	●	★
建筑设施	站房	站务用房	候车厅(室)	●	●
重点旅客候车室	●	●	★	—	—
售票厅	●	●	★	★	★
行包托运厅(处)	●	●	★	—	—
综合服务处	●	●	★	★	—
站务员室	●	●	●	—	—
驾乘休息室	●	●	●	—	—
调度室	●	●	●	★	—
治安室	●	●	★	—	—
广播室	●	●	★	—	—
医疗救护室	★	★	★	★	★
无障碍通道	●	●	●	●	●
残疾人服务设施	●	●	●	●	●
饮水室	●	★	★	★	★

续表

设施名称	一级站	二级站	三级站	四级站	五级站
盥洗室和旅客厕所	●	●	●	●	●
智能化系统用房	●	★	★	—	—
办公用房	●	●	●	★	—
辅助用房	生产辅助用房	汽车安全检验台	●	●	●
汽车尾气测试室	★	★	—	—	—
车辆清洁、清洗台	●	●	★	—	—
汽车维修车间	★	★	—	—	—
材料间	●	●	—	—	—
配电室	●	●	—	—	—
锅炉房	★	★	—	—	—
门卫、传达室	★	★	★	★	★
生活辅助用房	司乘公寓	★	★	★	★
餐厅	★	★	★	★	★
商店	★	★	★	★	★

注:"●"——必备;"★"——视情况设置;"—"——不设。

2. 货运站

货运站是货物运输过程中进行货物集结、暂存、装卸搬运、信息处理、车辆检修等活动的场所。它有五大功能:运输组织、中转换装、装卸储存、多式联运和运输代理、通信联络以及综合服务。随着近年物流概念的兴起和政府、企业对物流的重视,很多货运站场改称物流中心,引起了一些概念混淆。

专门办理货物运输业务的汽车站,一般设在公路货物集散点。货运站的工作是组织货源、受理托运、理货、编制货车运行作业计划,以及车辆的调度、检查、加油、维修等。站内一般设有营业室、调度室、停车场、驾驶人员食宿站等。有的还设有装卸设备,配备有装卸人员。

货运站要定期做货源调查,掌握辖区内货物的流量、流向、流时及其变化规律和道路通阻情况,协助物资部门编制托运计划,签订运输合同,并执行货车运行作业计划,及时处理运行中出现的问题,做好事故的记录、报告、查询与处理工作。

在公路运输较发达的一些国家或地区,有些汽车货运站还是组织联运的基地。[①] 它将一些长途运输业务安排给其他运输方式完成,组织和协调各种运输方式的衔接和配合。有些汽车货运站既是运输组织中心,又是货运信息中心。

货运站可按照货运量进行分级。对于零担站,根据其年货物吞吐量,可划分为一、二、三

---

① 方虹,厉有为.城市物流研究[M].北京:高等教育出版社,2006.

级。年货物吞吐量在 6 万吨以上者为一级站;2 万吨及以上,但不足 6 万吨者为二级站;2 万吨以下者为三级站。对于集装箱货运站,根据年运输量、地理位置和交通条件的不同,可划分为四级。年运输量是指计划年度内通过货运站运输的集装箱量。一级站年运输量为 3 万标准箱以上;二级站年运输量为 1.6 万～3 万标准箱;三级站年运输量为 0.8 万～1.6 万标准箱;四级站年运输量为 0.4 万～0.8 万标准箱。

二、铁路交通物流节点

1. 火车站

铁路交通物流节点指火车站,又称铁路车站,是从事铁路客、货运输业务和列车作业的处所,是铁路运输部门的基层单位。早期的车站通常是客货两用,这类车站现在仍然有。大部分的铁路车站都是在铁路线上,或者是路线的终点。车站内有月台(平台、站台)方便乘客上下。部分铁路车站除了供乘客及货物使用外,还有供机车及车辆维修或添加燃料的设施。

史托顿及达灵顿铁路(Stockton and Darlington Railway)是世上第一条商营铁路,但由于它是用来运货,所以并没有正式的火车站。第一个真正的铁路车站应该为 1830 年开通的英国利物浦及曼彻斯特铁路(Liverpool and Manchester Railway)而建的。

2. 火车站的分类与功能

(1) 分类。火车站按作业性质分为客运站、货运站、用来编组的编组站和客货功能兼备的客货运站四种。根据列车作业的性质可分为编组站、区段站、中间站、越行站和会让站五种。此外,还有为工矿企业服务的专业化的车站。

(2) 功能。客运站功能主要是从事客运业务和客车行车与整备作业。根据需要设置若干到发线和站台,以及客运站房。大型客车站还配备有检修和清洗列车等作业的整备场。货运站功能主要是从事货运业务,包括货物承运、装卸作业和货物列车的到发作业。根据需要设置若干到发线、编组线和货物库场、库房等设施。

客货运站是同时从事客运与货运的车站。客运站与货运站的布置形式基本分为两种:通过式的客、货运站,其正线和到发线是贯通的,客运站房和货运库场布置在铁路的一侧;尽头式客、货运站,其到发线是尽头式的,客运站房和库场设于到发线的终端或一侧。

进行技术作业的编组站专门从事列车的编组和解体,以及车辆与列车的其他技术性作业,配备有机务段和车辆段、到发线、调车线、牵出线和驼峰等设施。

区段站是设于牵引区段分界处的车站,主要从事列车技术检查、机车的换挂、区段零担摘挂列车和小运转列车的改编等作业,配备有机车段、车辆段,以及到发线、调车线和牵出线等设施。

中间站主要从事单线铁路列车的会让和双线铁路的越行作业,配备有到发线、货物线和牵出线等主要设施。

三、水路交通物流节点

水路交通物流节点是指港口,位于海洋、江河、湖泊沿岸,具有一定设备和条件,为船舶停泊、避风、维修、补给和转换客货运输方式的场所。有水域、陆域及各种设施,供船舶进出、停泊以进行货物装卸存储、旅客上下或其他专门业务。港口是具有水陆联运设备和条件,供船舶安全进出和停泊的运输枢纽,是水陆交通的集结点和枢纽,工农业产品和外贸进出口物资的集散地。由于港口是联系内陆腹地和海洋运输的一个天然界面,因此,人们也把港口作为国际物流的一个特殊节点。

在中国沿海港口建设重点围绕煤炭、集装箱、进口铁矿石、粮食、陆岛滚装、深水出海航道等交通物流系统进行,特别加强了集装箱交通物流系统的建设。政府集中力量在大连、天津、青岛、上海、宁波、厦门和深圳等多个港口建设了一批深水集装箱码头,为我国集装箱枢纽港的形成奠定了基础。同时,改建、扩建了一批进口原油、铁矿石码头。到2004年底,沿海港口共有中级以上泊位2500多个,其中万吨级泊位650多个,全年完成集装箱吞吐量6150万标准箱,跃居世界第一位。一些大型港口年总吞吐量超过亿吨,上海港、深圳港、青岛港、天津港、广州港、厦门港、宁波港、大连港八个港口已进入集装箱港口世界50强。

港口由水域和陆域两部分构成。

(1) 水域通常包括进港航道、锚泊地和港池。

进港航道要保证船舶安全方便地进出港口,必须有足够的深度和宽度,适当的位置、方向和弯道皓率半径,避免强烈的横风、横流和严重淤积,尽量降低航道的开辟和维护费用。当港口位于深水岸段,低潮或低水位时天然水深已足够船舶航行需要,无须人工开挖航道,但要标志出船舶出入港口的安全便捷路线。如果不能满足上述条件并要求船舶随时都能进出港口,则须开挖人工航道。人工航道分单向航道和双向航道。大型船舶的航道宽度为80~300 m,小型船舶的为50~60 m。

锚泊地指有天然掩护或人工掩护条件,能抵御强风浪的水域。船舶可在此锚泊、等待靠泊码头或离开港口。如果港口缺乏深水码头泊位,也可在此进行船转船的水上装卸作业。内河驳船船队还可在此进行编、解队和换拖(轮)作业。

港池指直接与港口陆域毗连,供船舶靠离码头、临时停泊和掉头的水域。港池按构造形式分为开敞式港池、封闭式港池和挖入式港池。港池尺度应根据船舶尺度、船舶靠离码头方式、水流和风向的影响及调头水域布置等确定。开敞式港池内不设闸门或船闸,水面随水位变化而升降。封闭式港池池内设有闸门或船闸,用以控制水位,适用于潮差较大的地区。挖入式港池在岸地上开挖而成,多用于岸线长度不足,地形条件适宜的地方。

(2) 陆域,指港口供货物装卸、堆存、转运和旅客集散之用的陆地面积。陆域上有进港陆上通道(铁路、道路、运输管道等)、码头前方装卸作业区和港口后方区。前方装卸作业区供分配货物,布置码头前沿铁路、道路、装卸机械设备和快速周转货物的仓库或堆场(前方库场)及候船大厅等。港口后方区供布置港内铁路、道路、较长时间堆存货物的仓库或堆场(后方库场)、港口附属设施(车库、停车场、机具修理车间、工具房、变电站、消防站等)以及行政、服务房屋等。为减小港口陆域面积,港内可不设后方库场。

四、航空交通物流节点

航空交通物流节点是指机场。机场,又称飞机场、空港,较正式的名称是航空站,是专供飞机起降活动的场所。机场是城市的交通中心之一,有严格的时间要求,因而从城市进出空港的通道是城市规划的一个重要部分,大型城市为了保证机场交通的通畅都修建了从市区到机场的专用高速公路,甚至还开通地铁和轻轨交通,方便旅客出行。在考虑航空货运时,要把机场到火车站和港口的路线同时考虑在内。此外,机场还须建有大面积的停车场以及相应的内部通道。

机场有不同的大小,除了跑道之外,机场通常还设有塔台、停机坪、航空客运站、维修厂等设施和场地,并提供机场管制服务、空中交通管制等其他服务。较小的或发展未成熟的机场通常只有一条短的不到 1 km 的跑道,大型机场一般会有长度超过 2 km 的跑道,而且会以沥青铺成,但小型机场可能会有草、泥或碎石在跑道上。一般来说,越大的飞机需要更大更长的跑道作升降之用。全球最长的民用机场跑道在中国西藏昌都邦达机场,道面长度为 5.5 km,同时它也是海拔最高的跑道,其海拔高度为 4334 m。

机场作为商用运输的基地可划分为飞行区、地面运输区和候机楼区三个部分。飞行区是飞机活动的区域;地面运输区是车辆和旅客活动的区域;候机楼区是旅客登记的区域,是飞行区和地面运输区的接合部位。

飞行区分空中部分和地面部分。空中部分指机场的空域,包括进场和离场的航路;地面部分包括跑道、滑行道、停机坪和登机门,以及一些为维修和空中交通管制服务的设施和场地,如机库、塔台、救援中心等。

候机楼区包括候机楼建筑本身以及候机楼外的登机机坪和旅客出入车道。它是地面交通和空中交通的结合部,是机场对旅客服务的中心地区。候机楼分为旅客服务区和管理服务区两大部分。旅客服务区包括值机柜台、安检、海关以及检疫通道、登机前的候机厅、迎送旅客活动大厅以及公共服务设施等;管理服务区则包括机场行政后勤管理部门、政府机构办公区域以及航空公司运营区域等。

货物丢失怎么办?

从长沙发货回怀化,丢失 20 多万元货物

2009 年 12 月 11 日,在湖南怀化做日用品批发生意的李光勇称,12 月 6 日他通过货运公司从长沙进了 416 件牙刷,到怀化竟只剩下 303 件,113 件牙刷弄丢了。从长沙发货回怀化,丢失了价值 20 多万元的货物。

李先生介绍,从 2007 年开始,他在怀化做日用品批发生意。第二年,他就和位于河西天凯装饰材料城的长沙鑫碧诚物流货运站达成协议,每次从长沙进货,他都是通过这家货运站运送到怀化。然而,今年 12 月 6 日进的这批牙刷,却让李先生始料未及。

李先生激动地说:"进货时是 416 件牙刷,结果在怀化收货的时候只收到 303 件货,有 113 件货不翼而飞了,我问物流公司,物流公司要我找驾驶员,这真的让人很郁闷。"

记者了解到,在这次的运输过程中,有同样遭遇的还不止李先生一家。货主们告诉记

交通物流

者,事发后货运站只告诉他们,这些货物是被托运挂车在运输途中遗失了,随后货运站列了个单子,上面显示丢失了价值20多万元的货物,损失的货主有好几十人。

货运站推给车主,车主不愿负全责

价值20多万元的货物就这样打了水漂,货主们痛心不已。他们要求鑫碧诚物流货运站赔偿货款。

对于货物丢失一事,货运站负责人杨银春称,他们正在对丢失的货物进行清点。对于货主们提出的赔偿要求,杨银春认为,他们交付了那么多的货,车主就必须把货全部给送到,为此,车主一方应承担全部责任。

可托运挂车的车主廖名友和货运驾驶员对此并不接受。他们透露当时在长沙装货过程中,货运站的急慢态度和马虎装货,也是导致货物丢失的重要因素。因此,如果真要承担责任,他们顶多只承担一半的责任。

交警:高速路上没发现有货物丢失

车主方不愿承担全部责任,同时,他们所描述货物丢失的情况,不免让人产生怀疑:价值20多万元的货物,怎么说丢就丢,当时怎么就没有发现呢?

挂车车主和驾驶员解释说,他们发现掉货时,拖车已经行驶到邵阳境内的洞口服务区,而这个时候已经是第二天早上6点多钟,估计货物丢失很久,又不能逆向行驶。因此,他们只能硬着头皮回到怀化。驾驶员告诉记者,当时他们通知了老板并报了案。

那么,邵怀高速的交警有没有找到丢失的这批货物呢?车主方的说法是不是符合逻辑呢?为了弄清楚这些情况,记者拨打了邵怀高速公路邵阳交警大队的电话。据当时接警的隆回中队交警告诉记者,当时晚上下了很大的雨,接警后他们一路赶过去没有发现这批货物,而这批货物也不确定是在隆回中队负责的地段掉的,他们估计,拖车在这一路段服务区停车休息加油的时候被盗的可能性较大。

运管部门:建议货主走司法程序索赔

丢失的货物已经难觅踪影,但货主的损失该由谁来赔偿呢?带着疑问,记者来到鹤城区运管所了解情况。

鹤城区运管所工会主席潘存柏告诉记者,货主的损失应当由承运人,也就是车主方负主要责任。他表示,根据相关规定,按照从源头管理的原则,由长沙相关部门发证批准的鑫碧诚物流货运站,只能由长沙方面进行规范和管理。为此,鹤城区运管所积极配合货主与驾驶员,促成他们之间的协商。

由于所丢货物价值较大,运管部门又没有强制执法权。因此,针对车主和货运站相互推诿的情况,潘存柏建议受损货主,依法向人民法院进行起诉,通过司法程序获取应得的赔偿。

五、管道交通物流节点

管道交通物流节点是指管道物流的每个监测点。管道物流是用管道作为运输工具的一种长距离输送液体和气体物资的运输方式,是一种专门由生产地向市场输送石油、煤和化学产品的运输方式,是统一运输网中干线运输的特殊组成部分。

管道物流是国际货物运输方式之一,是随着石油生产的发展而产生的一种特殊运输方式。随着石油、天然气生产和消费速度的增长,管道物流发展步伐不断加快。管道物流不仅运输量大、连续、迅速、经济、安全、可靠、平稳、投资少、占地少、费用低,并可实现自动控制。除广泛用于石油、天然气的长距离运输外,还可运输矿石、煤炭、建材、化工品和粮食等。管道物流可省去水运或陆运的中转环节,缩短运输周期,降低运输成本,提高运输效率。管道物流的发展趋势是:管道的口径不断增大,运输能力大幅度提高;管道的运距迅速增加;运输物资由石油、天然气、化工产品等流体逐渐扩展到煤炭、矿石等非流体。中国目前已建成大庆至秦皇岛、胜利油田至南京等多条原油管道物流线。

就液体与气体而言,凡是在化学上稳定的物质都可以用管道运送。故此,废水、泥浆、水甚至啤酒都可以用管道传送。另外,管道对于运送石油与天然气十分重要,有关公司会定期检查其管道,并用管道检测仪做清洁工作。

管道物流业是中国新兴运输行业,是继铁路、公路、水运、航空物流之后的第五大运输业,它在国民经济和社会发展中起着十分重要的作用。截至 2006 年末,全国输油(气)管道里程为 48226 km,其中输油管 24136 km、输气管 24090 km。2006 年底,管道输油(气)能力为每年 66948 万吨。

2007 年,中国已建油气管道的总长度约 60000 km,其中原油管道 17000 km、成品油管道 10000~20000 km、天然气管道 31000 km。中国已逐渐形成了跨区域的油气管网供应格局。随着中国石油企业"走出去"战略的实施,中国石油企业在海外的合作区块和油气产量不断增加,海外份额油田或合作区块的外输原油管道也得到了发展。

在五大运输方式中,管道物流有着独特的优势,在建设上,与铁路、公路、航空相比,投资要省得多。以石油的管道物流与铁路运输相比,交通运输协会的有关专家曾算过一笔账:沿我国成品油主要流向建设一条长 7000 km 的管道,仅降低运输成本、节省动力消耗、减少运输中的损耗三项,每年就可以节约资金数十亿元;而且对于具有易燃特性的石油运输来说,管道物流有着安全、密闭等优点。

在油气运输上,管道物流有其独特的优势。首先在于它的平稳、不间断输送,对于现代化大生产来说,油田不停地生产,管道可以做到不停地运输,炼油化工企业可以不停地生产成品,满足国民经济需要;其次,实现了安全运输,对于油气来说,汽车、火车运输均有很大的危险,国外将其称为"活动炸弹",而管道在地下密闭输送,具有极高的安全性;再次是保质,管道在密闭状态下运输,油品不挥发,质量不受影响;最后是经济,管道物流损耗少、运费低、占地少、污染低。

中铁快运及其行邮专列

中铁快运股份有限公司(China Railway Express Co., Ltd., 简称"中铁快运")是铁道部(现称"中国铁路总公司")直属的专业物流企业,公司在国家工商行政管理总局注册,注册资本 26.93 亿元,在全国拥有 8 个分公司、18 个子公司。

公司国内经营网络遍及全国31个省(自治区、直辖市),在全国400多个城市设有1700多个经营网点,门到门服务网络覆盖全国600多个大中城市。公司与很多国际知名物流企业建立了业务合作的关系,国际业务网络覆盖世界200多个国家和地区。

公司确定包裹快递、快捷货运、合约物流、国际业务四项核心业务产品,建立了集运送时间、服务标准和产品价格(TSP)为一体的分梯次服务产品;为客户提供货物信息跟踪与查询、包装、仓储、加工、运费到收、物流方案设计与咨询等增值服务。

公司具有铁路行包快递运输网、快捷货运网、公路运输网、航空物流网、配送网、经营网、信息网、仓储网、国际网等"九网集成"的网络资源优势,形成了以铁路运输为主、公路和航空物流为辅的综合运输服务网络体系,形成了具有安全、准时、快捷、经济、全天候特点与独特竞争优势的物流和快递服务网络。通过公司核心业务产品及增值服务组合,为客户提供门到门包裹快递服务和提供全程一站式、一体化物流服务。

公司秉承"安全、准时、快捷、经济"的服务理念和"为客户创造价值、实现企业资源价值最大化"的经营宗旨,创新发展模式和发展途径,不断提升服务能力和服务水平。

在现代的交通物流系统中,主要的运输线路有公路、铁路、航线和管道。其中铁路和公路为陆上运输线路,除了引导运输工具定向行驶外,还需承受运输工具、货物或人的重量;航线有水运航线和空运航线,主要起引导运输工具定位定向行驶的作用,运输工具、货物或人的重量由水和空气的浮力支撑;管道是一种相对特殊的运输线路,由于其严密的封闭性,所以充当了运输工具,又起到了引导货物流动的作用。

第三节 交通物流方式

在社会经济活动中,已经形成了多种交通运输方式,见图1.1所示。基本运输方式与运输经营实体构成了社会交通运输系统。

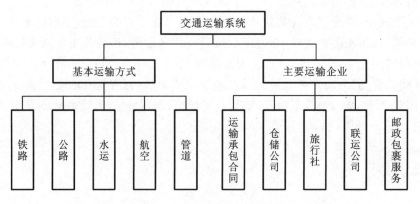

图1.1 社会交通运输系统

交通运输方式的特征是在各种交通运输方式间相比较而言的,从技术经济和运输生产组织、经营管理两个方面来论述。

一、铁路运输

1. 铁路运输的技术经济特征

(1) 适应性强。依靠现代科学技术,铁路几乎可以在任何需要的地方修建,可以全年全天候不停地运营,受地理和气候条件的限制很少,具有较好的连续性,且适合长短途旅客和各类不同重量与体积货物的双向运输。

(2) 运输能力大。铁路是大宗、通用的运输方式,能够负担大量的运输任务。铁路运输能力取决于列车重量和每昼夜线路通过的列车对数。每一列车载运货物的能力远比汽车和飞机大;双线铁路每昼夜通过的货物列车可达百余对,因而其货物运输能力每年单方向可超过 1 亿吨。

(3) 安全性好。随着技术的发展和采用,铁路运输的安全程度越来越高。特别是在近 20 年间,许多国家铁路广泛采用电子计算机和自动控制等高新技术,有效地防止了列车冲撞和旅客伤亡事故,大大减轻了行车事故的损害程度。众所周知,在各种现代化交通运输方式中,按所完成客、货周转量计算的事故率,铁路运输是很低的。

(4) 运行速度较高。常规铁路的列车运行速度一般为 60~80 km/h,部分常规铁路可以达到 140~160 km/h,高速铁路上运行的旅客列车时速可达 210~310 km/h。

(5) 能耗小。铁路运输轮轨之间的摩擦阻力小于汽车车辆和地面之间的摩擦阻力,铁路机车车辆单位功率所能牵引的质量约比汽车高 10 倍,因而铁路单位运量的能耗要比汽车运输小得多。

(6) 环境污染程度小。工业发达国家在社会及其经济与自然环境之间的平衡遭到了严重的破坏,其中交通运输业在某些方面起了主要作用。对空气和地表的污染最为明显的是汽车运输,而喷气式飞机、超音速飞机的噪声污染则较为严重。相比之下,铁路运输对环境和生态平衡的影响程度较小,特别是电气化铁路。

(7) 运输成本较低。在运输成本中固定资产折旧费所占比重较大,而且与运输距离长短、运量的大小密切相关。运距愈长、运量愈大,单位成本愈低。一般来说,铁路的单位运输成本要比公路运输和航空物流低得多,有的甚至比内河航运还低。

当然,铁路运输也有不足之处,由于铁路线的建设是固定的,所以运输业只能在固定的线路上进行,这样就必须要与其他的运输手段配合使用,在衔接过程中,必然会带来很多的不便之处,比如运输速度减慢,换装时容易造成货物的损坏等。一般认为,铁路运输的经济里程是 200 km/h。

2. 铁路运输的生产组织和经营管理特征

(1) 车路一体。

一般来说,铁路的线路与车辆同属铁路物流企业。因此,铁路建设投资相当庞大,须自行购地、铺设铁路线路和站场,购置机车车辆与车站设备,远非其他运输方式那样单纯,而且铁路设施的保养与维护费用也相当大。

(2) 以列车为客、货运输的基本输送单元。

铁路运输组织的基本输送单元为由若干客车或货车连挂而成的列车及机车组成的旅客列车或货物列车。因此,可大大提高铁路的运输能力,可构成大运输量的运输通道。

(3)铁路具有优越的外部导引技术。

铁路运输最初采用凸出的钢轨与轮缘,完全是出于设计上的需要,然而这种外部导引技术的发明,在当今仍被认为是交通运输界了不起的成就。

(4)铁路运输设备不能转移。

铁路运输设备,如铁路路基、场站、房舍,不仅用途专一,而且不能移转,一旦停业,其所耗资金,均不能转让或回收。

综合考虑,铁路适用于内陆地区长途、大批量低价值、高密度的一般货物和可靠性要求高的特种货物;从投资情况来看,在运输量比较大的地区之间建设铁路较为合理。

二、公路运输

1. 公路运输的经济技术特征

(1)技术经营性能指标好。

由于工业发达国家不断采用新技术和改进汽车结构,汽车技术经济水平有很大提高,主要表现为动力性能的提高和燃料消耗的降低。动力性能提高,可以保证较快的行车速度和一定的爬坡能力。

(2)货损货差小,安全性、舒适性不断提高。

随着人民生活水平的提高,货物结构中高价值的生活用品,如家用电器、日用百货、鲜活易腐货物等比重的增加,使用汽车运输能保证质量,及时送达。对于高价货物而言,汽车运价虽高,但在总成本中所占的比例较小,而且可以从减少货损货差、及时供应市场中得到补偿。随着公路网的发展和建设,公路等级不断地提高,混合行驶的车道越来越少,汽车的技术性能与安全装置也大为改善。因此,公路运输的安全性也大为提高。

(3)送达性。

由于公路运输灵活方便,可以实现"门到门"的直达运输,一般不需中途倒装,因而其送达快,有利于保证货物的质量和提高客、货的时间价值,加速流动资金的周转。快速是乘客对于客运的另一个重要要求。在短途运输中,汽车客运的送达速度一般高于铁路。依托高速公路的长途汽车客运的送达速度,在运距差不多时,也往往高于铁路。

(4)原始投资少,资金周转快,回收期短。

汽车购置费低,原始投资回收期短。美国有关资料表明:公路货运企业每收入1美元仅需投资0.72美元,而铁路则需2.7美元。公路运输的资本每年周转3次,铁路则需3~4年才周转一次。

由于公路运输的上述优点,因此在世界范围内公路运输迅速发展,并超过铁路和其他运输方式。但公路运输也存在一些问题,主要是装载量小、不适宜大批量运输;长距离运输费用相对昂贵;易污染环境、发生事故及失窃较多;能耗大。

2. 公路运输的生产组织和经营管理特征

(1)车路分离。

世界各国公路的建设与养护,通常都由政府列入预算,汽车物流企业一般不直接负担其资本支出。

(2) 富于活动性。

汽车行驶不受轨道的限制,且其一般以车为基本输送单元,故高度灵活。既可作为其他交通运输方式的接运工具,也可以直达运输。

(3) 可实现"门到门"运输服务。

汽车可以进入市区、进入厂库,既可承担全程运输任务,实现"门到门"运输,也可以辅助其他运输方式,实现"门到门"运输。

(4) 经营简易。

若私人经营汽车运输业,可采用小规模方式,甚至一人一车也可以经营,即使经营失利,也可以转往他处或将车辆卖出。

公路运输不像其他运输方式那样受到各种线路的限制,其市场覆盖面要广于其他运输方式。公路运输的特点使得公路运输尤其适用于短距离、高价值产品的装运,在中间产品和轻工产品的运输方面有较大的优势。

三、水运物流

水运物流是指由船舶、航道和港口等组成的交通物流系统。按其航行的区域,可分为远洋运输、沿海运输和内河运输3种类型。远洋运输通常指无限航区的国际运输;沿海运输指在国内沿海区域各港口间进行的运输;内河运输是指在江、河、湖泊及人工水道上的运输。

1. 水运物流的技术经济特征

(1) 运输能力大。在海上运输中,目前世界上最大的超巨型油船的载重量达55万吨,集装箱船箱位已达5000~6000TEU(20英尺(1英尺=0.3048米)标准箱),矿石船载重量达35万吨,巨型客轮已超过8万吨。海上运输利用天然航道,若条件允许,可随时改造为最有利的航线。因此,其运输能力大。在内河运输中,美国最大顶推船队运载能力超过6万吨。我国顶推船队的运载能力已达3万吨,相当于铁路列车的6~10倍。在运输条件良好的航道,通行能力几乎不受限制。例如,长江干流的上游航道,其单向年通过能力为3300万吨,而在宜昌以下的长江中下游,其通过能力则为上游的10倍以上。

(2) 运输成本低。尽管水运的站场费用很高,但因其运载量大、运程较远,因而总的单位成本较低。美国海洋运输成本只及铁路的1/8。

海上运输航道的开发几乎不需要支付费用,内河虽然有时需要一定的费用以疏浚河道,但比修筑铁路的费用少得多。据初步计算,开发内河航道每公里投资仅为铁路旧线改造的1/5或新线建设的1/8,而且航道建设还可结合兴修水利和电站,收到综合效益。

(3) 劳动生产率高。由于船舶运载量大、配备船员少,因而其劳动生产率较高。一艘20万吨油船一般只需配备40名船员,平均每人运送货物5000吨。

(4) 航速低。由于船舶体积大,水流阻力大,因此航速一般较低。低速行驶所需克服的阻力小,能够节约燃料;航速增大所需克服的阻力直线上升。例如,航速从5 km/h增加到30 km/h,所受的阻力将增大到35倍。一般船舶行驶速度只能达到30 km/h左右(冷藏船可达40 km/h,集装箱船可达40~60 km/h)。

(5) 受气候影响大。船舶航行受气候条件影响较大,如在冬季内河常存在断航之虞。断航将使水运用户的存货成本上升,这决定了水运运输主要承运低值货物。

2. 水运物流的生产组织和经营管理特征

（1）便于利用。水路不论海洋或内河、湖泊，都是自然通路，便于利用，与铁路、公路等其他运输方式相比，修建与维护费用较低。

（2）不受海洋阻隔。在地理上，铁路列车和汽车遇海洋一般无法越过，船舶则不受海洋阻隔，均能行驶通过。飞机虽可飞越海洋，但续航能力没有船舶大，成本也远比水运高。

（3）创办较容易。水运物流经营规模，可小至一船，航路为天然水上道路，不需支付使用代价，一切岸上设备，也都由政府投资修建；运费可预先收取，故其营运及组织规模可采用逐次扩充方式，且许多国家对于航运业，有各种奖励政策，故创办较容易。

（4）国际竞争激烈。海洋运输具有国际性，船舶航行于公海，可自由来往，故营运竞争十分激烈。同时还要面临其他运输方式的竞争。

（5）差异性大。航路因海洋的宽深不同，船舶大小因之而异，其性能亦各不相同。此外，物资的流通、船舶的往返与沿线停靠码头的顺序，都有变动的可能性。

与以上特点相对应，水运物流适于运送数量巨大、低价值、时效性要求不高的货物，如矿石、煤炭、石油、农产品等。水运物流承担国际贸易运输，是国际贸易的主要运输方式之一，也是大宗货物长距离运输的理想选择。

四、航空物流

1. 航空物流的技术经济特征

（1）高科技性。航空物流的工具主要是飞机，飞机本身就是高科技的象征。先进的飞机是先进的科学技术及其产品的结晶，航空交通物流系统的每个部门无不涉及高科技领域。可以说，航空物流的发展水平反映了一个国家科学技术和国民经济的发展水平。

（2）高速性。高速性是航空物流与其他方式相比最明显的特征。现代喷气式飞机的速度一般在 1400 km/h 左右，比火车快 5～10 倍，比海轮快 20～25 倍。快捷的交通工具大大缩短了货物的在途时间，对于那些易腐、易变质的鲜活货物，时效性、季节性强的报刊和时令性商品，抢险、救急品，以及对运输时间和运输质量都有很高要求的商品，这一特点显得尤为突出。

（3）高度的机动灵活性。航空物流不受地形地貌、山川河流的限制，只要有机场并有航路设施保证，即可开辟航线。如果用直升机，其机动性更大。对于地面条件恶劣、交通不便的内陆地区非常适合。它有利于当地资源的出口，促进当地经济的发展。

（4）安全可靠性和舒适性。随着科学技术的发展，空中飞行不如地面交通安全的错误认识正在被逐渐消除。航空物流的在途时间短，装卸质量高，所以货物的破损率较低。

（5）建设周期短、投资少、回收快。一般来说，修建机场比修建铁路和公路的周期短、投资少，若经营好，投资回收也快。

航空物流的不足之处在于：在各种交通运输方式中，航空的运输成本最高，如 1996 年中国航空物流主营业务的成本为 4872.4 万元，为铁路的 10 倍还多。但若从整个物流系统来考虑，航空物流有助于企业降低仓储成本、货物运输的包装费用及保险费用。因飞行条件要求较高，航空物流在一定程度上受到气候条件的限制，从而影响运输的准点性和正常性，可达性差。

2. 航空物流生产组织和经营管理的特征

(1) 飞行距离远。现代飞机已实现了超音速,且可飞越高山大洋,适于长距离的快速运输。

(2) 飞机与机场距离。飞机降落及供客、货上下的飞机场,均由政府修建设置,凡经营航空物流者,只需购置飞机,即可营运。

(3) 适用范围广泛。飞机,尤其是直升机,不但可为客、货运输提供服务,而且可为邮政、农业、渔业、林业、救援、工程、警务、气象、旅游及军事等方面提供方便。

(4) 具有环球性及国际性。航空物流企业属于环球多国籍的物流企业,且具有跨国服务的特征,故须考虑提供国际化的服务与合作关系。为此,国际民航组织制定了各种法规、条例、公约来统一和协调各国航空公司的飞行活动和运营活动。

综合上述特点,航空物流适于长途旅客运输和紧急需要的、时效性较高的、单位价值较高的货物运输。

五、管道物流

管道物流是输送流体货物的一种方式。它随着石油工业发展而兴起,并随着石油、天然气等流体燃料需求的增加而迅速发展,逐渐形成沟通能源产地、加工场所及消费者之间的输送工具。管道不仅修建在一国之内,还可连接国际甚至洲际,成为国际、洲际能源调剂的大动脉。

1. 管道物流的技术经济特征

(1) 运量大。一条管径为 720 mm 的管道每年可以运送易凝高黏原油 2000 多万吨,一条管径 1200 mm 的原油管道年输油量可达 1 亿吨。

(2) 占用土地少。管道埋于地下,除泵站、首末站占用一些土地外,总的来说占地很少,并可从河流、湖泊、铁路、公路下方穿过,也可翻越高山,横穿沙漠,一般不受地形与坡度的限制,易取捷径,因而也可缩短运输里程。交通物流系统的建设实践证明,运输管道埋藏于地下的部分占管道总长度的 95% 以上,因而对于土地的永久性占用很少,分别为公路的 3%、铁路的 10% 左右。

(3) 投资少,自动化水平高,运营费用低。管道输送流体能源,主要依靠间隔为 60~70 km 设置的增压站提供压力能,设备比较简单,易于就地自动化和进行集中遥控。先进的管道增压站已可以做到完全无人值守。由于节能和高度自动化,用人较少,使运营费用大大降低。

(4) 管道运输安全可靠、连续性强。由于天然气易爆、易燃、易挥发、易泄漏,采用管道物流方式既安全,又可以大大减少挥发损失,同时也可大大减少由于泄漏导致的对空气、水和土壤的污染。此外,由于管道基本埋于地下,其运输过程受气候影响很小,可以确保运输系统长期稳定的运行。

(5) 管道物流耗能少、成本低、效益好。发达国家采用管道物流石油,每吨千米的耗能不足铁路的 1/7,大量运输时的运输成本与水运接近,因此在无水条件下管道物流是一种最为节能的运输方式。管道物流是一种连续工程,交通物流系统不存在空载行程,因而系统的运输效率高,理论分析和实践经验已证明,管道口径越大,运输距离越远,运输量越大,运输成本就越低。以运输石油为例,管道物流、水运物流、铁路运输的成本之比为1∶1∶1.7。

(6) 灵活性差。管道物流不如其他运输方式灵活,除承运的货物比较单一外,也不容扩展管道。

2. 物流的生产组织和经营管理特征

(1) 生产与运输一体化。管道物流属专用运输,其生产与运销混为一体。如炼油厂的产品可经管道直接运送到消费者手中。

(2) 上门服务。管道物流的导管可从工厂经干线、支线,直接接到用户,中间不需要任何间接的搬运,可做到上门服务。

(3) 生产高度专业化。管道物流是在流体类货物运输中最具高度专业化的物流企业,需要装设专门的管道及相关设施。

(4) 作业自动化。管道物流的要素是利用引力及机械力,因此其作业过程的操作均需实现自动化。

由此可见,管道物流的特点十分鲜明,使得管道物流主要负担单向、定点、量大的流体状货物的运输,如石油、天然气、煤浆等,但是在它占据的领域里,具有可靠的市场。

此外,随着电子信息技术的高速发展,出现了电子运输。它所传送的"货物"是以电子形式存在的,如音乐、影像、文档资料等产品,是最新的运输方式,它是通过互联网传送的,传送速度之快、费用之经济是传统运输方式无法相比的,而且越来越多的承运人也开始使用网络来拓展其业务。

为了能够对各种运输方式有较清晰的了解,下面以表格的方式将它们的一些特点加以对比(见表1.3—1.5)。

表1.3 各种运输方式的成本结构

运输方式	固定成本	可变成本
铁路	高(设备、轨道及场站)	低
公路	高(道路等由政府投资)	适中(燃料、维修)
水路	适中(船舶、设备)	低(运量大)
航空	低(飞机、搬运系统)	高(燃料、维修保养、劳动力)
管道	最高(管道、气泵站泵送能力)	低

表1.4 各种运输方式的运营特征比较

运营特征	铁路	公路	水路	航空	管道
速度	3	2	4	1	5
可得性	2	1	4	3	5
可靠性	3	2	4	5	1
运输能力	2	3	1	4	5
发送频率	4	2	5	3	1
合计得分	14	10	18	16	17

注:最低得分的排名是最好的。

表 1.5　各种运输方式对资源的占用和可持续发展定性评价

运输方式	对资源的占用			对环境的影响			安全性
	土地	水资源	能源	大气	噪声	垃圾	
铁路	中	少	中	中	中	中	好
公路	多	少	多	严重	中	少	中
水路	少	多	少	小	少	少	好
航空	少	少	很多	中	很大	少	较好
管道	很少	中	中	很小	很小	—	很好

六、特殊运输

1. 集装箱运输

所谓的集装箱运输就是指把货物装入具有一定容积、坚固耐久的特制容器(集装箱)内,再用车、船、飞机载运的一种运输方式。[①]

集装箱运输以集装箱这种大型容器为载体,将货物集合组装成集装单元,以便在现代流通领域内运用大型装卸机械和大型载运车辆进行装卸、搬运作业和完成运输任务,从而更好地实现货物"门到门"运输的一种新型、高效率和高效益的运输方式。

案　例

集装箱运输的发展历程

集装箱运输虽然是一种现代化的运输方式,但其发展却经历了漫长的过程。集装箱运输的发展可分为以下几个阶段:

(1) 集装箱运输发展的初始阶段(19 世纪初—1966 年)。集装箱运输起源于英国。早在 1801 年,英国的詹姆斯·安德森博士已提出将货物装入集装箱进行运输的构想。1845 年英国铁路曾使用载货车厢互相交换的方式,视车厢为集装箱,使集装箱运输的构想得到初步应用。19 世纪中叶,在英国的兰开夏已出现运输棉纱、棉布的一种带活动框架的载货工具,这是集装箱的雏形。

正式使用集装箱来运输货物是在 20 世纪初期。1900 年,在英国铁路上首次试行了集装箱运输,后来相继传到美国(1917 年)、德国(1920 年)、法国(1928 年)及其他欧美国家。

1966 年以前,虽然集装箱运输取得了一定的发展,但在该阶段集装箱运输仅限于欧美一些先进国家,主要从事铁路、公路运输和国内沿海运输;船型以改装的半集装箱船为主,其典型船舶的装载量不过 500 TEU(20 ft 集装箱换算单位,简称"换算箱")左右,速度也较慢;箱型主要采用断面为 8 ft×8 ft 长度分别为:24 ft、27 ft、35 ft 的非标准集装箱,部分使用了长度为 20 ft 和 40 ft 的标准集装箱;箱体的材质开始以钢质为主,到后期铝质箱开始出现;

[①] 童明荣.城市物流系统规划:理论、实践与案例[M].杭州:浙江大学出版社,2014.

船舶装卸以船用装卸桥为主,只有极少数专用码头上有岸边装卸桥;码头装卸工艺主要采用海陆联运公司开创的底盘车方式,跨运车刚刚出现;集装箱运输的经营方式是仅提供港到港的服务。以上特征说明,在1966年以前集装箱运输还处于初始阶段,但其优越性已得以显现,这为以后集装箱运输的大规模发展打下了良好的基础。

(2) 集装箱运输的发展阶段(1967—1983年)。自1967年至1983年,集装箱运输的优越性越来越被人们认可,以海上运输为主导的国际集装箱运输发展迅速,是世界交通运输进入集装箱化时代的关键时期。

1970年约有23万 TEU,1983年达到208万 TEU。集装箱船舶的行踪已遍布全球范围,随着海上集装箱运输的发展,各港纷纷建设专用集装箱泊位,世界集装箱专用泊位到1983年已增至983个。世界主要港口的集装箱吞吐量在20世纪70年代的年增长率达到15%。专用泊位的前沿均装备了装卸桥,并在鹿特丹港的集装箱码头上出现了第二代集装箱装卸桥,装卸速度可达50 TEU/h。码头堆场上轮胎式龙门起重机、跨运车等机械得到了普遍应用,底盘车工艺则逐渐趋于没落。在此时期,传统的件杂货运输管理方法得到了全面改革,与先进运输方式相适应的管理体系逐步形成,电子计算机也得到了更广泛的应用,尤其是1980年5月在日内瓦召开了有84个贸发会议成员国参加的国际多式联运会议,通过了《联合国国际货物多式联运公约》。该公约对国际货物多式联运的定义、多式联运单证的内容、多式联运经营人的赔偿责任等问题均有所规定。公约虽未生效,但其主要内容已为许多国家所援引和应用。

虽然在20世纪70年代中期,由于石油危机的影响,集装箱运输发展速度放缓,但是这一阶段发展时期较长,许多新工艺、新机械、新箱型、新船型以及现代化管理方式,都是在这一阶段涌现出来的,世界集装箱向多式联运方向发展也孕育于此阶段之中,故可称之为集装箱运输的发展阶段。

(3) 集装箱运输的成熟阶段(1984年以后)。1984年以后,世界航运市场摆脱了石油危机所带来的影响,开始走出低谷,集装箱运输又重新走上稳定发展的道路。有资料显示,发达国家件杂货运输的集装箱化程度已超过80%。据统计,到1998年世界上约有各类集装箱船舶6800多艘,总载箱量达579万 TEU。集装箱运输已遍及世界上所有的海运国家,随着集装箱运输进入成熟阶段,世界海运货物的集装箱化已成为不可阻挡的发展趋势。

集装箱运输的特点如下。

(1) 简化包装,大量节约包装费用。为避免货物在运输途中受到损坏,必须有坚固的包装,而集装箱具有坚固、密封的特点,其本身就是一种极好的包装。使用集装箱可以简化包装,有的甚至无须包装,实现件杂货无包装运输,可大大节约包装费用。

(2) 减少货损货差,提高货运质量。由于集装箱是一个坚固密封的箱体,集装箱本身就是一个坚固的包装。货物装箱并铅封后,途中无须拆箱倒载,一票到底,即使经过长途运输或多次换装,不易损坏箱内货物。集装箱运输可减少被盗、潮湿、污损等引起的货损和货差,深受货主和船公司的欢迎,并且由于货损率与货差率的降低,减少了社会财富的浪费,也具有很大的社会效益。

(3) 减少营运费用,降低运输成本。由于集装箱的装卸基本上不受恶劣气候的影响,船舶非生产性停泊时间缩短,又由于装卸效率高,装卸时间缩短,对船公司而言,可提高航行率,降低船舶运输成本,对港口而言,可以提高泊位通过能力,从而提高吞吐量,增加收入。

(4) 高效率。传统的运输方式具有装卸环节多、劳动强度大、装卸效率低、船舶周转慢等缺点。而集装箱运输完全改变了这种状况。普通货船装卸,一般为 35 t/h,而集装箱装卸,可达 400 t/h,装卸效率大幅度提高。同时,由于集装箱装卸机械化程度很高,因而每班组所需装卸工人人数很少,平均每个工人的劳动生产率大大提高。由于集装箱装卸效率很高,受气候影响小,船舶在港停留时间大大缩短,因而船舶航次时间缩短,船舶周转加快,航行率大大提高,船舶生产效率随之提高,从而提高了船舶运输能力,在不增加船舶艘数的情况下,可完成更多的运量,增加船公司收入,这样,高效率带来高效益。

(5) 高投资。集装箱运输虽然是一种高效率的运输方式,但是它同时又是一种资本高度密集的行业。船公司必须对船舶和集装箱进行巨额投资。根据有关资料显示,集装箱船每立方米的造价为普通货船的 3.7~4 倍。集装箱的投资相当大,开展集装箱运输所需的高额投资,使得船公司的总成本中固定成本占有相当大的比例,高达 2/3 以上。集装箱运输中的港口的投资也相当大。专用集装箱泊位的码头设施包括码头岸线、前沿、货场、货运站、维修车间、控制塔、门房以及集装箱装卸机械等,耗资巨大。

为开展集装箱多式联运,还需有相应的设施及内陆货运站等,为了配套建设,这就需要兴建、扩建、改造、更新现有的公路、铁路、桥梁、涵洞等,这方面的投资更是惊人。可见,没有足够的资金开展集装箱运输,实现集装箱化是困难的,必须量力而行,逐步实现集装箱化。

(6) 高协作。集装箱运输涉及面广、环节多、影响大,是一个复杂的交通物流系统工程。集装箱交通物流系统包括海运、陆运、空运、港口、货运站以及与集装箱运输有关的海关、商检、船舶代理公司、货运代理公司等单位和部门。如果互相配合不当,就会影响整个交通物流系统功能的发挥,如果某一环节失误,必将影响全局,甚至导致运输生产停顿和中断。因此,要求整个交通物流系统各环节、各部门之间的高度协作。

(7) 多式联运。由于集装箱运输在不同运输方式之间换装时,无须搬运箱内货物而只需换装集装箱,这就提高了换装作业效率,适于不同运输方式之间的联合运输。在换装转运时,海关及有关监管单位只需加封或验封转关放行,从而提高了运输效率。

此外,由于国际集装箱运输与多式联运是一个资金密集、技术密集及管理要求很高的行业,是一个复杂的交通物流系统工程,这要求管理人员、技术人员、业务人员等具有较高的素质,才能胜任工作,才能充分发挥国际集装箱运输的优越性。

2. 联合运输

联合运输简称联运,是指使用两种或两种以上的运输方式,完成一项货物运输任务的综合运输方式。联合运输是综合利用某一区间中各种不同运输方式的优势进行不同运输方式的协作,使货主能够按一个统一的运输规章或制度,使用同一个运输凭证,享受不同运输方式综合优势的一种运输形式。

联合运输按地域划分可分为国际联运和国内联运两种,国内联运较为简单,国际联运是联合运输最高水平的体现。联合运输的方式包括陆空、海空联运,陆海联运,集装箱运输,陆桥运输,国际多式联运等。

(1) 陆空、海空联运。我国出口货物从 1974 年开始通过香港中转使用陆空或者陆空陆和海空联运方式。具体做法是:从国内货物产地装上火车(或船)运到香港,再从香港装飞机运至欧洲、北美洲或澳大利亚中转站（或目的地），再用卡车由中转站运至目的地。采用这种运输方式有很多优点，如到货迅速、运输合适、货运安全、手续简便等。如果采用信用证支付方式，只要在信用证上列明："沈阳（或××）到香港装火车（或船），香港中转站装飞机，再装卡车至××地，卖方凭承运人出具的第一程运输工具的货物承运收据（cargo receipt）或提单（bill of lading）收款"，卖方装运后即可凭单据收取货款。

（2）陆海联运。我国出口货物实行陆海联运是从 1977 年开始试办的。这种联运方式的做法是：首先由内地省市外贸公司，自启运地把货物装上火车运至香港，然后由香港华夏公司联系工程船舶，将货物从香港运往国外指定的目的港。由于国内铁路运输通过能力所限，陆海联运的陆上运输（火车）压力较大，并非所有货物都可实行陆海联运。只有国内港口无直达船并且转船有困难的或经香港陆海联运的运费不高于海运经香港转船费用的或原属经黄埔（广州）海运出口在香港转船的或贸易上确有特殊需要的，才能在香港办理陆海联运的中转。陆海联运与陆空联运一样，内地省市外贸公司在发货地将货物装车后，即可凭规定的货运单据在当地中国银行办理结汇，这样可以大大缩短收汇时间。另外，陆海联运经香港中转，可以利用香港航线多、订舱方便等有利条件，使我国出口货物能及时装运出口。

（3）集装箱运输，是指将一定数量的单件货物装入集装箱内，以集装箱作为一个运达单位所进行的运输。

（4）陆桥运输，是指以大陆上铁路或公路交通物流系统为中间桥梁，把大陆两端的海洋连接起来的运输方式，从形式上看，是海—陆—海的连贯运输，一般以集装箱为媒介。

（5）国际多式联运，是指按照多式联运合同，以至少两种不同的运输方式，由多式联运经营人将货物从一国境内接管货物的地点运至另一境内指定交付货物的地点的一种运输方式。

3. 特殊货物运输

货物运输过程中的部分货物，有危险、超限、笨重、鲜活易腐、贵重等特点，它们对装卸、运送、保管等作业有特殊要求，这类货物统称为特殊货物。特殊货物运输时使用具体、合理的运输方式和工具，确保人、物的安全和完好。特殊货物是一个综合性概念，在收运、储存、保管、运输及交付过程中，因货物本身的性质、价值或质量等条件，有些货物需要进行特殊处理，以便满足特殊运输条件。

（1）危险货物，如具有爆炸、易燃、毒害、腐蚀、放射性等性质，在运输、装卸和储存保管中，容易造成人身伤害和财产毁损而需要特别防护的货物。

（2）超限货物，是指货物装车后超长、超高、超宽、超重的大型货物。超重的大型货物，运输时需要有关部门配合进行排障、护送的货物。这类货物的运输需要特殊处理程序或装卸设备。

（3）鲜活易腐货物，是指在一般运输条件下易于死亡或腐烂贬值的货物，如虾、蟹类；肉类；花卉；水果；蔬菜类；沙蚕、活赤贝、鲜鱼类；植物、树苗；蚕种；蛋种；乳制品；冰冻食品；药品；血清、疫苗、人体蛋白质、胎盘球蛋白等。此类货物，一般要求在运输和报关中采取特别的措施，如冷藏、保温等，以保持其鲜活或不变质。政府规定需要进行检疫的鲜活易腐物品，应当出具有关部门的检疫证明。

（4）贵重品主要包括：

①运输声明价值毛重每千克超过（或等于）1000美元的任何物品；

②黄金（包括提炼或未提炼过的金锭）、混合金、金币以及各种形状的黄金制品；

③法定的银行钞票、有价证券、股票、息股、旅行支票及邮票；

④钻石（包括工业用钻石）、红宝石、蓝宝石、绿宝石、蛋白石、珍珠（包括养殖珍珠），以及镶有上述钻石、宝石、珍珠等的饰物；

⑤金、银等材料制作的珠宝饰物和手表；

⑥金、铂制品（不包括镀金、镀铂制品）。

4．危险货物运输

危险货物是指在运输中，凡具有爆炸、易燃、毒害、感染、腐蚀、放射性等特性，在运输、装卸和储存保管过程中，容易造成人身伤亡和财产毁损而需要特别防护的货物，均属危险货物。

根据国家公布的《危险货物分类和品名编号》（GB 6944—1986）和《危险货物品名表》（GB12268—1990），结合铁路运输实际情况，铁路运输危险货物按其主要危险性和运输要求划分。

项和品名表如下：

第1类　爆炸品

第1.1项　有整体爆炸危险的物质和物品；

第1.2项　有辐射危险，但无整体爆炸危险的物质和物品；

第1.3项　有燃烧危险并有局部爆炸危险或局部进射危险或两种危险都有，但无整体爆炸危险的物质和物品；

第1.4项　不呈现重大危险的物质和物品；

第1.5项　有整体爆炸危险的非常不敏感物质；

第1.6项　无整体爆炸危险的极端不敏感物品。

第2类　压缩气体和液化气体

第2.1项　易燃气体；

第2.2项　非易燃无毒气体；

第2.3项　毒性气体。

第3类　易燃液体

第3.1项　一级易燃液体；

第3.2项　二级易燃液体。

第4类　易燃固体、易于自燃的物质、遇水放出易燃气体的物质

第4.1项　易燃固体；

第4.2项　易于自燃的物质；

第4.3项　遇水放出易燃气体的物质。

第5类　氧化性物质和有机过氧化物

第5.1项　氧化性物质；

第5.2项　有机过氧化物。

第6类 毒性物质和感染性物质

第6.1项 毒性物质；

第6.2项 感染性物质。

第7类 放射性物质

第8类 腐蚀性物质

第8.1项 酸性腐蚀性物质；

第8.2项 碱性腐蚀性物质；

第8.3项 其他腐蚀性物质。

第9类 杂项

第9.1项 危害环境的物质；

第9.2项 高温物质；

第9.3项 经过基因修改的微生物或组织，不属感染性物质，但可以非正常地天然繁殖结果的方式改变动物、植物或微生物物质。

第四节 交通物流服务

交通物流具有服务性。主要表现在：

（1）运输生产的服务性。运输的活动与工业产品和农业产品相比较，运输生产本身不具有实体性，运输是要实现货物的空间转移，而并未生产有形的产品。可见，运输活动是一种劳动服务，从事交通物流必须树立服务意识。

（2）运输对自然条件的依赖性。运输与工农业生产等其他物质生产部门相比，很难摆脱对自然条件的依赖。在五种基本的运输方式中，大部分的运输都是露天进行的，尤其是水运物流和航空物流，由于受航线等条件的限制，其运输效率很大程度上都取决于自然条件的好坏。

（3）运输生产过程具有流动性。与工农业生产具有位置相对固定性不同，运输生产是流动的、分散的，从而导致运输生产管理和控制更为复杂，难度更大。

一、交通物流服务

随着人类社会不断向前发展，各部门、地区、国家之间的人员与商品流动日益频繁，运输量不断增加，运输水平与效率也不断提高。于是，交通运输服务业应运而生，并逐步成为一个独立的物质生产部门。

交通运输服务业（简称为交通运输业）主要是指通过使用运输工具和设备，从事人员和货物运输的生产部门。交通运输服务业作为一个独立的物质生产部门，是社会分工的结果，按运输方式可分为铁路运输服务业、公路运输服务业、水上运输服务业、航空物流服务业和管道物流服务业等子部门。交通运输服务业作为国民经济和国防建设的一个重要组成部门，把社会生产、分配、交换、消费有机地联系起来，是沟通城乡，联系国民经济各部门、各个地区的纽带，是国际交往的桥梁，也是确保人民生活安定和巩固国防的重要条件。

世界贸易组织及《服务贸易总协定》对交通运输服务贸易的分类如下：

就《关税与贸易总协定》(GATT)各缔约方和世界贸易组织(WTO)各成员方递交的材料中所列举的项目来看,服务贸易的类型约有150多种。按照世界贸易组织各成员国较为普遍采用的一般国家标准分类法(GNS分类法),交通运输服务贸易被列入国际服务贸易的第十一大项,其包括9个大类33个小项。以下所列的是GNS分类法对交通运输服务贸易的分类。

运输服务

A. 海运服务

116. 客运

117. 货运

118. 包船

119. 船舶维修

120. 船舶牵引服务

121. 船舶的支持服务

B. 内河航运

122. 客运

123. 货运

124. 包船

125. 船舶维修

126. 船舶牵引服务

127. 内河航运的支持服务

C. 空运服务

128. 客运

129. 货运

130. 包机

131. 飞机维修

132. 空运的支持服务

D. 外层空间运输

E. 铁路运输服务

133. 客运

134. 货运

135. 牵引服务

136. 铁路运输设备维修

137. 铁路运输的支持服务

F. 公路运输服务

138. 客运

139. 货运

140. 包车

141. 公路运输设备维修服务

142. 公路运输的支持服务

G. 管道物流

143. 燃料运输

144. 其他物资运输

H. 所有运输方式的辅助性服务

145. 理货

146. 仓储服务

147. 货运代理服务

148. 其他

I. 其他服务

二、交通运输服务贸易

"服务贸易"一词虽出现较早,但至今没有一个确切的概念。学者们倾向于将服务贸易界定为不同国家的居民之间所发生的服务交易活动,无论这种交易发生在何地。根据乌拉圭回合达成的《服务贸易总协定》(GATS),服务贸易是指服务的提供者从一国境内,通过商业存在或自然人存在向消费者提供服务,并获取外汇收入的过程。

从狭义上说,交通运输服务贸易是指以运输服务为交易对象的贸易活动,即贸易的一方为另一方提供运输服务,以实现货物和人在空间上的位移。[1]

然而,从《服务贸易总协定》中所调整、规定的服务贸易内容和目前在国际上占据主导地位的国际服务贸易的分类法来看,交通运输服务贸易的内涵和外延均较前述概念有所扩大。交通运输服务贸易从广义上理解已不仅局限于人员或货物在一定空间内转移的服务,还应包括许多与该服务有关的辅助性、支持性服务,它们对人员或货物的流动来说是至关重要的(如港口服务贸易、船舶租赁服务贸易、飞机修理与维护服务贸易、火车牵引服务贸易等)。因此,本书中所述及的交通运输服务贸易,如无特别指出,则均指广义上的交通运输服务贸易。具体而言,我们将广义上的交通运输服务贸易分为海运服务贸易、港口服务贸易、空运服务贸易、铁路运输服务贸易、公路运输服务贸易以及其他运输服务贸易。

从服务贸易的实际效用来看,广义上的交通运输服务贸易既包括追加性服务,又包括核心服务;就其进行方式而言,广义上的交通运输服务贸易囊括了过境支付(cross-border supply)、境外消费(consumption abroad)、商业存在(commercial presence)和自然人存在(personal presence)4种供给形式。

同其他各种类型的服务贸易一样,交通运输服务贸易也具有异质性、不对等性、无形性、增值性、超前性、开放性等特征。同时,交通运输服务贸易作为一个独立的服务部门,也有其自身的特征。

交通运输服务贸易的特征:

(1) 交通运输服务贸易一般不改变服务对象的属性或形态,也不具有实物形态的产品;

(2) 交通运输服务贸易的主要产品的生产过程和消费过程是同时进行的;

(3) 在交通运输服务贸易中,服务的主体、客体、对象和工具有独特的组合方式;

---

[1] 潘维康,杨晓东,刘传玉.商贸物流驱动新型城镇化:山东临沂发展模式研究[M].北京:中国工人出版社,2014.

（4）交通运输服务贸易的可替代性较强，可以有公路、铁路、水路、航空、管道等多种运输方式可供选择；

（5）交通运输服务贸易的活动空间十分广阔，它在陆地、海洋、地上、地下甚至外层空间中都可进行；

（6）交通运输服务贸易与商品贸易有着极为密切的联系，可以说现代运输服务贸易主要是为商品贸易服务的；

（7）在交通运输服务贸易中，中介人或代理人的活动非常活跃，以海运服务为例，就包括船舶代理、货运代理、运输代理、票务代理等服务，代理还分成一级代理、二级代理、三级代理等不同层次。

三、交通物流的参与者

运输是物流活动，活动的主体就是参与者，活动作用的对象是货物客体。运输必须由货主和运输参与者共同参与才能进行。

1. 货主

货主是货物的所有者，包括托运人（或委托人）和收货人，有时托运人和收货人是同一主体，有时不是同一主体。但不管是托运人托运货物，还是收货人收到货物，他们均希望在规定的时间内，在无丢失损坏且能方便获取货物运输信息的条件下，花最少的费用将货物从托运地转移到指定的收货地点。

货主也称为物主。物主是货物的所有者，包括托运人（或称委托人）和收货人，有时托运人与收货人是同一主体。托运人和收货人的共同目标是要在规定的时间内以最低的成本将物品从起始地转移到目的地，他们一般对收发货时间、地点、转移时间、有无丢失损坏和有关信息等方面都有要求。

2. 承运人

承运人是指进行运输活动的承担者。承运人可能是铁路货运公司、航运公司、民航货运公司、运输公司、储运公司、物流公司以及个体运输业者。承运人受托运人或收货人的委托，按委托人的意愿以最低的成本完成委托人委托的运输任务，同时获得运输收入。承运人根据委托人的要求或在不影响委托人要求的前提下合理地组织运输和配送，包括选择运输方式、确定运输路线、进行配货配载等，以降低运输成本，尽可能多地获得利润。承运人属于作业型中间商。

在货运合同中，承运人的责任一般说来主要是保证所运输的货物按时、安全地送达目的地。因此，承运人应对货物在运输过程中发生的货物灭失、短少、污染、损坏等负责。一旦发生此种情况，应按实际损失给予赔偿。这种损失必须发生在承运人的责任期内。承运人的责任期一般是从货物由托运人交付承运人时起，至货物由承运人交付收货人为止，法律有特别规定或当事人有特别约定的除外。在这段责任期内，承运人应承担货物损失的责任。只有在损失是由于不可抗力、货物本身的自然性质或合理损耗、托运人或收货人的过错等原因造成的情况下，承运人才可以免责。

承运人的义务包括：

（1）按合同规定的期限、数量、起止点，合理调派车辆，完成运输任务；

（2）负责装卸时，应严格遵守作业规程和装载标准，保证装卸质量；

（3）实行责任运输。安排装货的车辆，货箱要完整清洁，货物要捆扎牢固，覆盖严密。运输途中要定时检查，发现异常情况，及时采取措施，保证运输质量。

3. 运输代理人

运输代理是指根据客户的指示，为客户的利益而揽取货物的人，其本人并非承运人。对于托运人而言，选择哪种运输方式有几方面考虑，作为货运代理，应非常仔细地检查有关承运人义务的履行情况。

第一，运输服务的定期性。若货物需要以固定的间隔时间运输出去，则选择固定运输的运输工具。

第二，运输速度。当托运人为了满足某种货物在规定日期内运到的需求，会更加注重运输速度的问题。只要能满足其要求，不会考虑费用的高低。

第三，运输费用。当运输的定期性和速度不是托运人考虑的主要因素时，运输费用就成为最重要的因素。

第四，运输的可靠性。这是选择承运人时所考虑的又一重要因素。

第五，经营状况和责任。比如，水运物流中，应该调查一下托运人所使用的船舶所有人或经营人的经营状况及所承担的责任。表面看来，某一船舶所有人对船舶享有所有权，而事实上，他将船舶抵押给银行并通过与银行的经营合同而成为船舶经营人。船舶经营人可能是定期租船人，按照租约，船主对于未付的租金，可以留置经营人运输的货物。

4. 货运代理人

货运代理人是根据客户要求，并为获得代理费用而招揽货物、组织运输和配送的人。有的代理承运人向货主揽取货物，有的代理货主向承运人办理托运，有的兼营这两方面的代理业务。他们属于运输中间人，在承运人和托运人之间起着桥梁作用。货运代理人本人不是承运人，他们只负责把来自客户手中的小批量货物进行合理组织，装运整合成大批量装载，然后利用承运人进行运输。送达目的地后，再把大批量装载货物拆分成原来的小批量送往收货人处。货运代理人属非作业中间商，因此被称为无船承运人。国际货运代理业务，是指国际货运代理企业接收进出货物收货人、发货人或其代理人的委托，以委托人或自己的名义办理有关业务，来收取代理费或佣金的行为。

货运代理人与承运人不同，首先把从各种顾客手中揽取的小批量货物装运整合成小批量装载，利用专业承运人运输到目的地，然后再把大批量装载的货物拆成原来较小的装运量，送往收货人。货运代理人的主要优势在于因大批量装运可以实现较低的费率，因而从中获取利润。

5. 运输经纪人

经纪人，是买卖双方介绍交易以获取佣金的中间商人。1995年10月26日，国家工商行政管理局颁布的《经纪人管理办法》指出：本办法所称经纪人，是指依照本办法的规定，在经济活动中，以收取佣金为目的，为促成他人交易而从事居间、行纪或者代理等经纪业务的公民、法人和其他经济组织。一般来说，经纪人是指为促成他人商品交易，在委托方和合同他方订立合同时充当订约居间人，为委托方提供订立合同的信息、机会、条件，或者在隐名交易中代表委托方与合同方签订合同的经纪行为而获取佣金的依法设立的经纪组织和个人。

运输经纪人是指代托运人、收货人和承运人协调运输安排的中间商,协调的内容包括装运装载、费率谈判、结账和跟踪管理,运输经纪人也属于非作业中间商。

运输经纪人实际上是运输代办,是以收取服务费为目的,代托运人和承运人协调运输安排。经纪人和货运代理人是社会分工的产物,都属于非作业中间商。

6. 政府

由于运输业是一个经济行业,所以政府要维持交易中的高效率。政府期望形成稳定而有效率的运输环境,促使经济持续增长,使产品有效地转移到全国各地市场,使消费者以合理的成本获得产品。为此,许多政府比一般企业要更多地干预承运人的活动,这种干预往往采取规章制度、政策等形式。政府通过限制承运人所能服务的市场或确定他们所能收取的价格来规范他们的行为,通过支持研究开发或提供诸如公路或航空交通控制系统之类的通行权来促进承运人的发展。

7. 公众

公众关注运输的可达性、费用和效果以及环境和安全标准。公众根据费用高低、商品自身属性商来确定最终的运输方式。尽管最大限度地降低成本是最重要的,但与环境和安全标准有关的交易代价也需要加以考虑。虽然目前在降低污染和消费安全方面已有了重大进展,但空气污染等产生的影响仍是运输过程中的一个重大问题。既然要把降低环境风险或运输工具事故的成本转嫁到公众身上,那么他们必然会共同参与对运输的安全做出判断和决策。[1]

公众是最后的运输参与者。一方面,公众按合理的价格购买商品的需求最终决定运输需求;另一方面,公众关注运输的可达性、费用和效果及环境和安全上的标准,并对政府的决策产生影响。

显然,各方的参与使运输关系变得很复杂,这种复杂性要求运输管理考虑多方面的因素,顾及各方的利益。他们之间的关系如图1.2所示。

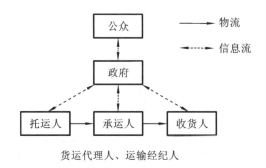

图1.2 物主与运输参与者之间的关系

四、交通服务规划

运输服务是物流服务的重要组成部分和实现物流的核心环节。随着经济社会的发展与进步,人们对于物流服务以及运输服务的要求日益提升。运输服务系统的建设与发展,有效

---

[1] 陈虎.物流配送中心运作管理[M].北京:北京大学出版社,2011.

提升运输服务的能力、质量与水平,对于满足物流服务需求、创新运输服务支撑和引导物流发展具有重要作用。

服务是指为他人做事,并使他人从中受益的一种有偿或无偿的社会活动,其不以实物形式而以提供活劳动的形式满足他人某种特殊需要,具有不可分离性、品质差异性、不可储存性、所有权的不可转让性等特点。随着经济社会的发展和我国加快推进经济发展方式的转变,社会中的服务需求日益增长,与之相适应的服务业态也快速形成与发展,服务作为经济系统中一个重要的产业部类,被社会各界广泛关注。运输服务作为服务产业的重要组成部分,一直是伴随经济社会发展的重要产业。

按照经济学理论,经济系统包括三大产业,即第一产业、第二产业、第三产业。根据我国《国民经济行业分类》(GB/T 4754—2011),构成我国经济系统的产业体系包括3大产业,20个门类(见表1.6),96大类,432中类,1094小类。简而言之,第一产业为农业(包括农、林、牧、渔业1个门类,以及种植业、畜牧业等5个大类),第二产业为工业(包括制造业、采矿业等4个门类,以及煤炭开采和洗选业、食品加工业、纺织业等45个大类),第三产业为服务业(包括交通运输、批发和零售业、住宿和餐饮业、金融业等15个门类,银行业、房地产业等46个大类)。这其中,交通运输作为服务产业的一个重要组成部分,在整个服务产业乃至经济社会系统中扮演着重要的角色,其作为其他产业有效运行的先导和纽带,在促进经济社会健康运行方面发挥着重要的基础性、引导性和服务性作用。

表1.6 我国产业类别划分

类 别	门 类	大 类
第一产业	A	农、林、牧、渔业
第二产业	B	采矿业
	C	制造业
	D	电力、热力、燃气及水生产和供应业
	E	建筑业
第三产业	F	批发和零售业
	G	交通运输、仓储和邮政业
	H	住宿和餐饮业
	I	信息传输、软件和信息服务业
	J	金融业
	K	房地产业
	L	租赁和商务服务业
第三产业	M	科学研究和技术服务业
	N	水利、环境和公共设施管理业
	O	居民服务、修理和其他服务业
	P	教育
	Q	卫生和社会工作
	R	文化、体育和娱乐业
	S	公共管理、社会保障和社会组织
	T	国际组织

1. 运输服务概念及类别

1) 运输服务概念

运输服务,即将运输对象(人或物)从一个地方转移到另一个地方的服务过程,其只改变运输对象(人或物)的空间位置,不创造新的实物形态产品。

2) 运输服务类别

从不同的角度分析,运输服务有不同的划分类别。按照运输对象划分,可以分为旅客运输服务、货物运输服务以及其他运输相关服务(如中介、代理)等,基于本书以物流为研究重点,本章所指的运输服务特指货物运输服务。按照运输方式划分,可以分为铁路运输服务、公路运输服务、水运物流服务、航空物流服务、管道物流服务等。按照服务等级划分,可以分为高端运输服务、普通运输服务等。按照服务速度划分,可以分为高速运输服务、快速运输服务、普速运输服务。按照我国《国民经济行业分类》(GB/T 4754—2011)中关于第三产业服务业的门类划分,交通运输、仓储和邮政业大类具体细分为 8 个中类,即铁路运输业、道路运输业、水上运输业、航空物流业、管道物流业、装卸搬运和运输代理业、仓储业、邮政业。与其相对应的运输服务也至少囊括以上 8 种划分类别。

2. 运输服务系统及特征

1) 运输服务系统

按照系统论创始人贝塔朗菲的定义:"系统是相互联系相互作用的诸元素的综合体。"从这一角度出发,运输服务系统则可以理解为由诸多相互联系相互作用的运输服务元素组成的综合体,这些元素包括基础设施、技术装备、政策环境以及组织方式等。

2) 运输服务系统的主要特征

运输服务系统既是综合交通运输体系的重要构成要件,也是经济社会大系统的一个重要组成部分。从系统论的角度来看,运输服务系统具有一般系统的基本特征,包括目的性、整体性、集合性、动态性、相关性、适应性等,也具有一些自身独有的特性,包括多元性、跨越性、多目标性等。

多元性。即运输服务系统是一个由人和物等多重元素共同组成的"人+物"复合系统。具体而言,运输服务是由运输劳动者运用运输设备、装卸机械以及仓库、港口、车站等设施,实现服务对象(人或物)的位移的生产服务活动。这一服务过程中,既涉及基础设施、运输装备等"硬性"系统要件,也包括具体的理念、标准、政策等"软性"系统要件,还包括服务供给者、服务需求者等不同的系统主体要件。

跨越性。即由于运输服务本身的动态性、整体性和不可储存性,使得运输服务系统在服务区域、服务时间等方面具有很大的跨度。按照服务对象的不同要求,运输服务可能会跨越几大洲、几国、几省等广阔的地理空间,与之相对应,运输服务在时间上往往也会有较大的跨度。运输服务的跨越性,使得其在运营管理、网络化组织等方面的要求较高,同时对于信息等具有极大的依赖。

多目标性。所谓多目标性,一方面由于运输需求的多样性和异质性,运输服务系统也有着不同的目标取向,如安全性、舒适性、便捷性、时效性、经济性等。不同目标取向的侧重点各不相同,而且有些目标之间也存在一定"二律背反"现象,如舒适性与经济性。另一方面,不同主体之间,如运输服务供给者和运输服务需求者,其目标也不尽相同。因此,如何平衡好不同目标之间的矛盾,在多目标中探寻最佳效果,全面提升运输服务的整体效率和水平,是运输服务系统规划与发展的一个重要任务。

3. 运输服务系统的构成要素

从不同的角度来看,运输服务系统的构成要素不尽相同。按照系统的物理逻辑,运输服务的核心是处理好各种"流"之间的关系,包括流体、流量、流时、流向、流程、流速等,从这一角度,运输服务系统主要包括以上六大要素。按照系统的市场逻辑,运输服务的核心则是利用必要载体,实现运输服务市场上的供需均衡,从这一角度,运输服务系统的构成要素则包括主体要素(供给方)、客体要素(需求方)、载体要素(基础设施、技术装备、制度环境等)。按照系统的组织逻辑,运输服务系统则又可以细分为服务供需子系统、运营网络子系统、中介服务子系统、保障服务子系统、管理服务子系统。此外,还有从具体的服务环节及功能角度的要素划分,如运送服务、仓储服务、中介服务、信息服务、票务服务以及金融服务等。不同视角下运输服务系统要素构成如图1.3所示。按照物流服务与运输服务的关系,本书重点从市场逻辑的角度和组织逻辑的角度介绍运输服务系统的要素构成。

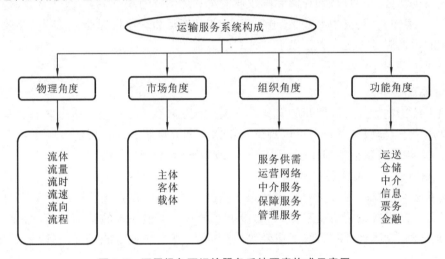

图1.3 不同视角下运输服务系统要素构成示意图

4. 市场逻辑角度的系统构成

(1)主体要素。从运输市场的角度来看,运输服务系统的主体要素是指广义范畴的供给主体,即提供运输服务及其相关服务的所有主体,包括企业、社会团体乃至政府部门。在市场经济条件下,企业是运输服务供给的直接主体,既包括各类物流企业,如汽车运输公司、航空企业、航运企业等;也包括中介代理企业,如货代、船代;还包括与运输服务有关的其他企业,如运输装备维修企业、相关保险企业、相关金融企业等。除此之外,政府部门、社会团体也是运输服务重要的供给主体,特别是在有公益性质的运输服务(如城市公共客运服务供给等)以及交通基础设施和相关设备等的供给方面,政府是最重要的供给主体。

(2)客体要素。所谓运输服务的客体要素,是指广义范畴的需求主体。运输需求作为经济社会发展的派生需求,是推动运输业发展以及促进运输服务供给不断优化升级的本源动力。

经济社会的发展加速了全社会资源要素的流动范围与流动率,为运输业的发展提供了广阔的空间,也对运输服务供给提出了相应的要求。总体而言,运输服务的需求主体,既包括客运需求主体(如旅客、乘客),也包括货运需求主体(如货主),还包括其他相关服务需求主体(如信息服务等)。其中,对于货运需求主体而言,从宏观生产的角度来看,其都是来源于国民经济的各个产业,具体则可以细分为第一产业货运需求主体、第二产业货运需求主体和第三产业货运需求主体,如表1.7所示。由于货运需求主体与物流高度关联,因此,本书分析的重点是货运需求主体。

(3) 载体要素。所谓载体要素,即承载运输服务生产运行活动的各类要素。包括交通运输基础设施、交通运输技术装备、交通运输政策环境等。其中,交通运输基础设施、交通运输装备与技术更多属于保障运输服务的"硬件"载体,交通运输政策环境则更多属于保障运输服务的"软件"载体。

交通运输基础设施。交通运输基础设施包括线路基础设施和枢纽站场等基础设施。其中,线路基础设施主要包括公路、铁路、内河航道、油气管道等;枢纽站场基础设施主要包括机场、港口、铁路站、公路站,在枢纽站场设施中,特别是货运站场中,一般都包括有仓库、货场等仓储设施。

表1.7 货运需求主体要素构成

类别			构成
第一产业货运需求主体	农业货运需求主体		农业物资货运需求主体、初级农产品货运需求主体、农业加工品货运需求主体
	林业货运需求主体		林业物资货运需求主体、林产品货运需求主体
	畜牧业货运需求主体		畜牧业物资货运需求主体、初级畜牧产品货运需求主体、畜牧加工品货运需求主体
	渔业货运需求主体		渔业物资货运需求主体、初级渔产品货运需求主体、渔业加工品货运需求主体
	农林牧副渔服务业相关货运需求主体		各类相关服务货物运输需求主体
第二产业货运需求主体	采矿业货运需求主体		石油、煤炭、金属矿、非金属矿开采和木材等运输需求主体
	制造业货运需求主体	原材料工业货运需求主体	金属冶炼及加工、炼焦及焦炭、化学、化工原料、水泥等运输需求主体
		加工工业货运需求主体	机械设备制造业、金属结构、水泥制品、化肥、农药等运输需求主体
		以农产品为原料的轻工业货运需求主体	食品制造、烟草加工、纺织、缝纫、皮革和毛皮制作、造纸以及印刷等运输需求主体
		以非农产品为原料的轻工业货运需求主体	日化用品、化学药品、医疗器械、文教体育用品等运输需求主体
	电力生产与供应的货运需求主体		电力生产的物资与设备、电力调度的物资与设备等需求主体
	燃气生产与供应的货运需求主体		燃气生产的物资与设备、燃气调度的物资与设备等需求主体
	水生产与供应的货运需求主体		水生产的物资与设备、水调度的物资与设备等需求主体
	建筑业货运需求主体		建筑、安装、修缮、装饰和其他工程作业等需求主体

续表

类别		构成
第三产业货运需求主体	批发零售业货运需求主体	生产资料、生活资料等运输需求主体
	住宿餐饮业货运需求主体	酒店、宾馆、餐饮等相关物资运输需求主体
	金融业货运需求主体	银行、证券、保险等相关物资运输需求主体
	房地产业货运需求主体	房地产投资开发、物业管理等相关物资运输需求主体
	其他货运需求主体	其他领域相关物资运输需求主体

交通运输技术装备。交通运输技术装备，包括各类运输装备、搬运及仓储设备以及相关技术平台等。其中，运输装备主要有汽车、火车、船舶、飞机等；搬运及仓储设备包括桥吊、集装箱、托盘、货架、射频设备、识别设备等；相关技术平台主要是指各类信息技术平台，包括信息采集技术平台、电子数据交换信息平台、全球定位信息平台等交通运输政策环境。这里所指的交通运输政策环境是广义范畴的概念，主要包括制度安排、法律法规、相关政策及标准等。其中，制度安排是运输生产运行和运输服务供给保障的基础性框架，包括行业管理体制、运行机制以及管理方式等。从行业管理体制角度来看，包括政府、企业以及行业协会三个层次。一般而言，政府是运输服务的制度供给者，企业是具体运输服务的直接供给者，协会则处于中间层，是政府与企业之间沟通的重要纽带。此外，管理方式中的运输组织管理技术及模式是重要的构成要素，其对交通运输服务能力与水平的影响越来越大。

5. 组织逻辑角度的系统构成

从组织逻辑的角度划分运输服务系统，主要是基于完成运输服务所涉及的相关要素在运输组织过程中彼此联系、相互作用。与市场逻辑角度的系统划分相比，组织逻辑角度的系统划分在基本的要素组成方面差别不大，更多的是从另一个视角来审视系统的组成问题。

(1) 服务供需子系统。服务供需子系统是运输服务系统的核心子系统，包括服务供给者与需求者两大类要素。就货运服务而言，托运人、发货人、收货人等货主企业与个人是货运服务的主要需求者，承运人、港站企业等是货运服务的主要供给者。无论实际承运人还是无船承运人，都以向货主提供货物的位移服务并获取运输收入为中心，港站企业则为货物提供中转、装卸、存储、分拨等服务并获取相关费用。大多数情况下，其服务对象为公路、铁路、水运、航空等物流企业，而非直接针对货主，但其最终目的仍是实现货物的全程位移，为货主提供间接服务。

(2) 运营网络子系统。运营网络子系统是运输服务的支撑性子系统，所有运输组织活动均以该子系统为平台展开。就货物运输而言，货运服务的运营网络以承运人的经营分支机构和业务网点为主体，如航运企业设立的与境内境外的分公司与代表处、公路运输与快递企业的货物集散点等，同时也包括其他为承运人提供业务支撑的网络，如港口、机场所在地的运输代理企业业务网络。也就是说，货运服务的运营网络子系统并非也不必完全由承运人自行建立和独立运作,可以借助各类合作伙伴的运营网络实现业务范围的拓展与覆盖。

(3) 中介服务子系统。尽管并非所有的运输服务,特别是货运服务都有中介机构参与其中,但随着运输专业化程度的加深和服务内容的多元化,特别是多式联运与国际运输的发展,中介机构的作用日益凸显。各种代理人、经纪人为货运服务供需双方提供了大量信息服务、揽货订舱、运输工具租赁、报关报检、理货拼箱等专业性服务,不仅搭建了二者之间沟通的桥梁,而且简化了手续,提高了效率,也拓展了业务与网络规模。因此,中介服务子系统是货运服务系统十分重要的子系统之一。

(4) 保障服务子系统。就货运而言,其服务是实现物的流动,但由于运输需求本身是引致需求,在此过程中必然伴随着资金流、信息流,并且随着货物的移动,产生了责任的转移、环境的变化和不确定性的增强,这就要求在满足货运服务需求的同时,还要提供更多附加服务,如金融服务、保险服务、信息服务等,以保障货运服务的顺利完成。上述服务的供给者构成了货运服务系统的保障服务子系统。

(5) 管理服务子系统。服务系统还应包括管理服务子系统。从货运角度来看,管理服务子系统主要涵盖货物运输的行业主管、海关、质检等部门以及各类交通运输行业协会,它们不仅要对货运服务市场与运输组织的各个环节进行监管,而且要为其他子系统提供行政服务,并研究制定政策、法规、标准,促进市场的繁荣与产业的健康发展。

6. 交通运输服务与物流服务之间的关系

1) 运输服务与物流服务的逻辑关系

物流服务是将物品从一地向另一地合理、准确、及时、安全、保质地进行转移的一种先进的服务模式和服务流程。服务的整个过程涉及物品的仓储、运输、加工以及信息、金融、保险等多个环节。其中,运输是物流服务过程中不可或缺的重要组成部分。从逻辑上来看,物流服务与运输服务紧密相关,运输服务是物流服务的重要环节。

物流服务是由一系列具有不同功能的服务内容有机结合在一起而构成的服务系统,运输服务是实现物流活动中实物空间位移的主要手段,也是物流服务系统的核心功能,对物流系统的效率、功能等也具有重要的影响。物流服务的实现离不开运输服务的支持。从这一角度来看,运输服务是物流服务的核心环节,也是物流服务的重要组成部分,与物流服务具有密切的内在联系,也有着紧密的外在组织关系。

(1) 运输服务属于第三方物流的范畴。

第三方物流是现代物流业的基本业态。第三方物流企业提供的是专业化的物流服务,从物流服务的流程设计、设施依托、工具选择到具体的物流管理都需要专业化水平。但纵观第三方物流企业的发展历程,大都是在运输服务企业的基础上发展而来的,运输服务是企业整个流程化服务中的重要基础,也是最为传统的优势。很多传统的物流企业依托其固有的运输服务优势,拓展衍生出仓储、代理等服务功能,并通过信息化管理和物流服务整合等方式,逐步向第三方物流企业的方向发展。换句话说,具有现代物流管理理念和功能的传统物流企业,也可以提供专业化、系统化的物流服务。因此,从这一角度来看,运输服务企业所提供的运输服务也属于第三方物流的范畴。

(2) 物流服务是对运输服务的系统化整合。

物流服务是在针对企业的原材料、中间产品和最终产品等相关服务的基础上形成的完整的供应链系统性服务。这一系统性服务中的运输也为适应物流网络化、系统化运作的需要而在服务方式、服务网络和设施布局等方面进行构建与整合。运输服务在适应物流服务需求的过程中发生的这种改变,与运输发展的趋势与方向相吻合。因此,物流服务的发展和环境的营造,是对运输服务的系统化整合,对传统的运输服务发展具有良好的提升作用,对运输服务的产业升级具有重要的作用和意义。

(3) 交通物流企业是服务的组织者。

现代条件下的运输服务,主要依托运输枢纽、场站进行运输作业,以及开展不同运输方式之间的联运和同一运输方式之间的干支运输衔接。因此,在按照现代经济发展的要求进行运输组织与服务的背景下,运输服务企业特别是网络化运输服务企业往往成为物流服务的组织者和实施者。此外,现代物流注重产业链上物流过程的整合,门到门的物流运营模式成为一种趋势,而这种物流过程的整合需要可以控制或协调物流各环节的物流企业来完成。交通物流企业由于承担了物流环节中的最重要的运输过程,而往往成为物流整体过程的组织核心。从这一角度来看,物流服务的具体实施离不开运输服务企业的有效组织与保障支撑。

(4) 物流发展对运输服务的要求。

鉴于物流与货物运输服务的关系,从物流发展的角度对运输服务的发展提出了系统的要求。由于运输服务系统由运输基础设施、运输技术装备以及运营服务企业等多方面要素构成,物流对运输服务的要求主要体现在不同的领域和方面。基础设施发展对于物流的支撑主要体现在基础设施的规模、布局、结构等方面;技术装备进步对于物流的保障主要体现在先进适用的技术装备在物流领域的应用情况,包括先进适用技术装备的数量、等级、结构等;而在运输的运营服务中,交通运输及相关服务产业对物流的支撑主要体现在服务的能力和水平等方面。

(5) 交通物流对运输服务能力的要求。

所谓对运输服务能力的要求,更多地体现在运输服务保障能力的规模总量上。运输服务能力与交通运输基础设施能力、运输技术装备能力等共同构成交通运输整体保障能力。交通运输在基础设施、技术装备与物流需求相适应的同时,其具体的运输服务能力特别是组织能力、管理能力等也要与之相匹配,才能使运输服务在整体上适应物流的需求,满足经济社会发展的需要。除此之外,对于运输服务能力的要求,既包括规模总量上的要求,也包括在运输能力的持续性与稳定性等方面的要求。就运输服务供应企业而言,运输服务能力主要由两部分构成,一部分是运输服务的工具载体,包括车辆、机车、船舶、飞机以及相关的装卸设备等,另一部分是运输服务的组织能力。

运输工具载体能力。物流发展对运输工具载体的选择和要求既体现在载体的数量上,也体现在载体的结构上。一方面,现代物流服务范围与要求越来越高,对运输工具等载体的规模总量要求日益提升。另一方面,随着精细化、异质性物流的快速发展,以及专业化分工的不断细化,其对运输工具等载体在结构、档次等方面的要求也日渐严格,既要求大、中、小型运输装备配套,也要求高、中、低档运输装备齐全。因此,运输工具载体必须从满足物流服务获得性、便利性等要求出发,按照先进适用的原则合理配置,使其在能力上与物流对运输服务的需求特点、装载要求、运输效率等要求相适应。

运输服务组织能力。物流组织技术水平的提升,对运输服务组织水平提出了更高的要求。具体体现在运输组织的衔接和整合等能力方面。其中,多种运输方式的组织衔接能力主要是指多式联运服务(不同运输方式之间和同一运输方式内部)能力,即不同物流组织过程中的运输组织环节之间实现无缝对接,以实现"门到门"、"货架到货架"的一体化运输服务。运输服务与其他服务的统一组织和整合能力主要是与仓储、加工等服务的整合及相互协作。除此之外,随着经济的发展,特别是金融、电子商务等的快速发展,运输与金融、电商等之间的高效衔接也成为运输服务组织中必须认真考虑的重要问题。

(6)交通物流对运输服务的水平要求。

随着经济社会的快速发展,其所派生出的物流需求呈现出多样化、异质化的发展趋势,物流需求的结构也向规模化、网络化和个性化的方向发展,因而也对其运输服务整体水平提出了新的更高的要求,特别是在经济性、时效性、安全性、便捷性、专业性、集约性等方面要求日益提升。在这一趋势下,传统的规模较小、服务系统性相对较弱的运输服务企业难以适应物流发展的要求,必然需要转型发展,不断拓展自身的业务领域与服务能级,更好地适应物流乃至整个经济社会发展的需要。就具体的发展要求来看,根据物流与运输服务的关系,物流发展对运输服务水平的要求主要体现在以下几个方面。

①运输成本。从经济社会发展的角度来看,更多的是希望有效降低物流成本,进而有效提高经济社会运行效率以及地区经济的竞争力。作为物流成本重要组成部分的运输成本,也必然是物流发展着力控制的一个重点,即物流发展要求较低的运输成本。具体而言,物流发展对运输成本的要求包括具有比较优势的竞争性成本、比较稳定的运输成本、通过应用物流管理技术可以控制的运输成本、具备规模化运作而降低运输成本的空间等。

②运输时间。随着经济社会的发展,人们对物流的时效性要求越来越高。"Just in time"的物流发展理念,就是顺应经济社会发展对于物流时效性的要求而提出的。从运输服务的角度来看,物流发展对于运输时间的要求包括运输时间的准确性、运输时间的可调控性、运输时间的稳定性等,其中运输时间的准确性强调运输全过程的准时准点,这一点要求货物运输时间最好既不提前,也不延迟。

③运输效率。效率问题是现代经济社会发展运行高度关注的核心问题,运输的效率直接影响着物流服务的整体能力与水平,也决定着整个社会经济运行与发展的质量。物流的发展对于运输效率的要求主要包括以下几个方面:运输的快捷性、运输组织的通畅性、车辆使用的充分性、货物装载的科学性和合理性、运输指挥与调度的高效性等。

④运输安全。运输的安全性是物流发展对运输服务水平提出的一个重要要求。随着经济社会的发展,人们对于物流服务以及运输服务的安全性要求日益提升,这一安全性不仅指运输过程中保证安全运行不发生安全事故,还涉及运输全过程、运输各环节、运输各领域的安全性,既包括运输设施、运输装备的安全性,也包括所运货物的安全性,即保证尽可能小的货损货差,以及从事运输作业及相关作业人员的安全性。从功能要求角度来看,既要求运输组织的安全性,也要求运输管理的安全性。

⑤运输网络及衔接。所谓运输网络及衔接,是指物流发展对于运输网络化以及各种方式顺畅衔接的要求,主要包括以下几个方面的内容。一是要求具备较为完备的区域内、跨区域、跨国的货物运输网络系统;二是要求运输枢纽、物流中心布局合理,规模适当,能够提供物流组织所需要的点对点运输组织服务;三是要求多式联运系统较为发达,能够提供便于集

成的系统性运输服务;四是要求形成以中心城市为支撑的货物交通物流系统,具备构建以运输为支撑的物流组织与管理系统;五是要求以现代化信息管理为手段,能够在一定条件和水平上实现对货物的跟踪管理,具备适时传递货运信息的能力,具备提供准确信息的管理流程和技术手段,能够为网络化运输以及各种方式间高效衔接提供有效保障。

(7)对运输基础设施的要求。

运输基础设施是物流的重要组织载体之一,物流服务以及运输服务的供给离不开运输基础设施的支持与保障。从欧美发达国家的经验来看,其相当一部分物流园区、物流中心和配送中心等设施都是在运输设施的基础上,通过提升功能和合理布局、整合资源而形成的。从运输服务与物流服务的关系,以及运输服务与运输设施的关系层面分析,现代物流的发展离不开运输基础设施的支持,需要运输基础设施发展在功能、规模、结构、布局等方面全面适应物流发展的要求。

设施规模。运输基础设施是运输服务的核心载体,在现代运输与物流发展的环境条件下,具有物流的相应服务组织功能。按照物流发展的要求,运输基础设施在规模上必须更好地适应物流组织的要求。具体而言,必须从两个方面考虑:一是物流服务组织所需要的运输设施规模,包括线路设施(如公路、铁路、内河航道等)、枢纽设施(如公路货运站、铁路货场等)等;二是运输设施功能增加后的相关仓储、配送等设施规模。运输基础设施的规模与物流组织需求相适应的原则,就是寻求物流基础设施在总量规模上与实际需求以及组织能力的最佳匹配,既要避免由于设施规模过大,造成基础设施投资的浪费,也要避免由于对需求把握不足而造成的运力不足,进而实现社会物流成本的最小化以及综合效益的最大化。

设施功能与结构。物流发展对运输基础设施的另一个要求就是运输设施在功能与结构上更好地满足物流管理的需要。尽管运输基础设施是运输服务的基本载体,也是物流服务的重要基础,但运输基础设施与物流基础设施之间还是存在一定的功能差异。为更好地满足物流发展的要求,需要实现运输基础设施与物流基础设施的融合发展。这就要求运输基础设施在功能和结构安排上有所侧重,以更好地满足物流管理的要求,特别是从运输服务和不同运输方式的衔接方面满足物流组织的要求。此外,运输基础设施在功能与结构上满足物流管理的要求还有另外一层意义,即通过设施功能和结构的调整优化,为运输自身的组织化、集约化发展创造条件,达到提升运输服务效率,降低运输成本的目的。同时,通过设施功能与结构的调整优化,更好地与周边地区的产业结构相适应,满足产业发展对运输组织等的要求,以降低总体运输成本,提升区域产业的竞争力。

设施的空间布局。物流发展对运输基础设施的布局要求集中体现在布局的网络化上,为使物流组织更为合理和运输自身的组织具有高效性、低成本的特征,需要运输基础设施在空间布局上与其他物流设施相适应,与物流组织服务相适应,共同构建具有网络化组织能力的物流基础设施体系。随着经济社会的发展,特别是产业链的延伸和区域经济协作水平的提升,区域之间物流的协作和整合要求日趋明显,物流规模化和专业化的发展趋势也日益显著,这就对运输基础设施的网络化布局提出新的要求。运输基础设施一方面要根据这一要求在节点的布局选择方面做好工作,另一方面也要求基础设施在功能选择上做好安排,全面提升运输基础设施网络的覆盖面和通达性。特别要注意的是,运输基础设施空间布局的选择要以提升物流服务规模化和专业化水平为核心,重点强化物流组织的节点功能,而这一功能的强化往往依托不同运输方式的枢纽(场站),因此,枢纽设施是运输基础设施空间布局的重中之重。

(8) 现代交通物流系统结构。

随着社会和经济的发展,交通运输业也从各种运输方式的单独作业朝着相互联合、相互协调的方向发展。现代交通物流系统在这种自然的演变中渐渐形成。其结构不仅是几种运输方式的合并,而且有着内在的联系。各种运输方式分工合作,形成统一、协调的现代运输生产系统,实现了运输高效率、经济高效益、服务高质量的目标,充分体现各种运输方式综合利用的优越性。为了深入分析现代交通物流系统的运作原理,首先必须明确现代交通物流系统的结构。

现代交通物流系统中的运输方式包括铁路、公路、水运、航空和管道等五个运输子系统。这些子系统各有优势,在一定的地理环境和经济条件下有其各自的合理使用范围。[1] 建立合理的运输结构,不仅要科学地确定各种运输方式在交通物流系统中的地位和作用,还必须在全国范围内根据运输方式合理分工和社会经济发展对运输的需求,充分发挥各种运输方式的优势,逐步建立一个协调、合理的综合交通物流系统。交通物流系统结构的形式,从不同国家或地区来看,主要有以下几种形式。

① 并联结构。

各运输子系统间为并联关系,如图 1.4 所示。一般在区域面积大、经济发达的国家或地区可能出现这种结构,当然并联方式可能是两种、三种、四种或五种运输方式。

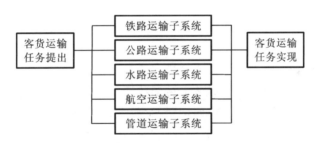

图 1.4 现代运输系统的并联结构

② 串联结构。

各运输子系统之间的串联结构,如图 1.5 所示。串联的运输方式可能是两种、三种、四种或五种,其中具体运输子系统亦可能不同,如铁路—公路—水路、公路—铁路—公路等。

图 1.5 现代运输系统的串联结构

---

[1] 王汉新.城市物流配送体系及环境影响研究[M].北京:经济科学出版社,2015.

③串并联结构。

两个国家或地区交通子系统的组成结构,大多数为串并联关系,如图1.6所示。串并联的运输子系统可能有不同的组合。

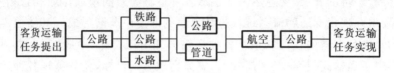

图1.6 现代运输系统的串并联结构

7. 交通物流系统构成要素

1) 运输节点

所谓运输节点,是指以连接不同运输方式为主要职能,处于运输线路上的、承担货物的集散、运输业务的办理,运输工具的保养和维修的基地与场所。运输节点是物流节点中的一种类型,属于运转型节点。例如,不同运输方式之间的转运站、终结点,公路运输线路上的停车场(库)、货运站、铁路运输线上的编组站、中间站等,都属于运输节点的范畴。

一般而言,由于运输节点处于运输线路上,又以转运为主,所以货物在运输节点上停滞时间较短。

2) 运输线路

运输线路是运输的基础设施,是构成交通物流系统最重要的要素。在现代的交通物流系统中,主要的运输线路有公路、铁路、航线和管道。

3) 运输工具

运输工具是指运输线路上用于装载货物并使其发生位移的各种设备装置,它们是运输能够进行的基础设备。运输工具根据从事运送活动的独立程度可以分为3类:①仅提供动力,不具有装载货物容器的运输工具,如铁路机车、牵引车等;②没有动力,但具有装载货物容器的从动运输工具,如车皮、挂车、驳船等;③既提供动力,又具有装载货物容器的独立运输工具,如轮船、汽车、飞机等。

8. 交通物流系统的分类

一般情况下,把交通物流系统分为生产领域的交通物流系统和流通领域的交通物流系统两类。

1) 生产领域的交通物流系统

它一般是在生产企业内部进行,因而称之为厂内运输。它作为生产过程中的一个组成部分,直接为物质产品的生产服务。其内容包括原材料、在制品、半成品和成品的运输,这种厂内运输又称为物料搬运。

2) 流通领域的交通物流系统

它作为流通领域里的一个环节,是生产过程在流通领域的继续。其主要内容是对物质产品的运输,是完成物品从生产地向消费地的移动,又包括从配送中心向中间商的物品移动。最常见的运输体系可分为自营运输体系、营业运输体系、公共运输体系及第三方物流运输体系。

案 例

"牛奶传送式"服务

索尼集团公司在世界各地组织"牛奶传送式"服务,进一步改善索尼公司在全球,特别是在亚洲地区的索尼产品运输质量。牛奶传送式服务是一种日本人特有的快递服务,高效、快捷、库存量合理,又深得人心,特别受到要求数量不多、产品规格特殊的客户的欢迎,他们非常赞同这种服务方式,因而起到了很好的口碑效应。这种服务非常灵活,客户可以通过电话、传真和电子邮件申请服务,甚至可以租用牛奶传送式服务车辆进行自我服务。索尼新加坡物流公司正在进一步缩短海运和空运物流全程时间。由于采用出口优先规划,海运已经缩短到4天,空运缩短到1天。

思考题:合理的运输方式是提高物流服务水平的基础,应如何选择不同的运输方式?

第五节　交通物流市场

为了做好运输的管理工作,需要了解不同交通物流市场的经济特征,并有针对性地进行市场调查与分析研究,首先要了解交通物流市场的分类。在交通物流市场中有以下几种分类方法。

(1) 按运输方式划分。可分为铁路交通物流市场、水路交通物流市场、公路交通物流市场、航空交通物流市场、管道交通物流市场。这种分类可用于研究不同运输方式之间的竞争,如综合运输、运价体系和各种运输方式之间的竞争等。

(2) 按运输对象划分。可分为货运市场、客运市场、装卸搬运市场。货运市场对国民经济形态较为敏感,对安全质量和经济性等要求较高,而客运市场则与人民生活水平和国际交往有关,对运输的安全性、舒适度和便捷性等要求较高。

(3) 按运输范围划分。可分为国内交通物流市场和国际交通物流市场。

(4) 按供求关系划分。可分为买方交通物流市场和卖方交通物流市场。在供不应求时,货主和旅客的需要常常得不到满足,买票难,出门难,以运定产的现象经常发生,迫切需要扩大运输生产能力。而供过于求时,又会有大量的运力闲置。买方与卖方市场的经营环境不同,物流企业所采取的经营管理策略也不同。

(5) 按运输需求的弹性划分。可分为富有弹性的交通物流市场和缺乏弹性的交通物流市场。在富有弹性的交通物流市场中,运价的变动对运输量的影响较大,运价是调整交通物流市场平衡的有力工具。

交通物流市场的特征。交通物流市场是整个市场体系中的重要市场,它是运输生产者与需求者之间进行商品交换的场所和领域。交通物流市场具有第三产业服务性市场的特征,这些特征表现如下:

(1) 交通物流市场是一个典型的劳务市场;
(2) 交通物流市场是一个劳动密集型市场;

(3) 劳务市场与商品市场成比例发展；
(4) 交通物流市场的区域性较强；
(5) 交通物流市场的波动性较强；
(6) 交通物流市场受到企业自给自足运输力量的潜在威胁。

一、交通物流系统

运输作为一个庞大的社会组织系统和产业系统，虽然其具体的业务活动仅表现为货物在空间上的单纯移动，但在实际运行中，作为物流基本职能的运输有着多种多样的组织形态特征。交通物流系统一般分为自营交通物流系统、营业交通物流系统、公共交通物流系统和第三方交通物流系统。每种交通物流系统都有其固有的特征，企业在选择什么样的交通物流系统时应权衡利弊，做出正确的选择。

1. 交通物流系统的分类

从物流产业角度看，交通物流系统作为物流系统中最基本的子系统，是由与运输活动相关的各种因素（如不同运输方式的组合、协调、竞争与具体作业）组成的一个整体。最常见的交通物流系统有以下几种。

(1) 自营交通物流系统。自营交通物流系统是指货主（生产或销售企业）自行运输、储存。即自备车辆运输和库存，并且自行承担运行责任，从事货物的运输活动。自营运输多限于公路运输，水运物流中也有一部分属于这种状况。而航空、铁路这种需要巨额投资的运输方式，自营运输无法开展。自营交通物流系统的特点是：运输量大，主要以汽车为主要运输工具，在企业总运量中所占的比重较大；多为近距离小批量货物，多以单程 100 km 左右的近距离运输为主。

(2) 营业交通物流系统。营业交通物流系统是以提供运输服务作为经营对象，是根据客户的要求，为其提供货物运输服务，并收取运输费用的一种体系，是与自营交通物流系统相对应的。它可在公路、铁路、水路、航空等运输业中广泛开展，传统的运输公司属于此类，而今天的一些小型运输队也属此类。最常见的是以汽车为运输工具的营业交通物流系统。汽车营业交通物流系统一般可分专线运输和包车运输。现在这类营业交通物流系统大多发展为独立的、功能更全面的第三方交通物流系统。

(3) 公共交通物流系统。公共交通物流系统是指由政府投资或主导经营的各种运输，如飞机、火车等，以及相关的基础设施，如公路、铁路、港口、机场、信息系统等组成的统一体系。由于其涉及因素相当多，因此又称为综合运输体系。这种体系的构建投资相当大。资金回收期长，风险大，与国民经济的发展息息相关，是一种基础性系统。在我国，一般没有相应的企业独立投资经营。这类交通物流系统现在有相当一部分从组织结构上和资本构成上已经改制为国有控股的股份有限公司。

(4) 第三方交通物流系统。在交通物流体系中，"第三方"作为一种事业形态逐渐得到了确认和发展，逐步成为交通物流系统的主导形式，也成为衡量一个国家交通物流业发展水平的重要指标之一，即第三方交通物流企业在整个行业中所占的比重。第三方交通物流企业是独立于产销企业双方，提供全方位的交通物流业务的企业，它不拥有商品，不参与商品的买卖，它独立地为供方和需方服务，以第三方身份出现，为客户提供以合同为约束，以结盟为基础的系列化、个性化、信息化的交通物流服务系统。它是"营业交通物流系统"方式的发展与提升。

2. 交通物流系统的特征

各种不同的交通物流系统的运营方式、形态、体系十分复杂且多种多样,所针对的目标、需求也各不相同。但各交通物流系统本身有一定的共性特征,主要表现如下。

（1）从运输方式上看,运输服务可以通过多种运输方式实现,不同的运输方式与其自身技术特性相适应,决定了各自不同的运输服务方式和所能提供的运输服务,如空运突出了快速,而公路运输则提供了"门到门"的便捷。

货物运输的方式主要有公路、铁路、航空、水运和在我国近年来发展较快的管道物流。各种运输方式对应各自的技术特性,形成不同的运输单位、运输时间和运输成本,因而各种运输方式有着不同的服务质量。也就是说,运输服务的使用者,可以根据货物的性质、大小、所要求的运输时间、所能负担的运输成本等条件来选择相适应的运输方式,或者合理运用多种运输方式,实行复合运输。

（2）从所有权角度看,如上所述,运输服务可分成自用型和营业型（包括第三方交通物流）形态。自用型运输是指企业自己拥有运输工具,并且自己承担运输责任,从事货物运输的活动。自用型运输多限于货车运输,水运物流中部分也有这种情况,但数量较少。而航空、铁路这种需要巨额投资的运输方式,自用型运输无法开展。与自用型运输相对的是营业型运输,即以运输服务作为经营对象,为他人提供运输服务,营业型运输在汽车、铁路、水路、航空等运输业者中广泛开展。对于一般企业来讲,可以在自用型和营业型运输中进行选择,当今的趋势是产销企业逐渐从自用型向第三方运输方式转化。

（3）从企业竞争角度看,运输业主不仅在各自的行业内开展相互竞争,而且还与运输方式相异的其他运输行业企业开展竞争。虽然各运输方式都存在着一些与其特性上相适应的不同的运输对象,但也存在着各种运输方式都适合承运的货物,围绕这类货物的运输就形成了不同运输手段、不同运输业主相互间的竞争关系。例如,日用品、电器制品不仅可以利用货车运输,而且也可以成为铁路集装箱、水路集装箱运输的对象。此外,像电子部件、新鲜水果、蔬菜等商品的运输就存在货车与飞机的竞争。这种不同运输方式、运输业主间竞争关系的形成,为企业对运输服务和运输业主的自由选择奠定了基础。

（4）从运输服务提供的角度看,在向客户提供运输服务过程中,有提供实际运输业务的企业和整合提供运输业务流程的经营者（称为利用运输业者,现在一般称为"第四方物流"）。实际运输是实际利用运输工具进行商品实体运输,完成商品在空间的移动。而利用运输是自己不直接从事商品运输或不承担全流程的商品运输,而是把运输服务全部或部分再委托给实际运输商进行,也就是说,运输业者自己不拥有运输工具也能开展运输业务,这种利用运输业的代表就是代理型物流业者。它们从事广义范围的物流活动,通过协调、结合多种不同的运输机构或运输工具来提供运输服务,如货车—铁路—货车,货车—航空—货车,货车—水路—货车等运输形式。它们有能力充分运用各种运输手段,发挥各自的优点,并实现整体运输效果最优化。

二、交通物流方式

由于交通物流业的发展,根据其执行的具体业务职能和范围不同,可对其做以下几种方式的分类。不同运输方式的服务质量、技术性能、方便程度、管理水平等都会影响不同层次物流系统对运输方式的选择。各种运输服务都是围绕着五种基本的运输方式展开的,即铁路、公路、水路、航空和管道物流,物流管理者必须了解各种不同运输方式及特点,才能在交通物流决策过程中做出正确的选择。

1. 按运输的范围分类

(1) 干线运输。这是利用铁路、公路的干线,大型船舶的固定航线进行的长距离、大批量的运输,是进行远距离空间位置转移的重要运输形式。干线运输的速度较同种工具的其他运输要快,成本也较低。干线运输是运输的主体。

(2) 支线运输。这是与干线相接的分支线路上的运输。支线运输是干线运输与收、发货地点之间的补充性运输形式,路程较短,运输量相对较小。

(3) 二次运输。这是一种补充性的运输形式,指的是干线、支线运输到站后,站点与用户、仓库或指定地点之间的运输。由于是单个单位的需要,所以运量也较小。经过二次运输后,商品一般到达最终用户或直接客户的手中。这类运输多是城市内的运输,也是品种多数量小,业务繁杂的运输业务。

(4) 厂内运输。它是在工业企业范围内,直接为生产过程服务的运输。一般在车间与车间之间,车间与原料仓库、成品仓库之间进行。但小企业内的这种运输及大企业车间内部、仓库内部则不称"运输",而称"搬运"。在学科分类中,这部分运输也不属于运输领域的研究范畴,而属于生产管理的研究范畴。

2. 按运输的作用分类

(1) 集货运输。这是将分散的货物汇集集中到一中心区(配送中心、货栈、仓储中心等)的运输形式,一般是短距离、小批量的运输。货物集中,形成集装单元后(如整车、集装箱等),再利用干线运输形式进行远距离及大批量运输,因此,集货运输是干线运输的一种补充形式。

(2) 配送运输。这是将配送中心或物流节点中已按用户要求配装好的货物分送给各个用户的运输。由于配送是直接面对最终用户的,所以一般是短距离、小批量的运输。从运输的角度讲,配送运输也是对干线运输的一种补充和细化的运输。

3. 按运输的协作程度分类

(1) 一般运输。独立地使用某一运输工具或同类运输工具的配合使用,而没有形成两种以上不同运输工具有机协作关系的都属于一般运输,如汽车运输、火车运输等。

(2) 联合运输,简称联运。它是将两种或两种以上运输方式或运输工具联系起来,实行多环节、多区段相互衔接的接力式运输。它利用不同运输方式的优势,以充分发挥各自的效率,实现整体效率最优化,是一种综合性的运输形式。采用联合运输,可以缩短货物运输的在途时间,加快运输速度,节省运费,提高运输工具的利用率,同时可以简化烦琐的转运、托运手续,方便用户。

(3) 多式联运。它是联合运输的发展,是一种现代化、国际化的运输形式。比一般的联合运输规模更大,集约化程度更高,在国内大范围物流和国际物流领域,往往需要反复地使用多种运输手段进行运输。在这种情况下,以现代电子技术为基础,进行复杂的、网络化的不同运输方式之间的衔接,并且具有联合运输优势的方式,称为多式联运。

4. 按运输中途是否换载分类

（1）直达运输。直达运输是指在组织货物运输时,利用一种运输工具从起运站、港一直到到达站、港,中途不经换载、不中转,途中不卸载入库储存的运输形式。直达运输可避免中途换载所出现的运输速度减慢、货损增加、费用增加等一系列的问题,从而缩短运输时间、加快车船周转、降低运输费用。

（2）中转运输。中转运输是指在货物运输中,从货物起运地运往目的地的过程中,在途中的车站、港口、仓库进行转运换载的运输方式。中转运输可以将干线、支线运输有效地衔接,可以化整为零或集零为整,从而方便用户、提高运输效率。传统上铁路中转运输形式较为普遍,而今随着管理和技术手段的进步,这种方式的使用呈下降趋势。

5. 按运输设备及运输工具分类

按运输设备及运输工具不同,可以分为铁路运输、公路运输、水运运输、航空运输及管道运输等五种基本运输方式,这是运输最主要的分类形式。

三、交通物流方式的选择

现代运输主要是铁路、公路、水路、航空和管道等五种运输方式。五种运输方式成本结构比较如表1.8所示；五种运输方式的营运特征比较如表1.9所示。两表按五种运输方式的营运特征优劣进行评价,采用打分法,表中五种运输方式的营运特征的分值越低,效果越好。

表1.8　五种运输方式成本结构比较

运输方式	固定成本	变动成本
铁路	高（车辆及轨道）	低
公路	高（车辆及修路）	适中（燃料、维修）
水路	适中（船舶、设备）	低
航空	低（飞机、机场）	高（燃料、维修）
管道	最高（铺设管道）	最低

表1.9　五种运输方式营运特征比较

营运特征	铁路	公路	水路	航空	管道
运价	3	2	5	1	4
速度	3	2	4	1	5
可得性	2	1	4	3	5
可靠性	3	2	4	5	1
能力	2	3	1	4	5

注：排名分别按照由大到小、由高到低的顺序。

在这五种基本运输方式的基础上,可以组成不同的综合运输。各种运输方式都有其特定的运输路线、运输工具、运输技术、经济特性及合理的使用范围。所以只有熟知各种运输方式的效能和特点,结合商品的特性、运输条件、市场需求,才能合理地选择和使用各种运输方式,获取较好的运输绩效。

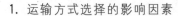

1. 运输方式选择的影响因素

物流企业可以根据所需运输服务的要求,参考不同运输方式的不同营运特性进行选择,使所获得的运输服务成本最低。当然,有时单靠一种运输方式无法实现最低成本,往往需要几种运输方式的组合才能实现。因此,为了选择合理的运输方式,降低运输总成本,应当考虑以下因素。

1) 运输价格

在市场经济环境中,价格总是最基本的选择要素,运输选择亦然。运输服务价格就是运输货物的在途运费加上提供各种服务的所有附加费或运输端点费用等的总和。如果使用第三方运输,运输服务的总成本就是货物在两节点之间运输收取的费用加上其他费用,如保险费、装卸费、终点的送货费等。如果使用自有运输设备,运输服务成本就是分摊到该次运输中的相关成本,如燃油成本、人工成本、维修成本、设备折旧和管理成本等费用。

不同的运输方式,其运输成本相差很大。航空物流是最贵的,管道物流和水运物流则比较便宜的,而公路运输又比铁路运输贵。但是,这种成本比较是使用运费收入除以所运货物的总吨数得到的比值,并不能确切地反映各种运输方式的综合效益。在实际运营中,必须根据实际运费、运输时间、货物的性质及运输安全等进行综合比较。

2) 运输时间

在运输服务中,时间是重要的质量标准之一,也是客户选择的基本因素。运输时间通常指货物从起点运输到终点所耗费的平均时间。这个时间的长短,从两个方面影响运输费用。

①货物价值由于其适用期有限可能造成的损失,如水果、蔬菜、鲜活水产品等;或因为其时间价值的适用期有限而造成的损失,如报纸、杂志、时装等有严格时间要求的商品。

②货物在运输中由其价值表现的资金占用费,对高价值货物或货运量很大的货物,可能占总成本的比重很大。由于运输本身不能创造新价值,所以运输时间的不合理延长,实际就是成本的增加,资金占用费增多。

因此,平均运输时间是一个重要的运输服务指标。不同的运输方式,提供的货物平均运输时间是不同的。有些能够提供起止点之间的直接运输服务(如汽车),有些则不能。但如果要对不同运输服务进行对比,即涉及一种以上的运输方式,最好是用"门对门"运送时间来进行衡量。

在考虑运输时间时,还要注意一个问题,即运输时间的变化。运输时间的变化是指各种运输方式,多次运输间出现的时间变化。它是衡量运输服务的不确定性的指标。起止点相同,使用同样运输方式的每一次运输的在途时间不一定相同,因为天气、道路情况、中途暂停次数、合并运输所花费的时间等都会影响在途时间。一般来说,运输时间的变化率的排序与运输时间的顺序大致相同。也就是说,铁路运输时间变化最大,航空物流时间变化最小,公路运输介于中间。

3) 灭失与损坏

灭失与损坏也就是运输中的安全性问题,这是运输中最重要的质量指标。因为各承运人安全运输货物的能力不同,所以运输中灭失与损坏的记录就成为选择承运人的重要因素。承运人有义务合理速遣货物,并避免货物在运输途中的灭失与损坏。但如果由于自然原因、托运人或承运人无法控制或不可抗力等因素造成货物的灭失与损坏,承运人可免除责任。

虽然在托运人准确陈述事实的情况下,承运人会承担给托运人造成的直接损失,但托运人应该在选择承运人之前认识到会有一定的转嫁成本。托运人承受的最严重的潜在损失是客户服务。运输延迟或运到的货物不能使用意味着给客户带来不便,或者导致库存成本上升,造成缺货或延期交货的现象增多。托运人如果要进行索赔,需要花时间收集相关证据,费尽周折准备适当的索赔单据,在索赔处理过程中还要增加新的资金占用,如果索赔只能通过法庭解决,可能还涉及更高的费用。显然,在出现问题时,对承运人的索赔越少,用户对运输服务越满意。对可能发生的货物破损,托运人的普遍做法是增加保护性包装,而这些费用最终也一般会由用户承担。

由此可见,运输价格、运输时间及货物的灭失与损坏等因素直接或间接地影响交通物流成本。因此,在选择运输方式时,上述三个因素是物流管理者首要考虑的基本因素。

2. 运输方式的选择

各种运输方式和运输工具都有各自的特点,不同种类的货物对运输的要求也不尽相同。选择运输方式时必须综合考虑,要权衡交通物流系统所要求的运输服务和运输成本。可以使用单一运输方式,也可以将两种或两种以上的运输方式组合起来使用。因此,合理选择运输方式是合理组织运输、保证运输质量、提高运输效益的一项重要内容。

1)单一运输方式的选择

在决定运输方式时,应以运输工具的服务特性作为判断的基准,一般要考虑以下因素。

①运费。同等运输质量下的运费高低。

②运输时间。货物在途的时间长短。

③运输频度。单位运输时间内,可以运、配送的次数。

④运输能力。单体(一辆汽车或一车)和总体(如整列火车或车队)运量大小。

⑤货物的安全性。运输途中的平均破损及可能的污染等。

⑥时间的准确性。按客户要求到货时间的准确性。

⑦运载工具的适用性。是否适合使用某种运载工具。

⑧运输方式的伸缩性。是否适合多种运输方式,以及批量与零担的选择。

⑨运输的网络性。交通物流系统的布局及不同运输工具衔接、转换的方便程度。

⑩运输信息。货物运输信息的传递及货物所在位置的信息。

在这些因素中,必须根据不同的运输需要来确定,一般认为运费和运输时间是最为重要的选择因素,进行具体的选择时应从运输需要的不同角度综合加以权衡。从交通物流功能来看,速度快、准时是货物运输的基本要求。但速度快的运输方式,其运输费用往往较高。同时,在考虑运输的经济性时,不能只从运输费用本身来判断,还要考虑因运输速度加快,缩短了货物的备运时间,使货物的必要库存减少,从而减少了货物保管费。若要保证运输的安全、可靠、迅速,就会增加成本。这里必须注意的是运输服务与运输成本之间、运输成本与其他物流成本之间存在"效益背反"(二律背反)关系,所以在选择运输方式时,应当以总成本作为依据,而不能仅考虑运输成本。

2)多式联运的选择

多式联运就是选择使用两种或两种以上的运输方式联合起来提供运输服务。多式联运的主要特点是在不同运输方式之间,根据运输过程的实际需要变换运输工具,以最合理、最有效的方式实现货物运输过程。例如,将卡车上的集装箱装上飞机,或火车车厢被拖上船等。多式联运的组合方法有很多,但在实际中,这些组合并不都是实用的,一般只有铁路与公路联运、公路或铁路与水路联运得到较为广泛的应用。

公路与铁路联运,即公铁联运,或称驮背运输,是指在铁路平板车上载运卡车拖车,通常运距比正常的卡车运输长。它综合了卡车运输的方便灵活与铁路长距离运输经济的特点,运费通常比单纯的卡车运输要低。这样,卡车运输公司可以延伸其服务范围,而铁路部门也能够分享到某些一般只有卡车公司单独运输的业务,同时托运人也可得以在合理价格下享受长距离门到门运输服务的便捷。因此,公路与铁路联运成为最受欢迎的多式联运方式。

公路或铁路与水路联运,也称鱼背运输,即将卡车拖车、火车车厢或集装箱转载驳船或船舶上进行长途运输。这种使用水路进行长途运输的方式是最便宜的运输方式之一,在国际多式联运中应用广泛。

此外,航空与公路联运应用也较为广泛,即将航空货物与卡车运输结合起来,这种方式所提供的服务和灵活性可与公路直达运输相比拟。

由于两种或两种以上运输方式的连接所具有的经济潜力,多式联运广受托运人和承运人欢迎。多式联运的发展对交通物流规划具有很强的吸引力,这种运输方式的发展,增加了系统设计中的可选方案,从而可以降低交通物流成本,改善运输服务。

3) 运输中间商的选择

运输中间商分为两种,一种是运输承包公司,另一种是运输代理人。运输承包公司是不具有运输工具或只具有少量短途运输工具,而以办理货运业务(或兼办客运业务)为主的专业运输企业。采用运输承包发运货物时,可以把有关货运工作委托给运输承包公司,由它们负责办理货物运输全过程中所发生的与运输有关的事务,并与掌握运输工具的物流企业发生托运与承运关系。特别是对于一些运输条件要求较高、货运业务手续较为烦琐,且面向千家万户的运输,比如零担货物的集结运输,由于零担货物批数多、数量小、发货地分散、品种复杂、形状各异、包装不统一等,由运输承包公司承包此项业务,不仅可以方便货主,提高运输服务质量,还可以通过运输承包公司的货物集结过程,化零为整,提高运输效率和运输过程的安全可靠性。

运输代理人主要面向国际货物运输业务。国际货物运输业务范围遍布国内外广大地区,不仅涉及面广,而且情况复杂,任何一个运输经营人不可能亲自处理每一项具体运输业务,这就需要把全部或部分工作委托给代理人办理。运输代理人接受委托人的委托,代办各种运输业务并按提供的劳务收取一定的报酬,即代理费、佣金或手续费。作为代理人,一般都经营运输业务多年、精通业务、经验比较丰富,且熟悉各种运输手续和规章制度,与交通运输部门及贸易、银行、保险、海关等有着广泛的联系和密切的关系,从而具有为委托人代办各种运输事项的条件。因此,委托代理去完成一项运输业务,有时比自己亲自处理更为有利。因为代理人熟悉当地情况、业务流程,与各方面有着密切关系,比人生地疏的委托人自己去办可能办得更顺利、更好一些,虽然要花费一些佣金,但委托人从代理人提供的服务中可以得到补偿。因此,代理在运输业中的发展十分迅速。物流企业可以根据代理人的不同性质和范围进行选择。

4) 自用运输的选择

所谓自用运输,是指使用自有的运输设备,运输自有的、承租的或受托的货物的活动。

比如拥有或租用火车车皮、客车汽车、货用飞机及运输船舶,运输自己的或自己承租的或自己受托的货物等都是自用运输。拥有自用运输设备,可以具有更大的控制力和灵活性,能够随时适应顾客的需要,这种快速的反应能力可以使企业缩短交货时间,减少库存和货物,而且可以不受商业运输公司服务水平和运价的限制,有利于改善和顾客的关系。但是自用运输有一个很大的弊端,就是运输成本较高。其主要原因就是回空问题,回空成本要计入运出或运入的单程货运成本内,这样货运成本实际是单程成本的两倍。因此,企业是选择运输中间商还是选择自用运输,一定要做好成本的比较工作,选择最佳的运输方式。

5) 运输方式的定量分析

所谓定量分析,就是对所选择的运输方式的各种指标进行量化,对其绩效进行评估,给出衡量值,然后交通物流管理部门根据各项指标的重要程度给出不同的权重,用权重乘以运输方式的绩效衡量值就得到运输方式在该评估因素中的等级,将个别因素等级累计起来就得到这种运输方式的总等级。绩效的衡量值和权重分值越低,表示绩效越好,总等级分值较低的运输方式较好。通过定量分析,将指标量化,使所选择的运输方式的优劣一目了然。

如表 1.10 所示,以选择运输中间商或承运人来说明这种定量分析的方法。

表 1.10 选择承运人评估标准

评估因素	相对重要性	承运人绩效	承运人等级
运输成本	1	1	1
中转时间	3	3	9
中转时间可靠性	1	2	2
运输能力	2	2	4
可达性	2	2	4
运输安全性	2	3	6
承运人等级			26

这里选择一个 3 分制的评定标准,承运人绩效的评定范围从 1——绩效好,2——绩效一般,3——绩效差。各评估指标的权重值(重要性)范围为 1——高度重要,2——一般重要,3——低度重要。这样,可以计算出该表中的承运人的总等级为 26。按此方法,承运人的总等级分最低的应是最佳承运人。

在目前的物流环境中,由于各种新的运输方式不断涌现,各种承运方式能够提供的服务和能力也在不断增长,这就使运输方式选择比过去更加复杂,各种因素的评估也变得更加困难。因此,企业必须慎重考虑诸多因素,对其进行定性和定量分析以求选择最佳运输方式。

四、交通物流合理化

为使交通物流能高效率、低费用运营,物流企业必须避免不合理运输。本小节将介绍不合理运输的表现及如何实现合理运输。

1. 不合理运输

不合理运输,是指在组织货物运输过程中,违背货物流通规律,不按经济区域和货物自然流向组织货物调运。忽视运输工具的充分利用和合理分工,装载量少,流转环节多,从而浪费运力和加大运输费用的现象。

货物运输不合理，就会导致货物迂回、倒流、过远、重复等现象的出现，势必造成货物在途时间长、环节多、流转慢、损耗大、费用高，浪费运力和社会劳动力，影响企业生产和市场供应。

不合理运输主要有以下几种类型。

(1) 返程或起程空驶。

空车或无货载行驶，是最不合理运输的形式。在实际运输组织中，有时必须调运空车，从管理上不能将其看成不合理运输。但是，因调运不当，货源计划不周，不采用运输社会化而形成空驶，则是不合理运输的表现。造成空驶的主要原因有以下几种。

①能利用社会化的运输体系不利用，却依靠自备车送货，这往往出现单程实载，单程空驶的不合理运输。

②由于工作失误、计划不周或对市场经营把握不准，造成货源不实，运载工具空去空回，形成双程空驶。

③由于使用专用车辆，往返运输对运输工具的要求不同，无法搭运回程货物，只能单程实载，单程空驶周转。

(2) 对流运输。

对流运输也称为相向运输、交错运输，凡属同一种货物或彼此间可以相互代用而又不影响管理、技术及效益的货物，在同一线路上或平行线路上做相对方向的运送，而与对方运程的全部或一部分发生重叠交错的运输，即称对流运输。已经制定了合理流向图的产品，一般必须按合理流向的方式运输，如果与合理流向图指定的方向相反，也属对流运输。

对流运输有两种类型：一种是明显的对流运输，即在同一路线上的对流运输。另一种是隐蔽的对流运输，即同一种货物在违反近产近销的原则下，沿着两条平行的路线朝相对的方向的运输，它不易被发现，故称为隐蔽的对流运输。

(3) 迂回运输。

迂回运输是指货物绕道而行的运输现象。本可以选取短距离进行运输，却选择路程较长路线进行运输的一种不合理形式。迂回运输有一定的复杂性，不能简单处之，只有当计划不周、路线不熟、组织不当而发生的迂回，才属于不合理运输。

如果最短距离有交通阻塞、道路状况不好或由于噪声、排气等特殊因素限制时所发生的迂回，不能称为真正意义上的不合理运输。在实际交通物流中，真正的迂回运输是极少的，大多是由于外部原因造成的不得不绕道而行。

(4) 重复运输。

重复运输是指一种货物本可直达目的地，但由于某种原因而在中途停驶卸载后，重复装运的不合理运输现象。重复运输，一般虽未延长运输里程，但增加了中间装卸环节，延长了货物在途时间，增加了装卸搬运费用，而且降低车船使用效率，影响了其他货物运输。

(5) 倒流运输。

倒流运输是指货物从销售地或中转地向产地或起运地回流的一种运输现象。其不合理程度要甚于对流运输，其原因在于，往返两程的运输都是不必要的，造成了双程浪费。倒流运输也可以看作是隐蔽对流的一种特殊形式。

(6) 过远运输。

过远运输是指调运物资舍近求远的货物运输现象。即销售地完全有可能由距离较近的供应地调进所需要的质量相同的货物,却超出货物合理流向的范围,从远处调运进来,这就造成可采取近程运输而未采取,拉长了货物运距的浪费现象。过远运输占用时间长、运输工具周转慢、物资占压资金时间延长,又易出现货损,增加费用开支。

(7) 运力选择不当。

运力选择不当是指未利用各种运输工具的优势,而不正确地利用运输工具造成的不合理现象,常见的有以下几种形式。

①弃水走路。在同时可以利用水运和陆运的情况下,不利用成本较低的水运或水陆联运,而选择成本相对较高的铁路运输或公路运输,使水运优势不能发挥效用。

②铁路、大型船舶的过近运输。不是铁路及大型船舶的经济运行里程却利用这些运力进行运输的不合理做法。不合理之处主要在于火车及大型船舶起运及到达目的地的准备、装卸时间长,且机动灵活性不足,在过近距离中使用,发挥不了其运速快的优势。相反,由于装卸时间长,反而会延长运输时间。另外,与小型运输设备比较,火车及大型船舶的装卸难度大、费用也较高。

③运输工具承载能力选择不当。不根据承运货物数量及重量选择,而盲目决定运输工具,造成过分超载、损坏车辆,产生安全隐患,属于"小马拉大车"。此外,还有车辆不满载、半空行驶,造成浪费运力的现象,这种"大马拉小车"现象发生较多,由于装载货量小,单位货物运输成本必然增加。

(8) 托运方式选择不当。

对于货主而言,可以选择最好托运方式而未选择,造成运力浪费及费用支出加大的一种不合理运输。例如,本应选择整车运输而未选择,反而采用零担托运,应当直达而选择了中转运输,应当中转运输而选择了直达运输,使货物不能到达目的地,这些都属于这一类型的不合理运输。

上述的各种不合理运输形式都是在特定条件下表现出来的,在进行判断时必须注意不合理的前提条件,否则就容易出现判断的失误。例如,如果同一种产品,商标不同,价格不同,所发生的对流,不能绝对地看作不合理,因为其中存在着市场机制引导的竞争,优胜劣汰,如果强调因为表面的对流而不允许运输,就会起到保护落后、阻碍竞争甚至助长地区封锁的作用。

再者,以上对不合理运输的描述,就形式本身而言,主要是从微观角度得出的结论。在实践中,必须将其放在物流系统中做综合判断,在不做系统分析和综合判断时,很可能出现"效益背反"现象。单从一种因素来看,避免了不合理,做到了合理,但它的合理却使其他部分出现不合理。只有从系统角度,综合进行判断才能避免"效益背反"现象的出现。所以对不合理运输的理解应放在市场经营的背景下分析,而不能单纯地从运输的角度考虑,这也再一次说明交通物流业属于服务行业。

2. 运输合理化的意义

物流过程中的合理运输,就是从物流系统的总体目标出发,按照货物流通的规律,运用系统理论及系统工程原理和方法,合理利用各种运输方式,选择合理的运输路线和运输工具,以最短的路径、最少的环节、最快的速度和最少的劳动消耗,组织好货物的调运。运输合理化的重要意义主要表现在以下几点。

(1) 合理运输，有利于促进经济持续、稳定、协调发展。

按照市场经济发展的基本要求，组织货物的合理运输，可以实现物质产品迅速地从生产领域向消费领域、从原材料产地向加工地转移，加速资金的周转，促进产销、供需协调，保证社会再生产过程的顺利进行，保持经济持续、稳定、协调发展。

(2) 合理运输，可节约运输费用，降低物流成本。

运输费用是构成物流费用的主要组成部分。物流过程的合理运输，就是通过运输方式、运输工具和运输路线的选择，进行运输方案的优化，实现运输合理化。运输合理化必然会缩短运输里程，提高运输工具的使用效率，从而达到节约运输费用、降低物流成本的目的。

(3) 合理运输，可缩短运输时间，加快物流速度。

运输时间的长短决定着物流速度的快慢。合理组织运输活动，以尽可能地缩短被运输货物的在途时间，保证货物及时达到，因而可以降低库存商品的数量，实现加快货物流转的目标。因此，从宏观的角度讲，物流速度加快，减少了商品的库存量，节约了资金的占用，相应地提高了社会物质产品的使用效率，同时也有利于整个社会再生产过程效率的提高。

(4) 运输合理化，可节省运力、节约能源。

运输合理化克服了许多不合理的运输现象，从而节约了运力，提高了货物的流通能力，起到合理利用运输能力的作用。同时，由于货物运输的合理性，降低了运输部门的能源消耗，提高了能源利用率。这对于缓解我国目前交通运输压力和能源紧张的现状有重要的现实意义。同时，在不断强化"低碳"意识的今天，减少运输耗能，可以减少有害气体排放，本身也具有环保意义。

3. 影响合理运输的直接因素

运输合理化的影响因素很多，起决定性的因素有五个方面，称为合理运输五要素。

1）运输距离

这里的运输距离主要是指在运输过程中，对不同运输工具合理经济距离的运用，也包括直接运输距离的长短。在运输中，运输时间、运输货损、运费、运输工具周转等，运输的各项技术经济指标，都与运输距离有一定的比例关系。根据运距的长短来选择运输工具，是实现合理运输的重要保障。同时，缩短运输距离（即消除不合理运输）也会给运输企业带来好处。

2）运输环节

运输过程是一个多环节的系统，在运输中每增加一个作业环节，就会引起运费和其他作业费用的增加。如装卸、搬运，甚至包装等辅助活动的增加，这些作业导致总费用的增加，使得相关指标也发生变化，如整体劳动生产率、利润率等。所以，减少不必要的运输环节，尤其是同类运输工具的重复作业，对促进合理运输具有积极意义。

3）运输工具

关于运输工具，最基本的问题就是合理选择。各种运输工具都有其使用的优势领域，对运输工具进行优化选择，按运输工具特点进行装卸运输作业，最大限度地发挥所用运输工具的作用，是运输合理化的重要一环。

4）运输时间

运输是物流过程中需要花费较多时间的环节，尤其是远程运输，在全部物流时间中，运输时间占绝大部分。所以，运输时间的缩短对整个流通时间的缩短有决定性的作用。此外，运输时间短,有利于运输工具加速周转,充分发挥运力的作用,有利于货主资金的周转,有利于运输线路通过能力的提高,对运输合理化有很大的贡献。

5) 运输费用

运输费用在全部物流费用中占有很大比重,运费高低在很大程度决定整个物流系统的竞争能力。实际上,运输费用的降低,无论对货主企业来讲还是对物流经营企业来讲,都是运输合理化的一个重要目标。对运费的判断,也是各种合理化实施是否行之有效的最终判断依据之一。

从上述五个方面对运输合理化进行分析,是取得良好运输预期结果的基础。

4. 运输合理化的措施

为了克服不合理的运输现象,在交通物流管理过程中需要采取一些措施来组织合理的运输。合理运输的主要形式有以下几种。

1) 发展社会化运输体系

社会化运输是运输业发展的趋势,实施社会化运输可以统一配备运力,避免迂回、倒流、空驶、运输工具选择不当等不合理的运输形式,不仅可以获得物流企业的组织效率,还有利于形成规模效益。发展社会化运输体系,政府必须进行干预,建立有效的调控、协调、监督机制,以协调、规划各种运输形式的合理布局和发展规模。靠单一运输形式或某些交通物流部门自我发展、自我服务、自我调节,逐步形成规模是不行的,这样必然造成不必要的建设资源浪费。

传统的"分区产销平衡合理运输"的做法至今仍有实践意义。其做法是:在组织物流活动中,对某种货物,使其有固定的生产区和消费区。根据产销分布情况和交通运输条件,在产销平衡的基础上,按照近产近销的原则,使货物运输线路最短,实现合理运输。分区产销平衡合理运输适用的范围,主要针对品种单一、规格简单、生产集中、消费分散,或消费集中、生产分散,以及调运量大的物质产品,如煤炭、木材、水泥、粮食、生猪、建材等。实行这一办法,可加强产、供、运、销一体化,消除过远运输、迂回运输、对流运输等不合理运输,充分利用地方资源,促进生产力合理布局,降低物流费用,节省运力。这种方式本身没有问题,但传统上这种做法出现的弊端是政府直接管理,而今应转变为政府调控,以市场为导向,实行企业自主管理。

2) 尽量发展直达运输

直达运输是追求运输合理化的重要形式,其对合理化的追求要点是通过减少过载、换载,从而提高运输速度,节省装卸费用,降低中转货损。直达的优势,尤其是在一次运输批量和用户一次需求量达到整车时表现最为突出。此外,在生产资料、生活资料运输中,通过直达运输,可以建立起稳定的产销关系和交通物流系统,也有利于提高运输的计划水平,考虑用最有效的技术来实现这种稳定运输,从而大大提高运输效率。

值得一提的是,如同其他合理化措施一样,直达运输的合理性也是在一定条件下才会表现出来,不能绝对认为直达一定优于中转。这要根据用户的要求,从物流总体出发做出综合判断。如果从用户需求量来看,批量大到一定程度,直达是合理的,批量较小时中转是合理的。

3) "四就"直拨运输

"四就"直拨运输,就是就厂直拨,就车站、码头直拨,就库直拨,就车、船过载等,简称为

"四就"直达。它是减少中转运输环节,力求以最少的中转次数完成运输任务的一种形式。一般批量到站或到港的货物,首先要进入港、站的周转仓库,然后再按订单或出库单销售或分拨给客户。这样一来,往往出现不合理运输。

"四就"直拨和直达运输是两种不同的合理运输形式,它们既有联系又有区别。直达运输一般是货物运输里程较远、批量较大;而"四就"直拨运输一般是货物运输里程较近、批量较小,一般在大中城市的货栈、配送中心所在地办理直达运输业务。在运输过程中将"四就"直拨运输与直达运输结合起来,就会收到更好的经济效果。

4) 发展整车和集装箱运输

发展整车和集装箱运输主要是指将零担货物拼成整车或集装箱的运输方式,以提高运输工具的使用效率,它主要适用于杂货运输,特别是中小微型企业对原材料和制成品的运输。

零担货物拼凑整车或集装箱运输的具体做法有四种:零担货物拼整车直达运输;整装零担(同一货物、同一发货人、同一地点,但分属不同收货人);零担货物拼整车接力直达或中转分运;整车分卸(后两种方式不适用于集装箱运输)。

如果采用零担货物拼凑整车或集装箱的办法,可以减少一部分运输费用,取得较好的经济效益,而且会提高运输工具的利用率。

5) 提高技术装载量

提高技术装载量不仅可以最大限度地利用车船载重吨位,而且可以充分利用车船装载容积。具体做法有以下几种。

(1) 实施配载运输。主要是组织轻重配装,把实重货物和轻泡货物组装在一起,既可以充分利用车船装载容积,又能达到经济的装载重量,以提高运输工具的综合利用率。

(2) 实行解体运输。它是针对一些体积大且笨重、不易装卸又容易碰撞致损的货物所采取的一种装载技术。例如,大型机电产品、科学仪器、机动车辆等,可将其拆卸装车,分别包装,以缩小其所占用的空间位置,达到便于装卸搬运和提高运输装载效率的目的。

(3) 堆码技术的运用。应根据车船的货位情况及不同货物的包装形态,采取有效的堆码技术,如多层装载、骑缝装载、紧密装载等技术,以达到提高运输效率的目的。与此同时,改进包装技术,逐步实行单元化、托盘化,对提高车船技术装载量也有重要意义。

五、交通物流市场

交通物流市场是整个市场体系中的重要组成部分,它是运输供给者与需求者之间进行商品交换的场所和领域。正如其他市场一样,交通物流市场也由供给和需求两方面构成。交通物流市场具有第三产业服务性市场的特征,这些特征表现如下。

1) 交通物流市场是一个典型的劳务市场

物流企业主要为社会提供没有实物形态的运输劳务。劳务不能储存也不能调拨,劳务生产与劳务消费具有同时性。它们无论在时间上还是在空间上都是不可分割的。

2) 交通物流市场是劳动密集型市场

与工业相比,运输业技术构成相对较低,特别是公路运输业。运输业用人较多,每位就业人员占有的固定资产较低,在企业劳动成果中,活劳动所占比重较大。

3）劳务市场与商品市场成比例

随着商品市场的发展，劳务市场所占的比重有不断扩大的趋势。

4）交通物流市场的区域性较强

在市场的空间布局上存在着不同程度的自然垄断。交通物流市场具有一定的服务半径，超出这个半径范围，企业的经济效益就会急剧下降。

5）交通物流市场的波动性较强

由于运输没有实物形态，因此交通物流市场受各种因素影响变动较大，波动性较强，每年、每季、每周甚至每天都在波动。

6）交通物流市场受到社会运输力量的潜在威胁

许多企事业单位都组建了自己的车队和船队。它们随时都可能进入交通物流市场参与竞争，是一支不可忽视的运输力量。在汽车运输行业，社会企事业单位自备车辆占整个社会汽车拥有量的85%以上。物流企业除了与其他物流企业开展旅客与货源的竞争外，事实上也同样面临着与货主、旅客间就如何争取对自己有利的条件进行竞争。物流企业所面临竞争的主要内容有：

(1) 运输方式的竞争。一个交通物流企业，通过向社会提供不同的运输服务方式，根据市场的需要，不断变换自己的运输对象、运输工具、运行路线、停靠站点、到发时间、运行组织方式等来满足货主与旅客的不断变化的需求。与其他交通物流企业进行竞争。

(2) 价格的竞争。价格是竞争的核心，在运输服务方式相似的情况下，运价低者就会占有更多的市场份额。运价是货主和旅客选择承运者的主要因素。

(3) 服务质量的竞争。在市场上谁的服务质量高，能够为货主与旅客提供更便利的条件，谁就容易吸引更多的货主与旅客，占有更多的市场份额。

(4) 宣传的竞争。商品的宣传可以引起消费者的购买欲望，促进商品的销售。运输业的产品也是这样，对它进行宣传，也能激起人们的消费欲望。企业为自己做宣传的目的不限于此，它还是争取潜在消费者的一个重要途径。

(5) 运输质量的竞争。商品的质量是商品知名度高低的重要体现。人们购买的商品首先考虑的是质量问题。同样，对物流企业也要考虑服务质量的好坏，它是企业声誉好坏的重要体现，也是货主与旅客必须考虑的一个重要因素。

为了对不同交通物流市场的经济特征进行有针对性的市场调查与分析研究，可以从不同角度对交通物流市场进行分类。

1）按运输方式划分

①铁路交通物流市场；

②公路交通物流市场；

③水路交通物流市场；

④航空交通物流市场；

⑤管道交通物流市场。

2）按运输对象划分

①货运市场；

②客运市场；

③装卸搬运市场。

客运市场对运输的安全性、舒适性和便捷性等要求较高,而货运市场则对安全质量和经济性要求较高。货运市场对国民经济形态较为敏感,而客运市场则与人民生活水平和国际交往有关。

3) 按运输范围划分

①国内交通物流市场。如铁路交通物流市场及江河交通物流市场、沿海交通物流市场、公路交通物流市场等。

②国际交通物流市场。如国际海运市场、国际航空交通物流市场等。

4) 按供求关系划分

①买方交通物流市场;

②卖方交通物流市场。

供不应求时,货主和旅客的运输需求常常得不到满足,买票难,出门难,以运定产的现象经常发生,迫切需要扩大运输生产能力。而供过于求时,又会有大量的运力闲置,运力得不到充分利用。针对"买方市场"与"卖方市场",物流企业采取的对策也不同。

5) 按运输需求的弹性划分

①富有弹性的交通物流市场;

②缺乏弹性的交通物流市场。

在客运等富有弹性的交通物流市场中,运价的变动对运输量的影响较大,运价是调整交通物流市场的有力工具。在上班、上学等运输需求弹性较低的交通物流市场中,运价变动对运输量变动的影响不大。为了在时间上使交通物流市场供求平衡,往往要采取一些在时间上错开客流高峰的强制性措施,如错开上下班时间等。

物流由众多环节构成,如运输、仓储、装卸搬运和包装等。其中,运输是物流活动的主要组成部分,是物流的核心环节。不论是企业的输入物流或输出物流,还是流通领域的销售物流,都必须依靠运输来实现商品的空间转移。可以这样说,没有运输,就没有物流。鉴于运输在物流系统中的重要地位,要很好地完成运输管理工作,就必须了解物流运输业务运作环节。

现代物流运输业务运作综合流程如图1.7所示。

运输管理是现代物流管理的重要环节,是对运输的货物所进行的管理,是物流企业为了充分利用自己所具有的运输资源及提供高效的运输服务所进行的计划、组织、控制和协调的过程。同时,围绕着运输实体活动,清晰准确的报表、单据、账目和会计部门核算的信息也随之传递。因此,运输是物流、信息流、单证流的合一。

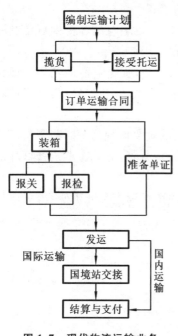

图1.7 现代物流运输业务运作综合流程图

物流工作在社会中相当普遍,物流岗位集中分布于专业物流公司和非专业物流公司的内设物流部门,不同公司物流部的岗位设置不同。表1.11是某企业物流部运输主管的岗位职责。

第一章
交通物流概述

表 1.11　物流部运输主管的岗位职责

工作岗位	岗 位 职 责
运输主管	①组织、指导有关订单货物送达活动； ②评价及选择最佳送货路线及方式； ③检查货物丢失及损坏情况，并进行问题处理； ④评价送货人工作质量、及时性和费用情况； ⑤提出运输工具及方法的建议； ⑥作为公司代表就有关事宜与政府部门进行沟通； ⑦完成上级交办的其他工作

知识点

我国地大物博，各地的气候差异很明显。在新疆已然大雪纷飞的时候，而海南仍然烈日高照。不同的气候条件可以种植不同的农作物，但我们却可以在海南的超市里买到新疆的库尔勒香梨，也可以在新疆的水果市场上看到海南的菠萝、椰子和香蕉。是什么使这些易腐的水果能顺利及时地到达消费者手中呢？

本章小结

运输是利用一定的工具或设备对人和物进行空间转移的过程。交通物流指的是物质资料（包括原材料）的物理性移动，运输活动本身一般并不创造产品价值，只创造附加值。

运输在物流系统中的地位和作用：运输是物流系统功能的核心、运输是物流网络构成的基础；运输是物流系统合理化的关键；运输可以扩大商品的市场范围；运输可以保证商品价格的稳定性；运输能够促进社会分工的发展。运输具有生产对象的广泛性、生产不创造新的实物形态的产品、生产的非实体性、生产与消费同时进行、生产不平衡性、各种运输方式产品同一性、巨大的外部性与成本转移性等特点。

物流的具体功能包括运输功能、仓储功能、装卸功能、包装功能、配送功能、流通加工、物流信息。

交通物流节点是指以连接不同运输方式为主要职能，处于运输线路上的，承担货物的集散、运输业务的办理，运输工具的保养和维修的基地与场所。交通物流节点由公路交通物流节点、铁路交通物流节点、水路交通物流节点、航空交通物流节点、管道交通物流节点等五大部分组成。

交通物流的作用：保值，缩短距离，增强企业竞争力，加快商品流通，创造社会效益，创造附加值。

铁路运输的技术经济特征：适应性强、运输能力大、安全性好、运行速度较高、能耗小、环境污染程度小、运输成本较低。

铁路运输生产组织和经营管理特征:车路一体,以列车为客、货运输的基本输送单元;铁路具有优越的外部导引技术;铁路运输设备不能转移。

公路运输的经济技术特征:技术经营性能指标好,货损货差小,安全性、舒适性不断提高,原始投资少,资金周转快,回收期短。

公路运输的生产组织和经营管理特征:车路分离,富于活动性,可实现"门到门"运输服务,便于经营。

水运物流的技术经济特征:运输能力大、运输成本低、劳动生产率高、航速低、受气候影响大。

水运物流的生产组织和经营管理特征:便于利用,受海洋阻隔,创办较容易,国际竞争激烈,差异性大。

航空物流的技术经济特征:高科技性,高速性,高度的机动灵活性,安全可靠性和舒适性,建设周期短、投资大、成本高。

航空物流生产组织和经营管理特征:飞行距离远、飞机与机场分离、适用范围广泛、具有环球性及国际性。

管道物流的技术经济特征:运量大,用地少,资金少,管道运输安全可靠、连续性强,管道物流耗能少、成本低、效益好,灵活性差。

管道物流的生产组织和经营管理特征:生产与运输一体化、上门服务、生产高度专业化、作业自动化。

从狭义上说,交通运输服务贸易是指以运输服务为交易对象的贸易活动,即贸易的一方为另一方提供运输服务,以实现货物和人在空间上的位移。广义上的交通运输服务贸易包括服务贸易、港口服务贸易、空运服务贸易、铁路运输服务贸易、公路运输服务贸易以及其他运输服务贸易。

组织逻辑角度的运输服务系统包括服务供需子系统、运营网络子系统、中介服务子系统、保障服务子系统、管理服务子系统。

不合理运输:返程或起程空驶、对流运输、迂回运输、重复运输、倒流运输、过远运输、运力选择不当、托运方式选择不当。

运输合理化的意义:合理运输,有利于促进经济持续、稳定、协调发展;合理运输,能节约运输费用,降低物流成本;合理运输,可缩短运输时间,加快物流速度;运输合理化,可节约运力、能源。

影响合理运输的直接因素:运输距离、运输环节、运输工具、运输时间、运输费用。

运输合理化的措施:发展社会化运输体系,尽量发展直达运输、"四就"直拨运输,发展整车和集装箱运输,提高技术装载量。

练习与思考

1. 交通与物流有何异同?

2. 宝山钢铁厂向大连造船厂运输一批钢材,最适宜采用什么运输方式,为什么?
3. 交通的分类有哪些?
4. 交通物流市场的分类有哪些?

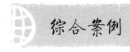

蒙牛物流运输:打造快速物流系统

物流运输是品牌企业重大挑战之一。蒙牛目前的触角已经触及全国各个角落,甚至还向东南亚出口。为了能在最短的时间内、有效的储存条件下,以最低的成本将牛奶送到商超的货架上,蒙牛采取了以下措施。

1. 缩短运输半径

对于酸奶这样的低温产品,由于其保质日期较短,加上消费者对新鲜度的要求很高,一般产品超过生产日期3天以后送达商超,商超就会拒绝该批产品。因此,对于这样的低温产品,蒙牛要保证在2~3天内送到销售终端。为了保证产品能及时送达,蒙牛尽可能地缩短运输半径。在成立初期,蒙牛主打常温液态奶,因此奶源基地和工厂基本上都集中在内蒙古,以发挥内蒙古草原的天然优势。当蒙牛的产品线扩张到酸奶后,蒙牛的生产布局也逐渐向黄河沿线以及长江沿线延伸,使牛奶产地尽量接近市场,以保证低温产品快速送达卖场、超市。

2. 合理选择运输方式

蒙牛的产品运输方式主要有两种,分别为汽车和火车集装箱。蒙牛在保证产品质量的前提下,尽量选择费用较低的运输方式。对于路途较远的低温产品运输,为了保证产品能够快速送达消费者手中,保证产品的质量,蒙牛往往采用成本较高的汽车运输。例如,北京销往广州等地的低温产品,全部走汽运,虽然成本较铁运高出很多,但在时间上能有保证。为了能更好地了解汽车的运行状况,蒙牛还在一些运输车上装有GPS(全球定位系统),GPS可以跟踪了解车辆的情况,比如是否正常行驶、所处位置、车速、车内温度等。蒙牛管理人员在网站上可以查看所有安装此系统的车辆信息。GPS的安装,给物流以及相关人员包括客户带来了方便,避免了有些司机在途中长时间停车而影响货物不能及时送达或者产品途中变质等情况的发生。而像利乐包、利乐砖这样保质期比较长的产品,则尽量依靠内蒙古的工厂供应,因为这里有最好的奶源。产品远离市场的长途运输问题就依靠火车集装箱来解决,与公路运输相比,这样更能节省费用。在火车集装箱运输方面,蒙牛与中铁集装箱运输公司开创了牛奶集装箱"五定"班列这一铁路运输的新模式。"五定"即"定点、定线、定时间、定价格、定编组","五定"班列定时、定点,一站直达有效地保证了牛奶运输的及时、准确和安全。2003年7月20日,首列由呼和浩特至广州的牛奶集装箱"五定"班列开出,将来自于内蒙古的优质牛奶运送到了祖国大江南北,打破了蒙牛的运输瓶颈。蒙牛销往华东华南的牛奶80%依靠铁路运到上海、广州,然后再向其他周边城市分拨。现在,通过"五定"列车,上海消费者在70个小时内就能喝上草原鲜奶。

3. 全程冷链保障

低温奶产品必须全过程都保持在2~6℃之间,这样才能保证产品的质量。蒙牛牛奶在

交通物流

"奶牛—奶站—奶罐车—工厂"这一运行序列中,采用低温、封闭式的运输模式。无论在茫茫草原的哪个角落,蒙牛的冷藏运输系统都能保证将刚挤下来的原奶在6个小时内送到生产车间,确保牛奶新鲜的口感和丰富的营养。出厂后,在运输过程中,则采用冷藏车保障低温运输。在零售终端,蒙牛在其每个小店、零售店、批发店等零售终端投放冰柜,以保证其低温产品的质量。

4. 使每一笔单子做大

物流成本控制是乳品企业成本控制中一个非常重要的环节。蒙牛减少物流费用的方法是尽量使每一笔单子变大,形成规模后,在运输的各个环节上就都能得到优惠。比如利乐包产品走的铁路,每年运送货物达到一定量后,在配箱等方面可以得到很好的折扣。而利乐枕产品走汽运,走5吨的车和走3吨的车,成本要相差很多。此外,蒙牛的每一次运输活动都经过了严密的计划和安排,运输车辆每次往返都会将运进来的外包装箱、利乐包装等原材料和运出去的产成品做一个基本结合,使车辆的使用率提高了很多。

思考题

1. 蒙牛是如何合理选择运输方式的?
2. 运输有什么样的功能与作用?

第二章 公路物流

学习目标

1. 知识目标：
①掌握公路运输在我国运输发展中的优势和特点；
②熟悉公路运输在国际和国内的发展趋势；
③理解公路运输中所需的基础条件；
④了解公路运输近年来在我国大幅度增长的主要原因。
2. 能力目标：
①知道公路运输中的工具和基础条件；
②了解公路运输中所需的技术装备与设施；
③学会使用公路交通物流系统的特点与功能进行案例分析。

公路运输是指主要使用汽车，也可使用其他车辆（如人、畜力车等）在公路上进行货物运输的一种方式。这也是我国货物运输的主要形式，在我国货运中所占的比重最大。同时，公路运输与铁路、水路运输联运，就可以形成以公路运输为主体的全国货物运输网络。

公路运输主要承担近距离、小批量的货运，水路、铁路运输难以到达地区的长途、大批量货运及铁路、水运难以发挥优势的短途运输。公路运输从短途逐渐形成短、中、远程运输并举的局面，将是一个不可逆转的趋势。长途汽车运输也很有市场。另外，公路运输还起到补充和衔接的作用。这是指当其他运输方式担负主要运输任务时，由汽车担负起点和终点处短途集散运输，完成其他运输方式到达不了的地区的运输任务。[①]

公路运输得以大幅度增长的主要原因如下。

（1）汽车生产量、销售量的提高。

（2）高速公路建设的加快。遍布全国的公路网，提高了汽车运输直接开展"门到门"服务的水平，使客户得到更多的方便。

---

① 林强.物流工程[M].北京：清华大学出版社，2009.

(3) 运输性价比较高，具有价格竞争优势。

(4) 汽车生产技术提高，使车辆性能和载重量提高（也造成运输超载等负面问题），也提高了运载能力。

(5) 大型货车增多。

公路运输是影响面最为广泛的一种运输方式，其优势可归纳如下。

(1) 全运程速度快。据国外有关资料统计，一般在中、短途运输中，公路运输的运送速度平均比铁路运输快 4～6 倍，比水运物流快近 10 倍。在公路运输过程中，途中不需中转，换装环节少，因此运输速度较快。特别是对于有些限时运送的货物，或为适应市场短时急需的货物，公路运输服务优于其他运输工具。公路运输可以实现"门对门"直达运输，空间活动领域大。这一特点是其他任何运输方式很难具备的，因而公路运输在直达性上有明显的优势。

(2) 运营灵活。公路运输有较强的灵活性，可以满足用户的多种要求。它既可以成为其他运输方式的接运方式，又可以自成体系，机动灵活。公路运输能灵活制定运营时间表，可随时调拨，运输中伸缩性极大。再有，汽车载重量可大可小，既可以单车运输，又可以拖挂运输，对货物批量的大小有很强的适应性。另外，汽车可到处停靠，受地形气候限制小。我国已实现县级以上行政区公路运输全部贯通。

(3) 除高速公路外，公路基础设施建设一次投资（建设投资）少，资金周转快，技术改造容易。作为工具的汽车，在购买时，费用相对较低，其投资回报期短。据美国资料显示，公路货运企业每收入 1 美元，仅需投入 0.72 美元，而铁路则需投入 2 美元，相差 3 倍左右。公路运输的资本周转年均可达 3 次，而铁路则需 3.5 年才可周转一次。国内尚无精确的数据资料，但理论上相差无几。

(4) 质量保证程度不断提高。货损、货差、安全性是运输中的重要评价标准。由于我国公路网的发展和公路路面等级的提高及汽车技术性能的不断完善，汽车货损货差率不断降低，货物安全水平不断提高，同时由于汽车运输方便快捷，有利于保证货物质量，提高了运输货物的时间价值和客户的满意度。

公路运输的不足主要表现在：单车载运量相对较小、大批量运输效率相对偏低；长途运输成本较高（公路运输的经济半径一般在 200 km 左右）；与其他运输方式相比，能耗大和污染环境是当今汽车运输的最大技术瓶颈；近年来，汽车运输事故也呈上升趋势，给汽车运输发展造成负面影响。

公路运输是现代运输主要方式之一，也是构成陆上运输的两种基本运输方式之一。公路运输的含义有广义和狭义之分。从广义上来说，公路运输是指利用一定的载运工具沿公路实现旅客或货物空间位移的过程。从狭义上来说，由于汽车已成为现代公路运输的主要载运工具，因此，现代的公路运输即指汽车运输。

公路运输分为直达运输、干线运输和短距离集散运输三种形式，如图 2.1 所示。公路运输有"通过"运输和"送达"或"集散"的功能，尤其是"送达"或"集散"功能，使公路运输成为其他几种运输方式（管道除外）的终端运输方式，成为交通运输中不可或缺的组成部分，在综合运输体系中发挥着非常重要的作用。

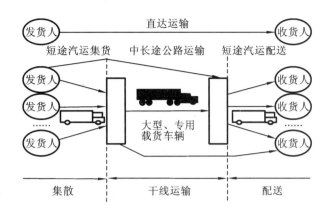

图 2.1　直达运输、干线运输和短距离集散运输三种形式

第一节　公路物流的系统

公路运输是指在公路上使用机动车辆或人力车、畜力车等非机动车辆运载货物的一种运输方式,是现代交通运输最重要的方式之一。与之相近,还有一个容易混淆的概念,那就是汽车运输。相比之下,公路运输的外延更大,但由于现代公路运输所用运输工具主要是汽车,因此,公路运输一般即指汽车运输。[①] 下面从公路运输的技术经济角度介绍公路运输的主要特点。

（一）公路运输的特点

1. 公路运输的主要优点
（1）快速直达。

由于汽车运输途中不需中转、滞留,因此相对而言,汽车运输的运送速度比较快。汽车除了可以沿公路网运行外,还可以深入工厂、矿山、车站、码头、农村、山区、城镇街道及居民区等,空间活动领域大,这一特点是其他任何运输工具所不具备的,因而汽车运输在直达性上有明显的优势。

（2）灵活方便。

汽车运输具有机动灵活、运输方便的特点。首先,汽车运输既可以成为其他运输方式的有效衔接,又可以自成体系,机动灵活;其次,汽车运输对货物批量大小的要求,具有很强的弹性,既可以单车运输,又可以拖挂运输;最后,汽车运输在时间上的自由度很大,通常可以按客户规定的时间提供运输服务。

（3）操作简单。

与火车、轮船和飞机相比,汽车的驾驶技术比较容易掌握,培养一名合格的汽车驾驶员所需的时间和成本投入比火车、轮船和飞机驾驶员少很多。

---

① 王萍,胡祥卫.汽车物流管理[M].北京:北京理工大学出版社,2015.

(4) 初期投资较小。

与铁路运输相比,不需铺设轨道,且载货汽车的购买成本较低,因此,汽车运输的初期建设投资成本较小。

2. 公路运输的主要缺点

(1) 运输能力较小。

一般汽车运输的载重量为几吨至几十吨,无法与火车、轮船的巨大载重量相比,因此相对于铁路运输而言,公路运输的运输能力是有限的。

(2) 运输成本较高。

汽车运输的总成本构成包括固定成本和变动成本两个部分,对于物流企业而言,固定成本的支出是基本固定的。由于汽车运输的运输量小,相对于铁路运输和水运物流而言,货物每吨公里的运输成本较高。

(3) 生产率较低。

由于汽车运输的单车单次载运量较小,不能形成规模优势。很多需要装卸搬运的场合却没有装卸搬运设备,而需要手工劳动来完成。因此,汽车运输相对于铁路运输和水运物流而言,生产效率较低。

(二) 公路交通物流系统的主要功能

在现代交通运输发展过程中,世界各国普遍遵循一个共同的发展规律,即水路、铁路运输发展在先,公路运输则后来居上。我国公路运输近几年得到了快速的发展,在整个运输领域占有重要的地位,并发挥着越来越重要的作用:公路运输在现代交通运输领域担负的主要功能有以下三个方面。

1. 独立承担经济运距内的运输

公路运输的经济运距主要指的是中短途运输(我国规定 50 km 以内为短途运输,50 km 以上、200 km 以内为中途运输,200 km 以上是长途运输),即 200 km 以内的运输主要是由公路运输来担负。

2. 参与长途和大批量货物的运输

由于近年来高速公路里程的不断增加和半挂车运输市场的兴起,汽车运输在长途和大批量货物的运输市场中已占得一席之地,从原先的中短途运输逐渐发展成为短、中、长途运输并举的局面。随着高速公路的不断兴建,这一趋势将愈演愈烈。

3. 成为其他运输方式的有效补充和衔接

由于汽车运输具有灵活、自由、活动区域大等优点,当水路、铁路或航空物流担负主要运输任务时,公路运输可以发挥自身优势,与其他运输方式紧密衔接,完成货物起点和终点处的集散运输。[①]

[①] 过秀成,涂圣文,张宁. 干线公路与城市结点衔接交通规划方法与应用[M]. 北京:人民交通出版社,2016.

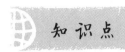

公路物流的特性

全世界机动车总数已达 4 亿多辆,全世界现代交通网中,公路线长占 2/3,约达 2000 万千米,公路物流所完成的货运量占整个货运量的 80% 左右,货物周转量占 10%。在一些发达国家,公路物流的货运量、周转量在各种运输方式中都名列前茅,公路物流已成为一个不可或缺的重要组成部分。下面从公路物流的技术经济角度介绍公路运输的主要特性。

1. 快速、直达

由于汽车运输途中不需中转,因此相对来说,汽车运输的运送速度比较快。汽车除了可以沿公路网运行外,还可以深入工厂、矿山、车站、码头、农村、山区、城镇街道及居民区,活动范围大。这一特点是其他任何运输工具所不具备的,因而汽车运输在直达性上有明显的优势。

2. 灵活、方便

汽车运输既可以成为其他运输方式的接运方式,又可以自成体系,机动灵活。汽车的载重量可大可小,即对起运量没有太大的要求。

3. 运输能力小

每辆普通载重汽车每次只能运送 5 吨货物,仅相当于一列普通火车运输能力的 1/36~1/30,因此相对于铁路运输而言,道路运输的运输能力是有限的。由于汽车体积小,无法运送大件物资,因此不适宜大宗货物和长距离运输。

4. 运输成本较高

由于道路运输的运输量小,因此相对于铁路运输和水运物流而言,每吨千米的运输成本较高。

5. 劳动生产率低

衡量某种运输方式的生产效率主要是看完成每吨千米运输所消耗的人员数量。由于公路运输的载运量低,很多需要装卸搬运的场合没有装卸搬运设备,因此,公路运输的生产率相对于铁路运输和水运物流而言,生产效率较低。

第二节 公路物流的技术

(一)公路运输车辆

由于公路运输主要的载运工具是汽车,以下内容均以汽车为例。

1. 汽车的定义

汽车是借助于自身动力装置驱动,且具有 4 个或 4 个以上车轮的非轨道无架线车辆,是公路运输最核心的装备。

2. 汽车的分类

现代汽车种类繁多，分类方法各有不同，较常见的有如下几种分类方法。

1) 按总体结构分

按总体结构不同，分为单车和汽车列车。

(1) 单车。

单车是汽车的基本形式，常用 4×2、4×4、6×4、6×6 等符号表示驱动特点。前一个数字代表车轮总数(双胎并装仍算一个车轮)，后一个数字代表驱动轮数，若所有车轮均为驱动轮即称为全轮驱动汽车，越野汽车一般都采用这种布置形式。

(2) 汽车列车。

汽车列车是由牵引车或单车拖带全挂车或半挂车组成的运输工具，根据拖挂形式的不同，又可分为半挂结构汽车列车、全挂结构汽车列车和双挂结构汽车列车。

2) 按用途分

按用途不同，可将汽车分为载货汽车、越野汽车、自卸汽车等 8 大类，如图 2.2 所示。

图 2.2 汽车的车辆类型代号

载货汽车	越野汽车	自卸汽车	牵引汽车	专用汽车	客车	轿车	备用分类号	半挂车
1	2	3	4	5	6	7	8	9

(1) 载货汽车。

载货汽车俗称卡车，载货汽车主要用于运输货物，也可牵引挂车。各国对载货汽车的分级方法和标准不尽相同，在我国，是按汽车最大总质量来分类的，可分为重型载货车、中型载货车、轻型载货车和微型载货车四类。

(2) 越野汽车。

越野汽车一般是全轮驱动，主要用于在无路或坏路上载运人员和货物或牵引各种装备。根据其最大总质量不同，可分为超重型、重型、中型和轻型越野车。

(3) 自卸汽车。

自卸汽车带有液压卸车装置，可自动后翻或侧翻，使货物依靠自身重力自行卸下，具有较大的动力和较强的通过能力，主要用于矿区、工地运输矿石、砂土等散装货物。按其最大总质量不同，可分为重型、中型和轻型自卸汽车。

(4) 牵引汽车。

牵引汽车是指专门用于牵引挂车或半挂车的汽车。与普通载货汽车不同的是，牵引汽车无载货车厢且大梁、轴距、后悬均较短，动力较大。根据牵引车承载挂车方式的不同，可分为全挂牵引车和半挂牵引车两种。在国家大力倡导发展甩挂运输的大背景下，牵引汽车的发展势头强劲。

(5) 专用汽车。

专用汽车是指装有专用车厢或专用装备，从事专门运输或专门作业的汽车。专用汽车可分为一般专用汽车和工矿生产用汽车两大类。一般专用汽车是将普通载货汽车改装后用于运输特殊货物或完成各种特定作业的汽车；工矿生产用汽车是指专门设计和自成系列的，在专用道路上行驶或在特定的区域内使用的汽车。

(6) 客车。

客车是指具有长方形闸形车厢,主要用于载运人员及其随身行李物品的汽车。按照车身长度不同,可将客车分为大型客车、中型客车、轻型客车和微型客车四类。

(7) 轿车。

轿车是指用于运载人员及其随身物品,座位布置在两轴之间的四轮汽车。按照发动机排量大小,可分为高级、中高级、中级、普通型和微型轿车五种。

(8) 半挂车。

半挂车是承载货物的平台或容器,本身没有动力,通过鞍式牵引座与牵引车相连接后形成一个整体,在货物运输领域应用广泛。由于半挂车相对独立,因此,在货物抵达目的地或者要将货物转运时可通过直接交付或交换半挂车完成,减少了中间的装卸搬运工序,显著提高了运输效率,并且大大降低了货物的货损、货差,在大宗货物的运输中具有明显的优势。

(二) 公路

1. 公路的定义与分类

公路是指连接城市、乡村和工矿基地,主要供汽车行驶并具备一定技术标准和设施的道路。[①] 公路按行政等级可分为国家公路、省公路、县公路和乡公路(简称为国、省、县、乡道)以及专用公路五个等级。一般把国道和省道称为干线,县道和乡道称为支线。

2. 公路的等级及使用年限

公路按使用任务、功能和可承载的交通量可分为高速公路、一级公路、二级公路、三级公路和四级公路五个等级。各级公路远景设计年限:高速公路和一级公路为 20 年,二级公路为 15 年,三级公路和四级公路为 10 年,也可根据实际情况适当调整。

(1) 高速公路。

专供汽车分向、分车道行驶,并全部控制出入的干线公路,具有重要的政治、经济意义。

(2) 一级公路。

为连接重要政治、经济中心,通往重点工矿区、港口、机场,专供汽车分道行驶并部分控制出入的多车道公路。

(3) 二级公路。

为连接政治、经济中心或大工矿区、港口和机场等的公路。一般能适应按各种车辆折合成中型载货汽车的远景设计年限 15 年,年平均昼夜交通量为 3000~7500 辆。

(4) 三级公路。

为沟通县以上城市的公路。一般能适应按各种车辆折合成中型载货汽车的远景设计年限 10 年,年平均昼夜交通量为 1000~4000 辆。

(5) 四级公路。

为沟通县、乡(镇)和村等,主要供汽车行驶的双车道或单车道公路。一般能适应按各种车辆折合成中型载货汽车的远景设计年限 10 年,年平均昼夜交通量为双车道 1500 辆以下,单车道 200 辆以下。

---

① 王伯铭.城市轨道交通车辆总体及转向架[M].北京:科学出版社,2013.

（三）场站

公路运输场站分客运场站和货运场站两种，本小节主要介绍货运场站。

1. 货运场站功能

货运场站是交通运输业的一个通俗名称，泛指货物集结和待装运、转运的场所，其规模和功能视交通量的大小、交通的便利性及地价等因素而定。随着市场的需要，货运场站的功能已经从简单的货物集结、转运拓展到配送、流通加工甚至信息服务，有的配载中心、零担货运站本身就兼有配送中心等一系列功能。具体来说，公路货运场站的功能表现在以下几个方面。

（1）物流过程的连接点。

公路货运场站是公路与铁路、水运、空运等各种运输方式的连接点，必须具有接单、分拣、分装、倒装、运输配送的综合功能。

（2）商流活动的连接点。

货运场站是生产厂、批发商和零售商之间的连接点，具有储存、流通加工、信息处理和售后服务等功能。

（3）国际物流活动的连接点。

货运场站也可设置为国内物流和国际物流的连接点，具有进口代理、通关报检以及保税等特殊功能。

2. 货运场站设备

货运场站是办理货物运输业务的车站，发挥着货物集散以及货物运输信息传递等功能。因此，货运场站主要设备应包括资讯系统通用设备、仓储设备、装卸搬运设备、集装设备、拣选设备以及流通加工设备等。

3. 货运场站附属设施

货运场站附属设施主要有停车场(库)、汽车保养场、汽车修理厂以及汽车加油站等。

第三节　公路物流的工具

1. 厢式货车

厢式货车又叫厢式车，主要用于全密封运输各种物品，特殊种类的厢式货车还可以运输危险化学物品。货车载货部位的结构为封闭厢体，与驾驶室各自独立。具有机动灵活、操作方便、工作高效、运输量大，充分利用空间，以及安全、可靠等优点。厢式货车比普通货车更加安全、更加美观。厢式货车广泛适用于运输各类货物，各大工厂、超市、个人均可适用。

（1）厢体简介。

厢式货车厢体可采用铁瓦楞、彩钢板、铝平板、铝合金瓦楞、发泡保温等材质制作而成。厢型有后开门、左右开门、全封闭、半封闭、仓栅等形式。厢式货车后侧可选装后液压托板，可托起 0.5～5 吨重物。

(2)厢式货车分类。

①按品牌分类：东风厢式货车、解放厢式货车、五十铃厢式货车、江淮厢式货车、江铃厢式货车、福田厢式货车等。

②按外形分类：单桥厢式货车、双桥厢式货车、平头厢式货车、尖头厢式货车等。

③按品种分类：小霸王厢式货车、多利卡厢式货车、三平柴厢式货车、东风康霸厢式货车、145 厢式货车、153 厢式货车、1208 厢式货车、1230 厢式货车、1290 厢式货车、半挂厢式货车等。

④按用途分类：仓栅式运输车、厢式货车等。

2. 自卸车

(1)自卸车简介。

自卸车是指通过液压或机械举升而自行卸载货物的车辆，又称翻斗车。自卸车在土木工程中，经常与挖掘机、装载机、带式输送机等工程机械联合作业，构成装、运、卸生产线，进行土方、砂石、散料的装卸运输工作。由于装载车厢能自动倾翻一定角度卸料，大大节省劳动力和卸料时间，缩短运输周期，提高生产效率，降低运输成本，是常用的交通专用车辆。

(2)自卸车分类。

①按品牌分类：东风自卸车、解放自卸车、欧曼自卸车、重汽斯太尔自卸车、红岩自卸车、陕汽自卸车等。

②按外形分类：单桥自卸车、双桥自卸车、平头自卸车、尖头自卸车、前四后八自卸车、双桥半挂自卸车、三桥半挂自卸车等。

③按品种分类：小霸王自卸车、多利卡自卸车、140 自卸车、145 自卸车、153 自卸车、1208 自卸车等。

④按举升液压缸与车厢的链接形式分类：直推式倾斜机构、连杆式倾斜机构等。

⑤按用途分类：农用自卸车、矿山自卸车、垃圾自卸车、煤炭运输自卸车、工程机械自卸车、污泥自卸车等。

⑥根据车厢翻动的方向分类：前举式和侧翻式自卸车。目前还有双向侧翻自卸车，主要应用于建筑工程。

3. 全挂车和半挂车

全挂车或半挂车并无自带的动力装置，它们与牵引汽车组成的汽车列车属于汽车范畴。前面有驱动能力的车头称作牵引车。后面没有牵引驱动能力的车称作挂车，挂车是被牵引车拖着走的。牵引车和挂车的连接方式有两种：第一种是挂车的前面一半搭在牵引车后段上面的牵引鞍座上，牵引车后面的桥承受挂车的一部分重量，这就是半挂；第二种是挂车的前端连在牵引车的后端，牵引车只提供向前的拉力，拖着挂车走，但不承受挂车的向下的重量，这就是全挂车。

4. 特种车

特种车辆是指在中华人民共和国境内(不含港、澳、台地区)行驶的，用于牵引、清障、清扫、起重、装卸、升降、搅拌、挖掘、推土、压路等的各种轮式或履带式专用车辆，或车内装有固定专用仪器设备，从事专业工作的监测、消防、清洁、医疗、电视转播、雷达、X 光检查等车辆。此外，军车、警车等也属于特种车。

交强险中列举了四类特种车,其中特种车二中有用于牵引的专用机动车,与我们日常所说的牵引挂车的普通营运车有明显的不同。几种常见的特种车如下。

特种车一:油罐车、汽罐车、液罐车、冷藏车。

特种车二:用于牵引、清障、清扫、清洁、起重、装卸、升降、搅拌、挖掘、推土等的各种专用机动车。

特种车三:装有固定专用仪器设备从事专业工作的监测、消防、医疗、电视转播等的各种专业机动车。

特种车四:集装箱拖头。

第四节 公路物流的条件

公路运输体系主要由公路及其相关建筑物、公路交通控制设备、运输车辆和场站枢纽组成。[①]

1. 公路

公路是连接各城镇、乡村和厂矿基地之间主要供汽车行驶的郊外道路,主要由路基、路面、桥梁与涵洞、隧道、防护与加固工程、排水设备、山区特殊构造物以及各种附属工程组成。公路主要承受汽车荷载的重复作用和经受各种自然因素的长期影响,因此,公路不仅要有和缓的纵坡、平顺的线形,而且要有稳定坚实的路基、平整而不滑的路面以及必要的防护工程和附属设备。

公路根据使用任务、功能和适应的交通量分为五个等级。

(1) 高速公路:为专供汽车分向、分车道行驶,并应全部控制出入的多车道公路。四车道高速公路应能适应将各种车辆折合成小客车的年平均日交通量25000～55000辆;六车道高速公路应能适应将各种车辆折合成小客车的年平均日交通量45000～80000辆;八车道高速公路应能适应将各种车辆折合成小客车的年平均日交通量60000～100000辆。

(2) 一级公路:为供汽车分向、分车道行驶,并可根据需要控制出入的多车道公路。四车道一级公路应能适应将各种车辆折合成小客车的年平均日交通量15000～30000辆;六车道一级公路应能适应将各种车辆折合成小客车的年平均日交通量25000～55000辆。

(3) 二级公路:为供汽车行驶的双车道公路。双车道二级公路应能适应将各种车辆折合成小客车的年平均日交通量5000～15000辆。

(4) 三级公路:为主要供汽车行驶的双车道公路。双车道三级公路应能适应将各种车辆折合成小客车的年平均日交通量2000～6000辆。

(5) 四级公路:为主要供汽车行驶的双车道或单车道公路。双车道四级公路应能适应将各种车辆折合成小客车的年平均日交通量2000辆以下。单车道四级公路应能适应将各种车辆折合成小客车的年平均日交通量400辆以下。

不同等级的公路,其路面路基质量、路面宽度、曲线半径、交通控制和行车速度有较大的差距,并对道路运输的运输质量、运输成本影响很大。由上述各等级公路组成的公路网中,

---

① 何霖.城市轨道交通运营管理:从有序到有效[M].北京:中国劳动社会保障出版社,2015.

高速公路及一级公路在公路运输中有着重要的地位和作用。

2. 交通控制设备

交通控制设备包括交通标志、路面标线和路标、交通信号及高速公路控制系统,其功能主要是对车辆、驾驶员和行人起限制、警告和引导作用。

(1) 交通标志。交通标志是指把交通警告、交通禁令和交通指示等交通管理与控制法规用文字、图形或符号形象化地表示出来,设置于路侧或公路上方的交通控制设施。交通标志主要有警告标志(唤起驾驶员对前方公路或交通条件的注意)、禁令标志(禁止或限制车辆、行人通行的标志)、指示标志(指示车辆、行人行进或停止的标志)。

指路标志(指出前方的地名或其他名胜古迹的位置和距离,预告和指示高速公路或一级公路的中途出入口、沿途的服务设施和必要的导向)。齐全的交通标志,能有效地保护路桥设施,维护交通秩序,提高运输效率和减少交通事故,是公路沿线设施必不可少的组成部分。

(2) 路面标线和路标。标线和路标是将交通的警告、禁令、指示和指路用画线、符号、文字等标示嵌画在路面、缘石和路边的建筑物上的一种交通管理设施,如道路中心线、车道边缘线、停车线、禁止通行区等。标线和路标与交通标志具有相同的作用。

(3) 交通信号。交通信号用于在时间上给相互冲突的交通流分配通行权,使各个方向和车道上的车辆安全而有序地通过交叉口的一种交通管理措施。

(4) 高速公路控制系统。为确保高速公路安全、畅通,为驾驶人员提供快速、优质的信息服务,高速公路安装了先进的通信、监控系统,可以快速、准确地监测道路交通状况,并通过可变情报板、交通信息处理电台及互联网实时发布交通信息。

①机房设施。机房设施包括主控台、监视器、大屏投影仪、服务器、计算机、供电设施及系统管理软件等。

②车辆检测器。采用环形检测线圈形式和压电电缆,主要用于检测车流量、平均速度、占有率、车头间距及轴数、轴重等。

③可变情报板。用于发布有关信息,如前方道路交通状况,堵塞、拥挤、正常、事故、施工等;雨、雾、雪及冰冻等恶劣气象条件下的警示信息,在上述道路交通情况下,到达另一条高速公路的时间及交通流向调控。正常情况下显示时间,作为时钟使用。

④应急电话。通过有线或无线传输至控制中心,有线主要通过高速公路专用通信网的电缆和光缆传输,无线则通过公众移动通信网传输。

⑤服务区。设有加油、餐饮、住宿、公用电话、小卖部、公厕及停车场等为司乘人员提供各类服务的设施。

3. 场站

1) 汽车客运站

汽车客运站是指专门办理旅客运输业务的作业场所,具有旅客运输组织、车辆运行组织、旅客集散、中转换乘和综合服务等功能,在整个道路旅客运输过程中发挥着枢纽作用。根据客运站站务工作量(年平均日旅客发送量),结合车站所在地的政治、经济、文化等因素,汽车客运站分为一级站(年平均日旅客发送量在10000人次以上)、二级站(年平均日旅客发送量在5000～10000人次的车站)、三级站(年平均日旅客发送量在1000～5000人次的车站)、四级站(年平均日旅客发送量不足1000人次的车站)和简易车站。

2) 汽车货运站

汽车货运站是专门办理货物运输业务的汽车站。货运站的主要工作是组织货源、受理托运、仓储理货、中转换装、搬运装卸、多式联运、货运代理等,并具有编制货车运行作业计划、进行车辆调度、加油、维修等。

货运站可划分为整车货运站、零担货运站和集装箱货运站。

(1) 整车货运站。整车货运站是以货运商务作业机构专营为特征的汽车货运站。它是组织货源,办理货运商务作业的场所。商务作业包括托运、承运、受理业务、结算运费等项工作。

(2) 零担货运站。零担货运站是专门经营零担货物运输的汽车站,称为零担货运站。根据零担站年工作量即零担站年货物吞吐量,将零担站划分为一、二、三级。货物吞吐量是指报告期内零担站发出和到达的零担货物的数量,包括中转收、发量的总和。年货物吞吐量在6万吨及以上者为一级站,年货物吞吐量在2万吨及以上、6万吨及以下者为二级站,年货物吞吐量在2万吨及以下者为三级站。

(3) 集装箱货运站。集装箱货运站主要承担集装箱的中转运输任务,所以又称集装箱中转站。集装箱货运站的主要业务功能是:港口、火车站与货主间的集装箱门到门运输与中转运输;集装箱适箱货物的拆箱、装箱、仓储和接取、送达;为货主代办报关、报检等货运代理业务。根据年运输量、地理位置和交通条件不同,集装箱货运站可分为四级。集装箱货运站的年运输量,是指计划年度内,通过中转、送达集装箱标准箱量的总称。一级站年运输量为3万标准箱以上;二级站年运输量为1.6万~3万标准箱;三级站年运输量为0.8万~1.6万标准箱;四级站年运输量为0.4万~0.8万标准箱。

4. 运输车辆

在道路运输中,运输工具主要是汽车。它是由动力装置驱动,具有四个或四个以上车轮,可以单独行驶并完成运载任务的非轨道无架线的车辆。根据车辆的定义和用途可以对运输车辆进行详细分类。

1) 按车辆的定义划分

(1) 轿车。可乘坐2~9个乘员(含驾驶员)的小型载客汽车称为轿车。轿车主要在良好路面上行驶,通常车身为闭式,备有行李舱,轿车按发动机工作容积(排量)可分为微型轿车(1.0 L以下)、普通级轿车(1.0~1.6 L)、中级轿车(1.6~2.5 L)、中高级轿车(2.5~4 L)、高级轿车(4 L以上)。

(2) 客车。乘坐9人以上(不含驾驶员)的载客汽车称为客车。客车通常按车辆长度可分为小型客车(6 m以下)、中型客车(6~9 m)、大型客车(9~12 m)、特大型客车(如铰接式客车)。

(3) 货车。主要供运载货物用的汽车称为货车。货车通常按其总质量分为微型货车(总质量小于1800 kg)、轻型货车(总质量1800~6000 kg)、中型货车(总质量6000~14000 kg)、重型货车(总质量大于14000 kg)。

2) 按车辆的用途划分

(1) 客车。客车可分为旅游客车、城市公共汽车、长途客车、卧铺客车等。客车有单层、也有双层。

(2) 货车。货车可以分为普通货车、厢式货车、专用车、自卸车、牵引车和挂车。

①普通货车：按有无车厢挡板分为干板车、标准挡板车、高挡板车。

②厢式货车：一般有后开门、侧开门、开顶式等。

③专用车：根据特殊使用要求设计或改装的汽车，主要执行运输以外的任务，如救护车、起重车、检测车、消防车等。

④自卸车：主要用于矿区工地运输矿石、沙土等散装货物，是车厢能自动倾翻的汽车。

⑤牵引车和挂车：专门或主要用于牵引挂车的汽车称为牵引汽车，通常分为半挂牵引车和全挂牵引车。半挂牵引车后部设有牵引座，用来牵引和支撑半挂车前部。

第五节　公路物流的趋势

第二次世界大战结束后，随着世界经济的恢复和发展，欧洲各国、美国、日本等发达国家先后建成了比较完善的、高标准的国家公路网和高速公路网。汽车工业也形成了比较完整的体系，生产能力和技术水平大为提高，汽车的生产数量和保有量大幅增加，小轿车在汽车中的比例增大。货车的车型逐步向重型化、专有化、快速化和列车化发展。此外，不少国家更加重视原有公路的技术改造，强化干线公路系统的规划和建设，注重公路的环境保护，提高车辆的运用与管理水平，从而大大提高了公路运输的生产效率和经济效益。这一切为公路运输的进一步发展创造了条件。许多国家打破了一个多世纪以铁路为中心的交通运输局面。陆上运输结构发生了显著变化，公路运输已在综合运输体系中起主导作用。[①] 未来，我国公路运输的发展趋势体现在以下几个方面。

(1) 随着高速公路及汽车专用公路的建成并投入使用，开展公路快速客、货运业务。

(2) 随着公路网的完善，特别是高速公路网的形成，按规模化要求建立集约化经营的运输企业。在这一过程中，行政区域的界限将趋于淡化。

(3) 公路货运业将纳入物流服务业发展的系统中。更强调在专业化原则上的合作，包括不同运输方式之间的合作，与服务对象的合作。

(4) 在经营管理方面，现在许多运输企业都建立并运用了运输信息管理系统。在发达国家，已普遍采用了车辆运行动态监控系统以及车辆运行自动记录仪（俗称汽车"黑匣子"）。

(5) 运输组织方式按生产力水平分层发展。在公路通行条件好、客货流量大的公路上，按现代企业制度的要求建立规模化、集约化经营的运输企业；在车辆配置上，充分考虑使用强度的影响及运输服务品质的要求。而在其他公路上，仍延续现行的运输组织方式。

(6) 逐步加强运输规划，使公路建设及运输站场设施的配置与客货流规律更好地协调起来，同时还根据效率与效益原则，把运输服务向纵深推进。

---

① 叶茂,过秀成.历史城区交通系统与路网资源综合利用方法[M].南京:东南大学出版社,2014.

交通物流

本章主要介绍了公路运输作为我国货物运输的主要形式在我国货运中所占的比重最大，完成其他运输方式到达不了的地区的运输任务。首先，由于我国汽车产销量增加，高速公路建设加快，运输性价比较高，我国公路运输量大幅度增长。公路运输具有全程速度快，运营灵活，初期建设投资少，资金周转快，质量相对有保证等优势，保证了货物质量和客户满意度。其次，伴随交通事故呈上升趋势，环境污染和长途运输成本高。公路运输也面临着技术与发展的瓶颈。进一步了解了公路运输工具的不同类型及作用，认识了公路在运输过程中必备的基础条件。最后，分析了当代国际公路运输的发展趋势，并为我国未来公路运输发展提出相应的建议。

随着经济的不断发展，社会的不断进步，经济体制的改革，我国公路货物运输方式朝多元化发展。但公路运输中也有许多不容忽视的问题，如公路货运发展水平和经济社会发展要求不协调，货运装备的结构和技术不能适应公路运输要求，企业的运行模式和发展模式与现有的物流运输条件不协调，运输管理水平和能力与市场发展要求不协调等问题。这些问题仍然束缚着我国公路物流的发展，需要结合我国的国情、社会结构及状况，借鉴国外先进技术和管理经验，转变经营理念，加强信息建设，实现公路运输业可持续发展。

练习与思考

1. 分析近年来公路运输大幅增长的原因。
2. 试述公路货物运输的概念。

综合案例

2007年11月11日，中国交通运输协会地方客运协作工作委员会旅游协作网在广西壮族自治区举办年会，54家来自全国各地的重点运输企业老总齐聚南宁，探讨开展运游结合、构建运输旅游协作网络联盟、实现公路运输可持续发展等重要课题。

广西一些客运企业"以客运带动旅游，以旅游促进客运"的新做法，引起了与会客运企业的极大兴趣。大家认为，这些充满创新意识的发展模式，为公路客运和旅游业的互荣互赢闯出了一片新天地。因此，"运游结合"风生水起。8月27日，中越跨国"胡志明足迹之旅"活动在广西壮族自治区凭祥市友谊关正式启动，近百名游客兴致勃勃地从凭祥出发抵达河内，返龙州游桂林，将"主席（胡志明）之路"重走一遍，读历史、看巨变、话友谊。重走"主席之路"只是广西"运游结合"的一个精彩片段。广西运德汽车运输集团有限公司旗下的运德国旅是本次活动唯一指定接待社,早在 2005 年,该集团依据"以客运带动旅游,以旅游促进客运"的经营思路,在越南投资成立了中国在东盟国家的第一家合资客运企业——山德公司。

山德公司在越南经营的成功,很大程度上得益于开通中越跨国旅游班线。该公司针对公路跨国运输的特点,积极推行客运旅游化服务,在提供双语服务、解说词旅游化的同时,利用集团公司的资源优势,在客运服务流程中增加了旅客通关组织、旅客关口交接、代订宾馆及客票、翻译、出行指南等服务内容。公司自 2005 年 9 月起,相继开通"南宁—河内"、"北海—河内"、"南宁—海防"等客运班线,实现了客运与旅游的共赢发展。

"运游结合"之所以在广西发展得比较红火,与一些客运企业创新经营发展手段是分不开的。

广西华安国旅采取"巴姐导游化"、"运游结合"的办法,建立了以贺州市为中心、辐射周边区、县汽车站的旅游咨询服务网络。该公司利用贺州地处广西、广东交界的地理优势,与广东联合开展了旅游促销互动。今年 6 月,该公司与广东封开梦多奇景区合作,先是在贺州举办了"封开·贺州旅游促销互动大型活动"文艺晚会,后又开展了"贺州、封开、梧州一日游"活动,吸引了近千名两省游客参与旅游互动活动,取得了经济、社会效益的双丰收。

运德国旅提出"运德模式",发展"运游结合"。据运德运输集团有关负责人介绍,"运德模式"有四大特点:一是通过增加多项量化服务,实现客运服务旅游化;二是将低效时段的运力、闲置座位拿出来与旅行社合作,通过并班、时间差、票价打折等措施,提高车辆实载率和利用率;三是设计"车票+酒店+景点"等"自由行"产品来满足"自助游"和商务客人的出行要求;四是尽一切努力寻找有资源优势的多种类运游结合切入点,比如依托中国—东盟自由贸易区和博览会,开展边关、泛北部湾、桂北旅游圈的大规模运游业务,并开辟南宁至越南下龙湾、海防、谅山、河内的跨国班线。

广西驰程汽运集团有限责任公司实施"三产开花结果"战略,以百色的红色旅游为基础,在百色、靖西、凌云、乐业(天坑之旅)等重点旅游景区组建了旅游车队,实施专业运输旅游服务。在凌云,该公司还推出颇具特色的适合游客观光的敞篷旅游公交车;在百色,开通了至大王岭原始森林景区的旅游专线车,客流旺盛,收入颇丰。

百色和桂林的运输企业,则走依托当地丰富的人文旅游资源的路线。依据景点精心设计线路,充分发挥运输企业的优势,开发近郊旅游直通车等特色运游产品,如百色的"红色之旅"、"天坑之旅"专线旅游活动,桂林的"大桂林旅游圈"等,以旅游作为切入点,使旅游和客运相互促进,相互发展。"运游结合"客运增值,"运游"结合的经营模式,让运输企业斩获颇丰。广西驰程汽运集团有限责任公司自开展"运游"结合以来,在百色辖区 11 个县(总站)开设酒店,自 2007 年 1 月起至今,各酒店共接待旅客约 200 万人,其中接待旅游团队 400 个共 1 万余人次,旅游产业综合收入达 2400 万元,比去年同期增加 16.5%。"现在旅游产业的收入,已成为企业的半壁江山。"该集团负责人介绍说。为跨国游、边境游提供优质服务的广西运德集团山德公司相关人士透露,2007 年 8 月 29 日,在(中国)广西—(越南)广宁经济开发合作研讨会上,运德集团分别与越南广宁省鸿基旅游股份公司、河内金莲旅行社有限公司等两家公司签订合作协议,为未来两年集团扩大在越南投资,组建规模达 200 辆以上旅游车的旅游车队,跻身越南旅游和公路客运第一集团军,把"运游结合"的蛋糕做大做强埋下精彩伏笔。

交通物流

思考题

1. 运德集团客运增值的秘诀是什么?

2. 对于东盟国家的物流运输企业来说,"运游结合"的经营模式是否具有通用性?为什么?对我国西南边疆地区来说,还有哪些潜在的创造性增值渠道?

3. 试根据本案例,为运德做一份企业营销的策划方案,进一步提高其运营效果。

第三章
铁路物流

学习目标

1. 知识目标：
①掌握铁路运输在我国发展中的作用和特征；
②熟悉铁路运输的发展趋势；
③理解铁路运输中所需的基础条件；
④了解铁路运输中铁路线路，铁路机车及运输工具的分类与组成。

2. 能力目标：
①知道铁路运输中的工具和基础条件；
②了解铁路运输中所需的技术装备与设施；
③学会使用铁路交通物流系统的特点与功能进行案例分析。

铁路是国家的重要基础设施，是国家的大动脉和大众化交通工具。在综合交通体系中处于骨干地位，没有铁路运输的现代化就难以实现国家的现代化。我国幅员辽阔、内陆深广、人口众多、资源分布及工业布局不平衡，铁路运输在各种运输方式中占有的优势更加突出，是统一运输网中的骨干和中坚，在经济社会发展中具有特殊而重要的地位。

铁路运输是指铁路运输部门运用火车、车辆等工具，通过铁道、车站、货场等各种相关的设施，将其所运载的货物、旅客实现空间、位置转移的一系列生产活动，是一种现代的陆地运输方式。铁路运输的产生标志着社会生产力达到一个新的水平，它适应大工业特别是随着煤炭和钢铁工业发展对大量、廉价运输的需要而发展迅速。

我国是一个典型的大陆性国家，经济联系和相互交往跨度大，需要有一种强有力的运输方式将整个国家和国民经济联系起来，并引导和促进其他运输方式的发展。而铁路运输最显著的特点是载运量大、运行成本低、能源消耗少，即在大宗、大流量的中长以上距离的客货运输方面具有绝对优势，是最适合我国经济地理特征和人民收入水平的区域骨干运输方式，具有不可替代的作用。

交通物流

1. 铁路运输在能源、原材料运输中的作用是其他运输方式不可替代的

我国的资源分布不平衡与产业分布不对称。资源主要分布在华北西部、西北、西南地区,产业和经济主要分布在东部地区,由此形成了能源与原材料由西向东和由北向南大宗的、长距离货物流,陆路运距一般都达800~1000 km以上,甚至2000 km以上,沿海港口的运距一般也都在500~700 km以上。这些物资主要依靠大运输能力、低运输成本的铁路运输或铁海联运才能满足需要,公路运输可分担的能力有限,主要是为这些货物的短途集散以及部分中短途距离的运输做补充。

目前,我国正处于工业化的加速发展期,基础工业还将会有一个较大发展空间,对能源、矿石、原材料等仍将会保持较大的增长需求。到2020年,在提高能源利用效率和大力节能的背景下,能源供给需要增长一倍,即达到30亿吨煤,才能支撑国民经济翻两番的目标。由此可以推断,未来铁路承担的大宗能源、原材料等货物运输还将保持一定的速度增长。即使公路运输能力大幅增强,公路长距离运输这些物资仍然缺乏经济性。

2. 铁路运输能显著地提高交通运输可持续发展的能力

铁路干线在节约土地资源方面具有一定优势。铁路与公路的功能和作用各有所侧重,但两者之间存在着一定的替代性。替代的程度,一方面取决于两种运输方式用户使用成本的高低,另一方面也取决于两种运输方式所提供的服务能力大小及便捷程度。如果铁路网络系统比较发达、服务水平较高,就可吸引和分担更多的客货运输量,从而相应地减少对沿线公路基础设施的需求。铁路干线与公路相比,在节约土地方面具有一定的优势,特别是在大流量的通道中较为明显,国家Ⅰ级双线铁路与四车道和六车道的高速公路的工程总体占地比为1∶1.40~1∶1.37,单位货运能力占地比为1∶1.87~1∶2.80。

铁路运输可以更有效地减少交通能源消耗和减轻交通环境污染。铁路运输的发展有利于缩小地区差距,促进社会的可持续发展。铁路运输与其他运输方式相比,区域的纽带作用更强,对弥补地区间社会经济的不均衡发展作用更大,铁路的发展更有利于区域之间的客货交流和交易成本的降低,可以更大程度地提高可达性和扩大市场范围,促进地区间的交流和缓解地区矛盾。经济落后地区一旦被铁路运输所覆盖,就会在更大空间范围上融入国民经济发展的体系中,在与外部经济的联系中加快自身经济发展,才更有可能缩小区域经济发展差距,增强社会稳定和民族团结,实现社会的可持续发展。

3. 铁路运输显著地降低物流成本,提高产品竞争力

交通运输为国民经济服务,主要体现为"最终实现便利产品流通,增加生产者的经济价值"。因此,面对经济全球化的大环境,如何从我国经济发展大战略出发,根据我国的资源特征来发展和优化我国的综合运输体系,在不断提高对运输需求的适应度的同时,增强我国产品的国际竞争力,将直接影响到交通运输发展对国民经济增长的贡献问题。

4. 铁路运输的发展能充分发挥开拓市场和国土开发的功能,在大城市交通中起主导作用

我国正处在建设社会主义市场经济体系的关键时期,东、中、西部地区的经济发展还很不平衡。特别是随着我国东部地区的快速发展,如何解决西部地区经济发展,加强国防建设和促进民族团结等问题,已日益重要起来。西部地区的经济发展和国土开发,都迫切需要铁路。事实表明,铁路修到哪里,哪里的市场就得以开拓,哪里的国土也就得以开发,哪里的经

济和社会就得以发展。

国外大城市依靠建立以铁路为主要运输方式的公共交通系统解决了城市交通问题,这种做法和经验值得我们学习和借鉴。目前我国城市交通问题日益严重,因此需要加大发展市郊、市内高架和地下铁路的力度。

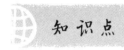

铁路运输的产生和发展

世界上铁路运输已有近200年的历史。

1825年,英国在斯托克顿和达灵顿之间修建了一条运输煤炭和旅客的铁路,用蒸汽机车牵引列车。这就是世界上第一条公用铁路,它是陆地运输发展史上的一个里程碑。

中国于1876年由英商修筑了从上海到吴淞口长约15 km的窄轨铁路——淞沪铁路。1881年为了运输唐山煤炭,修建了从唐山到胥各庄的标准轨铁路。唐胥铁路是我国保留下来的最早的铁路。

中国铁路运输建设大体上可分为两个阶段。1949年中华人民共和国成立初期,铁路运输营业里程为21810 km,这是19世纪后期和20世纪前期建成的,主要分布于东北地区和沿海各省,线路标准低、技术设备落后。中华人民共和国成立以后,进行了大规模的铁路运输建设。到1981年,铁路运输营业里程达50181 km,为1949年的2.3倍,平均每年增加近900 km。截至2004年,地方政府及企业对国家铁路和合资铁路投资14.94亿元。全年共完成新线铺轨1139.6 km,复线铺轨630.2 km;新线投产1433.2 km,复线投产351.7 km,电气化铁路投产408.6 km。铁路延伸到中国西南、西北广大地区,2006年7月青藏铁路的建成通车,标志着我国各省(自治区)都有了铁路。此外,对原有线路的路基、桥梁、隧道等建筑物和轨道结构也进行了技术改造,铺设了8000多公里双线,显著改变了过去铁路少、布局不合理和技术标准低的状况。目前,我国的铁路运营里程已达到7.4万公里。根据铁路"十一五"规划,"十一五"期间,铁路建成新线1万公里,其中客运专线5000 km以上,既有线复线里程3.5万公里,既有线电气化6000 km。2010年,全国铁路营业里程达到8.5万公里,其中复线里程3.5万公里,电气化里程3.5万公里。

承运人未按规定把货物发送至货主指定到站

1994年某月,发货人(同时又是收货人)在陕西西安某供应商处订购一批教学模拟设备,准备通过铁路整车将该批设备以棚车装运至山东。发货人填写在货物运单"到站"栏内的到站名称是济南铁路局"黄台"站,发货人在办理完托运手续,并在发站交付完一切费用后,带上"领货凭证"返回原单位,等待催领通知。某日,当收货人在运到期限过后还没有接到催领通知时,便打电话询问黄台火车站货运室,在得知黄台火车站根本没有该批货物的情况下,收货人便又打电话给这批货物的发站进行查询。通过发站和收货人的共同努力,终于查到了这批货物的下落。原来,这批货物被发送到了湖北"黄石"火车站。在收货人的催促下,被运送到湖北"黄石"火车站的这批货物,最后终于到达了其该到的"黄台"火车站。收货人在经历了一场虚惊后最终收到了这批价值几十万元人民币的货物。但货物的运到期限比正常运到期限延迟了18天。让收货人感到纳闷的是该批货物怎么会被发送到方向完全不同的湖北"黄石"火车站去的呢?

(资料来源:吴玉贤,高和岩.物流运输管理与实务[M].北京:北京大学出版社,2007.)

思考题:

1. 该批货物被错发到站的可能原因有哪些?
2. 如收货人追究逾期违约,应如何计算逾期违约金?

铁路运输属于轨道运输,是指利用机车、车辆等运行工具,沿铺设轨道运行的运输方式,是目前我国货物运输的主要方式之一。同时,铁路运输是我国国民经济的大动脉,铁路运输与水路干线运输、各种短途运输衔接,就可以形成以铁路运输为主要方式的运输网络。

铁路运输最大的特点是适合长距离的大宗货物的集中运输,并且以集中整列为最佳,整车运输次之。其优点是运载量较大、速度快、连续性强、远距离运输费用低(经济里程在 200 km 以上),一般不受气候因素影响,准时性较强,安全系数较大,是最可靠的营运方式。[①]

铁路运输是一种使用铁路列车运送客货的运输方式。铁路运输主要承担长距离、大数量的货运,在没有水运条件的地区,几乎所有大批量货物都是依靠铁路,是在干线运输中起主力运输作用的运输形式。

第一节 铁路物流的特征

铁路运输方式也有其缺点,如资本密集、固定资产庞大、设备不易维修等。对于运输管理来说,其缺点主要表现在以下方面。

(1) 营运缺乏弹性。铁路运输受线路、货站限制,不够灵活机动,在实际运输中多与汽车运输配合使用;同时,因铁路运输受运行时刻、配车、编列或中途编组等因素的影响,不能适应用户的紧急需要。

(2) 货损较高。铁路运输中因列车行驶时的震动、冲击等,或货物装卸搬运中作业和管理不当,容易造成所承载货物的损坏。如果运输过程需多次中转,也容易导致货物损坏、遗失等。

铁路货物运输,按照货物的数量、性质、形状、运输条件等可分为整列运输、整车运输、集装箱运输、混装运输(零担货物运输)和行李货物运输等。按铁路的属性,还可分为中央铁路运输和地方铁路运输。另外还有营业性线路运输和专用线路运输等。

根据铁路运输的上述特点,铁路运输主要适用于以下作业。

(1) 大宗低值货物的中、长距离运输,也较适合散装货物(如煤炭、金属、矿石、谷物等)、

[①] 徐菱.铁路物流概论[M].北京:中国铁道出版社,2014.

罐装货物(如化工产品、石油产品等)。

(2)对于运费负担能力小、货物批量大、运输距离长的货物运输来说,运费比较便宜。

铁路交通物流系统是国家的经济大动脉,是现代最重要的货物运输方式之一,对于货物的异地交换起到非常重要的作用。下面从铁路运输的技术性能和经济指标等方面阐述铁路运输的特点。

一、铁路运输的特点

1. 铁路运输的主要优点

1) 运输能力大

相对于陆上其他运输方式而言,铁路运输的运送能力是最大的。特别是重载铁路的修建,使铁路运输的运送能力比以前有了提高。每一次铁路车辆的平均运送能力可以达到4000吨,远远大于道路运输的单车运量,因此铁路运输非常适合大宗物资的陆上运输。在我国,铁路运输仍然起到运输主动脉的作用。

通常,一列货车可装2000~3500吨货物,重载列车则可装载20000多吨货物;一般单线单向年最大货物运输能力达1800万吨,复线达5500万吨,运行组织较好的国家,单线单向年最大货物运输能力达4000万吨,复线单向年最大货物运输能力超过1亿吨。因此,铁路运输能力大。

2) 运输成本较低

由于铁路运输采用大功率机车牵引列车运行,可承担长距离、大运输量的运输任务,且机车的运行阻力较小,能源消耗低,因此,铁路运输的成本较低。

3) 受自然气候条件的限制较小

由于铁路运输具有高度的导向性,所以只要行车设施无损坏,在任何自然气候条件下,列车均可以安全行驶,铁路运输是较可靠的运输方式。

4) 客货运输到发时间准确性高

由于铁路运输统一调度,并且具有专用路权,先进的列车可以通过高科技电脑控制,实现全自动化,可以完全不受人为因素的干扰,因此能保证运输到发时间的准确性。

5) 环境公害问题较少

铁路运输单位功率所能牵引的货物重量大约比汽车大10倍,铁路货运对空气和地面的污染低于公路及航空物流。因此,铁路运输更加节能,环境污染程度更小。

除此之外,铁路运输还有运输速度快,通用性能好,运行平稳、可靠和平均运距较长等优点。

2. 铁路运输的主要缺点

1) 初期投资大、建设周期长

铁路运输通常需要铺设轨道、建造桥梁和隧道,并且需要消耗大量钢材、木材,工程艰巨复杂,其初期投资及建设周期均大大超过其他运输方式。

铁路运输固定资产的比例要远远高于其他运输项目。对于铁路运输,初始建设的投资包括铁路线路的修建和机车的购买,投资成本高。一旦铁路拆除,造成的损失是很大的,因此铁路运输的投资风险比较高。①

2）营运缺乏弹性、机动性较差

铁路运输只有达到一定的运输量，才能保证其经济性，其营运缺乏弹性，这样势必影响铁路运输的机动灵活性。此外，由于铁路运输不能随着客源和货源所在地变更营运路线，只能在固定线路上运行，因此其机动性较差。

3）货物滞留时间长、货损较高

由于铁路货运在运输的过程中需要编组，导致货物在运输途中滞留时间过长。此外，多次装卸搬运作业，如果不能精心处理，可能造成货物的损坏，这就导致部分客户不敢将高价值的商品交由铁路承运。

二、铁路交通物流系统的主要功能

尽管20世纪90年代以来，我国高速公路和民航运输取得了跨越式发展，对铁路运输形成了强有力的竞争，但是，铁路运输在国民经济中的支柱作用和在我国综合交通运输网络中的重要地位是其他运输方式难以替代的。铁路交通物流系统的主要功能有以下三个方面。

1. 担负大宗低值货物的中、长距离运输

铁路运输最显著的特点是载运质量大、运行成本低、能源消耗少，因此，铁路运输在大宗、大流量、低值货物的中长距离运输方面具有绝对优势。

2. 担负大流量、高密度的城际中短途旅客运输

由于铁路运输到发时间准确性高、安全性好、运行速度较快，因此，铁路运输在流量较大、密度较高的城际中短途旅客运输业中具有很强的竞争优势，是最适合我国经济地理特征和人们收入水平的区域骨干运输方式。

3. 担负货物的集装箱运输

集装箱运输是铁路货物运输的一种重要方式，适合于装运贵重、易碎和怕潮、怕湿的货物，如金属、矿石、煤炭、谷物、化工产品及石油产品等。

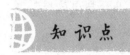
知识点

铁路运输的技术特征

铁路运输的技术经济特征，可以用一定的技术经济指标反映，如运营技术指标、实物指标和经济价值指标。

运营技术指标主要有：运输的经常性（不间断性、均衡性和节奏性）程度、通过能力和输送能力、货物送达和旅客运送的速度和时间、运输货物的完好程度和旅客的舒适程度、运输的安全性和可靠性程度以及机动性。

实物指标包括劳动生产率和劳动力需要量、燃料和电力（能量）、金属和其他材料的单位

---

① 王喜富.铁路物联网[M].北京：电子工业出版社，2014.

需要量。

按照运营技术指标和实物指标来说,各种运输方式的所有差别通常都要在经济价值指标上反映出来。列入经济价值指标的有:运营支出和运输成本;基建投资需要量以及运输生产基金需要量;在途货物所需要的国民经济流动资金,与运送时货物的丢失、腐烂和损坏有关的损失和非生产性支出。

1. 货物送达速度

货物送达速度指标是评价各种交通运输方式经济效果的主要指标之一。

铁路运输的技术速度较高,但铁路在货物运送过程中,需要进行列车会让或越行及解编等技术作业,因而运行速度低于技术速度。

货物送达速度还取决于始发和到达作业时间及货物在库场的停留时间。铁路的始发和到达作业时间在运输时间中所占的比重较大,大宗货物作业停留时间约占40%,技术站中转停留时间占25%,在途行驶时间只占35%。运输的经常性对货物送达速度也有一定的影响,铁路运输高度的经常性,是保证货物送达速度较高的重要条件之一。

2. 运输成本

运输成本是运输业的一个综合性指标,它反映运输过程中物化劳动和部分活劳动的消耗。

运输生产过程中,采用先进的技术设备、合理的组织管理工作、技术作业过程都可以获得较高的劳动生产率和设备利用率,节约燃料,从而可以达到较低的运输成本,节约运输费用。成本结构就是各项费用要素或成本项目在成本中所占的比重。

3. 基础建设投资

各种运输方式的物质技术基础的构成各有其特点,从而形成初期投资和后期投资的差异。

一般来说,固定设施(线路和港、站建筑)比重大而活动设备(运输工具)比重小的运输方式,所需的初期投资大、后期投资小;反之亦然。铁路运输业,由于固定设施的工程费和建材、劳力消耗大,因此它的线路投资高。

4. 劳动生产率

劳动生产率因其运输工具的载重量和运输能力不同,有着显著的差异。[①] 水运干线的船舶或船队载重量大,它具有较高的劳动生产率。汽车运输因汽车载重量小,占用劳动力较多,因此劳动生产率低。而铁路运输的劳动生产率较水运低,而显著高于公路。

5. 其他指标

运输能力、运输经常性与灵活性,各种运输方式有很大差别。水运和铁路都是具有通过能力大,能够担负大量运输任务的运输方式;铁路运输的经常性最强,汽车运输次之,水运较差;而灵活性以汽车为最好,铁路次之。

第二节 铁路物流的技术

铁路运输的设备包括固定设备和活动设备,这是铁路运输的物质基础。固定设备有线

---

① 顾波军.港口物流供应链优化研究[M].北京:海洋出版社,2014.

路,车站,通信信号设备,机车车辆的检修、整备、给水设备和建筑物以及电气化铁路的供电设施等。活动设备主要有机车、客车、货车等。此外,还有为客货运输服务和保证行车安全的设备。

一、铁路线路

铁路线路是机车车辆和列车运行的基础。铁路线路由轨道、路基和桥隧建筑物组成一个整体工程结构,如图3.1所示。

轨道由钢轨、联结零件、轨枕、道床、防爬设备以及道岔等组成。钢轨是用连接零件固定在轨枕(木枕或钢筋混凝土枕)上的。两根钢轨头部内侧间与轨道中心线相互垂直。

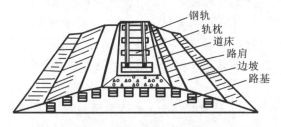

图 3.1 铁路线路的横截面

直的距离称为轨距。我国绝大多数线路轨距为1435 mm,这也是国际上多数国家通用的轨距,故称标准轨距。较其大者称为宽轨,反之则称为窄轨。道床是为了传递轨枕载荷、固定轨枕位置、排除地表积水、增加轨道弹性、便于校正线路等目的而铺在路基上的道砟层,主要材料为碎石。道岔是使机车车辆能从一条线路进入另一条线路的设备。

轨道承受机车车辆的重力和冲击力并将荷载传给路基。[①] 轨道的强度是根据运量的大小、机车的轴重和行车速度的高低确定的。轨道结构可分为重型、次重型、中型和轻型四种。为了提高线路的运输能力和行车的稳定性,许多国家都对轨道结构进行了改造。主要措施是采用重型钢轨,铺设新型高速道岔和无缝钢轨,采用新型轨下基础,如预应力钢筋混凝土轨枕、宽轨枕、弹性扣件和弹簧垫板等。美国铁路最重钢轨为每米30~40 kg,西欧国家用的钢轨多为每米45~55 kg。日本等国的窄轨铁路用的钢轨多为每米30~40 kg,标准轨距的新干线基本上采用每米60 kg的钢轨。中国铁路2007年末,轨重每米60 kg或以上。为了提高钢轨的耐磨性能,各国铁路纷纷采用全长淬火合金钢轨,大大延长了钢轨寿命,同时还加强了道床和轨枕等设备。为了适应高速行车的要求,许多国家在建设新线或改造旧线时还尽可能地裁弯取直,加大曲线半径并建立交道口以减少干扰,保证行车安全。

二、铁路机车

机车是铁路运输的基本动力。由于铁路车辆大都不具备动力装置,列车的运行和车辆车站内有目的移动均需机车牵引或推送。一般来说,列车的重量和速度主要取决于机车的功率和性能,而且机车的保有数量、牵引性能、保养和检修质量以及正确组织对机车的运用,

---

① 钟章队,谢健骊,李翠然.铁路物联网[M].北京:中国铁道出版社,2014.

对于铁路能否完成运输任务有很大的影响。[1]

从原动力来看,机车分为蒸汽机车、内燃机车及电力机车。按照用途,可分为客运机车、货运机车和调车机车。客运机车要求速度快,货运机车需要功率大,调车机车要有机动灵活的特点。

蒸汽机车是通过蒸汽机把燃料的热能转换成机械功,用来牵引列车的一种机车。在现代铁路运输中,蒸汽牵引已逐渐被其他新型牵引形式取代。

内燃机车是以内燃机作为原动力的一种机车。一般说来,内燃机车由动力装置(即柴油机)、传动装置、车体与车架、走行部、辅助设备、制动装置和车钩缓冲装置等主要部分组成。内燃机车的热效率可达30%左右,其独立性也最强。

铁路运输是我国交通运输体系的骨干和中坚力量,在现代物流体系中发挥着十分重要的作用。[2] 它是陆地长距离运输的主要方式,与其他运输方式相比,铁路运输的特点是运输速度快、运载量大、安全可靠、运输成本低、运输的准确性和连续性强并且受气候因素影响较小等。

(一)铁路机车

铁路车辆本身没有动力装置,无论是客车还是货车,都必须把许多车辆连接在一起编成一列,由机车牵引才能运行。因此,铁路机车是列车的动力来源,机车的数量和牵引力的大小对列车的行驶速度与服务质量都有很大影响。

世界上较常使用的机车主要有3种,表3.1列出了3种不同类型机车性能的比较。

表3.1　三种不同类型机车性能比较

类　　型	原 动 力	造　价	运行速度与马力	维护难易度	环 境 污 染
蒸汽机车	蒸汽	低	最小	较易	严重
内燃机车	内燃机	高	较高	较难	较大
电力机车	电能	高	最高	较易	无

(二)铁路车辆

铁路车辆是运送旅客和货物的工具,本身没有动力装置,需要把车辆连接在一起由铁路机车牵引,才能在线路上运行。

铁路车辆按照用途不同可以分为客车和货车两大类。

1. 客车

客车分旅客运送、旅客服务和特殊用途等3种车辆。中国铁路客车根据旅客旅行的需要和长、短途旅客的不同要求,主要分为以下几种:硬座车(YZ)、软座车(RZ)、硬卧车(YW)、软卧车(RW)、行李车(XL)、餐车(CA)、邮政车(UZ)、试验车(SY)。高速铁路客车或动车组列车中还有一等软座车(ZY)、二等软座车(ZE)。此外,还有公务车(GW)、卫生车(WS)、医疗车(YL)、维修车(WX)、宿营车(SY)等。括号内字母为车辆基本型号。

---

[1] 李严锋,解琨.精益物流[M].北京:中国财富出版社,2012.
[2] 韦琦.工业化进程对物流业发展的影响研究[M].大连:东北财经大学出版社,2016.

2. 货车

货车是指以运输货物为主要目的的铁路车辆。有些铁路车辆并不直接参加货物运输,而是用于铁路线路施工、桥梁架设及轨道检测等作业,但也将它们归入铁路货车类。

1) 货车分类

铁路货车种类很多,根据运输货物的类型不同,铁路货车可以细分为通用货车、专用货车及特种用途车辆三种。通用货车指能装运多种货物的车辆,如棚车、敞车、平车等。专用货车指专供运输某类货物的车辆,如罐车、冷藏车、家畜车、水泥车、毒品车、集装箱车、长大货物车、小汽车运输车等。特种用途车辆指用于特殊作业或实现特殊功能的车辆,包括救援车、机械车、宿营车、发电车、检衡车、除雪车等。

2) 货车车号

(1) 基本型号。

货车的基本型号代表车辆种类,用大写的汉语拼音字母来表示,这些字母多数是各类货车名称的第一个汉字的汉语拼音首字母,但也有个别例外。部分铁路货车基本型号如表 3.2 所示。

表 3.2 部分铁路货车基本型号

车 种		基本型号	车 种	基本型号
通用车	篷车	P	毒品车	W
	敞车	C	家畜车	J
	平车	N	水泥车	U
专用车	煤车	M	粮食车	L
	罐车	G	特种车	T
	砂石车	A	冷藏车	B
	集装箱车	X	矿石车	K
	长大货物车	D	守车	S

(2) 辅助型号。

用以区分同种货车的不同构造形式。一般用数字或数字与字母的组合来表示,作为下标注在基本型号的右下角。

基本型号与辅助型号组合在一起,就指定了某个具体的车型,如 P58、X68 等。

(3) 车号编码。

货车车号编码一般由编在车辆的基本型号和辅助型号之后的一个 7 位数的数字表示,通常按车种和车型来编排,常见的几种铁路货车车号编码如表 3.3 所示。

货车车号是识别车辆最基本的标记。[①] 一个完整的货车标记应包括基本型号、辅助型号和车号。如:C60A4785928,C 是基本型号,表示类别为敞车;60 是辅助型号,表示重量系列或顺序系列;A 也是辅助型号,表示车辆的材质或结构;4785928 则代表车号。

---

① 周晓蓉,莫以为.现代物流运输与调度[M].北京:科学出版社,2017.

表 3.3　铁路货车车号编码

车　种	车号范围	车　种	车号范围
篷车	3000000～3499999	保温车	7000000～7231999
敞车	4000000～4899999	毒品车	8000000～8009999
平车	5000000～5099999	家畜车	8010000～8039999
集装箱车	5200000～5249999	水泥车	8040000～8059999
矿石车	5500000～5531999	粮食车	8060000～8064999
长大货物车	5600000～5699999	特种车	8065000～8074999
罐车	6000000～6309999	守车	9000000～9049999

（三）铁路线路

1. 铁路线路的定义

铁路线路是指由路基、桥隧建筑物和轨道组成的一个整体工程结构，是为了进行铁路运输所修建的固定路线，是机车车辆和列车运行的基础。[①]

2. 铁路线路的分类

铁路线路分为正线、站线、段管线、岔线及特别用途线。

其中，正线是指连接车站并贯穿车站的线路；站线是指站内除正线以外的到发线、调车线、牵出线、货物线及站内指定用途的其他线路；段管线是指机务、车辆、工务、电务等段专用并由其管理的线路；岔线是指在区间或站内接轨，通向路内外单位的专用线路；特别用途线是指安全线和避难线。

3. 铁路线路的等级

铁路等级是铁路的基本标准，设计铁路时，首要任务就是确定铁路等级。我国铁路的等级通常分为三级，用罗马数字Ⅰ、Ⅱ、Ⅲ表示。等级的划分是根据具体线路在路网中的作用和远期年客货运量来确定的。所谓的远期年客货运量，是指具体线路在交付运营后第 10 年，其重车方向的货运量和客车对数折算的货运量之和，每天 1 对旅客列车按 1.0 个百万吨 (Mt) 货运量计算。Ⅰ级铁路是指在路网中起到骨干作用的铁路，远期年客货运量在 20 Mt 以上。Ⅱ级铁路分两种情况，一是指在路网中起骨干作用的铁路，远期年客货运量小于 20 Mt；二是指在路网中起联络、辅助作用的铁路，远期年客货运量在 10 Mt 以上。Ⅲ级铁路是指为某一区域服务，具有地区运输性质的铁路，远期年客货运量在 10 Mt 以下。

（四）铁路路基

铁路路基是承受轨道重力及列车载荷的结构，是轨道的基础，是保证列车运行的重要建筑物。

路基由路基体和附属设施两部分组成。路基面、路肩和路基边坡构成路基体。路基附

[①] 贾争现，刘利军. 物流配送中心规划与管理[M]. 北京：机械工业出版社，2011.

属设施是为了保证路肩强度和稳定性所设置的排水设施、防护设施与加固设施等。排水设施有排水沟等,防护设施有种草、种树等,加固设施有挡土墙、扶壁式支挡结构等。

(五)铁路轨道

铁路轨道简称铁轨,是列车运行的基础。轨道引导列车行驶方向,承受机车车辆的压力,并把压力扩散到路基或桥隧结构物上。轨道主要由钢轨、联结零件、轨枕、防爬设备以及道床等组成。道床是铺在路基面上的道砟层,通常在道床上铺设轨枕,在轨枕上架设钢轨,钢轨和钢轨之间则用联结零件互相扣连,钢轨的类型决定了轨道的强度和稳定性。

案 例

"汉新欧"铁路

2012年,武汉市政府成功开通了"汉新欧"铁路国际货运大通道。这是武汉市积极融入"一带一路"和长江经济带国家战略、建设亚欧经济廊道的体现。这条连接中国中部与中亚、俄罗斯和欧洲的国际铁路货运大通道,始发于湖北武汉吴家山铁路中心站,经满洲里/阿拉山口到哈萨克斯坦、俄罗斯、白俄罗斯、波兰、捷克到德国汉堡/杜伊斯堡,全程10324 km,服务覆盖欧洲全境。"汉新欧"铁路国际货运大通道的运行时间比江海联运(经长江水运至上海出海至欧洲)节约了30天左右,"汉新欧"铁路辐射的方圆1200 km² 内覆盖了全国90%的GDP和85%的人口。

开通意义

"汉新欧"铁路承运着武汉富士康生产并出口到欧洲的消费电子产品,共计50个40英尺标准集装箱,整趟专列货物价值约为500万美元,所需时间仅为现有海运方式的一半,为富士康及武汉地区产品出口欧洲开辟了快捷的运输通道。

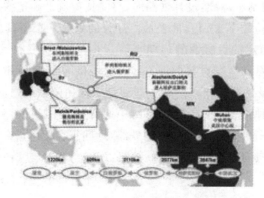

"汉新欧"铁路国际货运专列运行示意图

"汉新欧"铁路国际货运专列的开通,是我市继国际航空、江海直达航线之后开辟的一条武汉直达欧洲的陆上货运大通道。"汉新欧"铁路国际货运专列开通后,武汉及湖北便打开了直达欧洲的陆上货运大通道,不仅更加方便引进欧洲机电产品、汽车整车及零部件、工程设备、医疗设备等高附加值产品,同时也能提升武汉市对外开放水平,带动武汉乃至整个华中地区的对外经贸合作。

运行优势

由武汉开往捷克的"汉新欧"铁路国际货运专列,行程一万多公里,第一次顺利抵达捷克梅林克,耗时17天,比原定计划缩短了6天。这条线路全程运输时间比水运缩短一半以上,而运费则远低于航空运输,性价比非常高。

"汉新欧"铁路发展前景

"汉新欧"铁路国际货运专列在西安进入第二条亚欧铁路大陆桥,不仅距离最短,整个行程耗时也最短。

中铁集装箱公司所属中铁国际多式联运有限公司为本次班列的全程承运商。武汉富士康承运的是生产并出口到欧洲的消费电子产品,主要为台式电脑及配件,共计50个40英尺标准集装箱。该专列自武汉发出后,经安康、西安、兰州、乌鲁木齐,到达新疆边境口岸阿拉山口出境,穿越哈萨克斯坦、俄罗斯、白俄罗斯、波兰,到达捷克梅林克帕尔杜比采,行程10863 km,运行23天。富士康科技集团副总裁简宜彬认为这条大动脉开通,大大提高武汉出口企业的竞争力。

据介绍,中国的铁路轨道是按照国际标准建设,而哈萨克斯坦、俄罗斯、白俄罗斯的铁路轨道使用的宽轨,因此,该专列通过亚欧6国,需要两次"换装",在铁道部国际合作司和中铁集装箱公司等部门的协调下,第一次"换装"只用了1天时间,为提前达到捷克赢得了时间。专列进入波兰境内后,由于铁路运输标准不同,规定长度不能超过50个车皮。因此,对专列进行拆分是分两列运行。

我国通往欧洲的铁路国际货运通道,第一条以俄罗斯东部海参崴为起点,欧洲荷兰鹿特丹港为终点,经过俄罗斯、中国等7个国家,全长13000 km左右;第二条以中国连云港为起点,欧洲荷兰鹿特丹港为终点,全长11000 km左右;第三条以深圳为起点,昆明为枢纽,从土耳其进入欧洲,最终抵达荷兰鹿特丹港,全长15000 km左右。

据中铁国际多式联运有限公司人士介绍,"汉新欧"专列的开通引起了社会各界的强烈反响,很多大中型进出口企业积极与该公司取得联系,洽谈运输事宜。

第三节　铁路物流的工具

铁路物流是指通过铁路线路,用火车等专用的铁路运输设备将物品从一个地点向另一个地点运送,包括集货、分配、搬运、中转、装入、卸下、分散等一系列操作,有三个因素对铁路运输来说是十分重要的,即运输成本、速度和一致性。

一、铁路运输系统的构成要素

铁路运输的特点是采用轨道运输方式,列车必须在铁路线路上行驶,铁路线路是列车运行的基础。车站是铁路办理运输的基地,除办理客、货运输的作业外,还办理和列车运行有关的各项工作,是铁路系统的一个基层生产单位。铁路线路和车站及其上的信号设备共同构成了铁路运输系统的基础设施。

1. 铁路车站

车站是铁路运输的基层生产单位。在车站上,除了办理客货运输的各项作业外,还要办理与列车运行有关的各项作业,如:列车的接发、会让与越行;车列的解体与编组;机车的换挂与整备;车辆的检查与修理等。车站不仅是铁路内部各项作业的汇合点,也是提高铁路运输效率和运输安全的保证设施。

我国铁路有大小车站几千个,根据它们的任务量和在国家政治、经济生活中的地位,共分为六个等级:特等站、一、二、三、四、五等站。车站按技术作业性质的不同可分为编组站、区段站和中间站。编组站和区段站总称为技术站,但二者在车流性质、作业内容和设备布置上均有明显区别。车站按业务性质又分为货运站、客运站和客货运站。

2. 铁路线路设施

铁路线路是由路基、桥隧建筑物(包括桥梁、涵洞、隧道等)和轨道(包括钢轨、轨枕、联结零件、道床、防爬设备和道岔等)组成的一个整体工程结构。

铁路线路在空间的位置是用它的中心线表示的。线路中心线在水平面上的投影,叫作线路平面,它表明线路的直、曲变化状态。直线和曲线是线路平面的组成要素,曲线又包括圆曲线和缓和曲线。

线路中心线纵向展直后在铅垂面上的投影,叫作线路纵断面,它表明线路的起伏变化情况,其高程为路肩高程。铁路线路的纵断面分为子道和坡道。

路基是指用以铺设铁轨设施的路面,而为了适合铁轨铺设,原有的路面过高者必须挖掘成路堑,过低者必须填筑使之成为路堤。道砟是指铺设于路基上的碎石。

钢轨是铁路系统中列车行驶的支撑设施,钢轨可分为三个等级:重量为31～40 kg的轻型钢轨,适用于运量较小的支线;重量为45～57.5 kg的中型钢轨,适用于普通路线;重量为50～69 kg 的重型钢轨,适用于大运量的干线。轨距是指两条平行钢轨的内侧距离,可分为宽轨、标准轨和窄轨三类。轨枕分为木枕、钢枕及混凝土枕三种。通过道岔列车可驶向其他路线。限界主要包括机车车辆限界和建筑接近限界。

3. 铁路信号与通信设备

铁路信号设备是信号、联锁、闭塞设备的总称。它在保障行车安全,提高运输效率和改善行车工作人员的劳动条件方面发挥着重要作用。

通信设备是指挥列车运行,组织运输生产及进行公务联络等的重要工具,应做到迅速、准确、安全、可靠,使全国铁路的通信系统能成为一个完善与先进的铁路通信网。

(1) 铁路信号设备。

信号是指示列车运行和调车工作的命令。有关行车人员必须按照信号的指示办事,以保证铁路运输安全与提高运输效率。

铁路上的信号可分为视觉信号和听觉信号两大类。用信号机、信号灯、信号旗、信号牌、火炬等表示的信号就是视觉信号;用号角、口笛、响墩发出的音响和机车、轨道车鸣笛等发出的信号,属于听觉信号。

在大多数情况下,是将信号设备固定安装在一定位置,这种信号叫作固定信号,相对而言还有手信号和移动信号。固定信号机应设在列车运行方向的左侧,或设在它所属线路中心线的上空。但在有曲线、建筑物等影响瞭望信号的特殊情况下,也可设在右侧。按照构造的不同,铁路上的固定信号机分为色灯信号机和臂板信号机。当线路上出现临时性障碍或进行施工、要求列车停车或减速时,应按照规定设置移动信号,安放响墩、火炬或用手信号进行防护,以便保证行车安全。

(2) 联锁设备。

联锁设备的任务是保证车站范围内行车和吊车的安全,并提高车站通行能力,改善有关行车人员的劳动条件。

列车进站、出站和车站内的调车工作,主要是根据车站上信号机的显示进行的,而列车和机车车辆的运行进路,则是靠纵线路上的道岔来排列。因此在道岔和信号机之间及信号机与信号机之间,必须建立一种相互制约的关系,才能保证安全和提高运输效率。这种相互制约的关系叫作联锁。为完成这种联锁关系而安装的技术设备叫联锁设备。

联锁设备分为集中联锁(继电联锁和计算机联锁)和非集中联锁(臂板电锁器联锁和色灯电锁器联锁)。编组站、区段站和电源可靠的其他车站,有条件的均应采用集中联锁;在新建铁路线上,条件不具备时,可采用靠得住的非集中联锁。

(3) 闭塞设备。

闭塞设备是用来保证列车在区间运行安全并提高区间通过能力的区间信号设备。

在单线区间,上行和下行两个方向的列车,按不同的时间都在同一条正线上运行。在双线区间,正常情况下,上行列车和下行列车分别占用一条正线;在区间每一条正线上虽然不会有对向列车,但还是有可能有同向列车。为了防止同向列车在区间内追尾,或对向列车在单线区间内对撞,区间两端车站值班员在向区间发车前,必须办理行车联络手续,叫作行车闭塞。用来办理行车闭塞的设备叫闭塞设备,闭塞设备必须保证在一个区间内同时只能有一列车占用这一基本原则的实现。

我国《铁路技术管理规程》规定行车基本闭塞方法采用半自动闭塞和自动闭塞两种。半自动闭塞需要人工办理闭塞手续,列车凭出站信号机显示发车,但列车出发后,出站信号机能自动关闭。自动闭塞是指通过色灯信号机的显示可以自动变换,列车凭信号机的显示行车。

4. 机车及车辆设备

机车是列车的动力来源。由于铁路车辆大都不具备动力装置,需要把客车或货车连挂成列,由机车牵引沿着钢轨运行。在车站上,车辆的转线及货场取送车辆等各项调车作业,也要由机车完成。因此,必须保证提供足够数量的牵引性能良好的机车;还必须加强对机车的保养与检修工作,以及对机车的运用进行合理的组织。

铁路采用的机车类型很多。从运用上分,有客运机车、货运机车和调车机车。客运机车要求速度高,货运机车需要牵引力大,调车机车要求机动灵活。从动力上分,有蒸汽机车、内燃机车和电力机车。

(1) 蒸汽机车。

这是早期的铁路机车类型。蒸汽机车主要由锅炉、汽机、走行部、车架、煤水车、车钩缓冲装置及制动装置等部分组成。锅炉是供给机车动力的能源,它的作用是使煤燃烧,将水加热后变成具有相当高的温度和压力的蒸汽,供给机车汽机使用;汽机则把蒸汽的热能转变成机械能,使机车运行。

蒸汽机车的构造比较简单,制造和维修比较容易,成本比较低。因此最早被世界各国铁路采用。但是,蒸汽机车牵引力不够大,热效率太低,其总效率一般只在5%~9%;煤水消耗量很大,需要大量的上煤、给水设备,而且会污染空气。因此,在现代铁路运输中,蒸汽机车已逐渐被其他新型机车所取代。

(2) 内燃机车。

内燃机车系利用柴油作燃料,以内燃机运转,从而使发电机产生电流作为动力来源,再由电流牵引马达使其带动车轮转动。

铁路上采用的内燃机绝大多数是柴油机。在内燃机车上,柴油机和机车动轮之间都装有传动装置,柴油机的功率是通过传动装置传递到动轮上去,而不是由柴油机直接驱动动轮的,其原因就在于柴油机的特性不能满足机车牵引性能的要求。内燃机车按传动方式的不同,可分为电力传动内燃机车和液力传动内燃机车两种类型。

内燃机车一般以柴油为燃料,热效率高,可达30%左右,内燃机车的热效率是各类机车中效率最高的一种。内燃机车机动灵活,机车的整备时间短,持续工作的时间长,上足一次油后能运行较长距离,适用于长交路,用水量少,初期投资比电力机车少,而且机车乘务员劳动条件好,便于多机牵引。但内燃机车最大的缺点是对大气和环境有污染,机车构造也较复杂,制造、维修和运营费用都较高,制造大功率的车用柴油机也受到限制。

(3) 电力机车。

电力机车是利用机车上的受电弓将高压电流自轨道上空的接触电线网直接输入至机车内的电动机,再将电流导入牵引马达,使之带动机车车轮。电力机车的牵引动力是电能,但机车本身没有原动力,而是依靠外部供电系统供应电力,并通过机车上的牵引电动机驱动机车运行。

电力机车的构造比内燃机车要相对简单一些,所用电能可由多种能源(火力、水力、核能等)转换而来,电气设备工作稳定、安全可靠,而且具有功率大、效率高、无污染等优点。电力机车被公认为是最有发展前途的一种机车。

目前,世界上发展中的最新机车形式有涡轮机车与磁悬浮列车,这两种机车都希望能达到速度快、牵引力大、低污染及节省能源的最佳状态。

铁路车辆是运送旅客和货物的工具,在铁路车辆上一般没有动力装置,需要把车辆连挂编成一列,由机车牵引在线路上运行,才能达到运送旅客和货物的目的。

按用途分,铁路车辆可分为客车、货车及特种用途车。

按轴数分,车辆分为四轴车、六轴车和多轴车。四轴车的四根轴分别组成两个相同的转向架,我国铁路上的大部分车辆均采用这种形式。

按载重分,货车有50吨、60吨、75吨、90吨等多种型号。

(1) 客车。

客车是指运送旅客、为旅客服务的车辆。

①硬座、软座、硬卧、软卧车是指设有硬、软席座椅或卧铺的车辆。

②餐车是指设有厨房、餐室等设备供旅客途中进餐的车辆。

③行李车是指设有行李间、办公室等设备供旅客运送行李、包裹的车辆。

④双层客车是指设有上、下层客室的车辆。

(2) 货车。

货车种类很多,有通用货车、专用货车和特种货车等。

①通用货车是指能装运多种货物的车辆,如棚车、敞车、平车等。

②专用货车是指专供装运某些种类货物的车辆,如牲畜车、罐车、保温车、水泥车集装箱车等。

③特种货车是指专供运送各长大重型货物的车辆,如落下孔车、凹底平车、钳夹车等。

(3) 特种用途车。

特种用途车指一般不直接用于运送旅客和货物,具有特殊用途的车辆,如卫生车、文教车、检衡车、发电车、救援车、扫雪车等。

铁路车辆的种类虽然很多,但它们的构造都是相似的。每一辆车均由车体及车底架、走行部、车钩缓冲装置、制动装置等基本部分组成。

车体及车底架。车体是输送旅客和货物的部分,车体一般和车底架构成一个整体,其结构形式与车辆的用途有关。

①棚车。棚车车体由地板、侧板、端板、车顶、门和窗组成,主要用于运送粮食、日用品及仪器等比较贵重的和怕晒、怕湿的货物。大多数棚车都是通用型的。

②敞车。敞车车体由地板、端板和侧板组成,主要用来运送煤炭、矿石、钢材等不怕湿的货物。若在所装运的货物上面加防水篷布,也可替代棚车装运怕湿货物。因此,敞车具有很大的通用性。

③平车。大部分平车车体只有地板。平车主要用于运送钢材、木材、汽车、机械等体积或重量较大的货物,也可借助集装箱装运其他货物。新制造的双层的平车是用于运送小轿车的。

④保温车。保温车的车体外形与棚车相似,车体外表涂成银灰色,墙板夹层内装有隔热材料,车内设有制冷、加温、测湿度和通风的装置。保温车主要用于运送鱼、肉、水果、蔬菜等新鲜易腐的货物。

⑤罐车。罐车车体呈罐状,用来运送各种液体、液化气体和粉末状(水泥、氧化铝粉)等货物。在罐车的气包或罐顶设有呼吸式安全阀,用于调节罐体内的压力,保证运行的安全。

⑥守车。守车是为货物列车车长在列车运行中工作和乘坐用的。车体墙板内装有绝热材料,车内还设有瞭望窗、办公用的桌椅等设备。

⑦特种货车。长大货车是铁路运输中使用的一种特种车辆,专为装运各种长大重型货物,如大型机床、发电机、化工合成塔等。由于这些车的载重量及自重大,为适应线路允许的承重要求,车轴较多。

⑧客车。客车车体采用整体承载薄壁筒形结构,由底架、侧墙、车顶、外端墙和内端墙及门窗等组成。此外,还有通风和空调、取暖装置等。

车底架是车体的基础。它承受车体和所装货物的重量,并通过上、下心盘将重量传给走行部。在列车运行时,它还承受机车牵引和列车运行中所引起的各种冲击力,所以必须具有足够的强度和刚度。

货车车底架由中梁、侧梁、枕梁、横梁、端梁等组成。客车车底架和货车车底架的构造相似。客车两端必须设置通过台。所以两端各有一个通过台架。

二、铁路物流分类

铁路物流按照一批货物的重量、体积、性质或形状等因素可分为整车运输、零担运输和集装箱运输三种。①

1. 整车运输

一批货物的重量或体积、性质或形状需要一辆或一辆以上铁路货车装运(用集装箱装除外)即为整车运输。

1) 整车运输的条件

(1) 货物的重量或体积。

我国现有的货车以棚车、敞车、平车和罐车为主,标记载重量(简称为标重)大多为50吨、60吨及其以上,棚车的容积在 100 m^3 以上。达到这个重量或容积条件的货物,应按整车运输。有一些专为运输某种货物的专用货车,如毒品车、散装水泥车、散装粮食车、长大货物车、家畜车等,按专用货车的标重、容积确定货物的重量与体积是否需要一辆货车装载。

(2) 货物的性质或形状。

有些货物,虽然重量、体积不够一车,但按其性质、形状需要单独使用一辆(阔大货物至少需要一辆)货车时,也应按整车运输。

下列货物除按集装箱运输外,应按整车运输办理(不得按零担运输的货物):

需要冷藏、保温或加温运输的货物;

根据规定应按整车运输的危险货物;

易于污染其他货物的污秽品,例如未经过消毒处理或未使用密封不漏包装的牲骨、湿毛皮、粪便、炭黑、化肥、盐、油等;

蜂蜜;

不易计算件数的货物;

未装容器的活动物。

一件货物重量超过 2 吨、体积超过 3 m^3 或长度超过 9 m 的货物(经发站确认不影响中转站和到站装卸作业的除外)。

2) 特殊整车运输

(1) 整车分卸。

整车分卸的目的是为解决托运人运输的货物数量不足一车而又不能按零担办理的货物的运输。这类货物有工农业生产中不可缺少的生产资料,为了方便货主,可按整车分卸运输。其条件为:运输的货物必须是不得按零担运输的货物,但蜂蜜、使用冷藏车装运需要制冷或保温的货物及不易计算件数的货物不能按整车分卸办理;到达每一个分卸站的货物数量不够一车;到站必须是同一路径上的两个或三个到站;必须在站内卸车;在发站装车必须装在同一节货车内作为一批运输。

按整车分卸办理的货物,除派有押运人外,托运人必须在每件货物上拴挂标记,分卸站卸车后,对车内货物必须整理以防偏重或倒塌。

(2) 准、米轨直通运输。

所谓准、米轨直通运输是指使用一份运输票据,跨及准轨或米轨铁路,将货物从发站直接运到到站。不办理直通运输的货物有鲜活货物,需要冷藏、保温或加温运输的货物;灌装

---

① 王常红.物流市场营销[M].北京:中国书籍出版社,2015.

运输的货物,每件重量超过 5 吨、长度超过 16 m 或体积超过米轨装载界限的货物。

2. 零担运输

一批货物的重量、体积、性质或形状不需要一辆铁路货车装运(用集装箱装运除外),属于零担运输,简称为零担。

(1) 零担运输的条件。

为了便于装卸、交接和保管,提高作业效率和货物安全,除应按整车办理的货物外,一件体积最小不得小于 0.02 m³(一件重量在 10 kg 以上的除外)、每批件数不超过 300 件的货物,均可按零担运输办理。

(2) 零担货物的分类。

根据零担货物的性质和作业特点,零担货物分为以下几类。

①普通零担货物,简称普零货物或普零,即按零担办理的普通货物。

②危险零担货物,简称危零货物或危零,即按零担办理的危险货物。

③笨重零担货物,简称笨零货物或笨零,是指一件重量在 1 吨以上、体积在 2 m³ 以上或长度在 5 m 以上,需要以敞车装运的货物。货物的性质适宜敞车装运和吊装吊卸货物。

④零担易腐货物,简称鲜零货物或鲜零,即按零担办理的鲜活易腐货物。

(3) 整零车种类。

装运零担货物的车辆称为零担货物车,简称为零担车。零担车的到站必须是两个(普零)或三个(危零或笨零)以内的零担车,称为整装零担车(简称为整零车)。整零车按车内所装货物是否需要中转分为直达整零车和中转整零车两种;按其到站个数分为一站整零车、两站整零车和三站整零车三种。由上述两种方法的组合,则有一站(两站或三站)直达整零车和一站(两站或三站)中转整零车六种。

危零货物只能直接运至到站,不得经中转站中转。

第四节 铁路物流的趋势

1. 旅客运输速度的高速化

1) 铁路旅客运输重新受到各国政府的重视

铁路已有近 200 年的历史,它具有诸多的优势。凡经历了铁路发展大潮的国家,均促进了现代经济的发展,成为当今的发达国家。二战后,一些国家把交通运输重点转向了公路和民航,取得成功的背后也带来了诸多的负面影响。环境恶化、公路拥挤不堪,甚至严重堵塞,这些使人们不得不重新重视铁路运输,把发展交通运输,尤其是从发展城市及市郊旅客运输、大通道上的客货运输再度转向铁路,铁路运输重新受到各国政府的重视。

2) 大力提高旅客列车速度已是共同的趋势

速度是交通运输,尤其是旅客运输最重要的技术指标,也是主要的质量指标。自有铁路以来,人们就致力于列车速度的不断提高,在发展高速铁路技术的同时,各个国家都在大幅度地提高列车速度。早在 1987 年,就有 15 个国家的特、直快列车的运营速度超过了 120 km/h。在欧洲,非高速线上特、直快列车的运营速度达到 160 km/h 也很平常。提高旅客列车速度是各国铁路旅客运输发展的一大趋势。

3) 发展高速铁路已成为世界潮流

为适应旅客运输高速化的需要,日本率先建成了时速 210 km 的东西道新干线,在世范围内掀起了修建高速铁路的浪潮。短短的 30 余年间,世界已有日、法、德、英、俄、瑞典、西班牙等国家新建和改建的高速铁路近 10000 km,最高时速已由 210 km 提高到了 300 km,21 世纪有望达到 350 km。此外,韩国、我国的台湾地区及印度也都有修建高速铁路的规划。高速铁路是当今世界发展的潮流。

2. 铁路货物运输的重载化

铁路物流普遍采用重载技术,从 20 世纪 60 年代开始,被世界上越来越多的国家所重视。多年来,一些国家依靠科技进步更新和采用先进的技术设备,使重载铁路技术装备总体水平有了较大提高。近年来,加拿大太平洋铁路开创了微机控制列车操纵,运用自导型转向架的新技术,使重载单元列车步入了新的时代。实践证明,重载运输是提高运输效率,扩大运输能力,加快货物输送和降低运输成本的有效方法。

重载列车所能达到的重量,在一定程度上反映了一个国家铁路重载运输技术综合发展的水平。不同国家之间存在着较大的差异,基本上都是根据各自的铁路机车车辆、线路条件和运输实际需要确定列车重量标准。世界各国都在积极研究采用新型大功率机车,增加轮周牵引力;装设机车多机同步牵引遥控和通信联络操纵系统,提高车辆轴重,减轻自重,采用刚性结构,增加载重量;装设性能可靠的制动装置以及高强度车钩和大容量缓冲器;在改造既有线路或修建重载专线中,采用新型轨道基础,铺设重型钢轨无缝线路,强化线路结构,提高承载力;对车站站场线路轨道进行相应的改造和延长;选用先进的通信设备;在运营中实现管理自动化、货物装卸机械化和行车调度指挥自动化等。

本章小结

本章主要介绍了铁路作为一种强有力的运输方式将整个国家和国民经济联系起来,并引导和促进了其他运输方式的发展。首先,我国是典型的大陆性国家,铁路在运输能源和原材料等过程中有着不可替代的作用,既降低了运输成本,开拓了国内外市场,同时也显著提高了交通运输的可持续发展的能力。其次,阐明并指出了铁路物流发展的现状及存在问题,如营运缺乏弹性、货损较高、机动性差、初期投资大、建设周期长等不足之处,并详细介绍了铁路运输中所需的技术装备(铁路线路和铁路机车)与各类运输中所需要的基础设施。最后,分析了当代国际铁路运输的发展趋势,并为我国旅客运输的高速化和货物运输的重载化提出了相应的发展建议。

虽然铁路在我国交通运输中处于骨干地位,是国民经济的大动脉,但面临着其他运输方式越来越激烈的竞争,铁路运输市场份额呈下降趋势,铁路运输企业受到了严峻的挑战。要想在激烈的竞争中取胜,不仅需要提供适销对路的产品,采用正确的营销策略以及强有力的资金支持,更需要加强品质经营,强调时效性,其核心在于服务的及时性、产品的及时性、信息的及时性和决策反馈的及时性。这些都需要以强有力的物流能力作为保证。铁路运输企业可充分利用其地理位置、物流资源、客户关系等优势,通过功能拓展、设施更新和管理优化,积极融入第三方物流体系之中,将有助于推动我国铁路运输产业进步,实现铁路运输企业可持续发展。

练习与思考

一、单选题

1. 铁路运输_____是载运质量大、运行成本低、能源消耗少,即在大宗、大流量的中长以上距离的客货运输方面具有绝对优势,是最适合我国经济地理特征和人们收入水平的区域骨干运输方式,具有不可替代的作用。

   A. 最显著特点　　　　　　B. 最大特点
   C. 优点　　　　　　　　　D. 以上三项全是

2. 下列哪一项不是铁路运输的主要优点_____。

   A. 可以大批量运输,运输能力强
   B. 具有定时性、连续性和可靠性
   C. 受气候和自然条件影响较小,可以按计划运行,能保证运行的经常性和持续性
   D. 可以实现高速运输,高速铁路运输可达220～275 km

3. _____:是指机务、车辆、工务、电务等段专用并由其管理的线路。

   A. 正线　　　　　　　　　B. 站线
   C. 段管线　　　　　　　　D. 岔线

二、多选题

1. 铁路货物运输按属性分类,可分为_____。

   A. 中央铁路运输　　　　　B. 地方铁路运输
   C. 混装运输(零担货物运输)　D. 行李货物运输

2. 列车运行的基础有_____。

   A. 铁路线路　　　　　　　B. 机车车辆
   C. 铁路路基　　　　　　　D. 铁路轨道

三、填空题

1. 铁路运输的物质基础是_____、_____。
2. _____、_____、_____三要素对铁路运输十分重要。
3. 车站按技术作业性质,可分为_____、_____、_____。
4. 车站按业务性质,可分为_____、_____、_____。

四、思考题

简述铁路物流在我国运输行业中的地位。

综合案例

希腊是第一个拥有路轨运输的国家,至少两千年前已有马拉的车沿着轨道行驶。1804年,理查·特里维西克在英国威尔士发明了第一台能在铁轨上前进的蒸汽机车,但没赚到什么钱。第一台商用的蒸汽机车是乔治·斯蒂芬森在1829年建造的"火箭号"。19世纪20年代,英格兰的史托顿与达灵顿铁路成为第一条成功运行的蒸汽火车铁路。后来的利物浦与曼彻斯特铁路更显示了铁路的巨大发展潜力。很快铁路便在英国和世界各地通行起来,且

交通物流

充当世界交通的领导者近一个世纪,直至飞机和汽车的发明才降低了铁路的重要性。高架电缆在1888年发明后,首条使用接触网供电的电气化铁路在1892年启用。第二次世界大战后,以柴油和电力驱动的列车逐渐取代蒸汽驱动的列车。1960年起,多个国家均开始兴建高速铁路。而货运铁路亦连接至港口,并与船运合作,以货柜运送大量货物以大大降低成本。现在,在全球的236个国家和地区之中,有144个设有铁路运输(包括全世界最小的国家梵蒂冈在内),约90个国家和地区提供客运铁路服务。铁路依然是世界上载客量最大的交通工具,拥有无可取代的地位。中国第一条铁路吴淞铁路建于上海,由英国人兴建,后被清朝地方官员买回并拆毁。而正式使用的第一条铁路和蒸汽机车则是由李鸿章兴办的开滦公司煤矿所建。

(资料来源:http://www.creatnet.cn.)

思考题

试述铁路运输在经济发展中的重要作用。

第四章 水运物流

> **学习目标**
>
> 1. 知识目标：
> ①了解水运物流的概念；
> ②掌握水运物流的特征及运用；
> ③熟悉水运物流在现代交通中的作用。
> 2. 能力目标：
> ①能够运用水运物流解决现实中的问题；
> ②能够在运用水运物流的基础上，对水运物流在未来的发展有一定的认识。

水运物流又称为船舶运输。[①] 它是利用船舶运载工具在水路上的运输，简称水运。水运与其他运输形式不同，凡是以水为运载工具承载物的运输形式都可以称为水运物流，包括以下四种具体形式：沿海运输、近海运输、远洋运输、内河运输。

水运物流过程相当烦琐复杂，具有点多、线长、面广、分散流动、波动大等特征。就主体而言，它主要承担大数量、长距离的运输，是在干线运输中起主力作用的运输形式。在内河及沿海，水运也常作为小型运输工具使用，起到补充及衔接大批量干线运输的作用。

水运物流是以船舶为主要运输工具，以港口或港站为运输基地，以水域包括海洋、河流和湖泊为运输活动范围的一种运输方式。水运至今仍是世界许多国家最重要的运输方式之一，具有装载量大、成本低等优势。水运物流在所有运输方式中，是最为便宜的运输，但运输速度最慢，其特性主要有以下几个方面。

1. 运输能力强

由于船舶可供货物运输的舱位及载重量较大，因此水运物流的能力最强。在长江干线，一只拖驳或推驳船队的载运能力已经超过万吨。在远洋运输中，油船在 20 万吨以上，干散货船在 10 万吨以上已是非常普遍。国际最大的超巨型油船每次载运原油的数量可以高达

---

① 庄佩君.海运物流与港口城市—区域发展[M].北京：科学出版社，2014.

56万吨,而最大的集装箱船,每次可装载4000标准箱。

2. 能源消耗低

运输距离相同的货物,水运(尤其是海运)所消耗的能源最少。

3. 单位运输成本低

水运的运输成本约为铁路运输的1/25～1/20,是道路运输的1/100。因此,水运(尤其是海运)是最低廉的运输方式,适于运输费用负担能力较弱的原材料及大宗物资的运输。

4. 续航能力强

由于船舶的运输能力强,不仅可以携带大量的燃料、粮食和淡水,而且具有独立生活所需的各种设备,如发电、制造淡水、储藏大量食物的粮仓。因此,水运物流有平均运距长的特点。

5. 受自然条件影响较大

由于内河河道和某些港口受季节影响较大,如冬季结冰、枯水期水位变低等,难以保证全年通航。同样,海上运输会受暴风和大雾的影响。另外,商船到达商港时,如果水深不够,也会限制船舶的入港。

6. 可及性差

由于大部分水运物流都需要地面运输系统的配合才能最终完成客货的运输,因此水运物流的可及性或者说灵活性较差。

7. 投资额巨大且回收期长

海运公司订造或购买船舶需巨额资金,如新造一艘大型集装箱船(运能3500标准箱)造价为5000万～6000万美元。船舶是其固定资产,折旧期较长,一般以20年为准。就投资而言,其用于固定资产的比例要高于其他运输方式,且船舶很少有移作他用的可能。

水运物流业与国民经济中的其他产业不同,它本身具有的基础设施并不生产有形的产品,而是为产品的商业流通提供运输服务。这一特殊性使水运物流业不仅是服务部门,而且是国民经济的基础产业部门,如水运物流中的航道,水域建筑物如堤坝、港池、锚地及港口设施等都表明了水运物流业是国民经济的基础产业部门,这个基础产业具有资本密集、技术密集、劳动密集、信息密集等特征。

经济要发展,交通必先行;国际贸易要发展,水运物流必先行。这是因为国民经济贸易发展必然需要运输大量的原材料、成品和半成品。20世纪70年代初,水运物流曾是我国对外开放和经济发展的瓶颈。由于港口设施的不足和落后,使大量外轮在港外排队停泊,使我国蒙受了巨大的经济损失,并影响了我国的国际声誉。日本是个资源较为缺乏的国家,在它经济腾飞的前期,它首先发展水运物流业,以优惠的政策鼓励发展造船业,以保护政策扶持本国船队的发展,使它在经济腾飞之时有充足的运力从世界各地进口优质的原材料,从而制造优质的产品,进入世界市场。历史的经验和教训使我们深刻认识到水运物流在国际贸易中的先行地位。

水运物流是增进人类全球性经济联系的纽带。[①] 水运物流通过越洋、通海、联河的运输,

---

① 曹小曙,许志桦.城市群综合交通运输系统研究[M].北京:商务印书馆,2014.

将世界各地连成了一片,从此,各国和地区摆脱了孤立和封闭,逐渐走向世界,在与现代全球性的社会、经济、贸易的联系中取得了自己的地位。在 21 世纪的今天,在航空仍不能解决大批量货物运输的现实情况下,量大价廉且较为便捷的海上运输仍将是全球性经济贸易的主要方式,承担着全球性、区域间的货物运输,成为为全球经济一体化和区域化服务的主要运输纽带。

水运物流对国民经济发展起促进作用。水运物流在运作过程中,不仅与造船业、建筑业、制造业及其他产业部门密切相关,更与金融业、保险业紧密相连。它的发展为经济贸易起服务保障的作用,促进了国民经济的发展;它的发展同样为国民经济有关行业创造了就业机会,为国民经济做出了重要的贡献。

水运物流通过国际航运,对发展国家外向型经济发挥了基础性作用。水运物流系统中良好的港口基础设施和航运服务质量是吸引国际资本的重要条件,对国家经济的发展具有重要的门户作用。

第一节 水运物流系统

水运物流是利用船舶、排筏和其他浮运工具,通过各种水道运送旅客和货物的一种运输方式。水运物流按其航行的区域可以分为内河运输与海洋运输,海洋运输又可分为沿海运输与远洋运输。通过内河运输和海洋运输,将内陆经济腹地与世界联通,使处于运输交汇口的港口城市产生了内陆经济腹地和国际港口城市两个极为宽阔的辐射面。

在交通物流体系中根据水运物流的特点,它在运输中主要承担以下作业:

(1) 承担大批量货物,特别是集装箱运输。
(2) 承担原料、半成品等散货运输,如建材、石油、煤炭、矿石、谷物等。
(3) 承担国际贸易运输,即远距离、运量大、不要求快速抵达的国际客货运输。

水运物流是利用船舶等水运工具,在江、河、湖、海及人工运河等水道运输旅客、货物的一种运输方式。水运物流运量大、成本低,因此发展迅速。20 世纪 80 年代以来,我国的水运货物周转量已逐渐上升到各种运输方式中的第一位,是干线运输的主要动力。如今,水运物流已经成为交通运输系统中重要的组成部分,在整个交通运输系统中起着巨大的作用。

水运物流分为沿海运输、近海运输、远洋运输、内河运输。水运物流可以根据运输线路和地理位置的特点,选择多种不同的运输工具。在内河运输中,因为主要是连接陆地内的江、河、湖泊等水道,因此运距不是太长,主要使用中、小型船舶及拖船、挂船等运输工具进行运输;对沿海和近海运输,主要任务是沿大陆附近的航道运送客货或在邻近国家之间来回运转,此过程由于距离不是太远,运输过程中使用中、小型海洋运输船舶较多;远洋运输是跨大洋的远程运输,一般要选用大型的远洋运输船舶;专业运输要选用大型专业运输船舶,如集装箱船、冷冻船、油船、矿石船、液化气船、载驳船等。

(一) 水运物流的特点

1. 水运物流的主要优点

1) 投资少,建设费用低

水上运输工具主要在自然水道上航行,航路是天然的,只要建设一些停泊码头和装卸设施即可通航,因而其投资较少,建设与维护费用均较低。

2) 运量大,运输成本低

水运非常适合大宗货物的运输,如我国长江干线上的大型顶推船队,其载货量已达3万吨,相当于普通铁路列车的6～10倍。此外,水运的运输成本也很低,约为铁路运输的1/25～1/20,公路运输的1/100。

3) 通航能力强

水运物流主要利用江、河、湖泊和海洋等天然航道进行,通航能力几乎不受限制。

4) 劳动生产率高

这主要是由于船舶运量大,而它的劳动力需求量并不与运量的增加成等比例增加。

5) 运行持续性强

商船出航,所携带的燃料、粮食及淡水,可历时数十日,商船还拥有一定的独立生活所需的设施设备,使其运行持续能力远非其他运输方式可比。[①]

2. 水运物流的主要缺点

1) 速度较慢

水运物流中货船体积大,水流阻力大,风力影响大。因此,决定了水运物流的速度较慢。如果要提高行船速度,燃料消耗会大大增加,运输的经济性就会降低。

2) 运输风险较大

水运的外界营运条件复杂且变化无常。海运航线大都较长,要经过不同的地理区域和不同的气候地带,而且内河水道的水位和流速随着季节不同变化很大,有些河段还有暗礁险滩,因而水运物流的风险较大。

3) 管理较复杂

水运物流具有多环节性,需要港口、船舶、供应、通信导航和货运代理等企业以及国家有关职能部门等多方面的密切配合才能顺利完成。因而,水运管理工作是较为复杂的。

4) 受自然气象条件影响较大

水运物流过程由于受自然条件、气候条件影响较大,因而呈现较大的波动性及不平衡性。

(二) 水路交通物流系统的主要功能

近年来,随着公路、铁路、航空等运输方式的迅猛发展,水运物流所承担的运输份额正在减少。但是,从现代运输和综合运输的角度看,水运物流的重要作用无可替代。

总体说来,水运物流担负的主要功能如下。

1. 低值、笨重和散装货物的长距离运输

水运是目前各种交通运输方式中兴起最早、历时最长的运输方式,其技术经济特征呈投资省、成本低、载重量大,特别适合承担部分原料和半成品等散货(如建材、煤炭、矿石、石油、粮食)的长距离运输。

[①] 潘裕娟.特大城市批发市场的物流空间格局及其形成机制[M].北京:商务印书馆,2016.

2. 大宗货物特别是集装箱货物的运输

集装箱运输是指以集装箱这种大型容器为载体,将货物集合组装成集装单元进行运输的一种现代化运输方式。我国目前已形成了以集装箱海运为枢纽,以铁路、公路和沿海内河集装箱交通物流系统为支撑,以航运企业为运输载体的集装箱运输体系。随着集装箱多式联运的不断开展,水运物流的重要作用将愈加凸显。

3. 外贸货物的进出口运输

随着我国对外开放的不断深入以及世界经济一体化的形成,我国外贸进出口总额逐年上升,水运物流作为国际贸易的主要运输方式,必将发挥着越来越重要的作用。

水运物流的主要特点如下。

(1) 运输能力强,运量大。主要表现为单体船只吨位和编队运输总量不断加大,这一特征在远洋运输中更为明显。

(2) 水运基础设施建设投资小。水运多利用天然航道,投资省,特别是海运航道开发几乎不需要费用。内河运输航道则需要一定的投资,如航道疏通、日常管理等的投资。据测算,开发内河航道运输的投资仅为铁路的17%左右。

(3) 货物运输成本低。水运(特别是远洋运输)因其运量大、运程远、运行费用低,所以运输成本低。据美国有关资料测算,其沿海运输成本只有铁路运输的12%,其内河干流船运输成本只有铁路运输的40%左右。

(4) 水运多依赖自然资源,受环境影响在各类运输方式中最大,如内河枯水期断流或海洋风暴、台风等影响,因而呈现较大的波动性及不平衡性,难以实现均衡生产。同时,在各类运输方式中水运的速度是最慢的,一般船舶航速只有 40 km/h,所以不适合短距离运输,而且港口的装卸搬运费用较高。

(三) 水运物流的分类

水运物流按船舶的航行区域,一般可以分为内河、沿海和远洋运输三大类。内河运输是指利用船舶或其他浮运工具,在江、河、湖及人工水道上从事的运输;沿海运输是指国内沿海区域各港口之间的运输;远洋运输是指国际的各港口之间的运输。

水运物流按照贸易种类,可以分为外贸运输和内贸运输两大类:外贸运输是指本国与其他国家和地区之间的贸易运输;内贸运输是指本国内部各地区之间的贸易运输。内河运输一般以内贸运输为主,如果是流经数国的河流,如欧洲的多瑙河、莱茵河等,这种河流上也存在外贸运输。沿海运输以内贸运输为主,远洋运输以外贸运输居多。

水运物流按照运输对象不同,可以分为旅客运输和货物运输两大类。其中,旅客运输又有单一客运(包括旅游)和客货兼运之分;货物运输按货物类型分类,有散货运输和杂货运输两类。其中,散货运输指无包装的大宗货物,如石油、煤炭、粮食等运输;杂货运输是指批量小、件数多、较零星的货物运输。

水运物流按照船舶营运组织形式,可以分为定期船运输、不定期船运输和专用船运输。定期船运输是指选配适合具体营运条件的船舶,在规定的航线上,定期停靠若干固定港口的运输;不定期船运输是指船舶的运行没有固定的航线,按运输任务或按租船合同所组织的运输;专用船运输是指企业自置或租赁船舶从事本企业自有物资的运输。

思考题：就水运物流的特点来看，我国的哪些资源运用水运物流更划算？

第二节　水运物流的技术

（一）船舶

1. 船舶的主要类型

船舶指的是依靠人力、风帆或发动机等动力，能在水中、水面或水下移动的运载工具，是各类船只的总称，可分为客船、货船、作业船、娱乐船和军用船等几种类型。用于载运旅客及其行李的船舶称为客船；若客船能兼载货物，则称为客货船；用于载运货物的船舶称为货船；用于专门作业的船舶称为作业船，如疏浚船、捕鱼船及海事巡逻艇等；用于休闲、娱乐的船舶称为娱乐船，如娱乐用游艇、比赛用帆船等；用于完成特定军事任务的船舶称为军用船。

在上述的几种船舶中，货船的品种最多，应用领域也更广泛。常见的有杂货船、集装箱船、散货船、液货船、冷藏船、滚装船、载驳船和驳船、推船及拖船等。这里着重对货船的种类做详细说明。

1) 杂货船(General Cargo Ship)

杂货船是指装运包装、桶装以及成捆、成箱或成卷的机器设备、建筑材料、日常用品等各种物品的船舶。由于品种多、货源不足、装卸速度慢、停滞时间长等因素的影响，杂货船的载重量一般不会很大。为了便于装货、理货和清舱，杂货船一般设有2层或3层甲板，且机舱大多设在船的中后或尾部，以便将船舶中部方整的船体设置为货舱。随着集装箱运输的发展及国际贸易产品结构的转变，世界各国在普通杂货船的基础上竞相发展多用途杂货船，既可载运一般杂货，又可载运散货、集装箱甚至滚装货，以实现多用途和高效能的目标。

2) 集装箱船(Container Ship)

集装箱船是指专门用于运输集装箱货物的船舶。随着国际贸易的开展和集装箱多式联运的不断深入，集装箱船得到了突飞猛进的发展。按照装运集装箱的程度不同，可分为以下三种类型：①全集装箱船，这是一种专门用于载运集装箱的船舶，不装运其他类型的货物；②半集装箱船，这种船仅将中部区域作为集装箱专用舱位，而船的两端货舱用于装运普通杂货；③可变换集装箱船，这是一种多用途船，其货舱内装载集装箱的结构为可拆装式的，可根据需要随时调整，调整后的集装箱船可用于装运其他普通杂货，能很好地提高船舶的利用率。

3) 散货船(Bull Cargo Ship)

散货船是指用于散装运输谷物、煤、矿砂、盐、水泥等大宗非包装类货物的船舶。散货船具有以下几个特点：①散货船的货种单一、货源充足、装载量大，便于使用专用的码头装卸设备，如大型抓斗，气力、机械输送机等，装卸效率较高；②散货船驾驶室和机舱一般都设置在尾部，货舱口比杂货船的货舱口大；③散货船由于货种单一，常为单程运输，即回程空载，为了使船舶拥有较好的空载性能，散货船配有较多的压载水舱，作为空载返航时压载之用。

4) 液货船(Liquid Cargo Ship)

液货船是指专门用于运载散装液态货物的船舶。最早的液货船是用来运输原油的，称为油船。由于液体散货的性质差别很大,为了保证所运输的物品质量,提供更优质、高效的服务,液货船的种类不断增多。按照所载运货物的品种不同,液货船可分为如下三类:①油船,是指专门用于载运散装原油及成品油的船舶,分原油船和成品油船两种;②液化气船,是指专门用于载运液化了的天然气和液化了的石油气的船舶;③液体化学品船,是指运输各种液体化学品,如醚、苯、醇、酸等的专用船。因液体化学品种类繁多,一艘船舶往往需要同时配载多种理、化性质不同的化学品,这就对船舶的构造和材质方面提出了更高的要求。

5) 冷藏船(Refrigerated Ship)

冷藏船是指使鱼、肉、水果、蔬菜等易腐食品处于冻结状态或某种低温条件下进行载运的专用运输船舶。冷藏船的货舱为冷藏舱,常隔成若干个舱室。每个舱室是一个独立的封闭的装载空间。舱壁、舱门均为气密,并覆盖有泡沫塑料、铝板聚合物等隔热材料,使相邻舱室互不导热,以满足不同货种对温度的不同要求。同时,为了使货物抵达目的地时仍然能保持较好的新鲜度,冷藏舱的上下层甲板之间或甲板和舱叟之间的高度不宜太大,以防货物堆积过高而压坏下层货物。此外,由于冷藏货物批量较小,因此,冷藏船的吨位都不大,通常在数百吨至数千吨之间。虽然冷藏船的承载吨位较小,但其航行速度却较高,一般在20km/h左右。

6) 滚装船(Roll on/Roll off Ship)

滚装船又称"开上开下"船,或称"滚上滚下"船,是指专门用于装运以载货车辆为货物单元的船舶。装船或卸船时,通过设在滚装船尾部(或设在船首部、船舷部)的跳板,将载货车辆直接开进、开出货舱或使用牵引车、叉车等将载有货物的半挂车及轮式托盘等装进货舱或将其卸下。

7) 载驳船(Barge Carrier)

载驳船又称子母船,是专门用于载运驳船的船舶。其作业过程是先将货物装上驳船(尺度统一的船,又称子船),再将驳船装上载驳船(又称母船),运至目的港后,利用载驳船自带的吊驳起重机将驳船卸入水中,后装载另一批驳船,载驳船即可开航,而驳船则由推船或拖船分送至目的港卸载货物并待另一次装载。载驳船的优点是不需码头和堆场,且自身带有吊驳起重机,装卸效率高,停泊时间短,运输成本低,便于河海联运。其缺点是造价高,需配备多套驳船以便周转,同时,为了安全起见,需在泊稳条件好的宽敞水域作业。

8) 驳船、拖船及推船

(1) 驳船(Barge)。驳船是指本身无动力装置或只设简单的推进装置,依靠拖船或推船带动的或由载驳船运输的平底船。其主要特点是设备简单、吃水浅、载货量大。驳船通常用于转运那些由于吃水深等原因不便进港靠泊的大型货船的货物,也可与拖船或推船组成驳船队,航行于狭窄水道和浅水航道,并可根据货物运输要求而随时编组,适合内河各港口之间的货物运输。

(2) 拖船(Tugboat)。拖船是指专门用于拖曳其他船只或浮动建筑物的船舶。其船身较小,而功率较大,自身并不载运旅客或货物。拖船有海洋拖船、内河(长江)拖船和港作拖船之分,内河拖船主要在内河进行拖曳作业;港作拖船主要在港内作业,如协助大型船舶靠离码头、出入船坞等。海洋拖船又可分为远洋拖船和沿海拖船,可在相应的航区进行拖曳运输作业,并可执行救援任务。

(3) 推船(Pusher)。推船也称顶推船,是指专门用于顶推驳船或驳船队的机动船,有强大的功率和良好的操作性能,在我国习惯称为推船。推船系由拖船发展而来,顶推船队的特点是运量大、成本低、易于操纵队形。推船船首部装有顶推设备和与驳船连接的装置,与拖船相比,顶推运输时驳船在前、推船在后,整个船队有较好的机动性,阻力较小、航速较高,且驳船上不需另设舵设备和操舵人员,从而大大降低了运输成本。

2. 船舶的主要设备

船舶要完成航行、靠离泊及装卸搬运等作业,必须拥有用于推进船舶的动力设备以及控制船舶方向、完成船舶靠泊、辅助货物装卸并保证船舶和人员安全的舾装设备。常见船舶的主要设备及大致安装位置如图 4.1 所示。

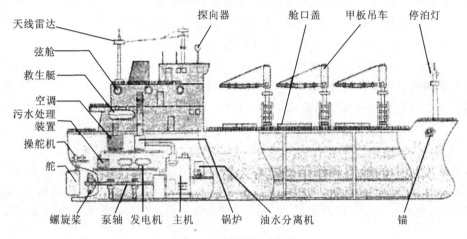

图 4.1 船舶的主要设备

1) 动力设备

船舶必须配置一整套符合规范要求的动力装置和辅助设备,才能在水上航行。船舶动力装置是指为保证船舶正常营运而设置的动力设备,它为船舶提供各种能量并使用这些能量来保证船舶安全航行、人员正常工作、货物完好运输,主要包括三个部分。

(1) 主动力装置。

主动力装置又称推进装置,是为船舶提供推进动力,保证船舶以一定速度航行的各种机械设备的总称,是整艘船舶的心脏。主动力装置包括主机、传动设备、轴系、推进器等。其工作过程如下:启动主机,主机发出动力驱动传动设备和轴系工作,进而带动推进器运转,推进器通常是螺旋桨,在水中旋转时就能使船舶前进或后退。

(2) 辅助动力装置。

辅助动力装置指产生除推进装置所需能量以外的其他各种能量,满足船舶航行、生产作业和生活需要的设备,包括为全船提供电力、照明和其他动力的装置,如船舶电站、辅助锅炉装置和液压动力装置。

(3) 其他辅机和设备。

随着运输船舶性能的不断完善以及货物运输要求的不断提高,船舶的辅机和其他一些设备也日趋复杂,包括各种管路系统、机舱自动化设备和全船自动控制系统等。

2) 舾装设备

按照舾装部位不同,船舶舾装分为外舾装和内舾装两部分:外舾装包括舵设备、锚设备、系泊设备、救生设备、关闭设备、拖带和顶推设备，以及梯子、栏杆、桅杆等设施；内舾装又称居装，包括舱室的分隔与绝缘材料的安装，船用家具与卫生设施的布置，厨房冷藏与空调系统的组装以及船用门窗及通风设备等的安装。下面介绍几种主要的船舶舾装设备。

（1）舵设备。

舵设备是指控制船舶航向的设备，是舵、舵机、传动装置及其支承部件和操舵装置的总称。舵设备的操纵过程如下：驾驶人员操纵舵轮或手柄，或由自动舵发出信号，通过传动装置带动舵机，再由舵机带动舵的转动来控制船首方向。

（2）锚设备。

锚设备是船舶在海上抛锚时所使用的装置和机械的总称。锚设备主要由锚、锚链和锚机三部分组成。船舶抛锚停泊是常用停泊方法，其过程大致是：将以锚链或锚索连接的锚抛入水中着地，并使其啮入土中，锚产生的抓力与水底固结起来，这样便可把船舶牢固地系留在预定的位置。

（3）系泊设备。

系泊是船舶的主要停泊方式，指的是用链条、缆绳或锚将船舶系驻在指定位置的作业过程，常在船舶靠泊码头、系泊浮筒、傍靠他船及拖带驳船时使用。

（4）其他舾装设备。

除了上述三种主要的舾装设备外，船舶舾装还应配备用于装卸货物的装卸搬运设备，用于船舶通风、散热的通风设备，用于保障人员安全的救生设备以及用于保证货物质量的冷藏、空调设备等。

（二）港口

1. 港口的作用

港口在经济发展中的地位和作用是随着人们对港口功能的认识以及港口对社会经济发展所做的贡献的深化而不断扩展的。从现代观点来看，港口正发挥着以下主要的作用。

1）港口是海运和陆运的交接点

多数情况下，港口既是水运也是陆运的终端，港口能顺利实现货物在船舶与车辆、船舶与船舶之间的换装，港口运营活动包括货物装卸、分拣、储存、流通甚至交易，是海运和陆运的交接点。

2）港口是工业活动基地

工业特别是对物流有较大依赖的制造业离不开高效率的港口。港口本身是从事工业的重要场所，港口设施和工业用地的布局可以有机地结合起来，以尽量提高运输、储存和流通加工的效率。临港工业所需的原材料通过船舶运输可以直抵企业，而无须中转，原材料经过加工，产成品可以再通过码头出口。这样大大提高了运输效率及经济效益，对所在地区乃至整个国家的经济发展都具有重要的作用。

3）港口逐渐成为综合物流的中心

现代物流强调货物在流通环节中应将运输、装卸搬运、储存、配送、包装、流通加工、信息服务等各大功能要素有机地整合起来，而港口正具有从事这种整合服务的区位优势和有利条件。

2. 港口的分类

由于港口与港口之间在功能、位置、规模、能力、自然条件等方面的差异，不同的港口对国民经济发展的影响是不一样的。因此世界上很多国家都根据用途功能、地理位置、国家政策等对港口进行了分类。

1）按港口用途分

（1）商港。

商港又称贸易港，是以一般商船和货物运输为服务对象的港口。如上海港、香港港、鹿特丹港、神户港、汉堡港和纽约港等，都是世界上著名的商港。

（2）工业港。

工业港主要是供大型工矿企业输入原材料和输出产品而专门设置的港口，又称业主码头。如上海宝钢码头和武汉工业港即属此类。

（3）军港。

军港是指为军用舰艇驻泊、给养、训练和作战设置的专用港口。它在港口选址、总体布置和陆域设施等方面均有特殊要求，如美国的珍珠港和中国的旅顺港。

（4）渔港。

渔港是供渔船停泊、修理、给养和渔货装卸、冷藏加工及保鲜储运的港口，需具有生产、贸易和分运的功能，如中国的舟山港。

（5）旅游港。

旅游港是专为游艇停泊和保管而设计的特定形式的港池、码头及陆域设施的港口，常称为游艇基地。如日本大阪港游艇基地和无锡太湖灵山大佛旅游区的旅游客运码头均属此类。

（6）避风港。

避风港指专为船舶遇到突发性风暴时避风用的港口。

2）按地理位置分

（1）海港。

海港是指位于海岸线或海湾内的港口，在自然地理和水文气象条件方面具有海洋性质。位于开敞海面岸边或天然掩护不足的海湾内的港口，通常需修建相当规模的防波堤，如大连港、青岛港、连云港港、基隆港以及意大利的热那亚港等。此外，也有完全靠天然掩护的大型海港，如东京港、香港港、悉尼港等。

（2）河口港。

河口港是指位于河流入海口处或受潮汐影响的河口段内，具有河流水文特征的港口，可兼为海船和河船服务。河口港一般有大城市作为依托，水陆交通便利，内河水道往往深入内地广阔的经济腹地，承担大量的货流量，故世界上许多大港都建在河口附近，如鹿特丹港、伦敦港、纽约港、彼得格勒港、上海港等。河口港的特点是码头设施沿河岸布置，离海不远而又不需建防波堤，如岸线长度不够，可增设挖入式港池，即人工开挖海岸或河岸。

（3）河港。

河港是指位于天然河流或人工运河上的港口，包括湖泊港和水库港。湖泊港和水库港水面宽阔，有时风浪较大，故同海港有许多相似之处，如往往需修建防波堤等。

3）按国家政策分

(1) 国内贸易港。

国内贸易港是经营国内贸易,专供本国船舶出入的港口;外国船舶除特殊情况外,不得随意出入。

(2) 国际贸易港。

国际贸易港又称开放港,是指进行国际贸易,依照条约或法令所开放的港口。任何航行于国际航线的外籍船舶,经办理手续,均准许进出港口,但必须接受当地航政机关和海关的监督。我国实行对外开放政策,大部分港口都是国际贸易港。

(3) 自由港。

自由港指所有进出该港的货物,允许其在港内储存、装配、加工、整理、制造再转运到他国,均免征关税。只有在转入内地时才收取一定的关税,如香港即为自由港。

3. 港口设备

1）港口水域设施

港口水域设施主要包括港池、航道与锚地。[①]

(1) 港池。

港池是指港口内供船舶停泊、作业、驶离和转头操作用的水域。港池要有足够的面积和水深,要求风浪小和水流平稳。港池有的是由天然地势形成的;有的是由人工建筑物掩护而成的;有的则是人工开挖海岸或河岸形成的(称挖入式港池)。

(2) 航道。

航道是指在内河、湖泊、港湾等水域,为保证船舶安全航行所开辟的具备一定水深、宽度及航标的水道,是水运的基础设施,由可通航水域、助航设施和水域条件等组成。

(3) 锚地。

锚地是指港口中供船舶安全停泊、避风、海关边防检查、检疫、装卸货物和进行过驳编组作业的水域,又称锚泊地或泊地。

2）港口陆域设施

港口陆域设施主要包括码头与泊位、仓库与堆场、运输线路以及装卸机械等。

(1) 码头与泊位。

码头是指供船舶停靠、货物装卸和旅客上下用的水工建筑物,是港口的主要组成部分。广义的码头还包括与之配套的仓库、堆场、道路、铁路和其他设施。泊位指的是港区内供船舶安全停泊并进行装卸作业所需要的水域及其相应设施。一个泊位只能停泊一艘船舶,一个码头往往要同时停泊多艘船舶,故需设置多个泊位。

(2) 仓库与堆场。

港口仓库与堆场常统称为库场,是港口货物装卸、转运、保管、交接的场所,是水运货物的主要集散地,在水运物流中起到重要作用。其主要用途是储存准备装船的货物,或储存从船上卸下准备运走的货物。

[①] 邹力.物联网与智能交通[M].北京:电子工业出版社,2012.

(3) 运输线路。

完成货物在港口的集散除了充分利用水路外,还必须依靠陆路交通。港口铁路和道路系统是港口陆域的重要设施。

(4) 装卸机械。

港口装卸机械是指从事船舶和车辆的货物装卸,库场的货物堆码、拆垛和转运,以及船舱内、车厢内、仓库内货物搬运等作业的起重运输机械的总称。港口装卸机械需具有较高的工作速度和生产效率,并能适应频繁、连续作业的要求。按作业方式不同,港口装卸机械一般可分为起重机械、输送机械和装卸搬运机械三种基本类型。

思考题:港口对促进我国经济发展具有哪些重要作用,主要体现在哪些方面?

第三节　水运物流的工具

水运物流设备包括运输船舶设备和港口陆上设施,它们共同构成了水运物流的基本条件。水运物流的基本设施包括船舶、港口和航道。

运输船舶是指运载旅客与货物的船舶,通常又称为商船。在几千年的船舶发展史中,大致经历了舟筏、木帆船及蒸汽机船三个阶段,目前正处于以柴油机为主要动力的钢船时代。随着世界经济的发展,现代运输船舶已形成了种类繁多、技术复杂及高度专业化的运输船舶体系。船舶的种类若按用途来分主要分为客船和货船。①

一、客船

1. 海洋客船

海洋客船,主要包括远洋、近海与沿海几种形式。这类船舶一般吨位大、航速高、设备齐全。在航空物流兴起之前,国际邮件主要靠这类船舶输送,故又称为邮船。远洋客船的吨位一般在 2 万～3 万吨,最大的可达 7 万吨;航速较高,约 29 节(节是航行速度标准,用 kn 表示,海里是长度单位,用 n mile 表示,1 n mile=1852m,1 kn=1n mile/h=(1852/3600)m/s),最高可达 36 节。近海、沿海客船的吨位在 1 万吨左右,航速为 18～20 节。

2. 旅游船

旅游船,在 20 世纪 60 年代兴起,供旅游者旅行、游览之用。其船型与海洋船相似,但吨位较小。船上设备齐全,能为旅客提供疗养、娱乐、智力游戏等综合服务。

3. 内河客船

内河客船,指运行在江河湖泊上的客船。其载客量较小,速度较低,设备也较海洋客船简单。

4. 车客渡船

车客渡船,是在 20 世纪 60 年代以后兴起的船种。除载客外,还能同时载运一定数量的旅客自备汽车。这种客船在船中货船尾设置跳板,以供旅客自备的小型客车驶进船上的车库。

---

① 陆化普,余卫平. 绿色·智能·人文一体化交通[M]. 北京:中国建筑工业出版社,2014.

5. 小型高速客船

(1) 水翼船：船体下装有水翼、航行时靠水翼产生的升力支持船体全部或部分升离水面而高速航行的船舶。水翼船的航速可达 40～60 节，排水量约在 100～300 吨，最多可设有 300 个客位。

(2) 气垫船：利用高压空气在船底与水面间形成气垫，使船体部分或全部垫升而实现高速航行的船舶。工作时，用大功率鼓风机将空气压入船底下的围蔽空间，由船底周围的气封装置限制其逸出而形成气垫，托起船体从而使船舶高速航行。其缺点是耐波性较差，在风浪中航行时航速小。气垫船的航速在 60～100 节，最大可达 130 节。

二、货船

1. 集装箱船

集装箱船的结构和形状与常规货船有明显的不同。它外形狭长，单甲板，上甲板平直，货舱口达船宽的 70%～80%，上层建筑位于船尾或中部靠后，以让出更多的甲板堆放集装箱，甲板一般堆放 2～4 层，舱内可堆放 3～9 层集装箱。集装箱船装卸速度快，停港时间短，大多采用高航速，通常为 20～23 n mile/h。近年来为了节能，一般采用经济航速 18 n mile/h 左右。在沿海短途航行的集装箱船，航速仅 10 n mile/h 左右。近年来，美国、英国、日本等国进出口的杂货有 70%～90% 使用集装箱运输。

2. 散装船

散货船是散装货船简称，是专门用来运输不加包扎的货物，如煤炭、矿石、木材、牲畜、谷物等。散装运输谷物、煤、矿砂、盐、水泥等大宗干散货物的船舶，都可以称为干散货船，或简称散货船。因为干散货船的货种单一，不需要包装成捆、成包、成箱进行装载运输，不怕挤压，便于装卸，所以都是单甲板船。总载质量在 5 万吨以上的，一般不装起货设备。

由于谷物、煤和矿砂等的积载因数（每吨货物所占的体积）相差很大，所要求的货舱容积的大小，船体的结构、布置和设备等许多方面都有所不同，因此，一般习惯上仅把装载粮食、煤等货物积载因数相近的船舶，称为散装货船；而装载积载因数较小的矿砂等货物的船舶，称为矿砂船。

3. 油船

油船从广义上讲是指散装运输各种油类的船，除了运输石油外，还装运石油的成品油、各种动植物油、液态的天然气和石油气等。但是，通常所称的油船，多数是指运输原油的船；而装运成品油的船，称为成品油船；装运液态的天然气和石油气的船，称为液化气体船。油轮的载质量越大，交通成本越低。由于石油货源充足，装卸速度快，并且可以通过铺设在海上的石油管道来装卸，所以大型原油船可以不用靠码头，而只需要系浮筒来进行装卸作业。因为没有对码头水深的要求，所以油船可以建造得很大。近海油船的总载质量为 3 万吨左右；近洋油船的总载质量为 6 万吨左右；远洋的大油轮的总载重量为 20 万吨左右；超级油轮的总载质量为 30 万吨以上。

以前，油船都是单甲板、单底结构。因为在货舱范围内破损后，货油浮在水面上，舱内不会大量进水，故油船除了在机舱区域内设置双层底以外，货油舱区域一般不设置双层底。现在,为了防止和减少油轮发生海损事故造成的污染,国际海事组织已经要求大型油轮必须设置双层底或双层船壳。现在新造的大型油轮均是双壳结构,大大减少了大型油轮的油污事故。

4. 滚装船

滚装船又称"开上开下"船,或称"滚上滚下"船,它是利用运货车辆来载运货物的专用船舶,用牵引车牵引载有箱货或其他件货的半挂车或轮式托盘直接进出货舱装卸的运输船舶。

5. 载驳船

载驳船又称子母船。载驳船用于河海联运。其作业过程是先将驳船(为尺度统一的船,又称为子船)装上货物,再将驳船装上载驳船(又称母船),运至目的港后,将驳船卸下水域,由内河推船分送至目的港装卸货物并待另一次运输。载驳船的优点是不需码头和堆场,装卸效率高,停泊时间短,便于河海联运;其缺点是造价高,需配备多套驳船以便周转,需要泊稳条件好的宽敞水域作业,且适宜于货源比较稳定的河海联运航线。因此,虽然早在1963年美国就建造了第一艘载驳船,但未得到很大发展。

6. 冷藏船

冷藏船是指使鱼、肉、水果、蔬菜等易腐食品处于冻结状态或某种低温条件下进行载运的专用运输船舶。因受货运批量限制,冷藏船吨位不大,通常为数百吨到数千吨。

冷藏船的货舱为冷藏舱,常隔成若干个舱室。每个舱室是一个独立的封闭的装货空间。舱壁、舱门均为气密,并覆盖有泡沫塑料、铝板聚合物等隔热材料,使相邻舱室互不导热,以满足不同货种对温度的不同要求。冷藏舱的上下层甲板之间或甲板和舱底之间的高度较其他货船的小,以防货物堆积过高而压坏下层货物。为提高冷藏船的利用率,出现了一种能兼运汽车、集装箱和其他杂货的多用途冷藏船,吨位可达2万吨左右。冷藏船航速高于一般货船,万吨级多用途冷藏船的航速每小时超过20海里。

7. 运木船

运木船用来装运木材的散装货船。因为木材比重轻、体积大,所以运木船的货舱宽大,货舱内没有梁、柱等船体构件。由于木材不怕风吹雨淋,它既可装在货舱内,也可堆放在甲板上。为了拦挡和围护木材,运木船在甲板舷侧部位设有木柱,也便于多装木材。

思考题:是不是油船的载质量越大,交通成本就越高?

第四节 水运物流的条件

1. 航道

航道是水运赖以发展的基础,有"航运之母"之称。航道是指沿海、江河、湖泊、水库、渠道及运河等水域中,供一定标准尺度的船舶航行的通道。

航道可按下列方式分类。

1) 按航道的技术等级划分

我国航道等级由高到低分Ⅰ、Ⅱ、Ⅲ、Ⅳ、Ⅴ、Ⅵ、Ⅶ级航道。Ⅰ级通航3000吨级船舶;Ⅱ级通航2000吨级船舶;Ⅲ级通航1000吨级船舶;Ⅳ级通航500吨级船舶;Ⅴ级通航300吨级船舶；Ⅵ级通航 100 吨级船舶；Ⅶ级通航 50 吨级船舶。通航标准低于Ⅶ级的航道可称为等外级航道。

2) 按航道的管理属性划分

(1) 国家航道。

构成国家航道网、可通航 500 吨级以上船舶的内河干线航道；跨省、自治区、直辖市可常年通航 300 吨级以上船舶的内河干线航道；可通航 3000 吨级以上海船的沿海干线航道；对外开放的海港航道和国家指定的重要航道。

(2) 地方航道。

可常年通航 300 吨级以下(含不跨省可通航 300 吨级)船舶的内河航道；可通航 3000 吨级以下海船的沿海航道；地方沿海中、小型港口间的短程航道；非对外开放的海港航道；其他属于地方航道主管部门管理的航道。

(3) 专用航道。

由军事、水利电力、林业、水产等部门以及其他企事业单位自行建设和使用的航道。

3) 按航道所处地域划分

(1) 内河航道。

内河航道是河流、湖泊、水库内的航道以及运河和通航渠道的总称。其中天然的内河航道又可分为山区航道、平原航道、潮汐河口航道和湖区航道等。而湖区航道又可进一步分为湖泊航道、河湖两相航道和滨湖航道。内河航道大部分是利用天然水道加上引航的导标设施构成的。[①] 必须掌握以下一些通航条件：通航水深，包括潮汐变化，季节性水位变化，枯洪期水深等；通行时间，包括是否全天通行，哪些区段不能夜行等；通行方式，应了解航道是单向过船还是双向过船等；通行限制，应了解有无固定障碍物，如桥梁或水上建筑等，有无活动障碍物，如施工船舶或浮动仓库等。

(2) 沿海航道。

沿海航道原则上是指位于海岸线附近，具有一定边界可供海船航行的航道。

(3) 海上航道。

海上航道属自然水道，其通过能力几乎不受限制。但是，随着船舶吨位的增加，有些海峡或狭窄水道会对通航船舶产生一定的限制。因此，对于航运管理人员来说，必须要知道船舶通行的海上航道有无限制条件。

4) 按航道形成的因素划分

(1) 天然航道。

天然航道是指自然形成的江、河、湖、海等水域中的航道，其中也包括水网地区在原有较小通道上拓宽加深的航道。

(2) 人工航道。

人工航道是指在陆上人工开发的航道，包括人工开辟或开凿的运河和其他通航渠道，如平原地区开挖的运河，山区、丘陵地区开凿的沟通水系的越岭运河，可供船舶航行的排、灌渠道或其他输水渠道等。对于国际航运管理人员来说，应熟悉的人工航道主要是苏伊士运河、巴拿马运河，并且应了解和掌握这些著名的国际通航运河的自然环境条件，包括通航水深、

---

① 周浩.交通基础设施与中国经济增长[M].北京：人民出版社，2015.

通航船舶尺度限制、通行方式以及通过时间等,详细情况如下。

苏伊士运河。通航水深:16 m。通行船舶:最大的船舶为满载 15 万吨或空载 37 万吨的油船。通行方式:单向成批发船和定点会船。通过时间:10～15 h。

巴拿马运河。通航水深:13.5～26.5 m。通行船舶:6 万吨级以下或宽度不超过 32 m 的船只。通过时间:16 h 左右。

(3) 渠化航道。

渠化航道是位于渠化河段内的航道。

5) 按航道的通航条件划分

(1) 按通航时间长短,可分为常年通航航道和季节通航航道。

(2) 按通航限制条件,可分为单行航道、双行航道和限制性航道。

(3) 按通航船舶类别,可分为内河船航道、海船进江航道、主航道、副航道、缓流航道和短捷航道。

2. 航标

航标是设置在航道上引导船舶安全航行的设施,航标的主要功能是为航行船舶提供定位信息;提供碍航物及其他航行警告信息;根据交通规则指示航行;指示特殊区域,如锚地、测量作业区、禁区等,即定位、警告、交通指示和指示特殊区域等四方面功能。按照设置地点,航标可分为沿海航标与内河航标。

1) 沿海航标

沿海航标建立在沿海和河口地段,引导船舶沿海航行及进出港口与航行。它分为固定航标和水上浮动航标两种。固定航标设在岛屿、礁石、海岸,包括灯塔、灯桩、立标;水上浮动航标是浮在水面上,用锚或沉锤、链牢固地系在预定海床上的标志,包括灯船与浮标。

2) 内河航标

内河航标是设在江、河、湖泊、水库航道上的助航标志,用以标示内河航道的方向、界限与碍航物,为船舶航行指示安全航道。它由航行标志、信号标志和专用标志三类航标组成。按照工作原理分类,有视觉航标、音响航标与无线电航标。

3. 港口

港口是指具有船舶进出、停泊、靠泊、旅客上下、货物装卸、驳运、储存等功能,具有相应的码头设施,由一定范围的水域和陆域组成的区域。

港口是连接水路货物运输和各种运输方式的枢纽,是货物集中、疏散、仓储、转运的基地,是船舶靠泊、作业、避风、供应和修理的地方,也是旅客上、下船的场所。

1) 港口分类

港口种类较多,可按用途、性质、功能分成不同的类型。

(1) 用途和服务对象划分。

商港,是指供通商船舶进出,为贸易、商务、客货运服务的港口,有完善的船舶码头泊位、货物装卸、旅客乘船、疏运等设施。

渔港,是指专供渔船停泊、修理、装卸和储存转运渔产品的港口,通常还为渔船提供燃料、淡水和其他补给物资。

军港,是指供海军船只、舰艇停泊、修理和补充军需物品,主要是为海军军事及其相关活动服务的港口。

避风港,是指供船舶避风浪的港口。这种港口一般是利用天然港湾,自然形成。避风港除了船舶避风所必需的锚泊设施外,一般不具备装卸和补给功能。

自由港,是指不属于任何一国海关管辖的港口或海港地区,外国货物进港时可免征关税。在自由港一般可以进行加工、储藏、贸易、装卸和重新包装,但船舶须遵守卫生、移民等相关法律的规定。自由港有多种形式,除全功能自由港外,还有在港口设有自由贸易区、加工出口区、保税仓库、科技或工业园区等形式。各国的经验证明,自由港是对外开放的门户,建立自由港是发展外向型经济的有效途径。

(2) 按地理位置划分。

河港,是指沿江、河、湖泊、水库分布的港口。

海港,是指沿海岸线(包括岛屿海岸线)分布的港口。

河口港,是指位于江、河入海处,受潮汐影响的港口。

(3) 按运输货物的贸易性质划分。

根据运输货物的贸易性质,港口分为对外开放港口和非对外开放港口。

(4) 按功能划分。

根据功能,港口可以分为客运港、货运港、油港、综合港等。

2) 港口设施

(1) 码头。

码头,是供船舶停靠、旅客上下、货物装卸的设施。码头可设计成数个泊位(泊位是供船舶停泊的码头位置),每个泊位可供一艘船舶停泊。根据停靠船的长度和设计的泊位数可以确定码头的总长度。

(2) 锚地。

锚地,是供船舶抛锚候潮、等候泊位、避风、办理进出口手续、接受船舶检查或过驳装卸等停泊的水域。锚地要求有足够的水深,使抛锚船舶即便由于较大风浪引起升沉与摇摆时仍有足够的富裕水深。

(3) 港口铁路和道路。

港口铁路和道路,是沿海港口的交通运输设施。铁路运输是货物集疏的重要手段。港口铁路应包括港口车站、分区车场、码头和库场的装卸线,以及各部分连接线等。港口道路可分为港内道路与港外道路。港内道路通行载货汽车与流动机械,港外道路是港区与城市连接的通道。

(4) 仓库。

仓库,是储藏物资的建筑物。港口是车船换装的地方,也是货物的集散地,出口货物需要在港口聚集成批等候装船,进口货物需要检查、分类或包装,等候散发转运。因此,港口必须具有足够容量的仓库与堆场,以保证港口的吞吐能力。

(5) 港口机械。

港口机械,是港口货物装卸的重要机械,用于完成船舶与车辆的装卸,货物的堆码、拆垛与转运等。港内流动的装卸机械有较大型的轮胎起重机、履带式起重机、浮式起重机、各种装卸搬运机械,如叉式装卸车、单斗车、索引车等;固定装卸机械有门座起重机、岸边起重机、集装箱起重机;各种连续输送机械,如带式输送机、斗式提升机、气力输送机和螺旋输送机。

4. 船舶

船舶是指水上船筏，其具有一定的性能。船舶主要性能包括：

(1) 航行性能。

船舶的航行性能主要包括浮性（在各种装载条件下，均能保持一定的浮态能力）、稳性（受外力发生倾斜的船，在外力消失后自动回到原来平衡位置的能力）、抗沉性、快速性、适航性和操纵性等六大航行性能。船舶必须具有良好的航行性能，才能适应极为复杂的航行条件，才能保证航行安全。

(2) 重性能。

排水量，指船舶浮于水面时所排开的水的重量。它等于船上的总重量（单位：吨），可以分为满载（包括空船重量、货物或旅客、燃料、淡水、食物、船员和行李以及船舶等重量）排水量、空载排水量。船舶载重量，是指船舶所允许装载的最大重量（单位：吨）。它包括载货量、人员（旅客和船员）、燃料、润滑油、淡水、粮食、供应品、船用备品和行李等的重量，又称总载重量，其中载货量的最大重量称为净载重量。

(3) 船舶载重线标志。

为了保证运输船舶能够在不同的航区和各种条件下安全行驶，同时又能最大限度地利用船舶的载重能力，根据不同条件规定的船舶最小干舷高度，按规定在船舶纵向两舷勘划出船舶载重线的标志。这也是船舶在不同季节和不同航区的各种最大吃水标志。

(4) 船舶吨位，又称登记吨位。

根据《国际船舶吨位丈量公约》规定，丈量所得的船舶内部容积以吨位表示，船舶吨位分为总吨位和净吨位，取 2.83 m^3 或 100 ft^3 为 1 吨位。因此，船舶吨位与以重量单位表示的船舶排水量和载重量不同，船舶吨位用于船舶登记，故称登记吨位。总吨位是丈量后确定的船舶总容积（又称总吨），以吨位表示。总吨位一般用于表示船舶大小；表示一国或一家船公司拥有船舶的数量；计算造船费用，船舶保险费用；净吨位是从总吨位中减除不适于载运容、货处所而得到的船舶有效容积，以吨位表示。净吨位一般是缴付港口费、引航费、灯塔费和停泊费的计算基准。

思考题：自然环境的变化如何影响航道的通行？

第五节　水运物流的趋势

水运物流是利用船舶、排筏和其他浮运工具，在江河、湖泊、人工水道以及海洋上运送客货的一种运输方式。水运物流是交通运输中的重要组成部分，是现代运输方式中的主要运输方式之一。我国有漫长的海岸线和众多的河流、湖泊，充分利用海岸、江河、湖泊，大力发展水运是国家发展交通运输的重要方针。我国水运物流在保障国民经济运输，促进对外贸易等方面发挥了重要作用。

一、水运物流的发展

（一）水运物流的演变历程

水运物流既是一种古老的运输方式，也是一种现代化的运输方式。在出现铁路、航空之前,同陆上运输工具相比,水运物流在运输能力、运输成本和便捷程度等各方面都处于优势地位。资本主义国家早期的工业大多沿通航水道的两岸设厂,形成沿江、河布局的"工业走廊"。历史上,水运的发展对工业的布局带来很大的影响。

水运物流分海运和河运两种,它们以海洋和河流作为交通线。中国是世界上水运物流发展较早的国家之一。公元前214年,在现今广西壮族自治区兴安县境内建成了连接长江和珠江两大水系的灵渠;隋朝开通的京杭大运河则沟通了钱塘江、长江、淮河、黄河和海河五大水系。唐代对外运输丝绸及其他货物的船舶直达波斯湾和红海之滨,其航线被誉为海上丝绸之路。明代航海家郑和率领巨大船队七下西洋,途经亚洲、非洲30多个国家和地区。中国水运物流在相当长的历史时期内,对经济、文化发展和对外贸易交流起着十分重要的作用。

进入18世纪后,以英国为代表的西方国家掀起了产业革命,蒸汽机和汽油机的相继发明使用,促进了生产力的成倍提高,商品大量增加,国际市场迅速扩大,又引发了运输工具的变革。1807年,美国率先制造了世界上第一艘轮船"克莱蒙特号";1838年,英国轮船南柯斯号和大西洋号相继成功横渡大西洋,开创了远洋运输的新纪元。从此以后,轮船作为一种新的运输工具被广泛应用在国际贸易运输中。

由于国际贸易和国际货物运输是在世界范围内进行产品交换,地理位置和地理条件决定了海洋运输是最主要的手段。世界贸易总运量的75%以上是依靠海洋运输来完成的。在我国的对外贸易运输中,90%以上的货物运输是通过海洋运输实现的。

2006年,中国完成水路货物周转量55486亿吨,占总货物周转量的62.4%,对社会经济发展起着重要作用。此外,海洋运输还在国际市场上承揽第三国货载,成为国家外汇收入的重要渠道。

（二）水运物流的发展趋势

（1）客运方面。

发展中国家和一些岛国的水路客运仍将在现有水平上有所发展,发达国家的水路客运将以旅游为主。

（2）货运方面。

大宗货物的散装运输、件杂货的集装箱运输,将是水路货物运输发展的主要趋势。世界各国对石油、煤炭、矿石、粮食等大宗货物实行散装运输已很普遍。对件杂货采用集装箱运输的比重日益上升。近年来,一些国家开始研究对煤炭、矿石实行浆化运输。

（3）船舶方面。

海洋运输船舶今后仍将朝着专用和多用途并举的方向发展。内河运输船舶则视航道条件、货物种类和批量大小,发展分节驳顶推船队和机动货船,在一些地区拖带船队将继续使用。客运船舶除旅游客船外,高速的水翼客船和气垫客船也得到发展。

（4）港口方面。

港口建设将同工业区的发展紧密结合,将建设大量深水专业化码头。装卸设备和工艺将向高效率和专用化方向发展。通过疏浚,进出港航道和码头前沿水深将得到改善,将开辟较宽广的船舶调头区和锚泊地。突堤码头将会扩宽,以保证有足够多的仓库和堆场。顺岸码头后方将辟出足够的陆域。水陆联运、水水联运将得到发展,以增大港口的集、疏、运能力。

(5) 航道方面。

在通航河流上应以航运为主，结合发电、灌溉、防洪、供水、渔业等方面进行综合开发和利用。航运网的规划和建设会受到足够的重视，它将重视现场观测，采用河道港口工程模型试验，应用电子计算机来确定航道疏浚和整治以及港口工程的设计和施工。

二、水运物流的特点

水运物流具有点多、面广、线长的特点，主要承担了长距离的大宗、散装货物和进出口货物的运输，旅客运输所占的比例较少，而且限于短距离。水运物流通过内河运输和海洋运输，将内陆经济腹地与世界联通，使处于运输交汇口的港口城市产生了内陆经济腹地和国际港口城市两个极为宽阔的辐射面。

(一) 水运物流的优点

(1) 初始基本建设投资少。

船舶主要航行于自然水道上，特别是在海洋上航行的船舶，几乎不受限制，只需建设码头设施，并对局部航道进行整治、维护、设置航标；而铁路、公路等，不仅要建设站场，而且需要巨额投资建设道路、桥梁等。因此，用于航道的投资、维护及管理费用比其他运输方式少得多。

(2) 水上航道的通过能力大。

海上航道的通过能力几乎没有限制，这是铁路和公路运输方式无法相比的。通常一列火车载货量只有 3000 吨左右，即使近代发展的重载列车，其载重量也只有 6000～10000 吨，而海船的最大载重量已达 50 万吨。内河运输的一个顶推船队也可达几万吨。此外，在超大超重单件货物的运输方面，水运也有着无可比拟的优越性。

(3) 远距长，水上航道四通八达。

特别是远洋航线，其运距从几千海里到上万海里，可达全世界任何一个开放港口。

(4) 运费低廉。

船舶的航道天然构成，船舶运量大，港口设备一般均为政府修建，船舶经久耐用而且节省燃料，所以货物单位运输成本相对低廉。据统计，海运运费一般均为铁路运费的 1/5、公路汽车运费的 1/10、航空运费的 1/100，这就为低值大宗货物的运输提供了有利的竞争条件。

(5) 续航能力强。

一艘大型船舶出航，所携带的燃料、食物和淡水，可以历时数十日，这是其他运输方式无法相比的。现代化的船舶还具有独立生活所需的种种设备，如发电、淡水制造等，使船舶的续航能力大大提高、运输距离大大延长。

(二) 水运物流的不足之处

(1) 运输速度较慢。

船舶的平均航速较低，一般为 15～50 km/h。运输时间长会增加货主的流动资金占有量。

(2) 受气候和商港的限制,可及性较低。

水运物流生产过程由于受自然条件影响较大,特别是受气候、季节条件的影响较大,船舶遇暴风雨需及时躲避预防损害,遇枯水季节无法通行,因此呈现出较大的波动性和不平衡性。水运物流受河流通航条件及海岸和港口条件的限制,其普遍性不如公路、铁路运输。此外,水运物流过程往往需要公路、铁路运输系统的配合才能完成。[1]

(3) 船舶投资和港口建设投资巨大。

航运公司订造或购买船舶需要花费大量的资金,回收期较长,且船舶一般没有用作其他用途的可能。港口基础设施的修建费用巨大,船舶大型化和装卸自动化的趋势使港口设施建设的投资费用进一步提高。例如,上海洋山深水港区一期工程总投资为143.1亿元,工程主要包括港区工程、东海大桥、港城等,港区一期工程计划建设5个集装箱泊位,岸线长1600 m,码头通过能力为220万吨。

三、水运物流的趋势

在当今经济全球化的进程中,在越来越广泛的国际贸易和国际运输中,水路运输特别是海上运输的地位日益重要,成为世界经济发展极其重要的助推器。[2] 目前,国际贸易运输量的80%是通过海运完成的,海运的重要性可见一斑。随着现代物流的兴起,运输已成为物流的一个重要环节,水路运输将在物流中发挥越来越重要的作用。

1. 运输功能拓展与运输方式变革

物流概念的提出使运输组织优化的着眼点从运输工具转到运输对象。也就是说,站在更高的层次、在更大的范围内,以运输对象及运输全过程的优化为目标,组织安排各种运输工具。这就使水运环节的船舶运输组织更加复杂化,要适应现代物流系统发展的需要,要求组织者有系统分析的能力。现代运输强调物流的系统观念,在拓展港口功能、充分发挥港口集疏运作用的前提下,建立以港口为物流中心的,由铁路、公路、水路、航空、管道等多种运输方式优化组合的多式联运系统,使由原材料供应、产品生产、储存、运输,到商业销售的整个物流流通更顺畅,从而使货方、运输方、销售方和购买方在合理的多式联运中全面受益,体现运输服务于社会经济的宗旨。物流的系统观念改变了船方、港方、货方在运输中过分估计各自利益的传统做法,从而树立了新的物流流通全系统利益的观念,使运输服务于社会经济的观念得到了升华,这是运输的时代新特征。

2. 航运经营观念的革新

在航运市场激烈竞争的形势下,航运公司经营观念从单纯追求利润转变为追求低运输成本和高服务质量,以使自己获得新的生存和发展机会。由于在物流系统中,货方兼有"双重身份",不仅是物流系统中的组成部分,而且也是运输服务的对象,船方和港方用"顾客至上"的理念争取为货方服务,用运输低成本和高质量吸引货源,由此引起了航运经营观念的大变革。

---

[1] 贾争现,刘利军.物流配送中心规划与管理[M].北京:机械工业出版社,2011.
[2] 王常红.物流市场营销[M].北京:中国书籍出版社,2015.

3. 船型专业化与运输全球化

在经济贸易全球化的今天，运输全球化是必然趋势，长距离的海上运输促进了船舶大型化和专业化。从船型构成看，油轮和散货船舶等专业化船舶占有很大的比例，作为新运输方式的集装箱船发展迅速。

4. 泊位深水化、码头专用化、装卸机械自动化

船舶大型化的趋势对港口航道、水域和泊位前沿的水深提出了新要求，比如随着第四代、第五代集装箱船舶和大型油轮、散货船的出现，要求港口航道和集装箱泊位前沿水域的水深不断增加。对流量大且稳定的货物，如散货、石油及其成品油类的集装箱的运输，专用码头泊位的产生，加上专用装卸机械自动化程度高，大大提高了港口通过能力，同时也提高了港口的装卸效益。因此，泊位专用化和装卸高效化已成为现代港口的发展趋势。

5. 港航企业经营管理改革

近几年中，世界航运业实现"强强联手、优势互补"。在港口方面，实行"政企分开"和"港口经营民营化"。我国港口对外开放以来，吸纳了大量的外资，沿海各大港口集装箱码头也有中外合资经营的，以"政企分开"建立港口现代企业制度已经成为我国港口体制改革的核心任务，港口组合经营、港航联合经营、港方和货方合作经营正成为港口新的经营机制。

思考题：水运物流是在近现代才被视作重要的运输方式吗？

案 例

某进出口公司进口一批货物以 FOB(Free On Board，离岸价)成交，结果在目的港卸货时，发现货物有两件外包装破裂，里面的货物有被水浸过的痕迹。经查证，外包装是货物在装船时因吊钩不牢吊在船甲板上摔破的，因包装破裂导致里面的货物被水浸泡。请问，这种情况下，进口方能否以卖方没有完成交易义务为由向卖方索赔？

答：不可以。FOB/CIF(Cost，Insurance and Freight，成本加保险加运费)/CFR(Cost and Freight，成本加运费)贸易方式下，责任风险的划分界限是装运港的船舷。外包装是货物在装船时因吊钩不牢吊在船甲板上摔破的，也就是说，过了船舷界，就不是卖方的责任。

四、国际班轮

所谓班轮，也就是定期船舶运输，它是远洋船舶经营的一种方式。班轮主要是为了满足有规律地运送货物的需要，由于班轮承运的货物品种多，要求送达的速度快，批量较小，因此，从事班轮运输的船舶具有较强的适应性，能承运航运市场上多品种的货物，能保证不同种类货物的运输质量，并具有良好的货舱设备和较高的航速，为了能接到更多的货运业务，班轮运输的船舶一般停靠的港口较多。

远洋货物运输业务是一种历史悠久的国际贸易运输方式，它是根据外贸合同中的运输条款将进出口货物通过海运运到国内外目的港的一种货运业务。对于进出口货物数量较大，需要整船载运时需要办理租船手续；进出口货物不需要整船装运时，需要预订班轮或租

订部分舱位。由于进出口公司或企业没有国际海运资格,一般委托外运公司或具有国际货运代理资格的企业去办理货物海运业务。

1. 班轮运输业务

国际海上运输的经营方式主要分为班轮运输和租船运输两种。

班轮运输又称定期船运输,是指固定船舶按照公布的船期表在固定航线和固定港口间运行的运输组织形式。

从事班轮运输的船舶称为班轮。所谓班轮,是指按预定的时间、在固定的航线上,以既定的港口顺序经常地从事航线上各港口之间往返载货的船舶。

2. 班轮运输货运程序

1) 揽货与订舱

揽货就是揽集货载,即从货主那里争取货源的行为。船舶公司为使自己所经营的班轮运输船舶能在载重和舱容上得到充分利用,以期获得最好的经济效益,通常都会采取一些措施来招揽顾客,可以就自己经营的班轮航线、船舶挂靠的港口及其到、发港口时间制定船期表,并做广告宣传或者在各挂靠港设立分支机构等。揽货工作的好坏直接影响到班轮船公司的经营效益。

订舱是指货物托运人或其代理人向承运人(船舶公司或其代理)申请货物运输,承运人对这种申请给予承诺的行为。班轮运输不同于租船运输,承运人与托运人之间不需要签订运输合同,而是以口头或传真的形式进行预约。只要承运人对这种预约给予承诺,并做出舱位安排,即表明承托双方已建立了有关货物运输的关系。

2) 接受托运申请

货主或其代理向船舶公司提出订舱申请后,船舶公司首先考虑其航线、港口、船舶、运输条件等能否满足托运人的要求,然后再决定是否接受托运申请。

3) 接货

传统的件杂货不仅种类繁多、性质各异、包装形态多样,而且货物又分属不同的货主,如果每个货主都将自己的货物送到船边,势必造成装货现场的混乱。为提高装货效率、加速船舶周转、减少货损,在杂货班轮运输中,对于普通货物的交接装船,通常采用由船公司在各装货港指定装船代理人,由装船代理人在各装货港的指定地点(通常是码头仓库)接受托运人送来的货物,办理交接手续后,将货物集中整理,并按货物的性质、包装、目的港及卸货次序进行适当的分类后进行装船,即"仓库收货,集中装船";对于特殊货物如危险品、冷冻货、贵重货、重大件货等,通常采取由托运人将货物直接送至船边,交接装船的方式,即采取现装或直接装船的方式。

仓库在收到托运人的货物后,应注意认真检查货物的包装和质量,核对货物的数量,确认无误后即可签署场站收据给托运人。至此,承运人与托运人之间的货物交接即已结束。

4) 换取提单

托运人可凭经过签署的场站收据,向船舶公司或其代理换取提单,然后去银行结汇。

5) 装船

船舶到港前,船舶公司和码头计划室对本航次需要装运的货物制订装船计划。待船舶到港后,将货物从仓库运至船边,按照装船计划装船。

如果船舶系靠在浮筒或锚地作业,船公司或其代理人则用自己的或租用的驳船将货物从仓库驳运至船边再装船。

6)海上运输

海上承运人对装船的货物负有安全运输、保管、照料的责任,并依据货物运输提单条款划分与托运人之间的责任、权利、义务。

7)卸船

船舶公司在卸货港的代理人根据船舶发来的到港电报,一方面编制有关单证,约定装卸公司,等待船舶进港后卸货;另一方面还要把船舶预定到港的时间通知收货人,以便收货人做好接收货物的准备工作。

与装船时一样,如果各个收货人都同时到船边接收货物,同样会使卸货现场十分混乱,所以卸货一般也采用"集中卸货,仓库交付"的方式。

8)交付货物

在实际业务中,交付货物的过程是,收货人将注明已经接收船舶公司交付的货物并将签章的提交单交给船舶公司在卸货港的代理人,经代理人审核无误后,签发提货单交给收货人,然后收货人凭提货单前往码头仓库提取货物,并与卸货代理人办理交接手续。

交付货物时,除了要求收货人必须交出提货单外,还必须要求收货人付清运费和其他应付的费用,如船舶公司或其代理人垫付的保管费、搬运费等费用及共同海损分摊和海滩救助费等。如果收货人没有付清上述费用,船舶公司有权根据提货单上的留置权条款的规定暂不交付货物,直到收货人付清各项应付的费用后才交付货物。如果收货人拒绝支付应付的各项费用而使货物无法交付时,船舶公司还可以经卸货港所在地法院批准,对卸下的货物进行拍卖,以卖得的货款抵偿应向收货人收取的费用。

3. 货物交付方式

船边交货又称"现提",是指收货人以提货单在船舶公司卸货港的代理人处换取提货单后,凭提货单直接到码头船边提取货物,并办理交接手续的方式。收货人要求船边提货必须事先征得船公司或其代理人的同意。

在定期租船方式或光船租船方式下,如果在合同履行过程中被撤销,可能使租船经纪人遭受一定的佣金损失,为此,租船合同中通常规定以一"特定期限"(如半年、一年)的租金为基数计算佣金补偿给租船经纪人。至于这个"特定期限"的长短,则取决于双方在租船合同中的规定。

当然,也可能出现虽经租船经纪人的努力仍不能达成租船交易的情况,这时,租船经纪人是不能获取佣金的,但可以要求船舶所有人或承租人补偿其在整个洽谈过程中支付的电传费、电报费等费用及相应的劳务费。

4. 租船运输业务程序

租船运输业务程序主要经过以下几个环节。

1)询价

询价(Inquiry)又称询盘(Quote),是指由承租人以其期望的条件,通过租船经纪人在租船市场上要求租用船舶的行为,即货求船。询价主要以电报或电传等书面形式提出,承租人询价所期望的条件一般应包括需要承运货物的种类、数量、装货港和卸货港、装运期限、租船方式或期限、期望的运价(租金)水平及所需用船舶的明细说明等内容。

询价也可以由船舶所有人为承揽货载而先通过租船经纪人向航运交易市场发出求货载信息,即为船求货。由船舶所有人发出的询价内容包括出租船舶的船名、国籍、船型、船舶的散装和包装容积及可供租用的时间和希望承揽的货物种类等。询盘的作用是让对方知道发盘所需要的大致情况,内容简明扼要。

2) 报价

报价(Offer)又称报盘或发盘,是船舶出租人对承租人询价的回应,是指当船舶所有人从租船经纪人那里得到承租人的询价后,经过成本估算或者比较其他的询价条件后,通过租船经纪人向承租人提出自己所能提供的船舶情况和提供的条件。若是船舶所有人先提出询价,则报价由承租人提出。

报价的主要内容除了对询价的内容做出答复和提出要求外,最主要的是关于租金的水平、选用的租船合同范本及对范本条款的修订和补充等。

报盘又分为实盘和虚盘。实盘为报盘条件不可改变,并附加时效的硬性报价;虚盘则是可磋商、修改的条件报价。

在"硬性报价"的情况下,常附有有效期规定,询价人必须在有效期内对报价人的报价做出是否接受订租的答复,超过有效期,这一报价即告失效。"硬性报价"对报价人也有约束力,在"硬性报价"的有效期内,他不得再向其他报价人报价,也不得撤销或更改已报出的报价条件。

在"条件报价"的情况下,报价人可以与询价人反复磋商、修改报价条件,报价人也有权同时向几个询价人发出报价。当然,作为商业习惯和从商业信誉出发,当报价人先后接到几个询价人发出的报价时,应遵循"先到先复"的原则。

3) 还价

还价(Counter Offer)又称还盘,是指在条件报价的情况下,承租人与船舶所有人之间对报价条件的谈判、协商、讨价还价的过程。

还价意味着询价人对报价人报价的拒绝和新的询价的开始。因此,报价人收到还价后还需要对是否同意还价条件作出答复,或再次做出新的报价。这种对还价条件做出答复或再次做出新的报价称为返还价(Counter-counter Offer)或称为返还盘。

4) 接受

接受(Acceptance)又称受盘,船舶所有人和承租人经过反复多次还盘后,双方对合同主要条款意见一致,即最后一次实盘的全部内容在时限内被双方接受,就算成交。根据国际上通常的做法,接受订租后,双方当事人应签署一份"订租确认书"(Fixture Note),就商谈租船过程中双方承诺的主要条件予以确认,对于细节问题还可进一步商讨。

5) 签订租船合同

签订确认书只是一种意向合同,正式租船合同要按租船合同范本予以规范,进行编制,明确租船双方的权利和义务,双方当事人签署后即可生效。此后,哪一方提出更改或撤销等异议,造成的损失由违约方承担责任。

交通物流

定期租船合同的主要内容包括出租人和承租人的名称、船名、船籍、船级、吨位容积、船速、燃料消耗、航区、用途、租船期限,交船和还船的时间、地点及条件,租金及其支付等相关事宜。

航次租船合同的主要内容包括出租人和承租人的名称、船名、船籍、吨位容积、货名、装货港和目的港、受载期限、装卸期限,运费、滞期费、速遣费的支付及其他事项。

租船合同正式签订以后,船舶所有人就可以按照合同的要求安排船舶投入营运。

以上是租船和签订租船合同的一般程序。有时货主急于求船,船主急于求货,使租船流程变得简单、直接。承租人将询盘省略,直接进入还盘,提出的承租条件需要船主当场决定是否成交,经过紧急磋商达成共识,这就是所谓的"当场成交"。在这种情况下,作为承租人的货主当然要以较高的代价才能取得船舶所有人的承诺。

本章小结

本章节要点归结如下。

第一,讲述了水路交通系统的特点及功能,陈述了水运物流的分类、作用、特点及水路交通物流系统的主要功能。

第二,介绍了水运物流的技术装备及设施,主要就是对船舶和港口进行介绍,陈述了船舶的分类、作用、构造等,以及对港口的分类、作用及设备的介绍。

第三,讲述了水运物流的工具,对客船和货船做了详细阐述,对客船货船的分类及功用做了重点陈述。

第四,介绍了水运物流的基础条件,通过对航道及港口的陈述,充分体现基础条件在水运物流中的作用。

第五,主要阐述的是水运物流的发展趋势,用发展的眼光看物流,用典型案例分析物流的发展,充分反映了物流的未来趋势,给我们一定的启发。

第六,阐述了国际水运,主要是班轮经营的概念及特点。

总体来说,本章阐明了水运物流在交通物流中的作用、特点。

练习与思考

班轮运输的程序有哪些?

综合案例

租船合同与提单

某进口商进口一批纸浆,由一租船人与船主签订航次租船合同承运,并由租船人作为承运商签发了以进口商为收货人的提单。租船合同与所签发的提单在滞期费方面的规定不同,前者规定候泊时间作为装卸时间,后者则无此规定。船舶到卸货港后,候泊近一个月,靠泊卸货后又因接收货物的设备不足将船舶移泊锚地候卸近一个月。船主依租船合同向租船人收取了全部滞期费。

(资料来源:金戈.运输管理[M].南京:东南大学出版社,2006.)

思考题

租船人应以租船合同为依据还是以提单为依据向收货人索取滞期费?

第五章
航空物流

学习目标

1. 知识目标：
①了解航空物流的定义及航空运输的发展趋势；
②理解航空运输的基本条件及国际航空货物运输流程及主要单证；
③掌握交通物流系统的特点及航空物流的技术设备与装置。
2. 能力目标：
①了解航空物流运输主要承担的作业及其经济作用；
②了解航空物流飞机的类型和分类；
③能按正确顺序复述进出口货物运输流程。

  航空物流又称为飞机运输，它是根据航空港（飞机场）的起降条件，利用飞机运载工具进行货物运输的一种运输方式。虽然空运在运输业中所占的比重较低，但其拥有很大的发展潜力，重要性越来越凸显。在世界范围内，航空物流都处在高速增长阶段。[1]

  航空物流方式与其他运输方式相比较，有以下几个方面的特征：

  （1）高速直达性。高速直达性是航空物流最突出的特点。由于在空中较少受到自然地理条件的限制，因而航线一般取两点间最短距离。这样，航空物流就能够实现两点间的高速、直达运输，尤其在远程直达上更能体现其优势。

  （2）安全性。随着人类科学的进步，航空技术也在不断地发展，维修技术的提高，航行支持设备如地面通信设施、航空导航系统、着陆系统及安保监测系统的改进与发展都提高了空运的安全性。尽管飞行事故中会出现机毁人亡（事故严重性最大），但按单位货运周转量或单位飞行时间损失率来衡量，航空物流的安全性是很高的。

  （3）时间价值特性良好。从经济方面来讲，航空物流的成本和运价均高于铁路和水运，是一种价格较高的运输方式。因此，一般不如其他运输方式普及，尤其是在欠发达国家。但

---

[1] 王益友.航空物流[M].北京:清华大学出版社,2015.

如果考虑时间价值,航空物流又有其独特的经济价值。因此,随着经济的发展、人均收入水平的提高及时间价值的提高,航空物流在运输中的比例将呈上升之势。

(4) 对运输货物包装要求较低。货物空运的包装要求通常比其他运输方式要低。在空运时,空中航行的平稳性和自动着陆系统减少了货损的比率,因此,可以降低对货物包装的要求。

(5) 受气候条件限制。因空运对飞行条件要求很高,航空物流在一定程度上受到气候条件的限制,从而在一定程度上影响运输的准点性与正常性。

(6) 载运量小。当今大型宽体飞机的最大业务载重也只有10吨。

(7) 可达性差。

由于航空物流的这些特点,它在运输中主要承担以下作业。

(1) 国际快速运输。这是航空物流的主要收入来源。目前国际的一些货物联系基本上依赖于航空物流,这对于国家的对外开放、促进国际技术、经济合作与文化交流具有重要意义。[①]

(2) 适于高附加值、小体积的物品运输。机场临近地区的临空工业区域为高级电子工业、精密机械工业、高级化学产品工业等附加价值很高的产业黄金发展地带,而且机场发挥着流通中心的功能,为这些产业创造了良好的投资环境。

(3) 航空货运没有特定的商品。它与其他运输方式最大的区别就在于,大多数航空货运是在紧急情况下,而不是在日常基础上处理的。当证明高成本是划算的情况下,经营者通常会利用定期的或不定期的航空服务来运输货物。高价值或极易腐烂的产品最有可能成为正常空运的产品,而当一种产品的营销期极为有限时,例如圣诞节产品、高级时装或鲜鱼之类的产品,那么航空物流也许是物流作业唯一最实际的运输方法,像零部件或消费类的日常物流产品也可能成为航空货运的候选对象。

(4) 航空物流在执行各种紧急物资运输时的特殊作用是其他运输形式无法相比的,特别是应对突发自然灾害时的作用尤为明显。

(5) 空运是现代邮政运输的主要方式。

(6) 空运也是实现多式联运的一种重要运输方式。

航空物流是随着社会、经济发展和技术进步而发展起来的,在现代社会经济生活中占据重要地位,发挥着不可替代的作用。它对经济所起的作用主要表现为以下几个方面。

1. 航空物流是交通运输体系的一个重要组成部分

航空是长距离旅行,尤其是国际、洲际旅行的主要工具。航空物流和其他交通运输方式分工协作、相辅相成,共同满足社会对运输的各种要求。随着社会经济的发展、生活水平的提高、工作节奏的加快,航空物流将越来越普及。

2. 航空物流带动了飞机制造业及相关行业和技术的发展

国际航空物流业的不断发展,使几个主要飞机制造商,如波音公司、空客公司,保持了长盛不衰的势头,也给相关设备的生产厂家提供了广阔商机。航空技术属于高新技术领域,航空物流的发展,促使新的、更安全舒适的民航客机机型不断出现,也使得通信、导航、监视等

---

① 刘元洪.航空物流管理[M].北京:北京大学出版社,2012.

交通物流

设备与技术不断更新、完善。

3. 航空物流促进了全球经济、文化的交流和发展

航空物流是国家经济领域的一个重要行业,除了其自身发展外,还带动了一批相关产业的发展,如旅游业等。它还使国际的经济、文化、科技交流往来十分方便,有利于国家或地区间的相互协作和共同发展,有利于经济发达国家或地区到经济欠发达国家或地区投资开发。航空物流的发展状况已成为某地区经济是否发达、对外开放是否有力的重要标志。

第一节 航空物流的系统

航空物流是一种使用飞机(或其他飞行器)运送人员、物资和邮件的运输方式。航空交通物流系统包括飞机、机场、空中交通管理系统和飞行航线四个基本部分。这四个部分有机地结合,在空中交通管理系统的控制和管理下,共同完成航空物流的各项业务活动。

(一)航空物流的特点

1. 航空物流的主要优点

随着经济建设的高速发展,社会活动节奏的不断加快,航空物流发展迅猛。航空物流之所以能在短短半个多世纪内得到快速的发展,与其自身的优点是分不开的。与其他运输方式相比,航空物流的主要优点表现在以下 4 个方面。

1)速度快

这是航空物流的最大特点和优势。例如,现代喷气式客机,巡航速度为 800~900 km/h,比汽车、火车快 5~10 倍,比轮船快 20~30 倍。距离越长,航空物流所能节约的时间越多,快速的特点也越显著。

2)机动性大

飞机在空中飞行,受航线条件限制的程度比汽车、火车、轮船小得多。它可以将地面上任何距离的两个地方连接起来,可以定期或不定期飞行。尤其对灾区的救援、供应、边远地区的急救等紧急运输任务,航空物流的优势更显突出。

3)舒适安全

喷气式客机的巡航高度一般在 10 km 左右,飞行不受低空气流的影响,平稳舒适。现代民航客机的客舱宽敞,噪声小。机内有供膳、视听等设施,旅客乘坐的舒适程度较高。由于科技的进步和对民航客机适航性的严格要求,航空物流的安全性比以往已大大提高。

4)基本建设周期短、投资少

发展航空物流,从设备条件上讲,只要添置飞机和修建机场。这与修建铁路和公路相比,建设周期短、占地少、投资省、收效快。据计算,在相距 1000 km 的两个城市间建立交通线,若载客能力相同,修筑铁路的投资是开辟航线的 1.6 倍,铁路修筑周期为 5~7 年,而开辟航线只需两年。

2. 航空物流的主要缺点

1)运载量小

由于飞机机舱容积有限,航空物流的运载量较小,因而航空物流不适合于大批量货物的运输。

2）运输费用高

空运是在五种运输方式中费用最高的，它只适合运输贵重品，若运输廉价物品，则经济效益会大大降低。[①]

3）难以实现"门到门"运输

通常情况下，航空物流都难以实现客货的"门到门"运输，必须借助其他运输工具（主要是汽车）来转运。

4）容易受恶劣天气影响

恶劣天气可能造成飞机延误和偏航，在航空物流途中，若遭遇寒流侵袭，甚至会有一定的危险。

（二）航空交通物流系统的主要功能

现代航空物流是社会生活和经济生活的一个重要组成部分，是目前发展最快的一种现代交通运输方式，其担负的主要功能如下。

1. 在普通客货运输方面

航空物流主要承担着国际客运和国内中、长途旅客的运输以及鲜活易腐等特种货物和价值高、时效性强的货物的运输。另外，在一些其他运输工具运输耗时长或运输困难地区，航空运输也占据着较大的市场份额。

2. 在特种作业方面

航空物流担负着人工降雨、防火护林、化学灭火等特种作业的运输任务。

3. 在紧急救援方面

当发生自然灾害如洪水、地震时，航空物流在国家抗洪抢险、抗震救灾等活动中确保救灾人员和物资以及伤病员第一时间得到运输起到关键作用。

4. 在军事活动方面

航空物流在速度、距离、机动性和隐蔽性等方面独具优势，是远程兵力投送及后勤补给的重要手段。特别是在一些重大军事任务中，航空物流发挥着极其重要的作用。

（三）航空货物运输的分类

航空货物运输活动虽然只是整个航空物流的一部分，但它是一项复杂的系统工程。根据实践的需要，人们按照不同的分类标准，把航空货物运输划分为许多种类。

（1）按照运输的性质划分。按照运输的不同性质划分，航空货物运输分为国内航空货物运输和国际航空货物运输。

（2）按照运输的货物特征划分。按照所运输货物的不同特征划分，航空货物运输分为普通货物运输、快件运输、特种运输等。

（3）按照运输的方式划分。按照运输的不同方式划分，航空货物运输分为班机运输、包

[①] 真虹.国际航运中心的形成与发展[M].上海：上海交通大学出版社，2012.

机运输,还有集中托运、航空快递及货到付款、货主押运等方式。

①班机运输(Scheduled Airline)。班机是指定期开航、定航线、定始发站、定目的港、定途经站的飞机。按照业务对象不同,班机运输可分为客运航班和货运航班。客运航班,通常航空公司采用客货混合型飞机,在搭乘旅客的同时也承揽小批量货物的运输。货运航班,只承揽货物运输,大多使用全货机,但考虑到货源方面的因素,货运航班一般只由一些规模较大的航空公司在货运量较为集中的航线上开辟。

班机运输具有以下特点:

• 迅速准确。由于班机运输具有固定航线、固定的始发目的港、中途挂靠港,并具有固定的班期,它可以准确、迅速地将货物送到目的港。

• 方便货主。收发货人可以准确掌握货物的起运、到达时间,对于贸易合同的履行具有较高的保障。

• 舱位有限。由于班机运输大多采用客货混合机型,随货运量季节的变化会出现舱位不足现象,不能满足大批量货物及时出运要求,往往只能分批运送。

近年来,随着航空物流业的发展,航空公司为实现航空物流快速、准确的特点,不断加强航班的准班率(航班按时到达的比率),并强调快捷的地面服务,在吸引传统的鲜活货物、易腐货物、贵重品、急需货物的基础上,又提出为企业特别是跨国企业提供后勤服务,正努力成为跨国公司分拨产品、半成品的得力助手。①

②包机运输(Chartered Carrier)。包机人为一定的目的包用航空公司的飞机运载货物的形式称为包机运输。由于班机运输的货物舱位常常有限,因此当货物量较大时包机运输就成为重要方式。

包机运输通常可分为整机包机和部分包机。

整机包机即包租整架飞机,指航空公司按照与租机人事先约定的条件及费用,将整架飞机租给包机人,从一个或几个航空港装运货物至目的地。

整机包机的费用是一次一议的,它随国际市场供求情况变化而变化,一般是按每飞行一公里固定费率收取费用,并按每飞行 1 km 费用的 80% 收取放空费。因此大批量货物使用包机时,要争取来回程都有货载,这样费用会降低。

部分包机指由几家航空货运公司或托运人联合包租一架飞机或者由航空公司把一架飞机的舱位分别卖给几家航空货运公司装载货物。

相对而言,部分包机适合于运送 1 吨以上货量不足一整架飞机舱容的货物,在这种形式下,货物运费较班机运输低,但由于需要等待其他货主备好货物,因此运送时间要长。

包机运输的优点如下:

• 解决班机舱位不足的矛盾。
• 货物全部由包机运出,节省时间和多次发货的手续。
• 弥补没有直达航班的不足,且不用中转。
• 减少货损、货差或丢失的现象。
• 在空运旺季缓解航班紧张状况。
• 解决海鲜、活动物的运输问题。

---

① 张洪海.空中交通流量协同管理[M].北京:科学出版社,2016.

第五章

航空物流

案 例

优化箱板货物集装,巧省包运成本

一段时间以来,集运人 A 公司组织所有部门开展合理控制与节约业务成本的活动。作为核心职能部门之一,操作部尝试通过改进操作方式以降低成本。在各类操作成本中,向航空公司包箱板的费用是核心成本,但是较长时间内航空公司方面只有提价的可能、没有降价的空间,想从此处节省成本似乎是不可能的。然而,经过反复研究,他们发现集装箱利用率并没有到达最大化。之前,货物装箱以单一化集装法为主,将整票密货或整票泡货集装在同一个集装箱里,剩余货物又被随意集装在其他箱板中,结果浪费了相当一部分载重定额或箱货空间。如果采取组合式集装法,可省可观的包运成本。具体来说,只要能在整体合式集装,然后配载同一天同一航班,就可以提高集装箱利用率、减少箱板包用数量,也就降低了支付给航空公司的箱板包用成本。

思考:如何优化箱板的货物集装、提高箱板利用率,控制集装器的包用数量和包运成本,对提高集运人包运业务的效率具有重大意义。

③集中托运(Consolidation Transport)。集中托运是指集中托运人(Consolidator)把若干批单独发运的货物组成一批向航空公司办理托运,填写一份总运单将货物发运到同一目的站,然后由航空货运代理公司在目的站的代理人负责收货、报关,并将货物分别拨交给各收货人的一种运输方式,也是航空货物运输中开展最为普遍的一种运输方式,是航空货运代理的主要业务之一。

与货运代理人不同,集中托运人的地位类似多式联运中的多式联运经营人。它承担的责任不仅仅是在始发地将货物交给航空公司,在目的地提取货物并转交给不同的收货人,而是承担了货物的全程运输责任,且在运输中具有双重角色,它对各个发货人负货物运输责任,地位相当于承运人,而在与航空公司的关系中,它又被视为集中托运的一整批货物的托运人。其各关系方承担的责任如图 5.1 所示。

集中托运可以采用班机或包机运输方式。

提供集中托运业务的企业,在欧美被称为集中托运商(简称集运商),而其在目的站的代理人,则被称为分拨代理商(Break Bulk Agent)。

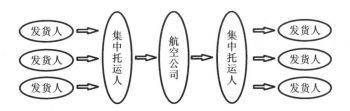

图 5.1 空运当事人责任划分

集中托运作为最主要的一种航空货运方式有着鲜明的特征,同时也给托运人带来了极大的便利,主要表现在以下几个方面。

· 更为低廉的费率。由于航空运费的费率随托运货物数量增加而降低,所以当集中托运人将若干小批量货物组成一大批出运时,能够争取到更为低廉的费率。集中托运人会将其中一部分支付目的地代理的费用,另一部分会返还给托运人以吸引更多的客户,其余的作为集中托运人的收益。

· 更高的服务质量。集中托运人的专业性服务也会使托运人受益,这包括完善的地面服务网络,拓宽了的服务项目及更高的服务质量,将货物集中托运,可使货物到达航空公司到达地点以外的地方,延伸了航空公司的服务,方便了货主。

· 更快的资金周转。托运人将货物交与航空货运代理后,即可取得货物分运单,可持分运单到银行尽早办理结汇,资金的周转加快。

但是,集中托运也有它的局限性,主要表现在以下几方面。

· 贵重品、活动物、尸体、骨灰、危险品、外交信袋等根据航空公司的规定不得采用集中托运的形式。

· 由于集中托运的情况下,货物的出运时间不能确定,所以不适合易腐烂变质的货物、紧急货物或其他对时间要求高的货物的运输。

· 对可以享受航空公司优惠运价的货物来讲,使用集中托运的形式可能不仅不能享受到运费的节约,反而使托运人运费负担加重。[①]

错失集运良机损失大

小张在一家大型的国际空运公司任作业部操作员。一天上午,小张受理某客户委托空运一批服装到新加坡,并代理出口报关,毛重 526.0 kg,客户要求配载不迟于第三天的航班。在报关人员的积极配合下,第二天上午报关顺利完成,小张提前配载了第二天的航班,客户很满意。但是第二天早上小张还受理了另一个客户的空运委托,也到新加坡,毛重 285.5 kg,体积重量 401.0 kg,客户已自行完成报关,希望安排次日的航班,于是小张配载了第三天下午的航班。然而,主管在事后发现了小张的严重失误并批评了他,原因是上述两票货物完全可以进行集运,共同配载第三天的航班,那样可以同时满足两个客户的要求,更重要的是可以节约成本,因为采用集运方式,可向航班公司少付 115.5 kg 的运费成本,还可以获取货重累加的规模利润。

〔案例分析〕 小张作为集运操作员,工作失误源于对业务的操作不熟练,集运意识薄弱。此案例还表明,既要满足外部服务要求,也要在条件允许的情况下控制内部服务成本。

---

① 潘卫军.空中交通管理基础[M].2版.成都:西南交通大学出版社,2013.

第二节 航空物流的技术装备与设施

（一）航空器

1. 定义

航空器是指在大气层中飞行的飞行器，包括重于空气的和轻于空气的两类，如飞机、飞艇、滑翔机、热气球等。飞机是航空物流的主要运输工具，是由动力装置产生前进推力，由固定机翼产生升力，在大气层中飞行的重于空气的航空器。无动力装置的滑翔机、以旋翼作为主要升力的直升机以及在大气层外飞行的航天飞机都不属飞机的范围。

下面以飞机为例，对其构造及种类做简单介绍。

2. 构造

飞机的主要构造包括机身、机翼、动力装置、起落装置、操纵系统和机载设备。

1）机身

机身是飞机上用来装载人员、货物、武器和机载设备的部件，它将机翼、尾翼、起落架等部件连成一个整体。在轻型飞机和歼击机上，还常将发动机装在机身内。飞行中机身的阻力占全机阻力的30%～50%。因此，良好的机身流线型对于减小飞机阻力、改善飞行性能具有重要意义。①

2）机翼

机翼安装在机身上，是飞机的重要部件之一。其最主要作用是产生升力，同时也可以在机翼内布置弹药仓和油箱，在飞行中还可以收藏起落架。另外，在机翼上还安装有改善起飞和着陆性能的襟翼和用于飞机横向操纵的副翼，有的还在机翼前缘装有缝翼等增加升力的装置。

3）动力装置

动力装置是飞机的发动机以及保证发动机正常工作所必需的系统和附件的总称。根据所用发动机的类型，飞机动力装置可由下面的全部或部分系统组成：①发动机及其起动、操纵系统；②发动机固定装置；③飞机燃油系统；④飞机滑油系统；⑤发动机散热装置；⑥防火和灭火装置；⑦进气和排气装置。

4）起落装置

起落装置是指飞机在陆上、雪（冰）上或水上停放、滑行、起降时用于支持其重量并吸收撞击能量的装置，由吸收着陆撞击能量的机构、减震器、机轮和收放机组成。飞机主轮上装有各自独立的刹车装置，前轮则可偏转，便于在地面滑行时控制方向。

5）操纵系统

飞机操作系统分为主操纵系统和辅助操纵系统。主操纵系统指对升降舵、方向和副翼三个主要操纵面的操纵；辅助操纵系统指对调整片、增举装置和水平安定面等的操纵。

6）机载设备

机载设备包括飞机仪表、通信设备、导航设备、环境控制、生命保障和能源供给等设备。

---

① 董襄宁,赵征,张洪海.空中交通管理基础[M].北京:科学出版社,2010.

3. 分类

1) 按飞行速度分

飞机按照飞行速度不同,可以分为亚音速飞机(飞行速度与音速之比或称马赫数 $M \leqslant 0.75$)、跨音速飞机($0.75 \leqslant M \leqslant 1.2$)和超音速飞机($1.2 \leqslant M \leqslant 5.0$)三类。

2) 按航程距离分

按航程距离不同,可分为远程飞机、中程飞机、近程飞机和短程飞机四类。远程飞机的航程大约在 8000 km 以上,最大起飞质量在 150000 kg 以上,对机场及跑道要求高,主要用于洲际飞行;中程飞机的航程约在 3000～5000 km,最大起飞质量在 100000 kg 以上,适用于各大洲内主要航线上的飞行;近程飞机的航程在 3000 km 以下,最大起飞质量在 40000 kg 以上,适用于在国内主要航线上飞行;短程飞机的航程一般在 1000 km 以下,最大起飞质量也在 40000 kg 以上,主要适用于在大城市与中、小城市或中、小城市之间航线上飞行,又称支线飞机。

3) 按发动机类型分

按发动机类型不同,飞机可分为活塞式、涡轮螺旋式、涡轮喷气式和涡轮风扇喷气式四类。活塞式飞机是以汽油式发动机为动力,带动螺旋桨旋转从而产生推动力的飞机;涡轮螺旋式飞机是以燃气涡轮式发动机为动力,带动螺旋桨旋转进而产生推动力的飞机;涡轮喷气式飞机是由燃气涡轮式发动机向后面的汽缸里喷射出高速气流从而产生推动力的飞机;涡轮风扇式飞机是在涡轮喷气式飞机的前部(后部)加上一个风扇从而产生推动力的飞机。

此外,按照飞机结构不同,还可以将飞机作如下分类:按发动机数量可分为单发动机飞机、双发动机飞机、三发动机飞机和四发动机飞机;按机翼数量可分为双翼机和单翼机;按机翼是否固定可分为定翼机和旋翼机(直升机)。

(二) 航空港

1. 定义

航空港是航空物流飞机场及其服务设施、设备的总称,是航空物流网络中的重要节点,同时也是航空物流的起点、终点和经停点。

2. 组成

航空港与飞机场是两个含义不同的概念,但在民用航空领域中往往被人们混用。飞机场通常简称机场,是供飞机起飞、降落、停放及组织、保障飞行活动的场所,包括为飞机飞行服务的各种建筑物和设施、设备。而航空港的外延比飞机场更广,大型的航空港除了飞机场外,还有为客、货运输服务的其他相关设施,如货运站、机务维修区等。

航空港通常由下面几个部分组成。

1) 飞行区

飞行区是机场的主要组成部分,是用于飞机起飞、着陆和滑行的区域,包括跑道滑行道、停机坪以及各种保障飞行所需的设施、设备,如导航设施、指挥系统及气象自动观测系统等,还包括保证飞机起飞和着陆的净空保护区。

2) 客货运输服务区(航站区)

它是飞行区与航空港其他部分的交接部,是为旅客、货物提供机下运输服务的区域,包括航站楼、停机坪、站前停车场以及货运站或货运中心等。

3) 机务维修区

机务维修区包括维修机坪、维修机库、维修工厂或维修车间等,是为飞机上各种设备提供维修服务的场所。

4) 输油系统

输油系统包括油料储存和飞机加油设备等。

5) 消防和急救设备

航空港应储备有各种消防器材和急救设备,以防飞机失事和失事后进行抢救之用。

6) 流动便利设备

流动便利设备包括升降平台、手推车、牵引车、传送带和运货叉车等,主要用于在航空港内短距离装运货物。

7) 进出航空港的地面交通系统

进出航空港的地面交通系统通常指公路,也包括铁路、地铁(或轻轨)和水运码头等。其功能是把航空港和附近城市连接起来,将旅客和货物及时运进或运出航站楼。进出航站楼的地面交通系统是否畅通将直接影响空运业务。

航空运输是使用飞机或其他航空器进行运输的一种形式。① 航空运输的单位成本很高,因此,主要运载的货物有两类:一类是价值高、运费承担能力很强的货物,如贵重设备的零部件、高档产品等;另一类是紧急需要的物资,如救灾抢险物资等。

案 例

航空货运巨头在中国

中国对外贸易额的激增,带来了航空货运量的增长。国际航空货运公司纷纷加快中国布局,DHL(敦豪)丹砂航海空运公司将投资1200万美元用于基础设施扩建计划,将20个分支机构增加至37个,并扩大DHL丹砂航海空运公司的中国服务网络,将货物运到北京、上海、深圳等国际化城市。

大韩航空的北京货运经理南基宅介绍,北京大韩航空一个月的国际货运量能达到1500吨,大韩航空共有20架全货机,现在每周有8个客机腹舱和两个全货机来运送北京和首尔之间的货物。

国内某货运公司的人士表示,中国的航空公司全货机规模大概为20多架,即使加上客机腹舱的运力,也不能满足高速增长的航空货运需求,这就为国际航空公司的发展留下了广阔的市场空间。另外,我国航空公司的硬件设施和管理水平都与国际水平有一定的差距,比如运作良好的外国航空公司人机比例达到1∶320左右,在竞争方面还不具备优势。

思考题:中国的航空公司在这种形势下应如何发展呢?

---

① 陆化普,余卫平. 绿色·智能·人文一体化交通[M]. 北京:中国建筑工业出版社,2014.

(三) 通信设备

民航客机用于和地面电台或与其他飞机进行联系的通信设备包括高频(HF)通信系统、甚高频(VHF)通信系统、选择呼叫系统(SELCAL)。

(1) 高频通信系统。一般采用两种制式工作,即调幅制和单边带制,以提供飞机在航路上长距离的空与地或空对空的通信。它工作在短波波段,频率范围一般为 2~30 MHz。

(2) 甚高频通信系统。一般采用调幅方式工作,主要提供飞机与地面塔台、飞机与飞机之间近距离视线范围的语音通信。其工作与超短波波段,频率范围一般为 113~135.975 MHz。

(3) 选择呼叫系统。选择呼叫是指地面塔台通过高频或甚高频通信系统对指定飞机或一组飞机进行呼叫。飞机呼叫系统收到地面的呼叫后,指示灯亮或铃响,告诉飞行员地面在呼叫本飞机。

(四) 导航设备

民航客机的导航主要依赖于无线电导航系统,其设备有:甚高频全向无线电信标/测距机系统(VOR/DME),无方向性无线电信标系统(NDB),仪表着陆系统(ILS)等。

(1) 甚高频全向无线电信标/测距机系统。甚高频全相信标/测距机系统(VOR)是一种近程无线电导航系统。1949 年被 ICAO(国际民用航空组织)采用为国际标准航线的无线电导航设备。它由地面发射台和机载设备组成。地面设备通过天线发射从 VOR 台到飞机的磁方向信息,机载设备接收和处理该信息,并通过有关指示器指示出飞机到 VOR 台的磁方位角。测距机(DME)是为驾驶员提供距离信息的设备。1959 年,它成为 ICAO 批准的标准测距系统,它由机载测距机和地面测距信标台配合工作。一般情况下,地面测距台与 VOR 台安装在一起,形成极坐标近程定位导航系统。它是通过询问应答方式来测量距离的。

(2) 无方向性无线电信标系统。无方向性无线电信标系统(NDB),即导航台,是用来为机上无线电罗盘提供测向信号的发射设备。根据要解决的导航任务,导航台可以设置在航线上的某些特定点、终端区和机场。航线上的导航台可以引导飞机进入空中走廊的出入口,或到某一相应的导航点以确定新的航向。终端区的导航台用来将飞机引导到所要着陆的机场,并保证着陆前机动飞行和穿云下降,也用来标志该机场的航线出口位置。机场着陆导航台,用来引导飞机进场,完成基地飞行和保持着陆航向。

(3) 仪表着陆系统。仪表着陆系统(ILS),1949 年被 ICAO 确定为飞机标准进近和着陆设备。它能在气象恶劣和能见度差的条件下,给驾驶员提供引导信息,保证飞机安全进近和着陆。

(4) 监视设备。目前实施空中交通监视的主要设备是雷达,它是利用无线电波发现目标,并测定其位置的设备。

(五) 机场

航空港是航空物流的重要设施,是指民用航空物流交通网络中使用的飞机场及其附属设施。与一般飞机场比较,航空港的规模更大,设施更为完善。

航空港体系主要包括飞机活动区和地面工作区两部分,而航站楼则是这两个区域的分界线。民航运输网络由机场、航路和机队构成。机场是民航运输网络中的节点,是航空物流的起点、终点和经停点，机场可实现运输方式的转换，是空中运输和地面运输的转接点，因此也把机场称为航空站。

（1）按航线性质划分，可分为国际航线机场和国内航线机场。国际航线机场供国际航班进出，并设有海关、边防检查、卫生检疫和动植物检疫等政府联检机构。国内航线机场是专供国内航班使用的机场。我国的国内航线机场包括地区航线机场。地区航线机场是指我国内地城市和港、澳等地区之间定期或不定期航班飞机使用的机场，并设有相应的类似国际机场的联检机构。

（2）按机场在民航运输网络中所起的作用划分，可分为枢纽机场、干线机场和支线机场。国内国际航线密集的机场称为枢纽机场。在我国内地，枢纽机场只有北京、上海、广州三大机场。干线机场是指各直辖市、省会、自治区首府及一些重要的城市的机场，我国有30多个。干线机场连接枢纽机场，客运量较为集中。而支线机场则空运量较少，航线多为本省区内航线或邻近省区支线。

（3）按机场所在城市的性质、地位划分，可分为Ⅰ类机场、Ⅱ类机场、Ⅲ类机场和Ⅳ类机场。

（4）按旅客乘机目的划分，可分为始发/终程机场、经停机场和中转机场。始发/终程机场中，始发/终程旅客占旅客的大多数，始发和终程的飞机或掉头回程架次比例很高。目前国内机场大多数属于这类机场。

（5）按服务对象划分，机场可分为军用机场、民用机场和军民合用机场。

（六）国际航空货物运输当事人

国际航空货物运输当事人主要有托运人、收货人、承运人、代理人，以及地面运输公司。

承运人一般指航空公司，代理人一般指航空货运公司。

1. 航空公司

航空公司自身拥有飞行器并借以从事航空物流活动，它的主要业务是把货物和旅客从某地机场用飞机运到另一地机场，多数航空公司有定期航班，像开航我国的法航、日航、德航、瑞航等。有些则无定期航班，只提供包机服务，如卢森堡货运航空公司、马丁航空公司，它们拥有货机，对运输大批量货物、超限货物及活种畜等十分方便。我国的航空公司主要有中国国际航空公司、中国西南航空公司、中国东南航空公司等。

2. 航空货运公司

航空货运公司又称空运代理，它是随着航空运输的发展及航空公司运输业务的集中化而发展起来的服务性行业。它们从事航空货物在始发站交给航空公司之前的揽货、接货、订舱制单、报关和交运等，及在目的地从航空公司手中接货接单、制单、报送、送货或转运等业务。它具有以下优点。

（1）使航空公司能更加集中精力搞好空中运输业务而不必担心货源。

（2）方便货主，货主可以及时托运、查询、跟踪货物。

（3）将零散货物集中拼装托运，简便手续，降低运输成本。通常，空运代理可以是货主代理，也可以是航空公司的代理，也可以身兼二职。

航空货运公司在经营进出口货运业务时,可以向货主提供以下服务。

(1) 提供上门收、送货服务。

(2) 订舱。

(3) 报关。

(4) 制作航空运单。

(5) 办理保险、结汇及费用代付业务。

(6) 办理货物转运业务。

(7) 提供信息查询及货物跟踪服务。

要提供上述服务,航空货运公司必须具备广博的商品知识,了解复杂的法律、法规、规章、制度及所需的文件、单证,以及货物在集中托运时的尺码、比重、各种超限数字、飞机机舱的可用容积及有关质量限制,还有各种附加费用、货损处理、保险、进出口许可证等方面的知识。

航空货运代理之所以存在并能发展,主要是因为航空公司致力于自身主业,不负责处理航运前和航运后繁杂的服务项目;大多数的货主无法花费大量的精力熟悉繁复的空运操作流程。空代在办理航空托运方面具有无可比拟的优势,比如对航空物流环节和有关规章制度十分熟悉;与各航空公司、机场、海关、商检、卫检、动植检及其他运输部门有着广泛而密切的联系;具有代办航空货运的各种设施和必备条件;各航空货运代理公司在世界各地或有分支机构,或有代理网络,能够及时联络,掌握货物运输的全过程。

航空货运代理可分为国际航空货运代理和国际航空货物运输销售代理。国际航空货运代理仅作为进出口托运人、收货人的代理人,严禁从航空公司处收取佣金。国际航空货物运输销售代理作为航空公司的代理人,代为处理国际航空客货运输销售及其相关业务。

根据我国《民用航空物流销售代理业管理规定》,空运销售代理分为一类销售代理和二类销售代理。一类销售代理主要经营国际航线或者香港、澳门、台湾地区航线的民用航空销售代理业务;二类销售代理主要经营国内航线的民用航空物流销售代理业务。

还需注意,在我国,申请设立国际航空货物运输销售代理的前提之一是必须首先成为国际货运代理。这表明,这类代理人一方面可以为货方提供代理服务,从中收取代理费;另一方面也可以为承运方(航空公司)服务,收取佣金。

航空货运代理的业务范围主要包括:传统代理业务如订舱、租机、制单、代理包装、代刷标记、报关报验、业务咨询等;集中托运业务;地面运输和多式联运服务。

第三节　航空物流的产生及趋势

航空物流是使用飞机、直升机及其他航空器作为运输工具,实现旅客、行李、货物、邮件存区域内的位置转移的活动。航空物流具有快速、机动的特点,是现代旅客运输,尤其是远程旅客运输的重要方式,为国际贸易中的贵重品、鲜活货物和精密仪器运输所不可缺。[1]

---

[1] 周浩.交通基础设施与中国经济增长[M].北京:人民出版社,2015.

一、航空物流的产生和发展趋势

(一)航空物流的产生和历程

20世纪人类在科学技术方面最伟大的贡献之一,就是发明了飞机。1903年12月17日,美国莱特兄弟驾驶自己制造的飞机,从此开创了人类航空史上的新纪元。人类航空发展史大致分为以下4个阶段。

1. 初始阶段(1903—1938年)

莱特兄弟的航空试验,实现了人类多年来在天空飞翔的梦想,进而实现了航空器动力升空,自主飞行(见图5.2)。在意土战争中,意大利第一次使用航空兵对土耳其军队进行侦察和轰炸。在第一次世界大战中,飞机开始得到大规模使用,推动了军用飞机的发展。20世纪20至30年代初,由于科学技术的日益发展,积累了空气动力、飞行力学和结构强度等方面的大量实验资料。

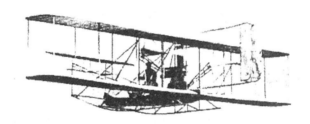

图5.2 莱特兄弟的第一架飞机试飞成功

2. 完善阶段(1939—1945年)

这一阶段正处于第二次世界大战期间,因战争的需要促进了空军迅猛发展,飞机数量、种类以及性能得到空前提高。当时飞机研发的目标首先是加大发动机的功率,提高效能和高空性能,其次是对亚音速气动布局的精心设计和推敲。在提高发动机功率方面,采用了加大汽缸容积,增加汽缸数量,加大发动机转速和预压缩工作介质等措施。在改进气动方面,采取了整流措施,如发动机加整流罩,由此大大降低了飞机的飞行阻力。这一时期,由于仍然采用活塞式发动机,受到音障限制,飞行速度已经接近这类飞机的极限(时速750 km/h)。

3. 突破阶段(1946—1957年)

第二次世界大战结束后,美、苏两国都利用从德国缴获的资料和设备,在德国技术人员的帮助下,大力研发喷气式飞机。这一阶段主要解决喷气动力飞机的三大航空科学技术难题,即声障、气动弹性和疲劳断裂问题。声障是指把飞机飞行速度提高到超过音速时遇到的障碍;气动弹性是指飞机由于飞行速度的提高而产生的结构变形,通过气动力耦合致使飞机翼面等结构部件发生高频振动;疲劳断裂是高空飞机的气密机舱在升降过程中,由内外压差交变而引发疲劳、发生断裂。20世纪50年代中期,喷气战斗机的飞行速度已达到音速的两倍。

4. 高超音速阶段(1958年至今)

从1958年开始,航空器发展到高级阶段,其主要标志是人类社会开始进入航空超音速时代(飞机的航速达到或超过两倍音速,即两马赫),航空高新技术不断出现并综合应用。

(二)我国航空物流的现状

1949年11月2日,中国民用航空局成立,揭开了我国民航事业发展的序幕。中国民航发展至今主要历经了以下四个阶段。

第一阶段:1949—1978年。这一时期,民航由于领导体制几经改变,航空物流发展受政治、经济影响较大。1978年,航空旅客运输量仅为231万人,运输总周转量3亿吨公里。

第二阶段:1978—1987年。1980年,全民航只有140架运输飞机,载客量100人以上的中大型飞机只有17架,机场只有79个,全年旅客运输量仅343万人,全年运输总周转量4.29亿吨公里,列世界民航第35位。

第三阶段:1987—2002年。1987年组建了6个国家骨干航空公司,实行自主经营、自负盈亏、平等竞争。在这20多年中,我国民航运输总周转量、旅客运输量和货物运输量年均增长分别达18%、16%和16%,高出世界平均水平两倍多。2002年,民航行业完成运输总周转量165亿吨公里,旅客运输量8594万人,货邮运输量202万吨,国际排位进一步上升,成为令人瞩目的民航大国。

第四阶段:2002年至今。2002年3月,中国政府决定对中国民航业再次进行重组。组成为六大集团公司,分别是中国航空集团公司、东方航空集团公司、南方航空集团公司、中国民航信息集团公司、中国航空油料集团公司、中国航空器材进出口集团公司。2009年,中国民航运输总周转量达到427.1亿吨公里。预计到2020年中国民航将实现运输总周转量1400亿吨公里以上,旅客运输量超过7亿人次,旅客周转量在国家综合运输体系中的比重达到25%以上。

(三)航空物流的发展方向

1. 推出新一代航空物流载运工具

20世纪的航空设计和制造技术决定了目前绝大部分民用飞机只能是亚音速客机,最大载客量不超过500人。两栖运输船(又称地效飞机)是21世纪最被看好的运输工具之一,可搭载约100名乘客,沿水面或较平坦的地面飞行。

2. 实施新一代通信、导航、监视和空中交通管理系统

现行的空管系统有三大缺陷:覆盖范围不足,对大洋和沙漠地区无法有效控制;运行标准不一致,跨国(地区)飞行安全难以保障;自动化程度不够,管制人员的负担过重。为此,ICAO正在全球部署实施新一代通信、导航和空中交通管理系统,预计新系统将在21世纪上半叶完成。

3. 信息技术在航空物流中得到更普遍应用

从20世纪50年代起,计算机就开始应用于美国航空公司的航班订票系统。预计21世纪航空公司的生产组织和运行管理将进入系统化的动态控制时期,机场及其设施的现代化、自动化和管理信息化也将实现。

第五章
航空物流

航空物流是一种科技含量高的运输方式。高水平航空科技成果和大型、高速运输飞机的发展，先进通信、导航设备和技术的作用，新一代空中交通管理技术的实施，机场及其设施现代化、自动化以及运输管理系统的信息化等都是航空物流发展新水平的体现，也是21世纪航空物流进一步发展的方向和目标。

实施新一代通信、导航、监视和空中交通管理(Communication Navigation System and Air Transportation Management, CNS/ATM)系统是现代航空运输的趋势。因为现行的空管系统有三大缺陷：覆盖范围不足，对大洋和沙漠地区无法有效控制；运行标准不一致，跨国(地区)飞行安全难以保障；自动化程度不够，管制人员的负担过重。为此，国际民用航空组织正在全球部署实施CNS/ATM系统，预计新系统将在21世纪上半叶完成。从20世纪50年代起，计算机就开始应用于美国航空公司的航班订票系统；现在，计算机信息处理已渗透到商务、机务、航务、财务等各个领域。21世纪航空公司的生产组织和运行管理将进入系统化的动态控制时期，届时信息技术将广泛应用于航空运输的市场预测、机队规划、航班规划、航班计划、价格决策、收益管理、订座系统、机务与航材管理、飞机运行管理、财务数据分析、运行统计评估等各个业务领域。

案 例

飞机运送啤酒的启示

布鲁酿酒厂在美国分销布鲁克林拉格(酿造后再贮藏熟成的啤酒)和布朗淡色啤酒，并且已经经营了3年。虽然在美国它还没有确立起一种知名品牌，但在日本市场已为其创建了一个每年200亿美元的市场销售规模。

布鲁酿酒厂将啤酒空运到日本、并通过广告宣传其进口啤酒具有独一无二的新鲜度。这种做法不仅是一个令人感兴趣的营销战略，而且也是一种独一无二的物流作业，因为高成本使得目前还没有其他哪一家酿酒厂通过航空将啤酒出口到日本。布鲁啤酒公司于1989年11月装运了它的第一箱布鲁啤酒到达日本，并在最初的几个月里使用了各种航空承运人。最后，日本金刚砂航空公司(Emery Worldwide-Japan)被选为布鲁酿酒厂唯一的航空承运人。金刚砂航空公司之所以被选中，是因为它向布鲁克林酿酒厂提供了增值服务。金刚砂航空公司在其JFK国际机场的终点站交付啤酒，并在飞往东京的商务航班上安排运输，并通过其日本报关行办理清关手续。这些服务有助于保证产品完全符合新鲜要求。

啤酒之所以能达到新鲜要求，是因为这样的物流作业可以在啤酒酿造后的1周内将啤酒从酿酒厂直接运达顾客手中。而海外装运啤酒的平均订货周期为40天。啤酒的新鲜度使之能够超过一般价值定价、高于海外装运的啤酒价格的5倍。虽然布鲁啤酒在美国是一种平均价位的啤酒，但在日本，它是一种溢价产品，获得了极高的利润。布鲁的高价并没有阻碍啤酒在日本的销售；1988年，即其进入日本市场的第1年，布鲁酿酒厂取得了50万美元的销售额。1989年销售额增加到100万美元，而1990年则为130万美元，其出口总量占布鲁酿酒厂总销售额的10%。

布鲁酿酒厂已改变包装，通过装运小桶装啤酒而不是瓶装啤酒来降低运输成本。虽然，小桶重量与瓶装啤酒相等，但降低了玻璃破碎而使啤酒损毁的概率。此外，小桶啤酒对保护性包装的要求也许较低,这将进一步降低装运成本。在不久的将来,布鲁酿酒厂将要把这种啤酒出口到其他国家。

[案例分析] 通过航空公司运送啤酒的企业恐怕不多。本案例的布鲁酿酒厂在物流运作中有两点值得我们借鉴:一是通过航空运送啤酒,虽然运输成本高,但由于能够保持啤酒具有独一无二的新鲜度,使其成为一种溢价产品,仍赢得市场欢迎。另一方面,通过改进包装,用小桶装啤酒代替瓶装啤酒,降低了包装和储存成本。通过以上两方面的结合,实际上总的物流成本仍能够得到有效的控制。

第四节　国际航空物流

一、出口货物运输流程

航空货物出口程序是指航空货运公司从托运人手中接货到将货物交给航空公司承运这一过程所需通过的环节、所需办理的手续及必备的单证,它的起点是从托运人手中接货,终点是货交航空公司,其操作流程如图5.3所示。

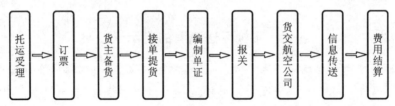

图 5.3　出口货物流程

(1) 托运受理。托运人寻找合适的航空货运公司,为其代理空运订舱、报关、托运业务;航空货运公司根据自己的业务范围、服务项目等接受托运人委托,并要求其填制航空货物托运书,以此作为委托与接受委托的依据,同时提供相应的装箱单、发票。

(2) 订票。航空货运公司根据托运人的要求及货物本身的特点(一般来说,非紧急的零担货物可以不预先订舱)填写民航部门要求的订舱单,注明货物的名称、体积、重量、件数、目的港、时间等,要求航空公司根据实际情况安排航班和舱位,也就是航空货运公司向航空公司申请运输并预订舱位。[①]

(3) 货主备货。航空公司根据航空货运公司填写的订舱单安排航班和舱位,并由航空货运公司及时通知托运人备单、备货。

(4) 接单提货。航空货运公司去托运人处提货并送至机场,同时要求托运人提供相关单证,主要有报关单证,例如报关单、合同副本、商检证明、出口许可证、出口收汇核销单、配额许可证、登记手册、正本的装箱单、发票等。

对于通过空运或铁路等其他运输方式从内地运往境外的出口货物,航空货运公司可按托运人提供的运单号、航班号及接货地点、接货日期代其提取货物。

---

① 贾争现,刘利军.物流配送中心规划与管理[M].北京:机械工业出版社,2011.

(5) 编制单证。航空货运公司审核托运人提供的单证,编制报关单,报海关初审。缮制航空货运单,要注明收、发货人名称、地址、联系方式、始发及目的港、货物的名称、件数、质量、体积、包装方式等,并将收货人提供的货物随行单据订在运单后面;如果是集中托运的货物,要制作集中托运清单、航空分运单,一并装入一个信袋,订在运单后面,将制作好的运单标签粘贴或拴挂在每一件货物上。

(6) 报关。持缮制好的航空运单、报关单、装箱单、发票等相关单证到海关报关放行。海关将在报关单、运单正本、出口收汇核销单上盖放行章,并在出口产品退税的单据上盖验讫章。

(7) 货交航空公司。将盖有海关放行章的航空运单与货物一起交给航空公司,由其安排才可运输,随附航空运单正本、发票、装箱单、产地证明、品质鉴定书等。航空公司验收单、货无误后,在交接单上签字。

(8) 信息传递。货物发出后,航空货运公司及时通知国外代理收货。通知内容包括航班号、运单号、品名、数量、质量、收货人的有关资料等。

(9) 费用结算。最后是费用结算问题,费用结算主要涉及托运人、承运人和国外代理三个方面,即航空货运公司向托运人收取航空运费、地面运费及各种手续费、服务费,向承运人支付航空运费并向其收取佣金,可按协议与国外代理结算到付运费及利润分成。

二、出口业务主要单证

(1) 出口货物报关单。出口货物报关单一般由托运人自己填写。一般出口货物填写报关单一式两份,转口输出货物需要一式三份,需要由海关核销的货物增加一份,并使用专用报关单。出口货物报关单一般应注明出口收汇核销单的编号。

(2) 国际货物托运书。国际货物托运书由托运人填写并由其签字盖章,该托运书需要用英文缮制出两份交给航空货运公司。

(3) 装箱单及发票。装箱单上应注明货物的喷头、体积、质量、数量及品名等。

发票上应注明收货人和托运人的名称、地址、货物的品名、单价、总价、原产国家等。装箱单和发票都必须由托运人签字盖章。

(4) 航空运单。航空运单分为航空总运单和分运单两种,是航空物流中最重要的单据。它是承运人或代理人出具的一种运输合同,但不能作为物权凭证,是一种不可议付的单据。

(5) 商检证明。出口货物的商检分为法定商检和合同商检。法定商检是由国家为维护出口商品质量,而规定某些商品必须经过商检机构检验并出具检验证书;合同商检是指进口商为保证商品质量而要求出口方出具商检证书。

商检证书是出口业务中十分重要的单证,适用范围广泛,几乎每票出口货物都需要,常见的检验证书有:质量检验证书、数量检验证书、卫生检验证书、兽医检验证书、防毒检验证书、产地检验证书。

(6) 出口许可证。凡出口国家限制出口的商品均应向出境地海关交验出口许可证。我国实行出口许可证管理的商品主要有:珍贵稀有野生动植物及其制品、文物、金银制品、精神药物、音像制品等。

(7) 出口收汇核销单。我国出口收汇管理办法于1991年1月1日起实施。出口收汇核销单由出口单位向当地外汇管理部门申领,出口报关时交出境地海关审核。核销单上需加盖外汇管理部门的"监督收汇章"和出境单位的公章。

（8）配额许可证。我国自1979年以来，先后与美国、加拿大、挪威、瑞典、芬兰、奥地利及欧盟签订了双边纺织品贸易协定，这些国家对我国进出的纺织品的数量和品种进行限制。因此，凡向上述国家出口纺织品必须向有关部门申领纺织品配额许可证。

（9）登记手册。凡以来料加工、进料加工和补偿贸易等方式出口的货物均需向海关交验《登记手册》。

三、进口货物运输流程

航空货物进口程序是指航空货物从入境到提取或转运的整个过程中所需通过的环节、所需办理的手续及必备的单证。航空货物入境后，要经过各个环节才能提出海关监督场所，而每经过一道环节都要办理一定的手续，同时出具相关的单证，例如商业单据、运输单据及所需的各种批文和证明等。在入境地海关清关的进口货物，流程图如图5.4所示。

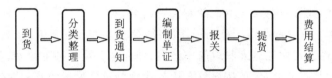

图5.4　进口货物流程

（1）到货。航空货运入境后，即处于海关监督之下，相应的货存在海关监管场所内。同时，航空公司根据运单上的收货人发出到货通知。若运单上的第一收货人为航空货运公司，则航空公司会把有关货物运输单据交给航空货运公司。

（2）分类整理。航空货运公司在取得货运公司运单后，根据自己的习惯进行分类整理，其中集中托运货物和单票货物、运费预付和运费到付货物应区分开来。集中托运货物需对总运单项下的货物进行分拨，对每一份运单的货物分别处理。分类整理后，航空货运公司可对每票货编上公司内部的编号，以便于用户查询和内部统计。

（3）到货通知。航空货运公司根据收货人资料寄发到货通知，告知其货物已到港，催促其速办报关、提货手续。

（4）编制单证。根据运单、发票及证明货物合法进口的有关批文编制报关单，并在报关单的右下角加盖报关单位的报关专用章。

（5）报关。将做好的报关单连同正本的货物装箱单、发票、运单等递交海关，向海关提出办理进口货物报关手续。海关在经过初审、审单、征税等环节后放行货物。只有经过海关放行后的货物才能提出海关监管场所。

（6）提货。凭借盖有海关放行章的正本运单到海关监管场所提取货物并送货给收货人，收货人也可自行提货。

（7）费用结算。货主或委托人在收货时应结清各种费用，如国际段到付运费、报关单、仓储、劳务费等。

四、进口业务主要单证

（1）进口货物报关单。进口货物报关单与出口货物报关单格式大体相同。报关单是货物办理报关手续的必备文件。

（2）装箱单、发票。与出口业务的装箱单、发票相同。

(3)航空运单。
(4)进口许可证。

凡进口国家限制进口的商品,均需申领进口许可证。我国属于进口许可证管理的商品很多,可参阅中国海关总属公布的《实行进口许可证商品目录》。

航空运单的"小"错误造成大影响

有一批皮具从广州空运至吉隆坡,在目的地海关被扣。该批货物的卖方每月以空运方式向马来西亚的买方定期供货,通常货到吉隆坡机场后完成报关程序只需要一个工作日,但这次却在海关被扣留四天,原因是航空运单声明的货物价值(USD9800)和发票声明的价值(USD9880)不一致,而且运单上货物毛重(235 kg)和集装单上毛重(253 kg)也有明显出入,海关怀疑货主伪报,进行扣货并逐个拆箱检查,更要求收货人提供详细的书面证明并要求给予有说服力的解释,导致整件事的处理浪费了大量时间和精力。事后调查发现发票和集箱单的内容是正确,但是卖方在托运书上填写的上述内容有误,而托运书是填写运单的依据,所以导致运单也跟着出错。

[案例分析] 航空运单的填写有着严格的要求,填写工作需要高度重视一致性、规范性和严肃性。上述案例正是填写运单时未遵循单证之间的一致性原则而引发的。

本章小结

航空物流的重要性越来越明显,本章我们重点介绍了航空物流的特点与功能及其技术装备与设施,学习本章内容我们更多的是理解然后掌握。航空物流系统具有速度快,机动性强,舒适、安全,基本建设周期短、投资少的优点,但同时又存在着运载量小,运输费用高,难以实现"门到门"运输以及容易受恶劣天气影响的不足。了解现代航空物流是目前发展最快的一种现代交通运输方式,在普通客货运输、特种作业、紧急救援、军事活动方面占据着较大的市场份额。航空物流业务形态有航空物流业、航空运送代理业和航空运送作业三种,每种业务形态各有其特点。航空物流设备体系包括飞机、机场、空中交通管理系统和飞行航线四个部分,这四个部分有机结合,在空中交通管理系统的协调控制和管理下,分工协作,共同完成航空物流的各项业务活动。航空运输是一种科技含量高且密集的运输方式,高水平航空科技成果和大型、高速运输飞机的发展,先进通信、导航设备和技术的应用,新一代空中交通管理技术的实施,机场及其设施的现代化、自动化及运输管理系统的信息化等都是航空运输发展水平的体现,也是21世纪航空运输进一步发展的方向和目标。

练习与思考

1. 练习题
(1) 航空物流的优缺点有哪些?
(2) 航空物流设备包括哪几方面?
(3) 请分别写出进出口货物的运输流程。
2. 思考题
分析说明航空物流在社会经济活动中的作用。

 综合案例

英国航空公司的餐饮供应链改进

英国航空公司(British Airways,BA)是世界上最大的国际客运航空公司。最新数据显示,其主要航线网络遍及 160 个国家和地区的 535 个目的地,拥有 340 架飞机,平均每天可提供 1000 多架航班的服务。2000 年,英航共运送旅客 4800 多万人,起落航班 52 万多架,是运送国际旅客最多的航空公司。多年来,英航通过追求优质和创新的顾客服务,建立和维持着"全球最受欢迎的航空公司"的地位。英国航空餐饮公司是 BA 客户服务部门的一部分,20 世纪 90 年代末期,它通过供应链管理的改进为公司目标——增长客运收入、改进资产利用率、降低运营成本,做出了自己的贡献。BA 餐饮公司每年负责运送基地设在伦敦希思罗和盖特威克机场的第三方餐饮承办商,或其他分布在世界各地的 150 家由第三方运营的小型 BA 供应站提供的 4400 万件食品。其经营规模相当大,仅伦敦食品加工厂每年就需要大约 250 吨鸡肉、73 吨鸡蛋和 38000 箱酒。BA 餐饮公司并不负责向食品加工厂供应这些易腐物品,它负责管理"向上"运送完工的食品和许多其他的"非食用物品",包括盘子、玻璃杯、塑料纸、垫布和不易腐烂的"干食品",以及用于途中移送和盛载食物的设备。当每架喷气式飞机起飞时,约有 4000 件物品通过这个供应链。在世界各地,共有 250 家供应商为其供应 1400 种物品,其中绝大多数是通过希思罗配送中心来发送的。有关调查表明,希思罗配送中心持有的缓冲库存的价值约达 1500 万英镑。存货的根源在于季节波动,但进一步的调查显示,在小型供应中心的网络中也普遍保持着相当数量的缓冲库存(总价值差不多)。在需求拉动的基础上,物品可以自由地从配送中心调派到供应基地,但是在餐饮承办商合同中缺少对库存管理的核算责任,导致了习惯性的存货过剩,反过来产生了大量的逆向物流(指过期物品的回收处理)。

餐饮承办商持有缓冲库存以预防不可靠的供给系统的波动,偶尔会有较长的运送提前期。问题的根本在于,早期的带有良好初衷的降低成本运动虽然实现了即期的目标,但是它的实施并没有考虑到更大范围的供应链效益。例如,为使海外基地供应的运送成本最小化,BA 利用了 BA 货机的剩余吨位,费用虽然很优惠,但这意味着运送的时间安排是以货机的可用性为依据,而不是以顾客为依据。同样,把配送中心活动外包使得以成本为中心的经营者通过餐饮承办合同卸下存货包袱,从而降低了自身的库存成本。但是综合考虑一下这些问题,配送中心上游的劣质采购则会造成进场餐饮运送的不及时和不合格。

  为逐步改变 BA 餐饮公司的绩效,需要建立新的存货管理系统,但是执行和安装要花费大量的时间。同时设计一个三点计划,以求在短期内提高运作效率,为更根本的改革铺平道路。这个计划旨在重新调整 BA 餐饮公司中服务与成本之间的不平衡,同时缩短供应链的时间并提高经营伙伴之间的协作水平。提前期的缩短成为改革的起始点。通过提高运送的频度、准确度和可靠度,餐饮承办商被说服同意降低缓冲库存,腾出昂贵的存储空间给那些食品准备活动。在三个月之内,在服务水平提高的同时,由于使用了过剩的库存而使配送中心下游的需求减少,从而节省了 100 万英镑。更重要的是,从长期来看这种做法向 BA 自己的物料管理团队展示了供应链提前期准确性和成本之间的联系。同时也说明了不必以牺牲服务水平为代价来获取成本的降低,从而鼓舞了团队的自信心,为实施更复杂的新供应链管理系统做好准备。BA 餐饮公司新支持系统的安装始于 1997 年,其采用了软件供应商麦特迈忒克的 ESS(Executive Support System,高层主管支持系统)。新的系统是 BA 餐饮公司供应链项目中至关重要的一个环节,这个项目在五年之内将会节省 5000 万英镑。而且这个系统在满足职能化需求进而不断提高效率之外,还可以带来更大的价值。ESS 系统能够集成 BA 餐饮公司的供应链计划软件和 BA 的生产管理与乘客俱乐部数据库,使得航空公司能够平衡两者的力量。通过把关键的供应商集入系统,并依据乘客簿系统地监测库存水平,BA 餐饮公司就能够随时将它的存货调整至最佳水平,并能按照终点站、航班和最终顾客来跟踪存货。随着系统进一步扩展至所有的非食用物品,其将会完善顾客服务,提高对顾客的偏好的反应能力。也许,乘客俱乐部"金卡"会员会在旅途中收到一杯他最喜爱的酒或一本特别的杂志。重要的是,这个系统使 BA 能够准确地计算出提供这种或其他服务的真实成本,从而更周密地计划如何管理未来服务变革的方向和要求。

思考题

你怎样认识航空货运服务链?你认为航空服务链最突出的特点是什么?

第六章
管道物流

学习目标

1. 知识目标：
①了解管道物流的种类和其划分依据；
②理解管道物流与其他运输方式的区别及主要用途；
③了解管道物流的功能与特点；
④知道管道物流的技术装备与设施；
⑤了解管道物流的基础条件、基本设施以及关键技术分析；
⑥了解管道物流技术多样化的发展；
⑦了解我国的管道物流情况。

2. 能力目标：
①理解管道物流的划分标准和主要种类；
②掌握管道物流的主要用途以及运输特性；
③掌握管道物流的主要特点和主要功能；
④能够分析管道物流的主要优点并加以运用；
⑤能够对管道物流建设的基础条件进行分析；
⑥掌握管道物流多样化发展的方式及用途；
⑦能够熟知我国管道物流的发展及建设情况。

管道物流是主要利用密闭的管道，通过一定的压力差来完成商品运输的一种现代运输方式。所输送的货物主要有油品（原油和成品）、天然气、煤浆和其他矿浆。管道物流是随着石油开发而兴起的，并随着石油、天然气等流体燃料需求量的增长而发展。

管道物流是利用管道输送气体、液体和粉状固体的一种运输方式。其运输形式是靠物体在管道内顺着压力方向循序移动的，与其他运输方式的重要区别之一在于：管道设备是静止不动的。

管道物流由于具有运量大、运输成本低、易于管理等特点而备受青睐，呈快速发展的趋势。随着科学技术的发展,各国越来越重视管道物流的研究和应用。随着运行管理的自动化,管道物流将会发挥越来越大的作用。[①]

管道不仅能在地面上修建,而且可以铺设于河底、海底,或者遇水架桥,不受地形地貌的限制,因此越来越受到各国政府和企业界的高度重视。

第一节　管道物流的系统

管道物流是货物在管道内借助高压气泵的压力,向目的地输送的一种特殊的运输方式。按照所输送的物品不同,运输管道可以分为原油管道、成品油管道、天然气管道和固体料浆管道。现代管道不仅可以输送原油、成品油、化学品油、天然气等液体和气体货物,还可以输送矿砂、碎煤浆等。因此,管道物流已经逐渐成为一种重要的运输方式。

管道物流是利用管道装备设施等,通过一定压力差驱动货物(多为液体、气体、粉粒、颗粒形状)沿着管道流向目的地的一种现代运输方式。管道物流是大宗流体货物运输最有效的方式,其运输形式是靠物体在管道内顺着压力方向循序移动来实现的。

一、管道物流的特点

1. 管道物流的主要优点

(1) 运量大。

不同于车、船等其他运输方式,输送管道可以连续运行,因此管道物流的运量较大。据统计,一条管径为 720 mm 的管道可以每年运送易凝高黏原油 2000 多万吨,一条管径 1200 mm 的原油管道年运输量可达 1 亿吨。

(2) 投资小,占地面积少。

管道输送流体能源,主要依靠间隔为 60~70 km 设置的增压站提供压力能,设备比较简单,投资较小。此外,由于管道埋于地下,只有泵站、首末站占用一些土地,因而占地较少。

(3) 运费低廉,效益好。

管道物流连续不间断,不存在空载问题,因而运输效率高、运营效益好。实践证明,管道口径越宽,运输距离越远,运输量越大,运输成本就越低。

(4) 受地理条件和气候因素的影响小。

管道可以从河流、湖泊、铁路、公路下部穿过,也可以翻越高山,横穿沙漠,一般不受地形与坡度等地理条件的限制。此外,由于管道埋于地下,因此管道物流基本不受气候影响,可以长期稳定运行。

(5) 沿线无噪声,环境污染小。

管道物流沿线不产生噪声,环境污染也较小,能很好地满足绿色物流的需要。同时,由于产品在密闭环境下运输,有利于保证产品的数量和质量。

2. 管道物流的主要缺点

(1) 调节运量及改变方向的幅度较小,而且不易扩展管线,灵活性较差。

---

① 李荷华.化工物流服务供应链运营研究[M].上海:复旦大学出版社,2012.

（2）运输对象单一，通用性较差。若运输量降低较多并超出其合理运营范围时，运输成本会显著增大，其优越性便难以发挥。

（3）使用地点固定。例如一旦油田产量递减或枯竭，则该段原油管道即报废，而不像其他运输工具那样可移往他处使用。

二、管道交通物流系统的主要功能

管道物流业是中国新兴的运输行业，是继铁路、公路、水运、航空物流之后的第五大运输业，它在国民经济和社会发展中起着十分重要的作用。管道物流利用地下管道将原油、天然气、成品油、矿浆、煤浆等介质送到目的地。通常需要与铁路运输或汽车运输、水运物流配合才能完成全程输送。管道物流是一种以管道输送流体货物的方式。是综合运输网中干线运输的特殊组成部分。[①] 其主要功能如下。

1. 承担原油、成品油等油品的干线运输

管道物流是原油和成品油等油品物资最主要的运输方式。全球的管道物流承担着很大比例的油品物资运输。在一些国家，管道物流完成的运量甚至接近公路运输完成的运量。

2. 承担油田伴生气和气田气等天然气的运输

因天然气密度小、体积大，故在陆地上用管道输送几乎成了天然气输送的唯一方式。

3. 承担煤、铁矿石等矿物的运输

除了在油、气领域的应用外，近年来，管道交通物流系统也被进一步研究用于解决煤、铁矿石、磷矿石、铜矿石、铝矾土和石灰石等矿物的浆液运输。

第二节　管道物流的技术

现代管道物流起源于1865年美国宾夕法尼亚的第一条原油管道，距今已有150余年历史。下面分别以油品、天然气运输和固体物料的浆液运输为例，介绍管道物流的技术装备与设施。

一、油品管道物流装备

无论是输送轻油还是重油，油品管道系统均由输油站、输油管线路以及其他附属设施等组成。输送轻质油或低凝点原油的管道不需要加热，油品经一定距离后，管内油温等于管线埋深处的地温，这种管道称为等温输油管，它无须考虑管内油流与周围介质的热交换。对易凝、高黏油品，不能采用这种方法输送，因为当油品黏度极高或其凝固点远高于管路周围环境温度时，每公里管道的压强将高达几个甚至几十个大气压，这种情况下，加热输送是最有效的方法。热油输送管道不仅要考虑摩阻的损失，还要考虑散热损失，输送工艺更为复杂。油品管道交通物流系统的主要设施及装备如下。

---

① 王萍，胡祥卫. 汽车物流管理[M]. 北京：北京理工大学出版社，2015.

1. 输油站

1）首站

输油管道的起点称为首站，多靠近油田或工厂，其任务主要是接受来自油田或海运的原油，或来自炼油厂的成品油，经计量后加压向下一站输送。此外，还有发送清油管器、油品化验、收集和处理污油等辅助作业。有的首站还兼有油品预处理任务，如原油的脱盐、脱水、脱机械杂质、加添加剂或热处理等。

首站的主要生产设施有：油管区、泵机组、阀门组（包括清管器发送装置）、油品及量级标定装置和油品加热装置等，还有与主要作业配套的水、电、燃料、消防等辅助作业设施、设备。

首站的输油流程一般包括：①集油井经计量后储存于油罐中；②向下游站输油，有辅助增压泵抽取管中的存油，经计量后再由输油主泵增压后输入出站干线，如需加热，则常在计量后经加热装置加热后再进主泵；③向下站发送清管器，有时还要接受油田来油管道送来的清管器；④站内循环和倒换油罐；⑤管道的超压保护和出站压力调节。

2）末站

输油管道末站位于管道的终点，收受、计量、储存由输油管输来的油，并分配到各消费单位，或改换其他运输工具，如转换成铁路、公路或水路继续运输。

末站的首要任务之一是解决管道物流和其他运输方式之间运输量的不均衡问题。为保证管道能连续地按经济输量运行，作为转运油库的末站，需设置足够的油罐。油罐区容量大小要根据转运方式的运转周期、一次运量、运输条件及管道物流量等因素综合考虑。若转换为海运，则一次装油量大、周期长、又要受台风等天气条件的影响，故需要较大的储油罐区。

3）中间输油站

输油管道沿途设有中间泵站，其任务是给油品提供能量（压力能、热能），它可能只是给油品加压的泵站，也可能是给油品加热的加热站，或者是既加热又加压的热泵站。中间站的主要设备有输油泵、加热炉、阀门等设备。

2. 输油管线路

长距离输油管的线路（管线）部分包括管道本身，沿线阀室，通过河流、公路、山谷等的穿（跨）越构筑物以及沿线简易公路、自控线路和巡逻人员住所等。

3. 附属设施

管道附属设施主要包括管道沿线修建的通信线路工程，供电线路工程和便于检修等工作的道路工程。此外，还有管理机构、维修机构及生活基地等设施。

二、天然气管道物流装备

长距离输气管道由首站输气站、中间输气站和终点储气库组成。输气站主要是为天然气加压、净化、混合和计量，此外，输气站还有调节压力和发送清管器的功能。总体来说，天然气管道交通物流系统的主要设施及装备如下。

1. 输气管

输气管分为矿场输气管、干线输气管和城市配气网的输气管。矿场输气管将从气田井场采集的天然气送往集气站和处理厂。干线输气管的全部管段与输气站互有联系，任何管段或输气站的工作情况发生变化,必将影响全部输气管或整个管道系统的正常工作。城市输气管由输气干线和配气管线组成,它们构成城市配气管网,将天然气输送给千家万户。

2. 压气机组

压气机组是压气站的主要设备,由压缩机和与之配套的原动机系统组成,其功能是提高进入压气站的气体的压力,使气体按一定的流量沿管道输送。用于长距离输气管道的压气机有往复式和离心式两种,前者的压缩比高,效率也较高,便于调节排量,一般用于要求升压幅度较大的起点或终点充气站,而离心式压气机可在固定排量和可变压力下运行,故特别适用于中间压气站。

3. 储气装置

储气装置有储气罐和地下储气管束两种形式。储气罐又分为低压储气罐(储气压力1～6 kPa)和高压储气罐(储气压力≥0.8 MPa)。通常,高压储气罐比低压储气罐经济,地下储气管束比高压储气罐经济,而干线输气管道末端储气又比地下储气管束经济。

4. 加热装置

在寒冷地区,为了防止从气体中分离出的液体在分离器底部结冰而堵塞排污管线,或气流经节流装置后生成水化物,常在输(压)气站上装有加热装置。输(压)气站上的加热装置,多采用小型低压锅炉,密闭循环流程。

5. 添味器

气体的添味,主要是为了便于检查输气以及用户使用时是否有气体漏失。天然气中不含硫化氢,是无味的,在输送和使用这种无味气体时,即使有气体漏出也很难发现,容易引起着火、爆炸和中毒事故。因此,在将无味气体输向用户前,应在配气站给气体加入一种添加剂,使气体具有强烈的刺鼻的气味,一旦有气体漏出,可第一时间发现,以便保证用户安全。

三、固体物料的浆液管道物流装备

用管道输送各种固体物质的基本措施是将待输送固体物质打碎为粉粒状,再与适量的液体配制成可泵送的浆液,通过长输管道输送这些浆液到目的地后,再将固体与液体分离送给客户。浆液管道主要用于输送煤、铁矿石、磷矿石等矿物质,配制浆液的主要是水,也有少数采用燃料或甲醇等液体做载体。

固体物料的浆液管道交通物流系统的基本组成部分与输气、输油管道大致相同,在此不再赘述。

第三节 管道物流的条件

一、生产管理是管道在最优化状态下长期安全而平稳运行的保证

1. 管道的生产管理内容

管道的生产管理包括管道输送计划管理、输送技术管理、输送设备管理和管道线路

管理。

管道输送计划管理是按管道承担的运输任务及管道设备状况编制输送的年度计划及月计划、批次计划、周期计划等,并据此安排管道全线的运行计划及其他有关计划。

管道输送技术管理是根据所输货物的特性,确定输送方式、工艺流程和管道运行的基本参数等,以实现管道物流最优化。[①]

管道输送设备管理是对管道输油站、输气站进行维护和修理,以保证管道正常运行。

管道线路管理是对管道线路进行巡线检查和维修,防止线路受到自然灾害和其他因素的破坏。

2. 实施管道生产管理的技术手段

实施管道生产管理的技术手段主要有管道监控、管道流体计量和管道通信。

管道监控是利用仪表和信息传输技术对管道运行工况进行监测,将测得的工况参数作为就地控制的依据,或传递给控制室作为对全线运行工况进行监视和管理的依据。

管道流体计量是利用流量计测量管道物流的流体货物的流动量,为管道管理提供输量和油、气质量的基本参数,是履行油品交接、转运和气体调配所必需的。

管道通信是利用通信系统了解管道全系统的情况,传递各种参数信息,下达调度指令,实现监控。

管道物流运输由于具有运量大、运输成本低、易于管理等特点而备受青睐,呈快速发展的趋势。随着科学技术的发展,各国越来越重视发展城市地下物流及管道物流运输的研究和应用。

二、管道物流系统的基本设施包括管道、储存库、压力站(泵站)和控制中心

1. 压力站

压力站是管道物流动力的来源。一般管道物流压力的来源有气压式、水压式、重力式及最新的超导体磁力式。通常气体的输送动力来源靠压缩机来提供,这类压力站彼此的设置距离一般为 80~160 km;液体的输送动力来源则是靠泵提供,这类的压力站彼此的设置距离为 30~160 km。

2. 控制中心

控制中心需要配备最现代的监测器及熟练的管理与维护人员,随时检测、监视管道物流设备的运转情况,以防止意外事故发生时造成的漏损及危害。

3. 储存库

由于管道物流的过程是连续进行的,因此管道两端必须建造足够容纳其所承载货物的储存库。

4. 管道

管道是管道物流系统中最主要的部分。它的制造材料可以是金属、混凝土或塑胶,完全依靠输送的货物种类及输送过程中所要承受的压力大小而决定。管道按所输送的物品不同

---

① 过秀成,涂圣文,张宁.干线公路与城市结点衔接交通规划方法与应用[M].北京:人民交通出版社,2016.

而分为原油管道、成品油管道、天然气管道和固体料浆管道(前两类常统称为油品管道或输油管道);按用途不同可分为集输管道、输油(气)管道和配油(气)管道;按管道铺设工程不同分为架空管道、地面管道和地下管道,其中地下管道应用最普遍;按管道铺设区域不同分为陆上管道和海上管道;按照管道制造材料不同分为玻璃钢管道、不锈钢管道和塑料管道。

三、管道物流的关键技术分析

管道物流,特别是城市地下管道物流,是一项综合性、跨学科的复杂系统工程,涉及经济学、地下工程、机械工程、电子工程、运输工程和信息技术等多个领域,需要考虑城市布局、交通规划、物流管理、物资分拨与配送、地下管道工程施工、机械传输自动化和信息网络化等多个方面。对管道物流运输的关键技术,我国还处于研究初期,可以先就以下方面的问题开展研究。

(1)分析论述适合我国国情的管道物流系统模式、发展前景和重大社会与历史意义及对社会生产力和国民经济发展的贡献。

(2)分析研究地下管道物流对城市物流配送、城市可持续发展、城市环境改善与城市生活质量提高的作用和影响。

(3)地下管道物流的工程建设技术,属于现代非开挖式地下管线工程技术。

(4)选择并优化运输工具的结构设计、驱动方式和驱动技术。

(5)管道物流在连续运行或静止状态下的监控技术。

(6)地下物流运输管道直径的合理选择和优化。

四、管道物流技术的多样化发展

传统的管道物流运输主要担负单向、定点、量大的流体状货物的输送,这些货物都是连续性的介质,而发展城市管道固体货物的输送则是把地面上以车辆配送为主要形式的物流转向地下和管道中,这是一个崭新的思路和具有划时代意义的研究和发展领域。通过实施地下管道物流,可以减少城市地面60%的车辆,大大优化城市环境,提高物流配送的速度、效率和安全性,适应电子商务和网上购物发展的要求,改善人们的生活质量。[①]

输送固体货物的管道物流形式可以分为气力输送管道(Pneumatic Pipeline)、浆体输送管道(Slurry Pipeline/Hydraulic Transport)、囊体输送管道(Capsule Pipeline)三种。

(1)气力输送管道。气力管道输送是利用气体为传输介质,通过气体的高速流动来携带颗粒状或粉末状的物质完成物流过程的管道物流方法。

在20世纪,开始通过管道采用气力或水力的方法来运输颗粒状的大批量货物。该方法输送的物质种类通常有煤炭和其他矿物、水泥、谷物、粉煤灰及其他固体废物等。

世界上第一个气力管道输送系统是1853年在英国伦敦建立的城市管道邮政系统。随后,在1865年,由Siemens&Halske Company在柏林建立了德国第一个管道邮政网,管道直径为65 mm,该系统在其全盛时期的管道总长度为297 km,使用达100余年,在西柏林该系统一直运行到1971年,而东柏林直到1981年才停止使用。

---

① 陆化普,余卫平.绿色·智能·人文一体化交通[M].北京:中国建筑工业出版社,2014.

近年来,管道气力输送开拓了一个新的应用领域——管道废物输送,在欧洲和日本的许多大型建筑系统,都装备了这种自动化的垃圾处理管道,位于美国奥兰多的迪士尼世界乐园也采用了这种气力管道系统,用于收集所产生的垃圾。在管道气力输送中,最重要的是吹动固体颗粒需要较高的气流速度,特别是当固体颗粒直径或密度较大时,更是如此。在气力输送中,管道的磨损和能量消耗也是较高的。因此,管道气力输送的经济、实用的输送距离通常是很短的,一般不超过 1 km。但在特殊情况下,如美国在建造胡佛大坝和大古力水坝时,就采用了大约 2 km 长的气力输送管道来输送水泥,这是相当长的气力输送管道。

气力输送管道多见于港口、车站、码头和大型工厂等,用于装卸大批量的货物。美国土木工程师学会(ASCE)在报告中预测(1998):在 21 世纪,废物的管道气力输送系统将成为许多建筑物(包括家庭、医院、公寓和办公场所等)常规管道系统的一部分,可取代卡车,将垃圾通过管道直接输送到处理厂。这种新型的垃圾输送方法有望成为一个快速增长的产业。

(2) 浆体输送管道。浆体管道输送是将颗粒状的固体物质与液体输送介质混合,采用泵送的方法运输,并在目的地将其分离出来而完成物流过程的管道物流方法。浆体管道输送的介质通常采用清水。

浆体管道一般可分为两种类型:粗颗粒浆体管道和细颗粒浆体管道。粗颗粒浆体管道借助于液体的紊流使得较粗的固体颗粒在浆体中呈悬浮状态并通过管道进行输送。细颗粒浆体管道输送的较细颗粒一般为粉末状,有时可均匀悬浮于浆体中,类似于气力输送。

粗颗粒浆体管道的能耗和对管道的磨损都较大,通常只适用于特殊材料(如卵石或混凝土)的短距离输送;而细颗粒浆体管道则相反,由于能耗低、磨损小,在运输距离超过 100 km 时,其经济性也比较好。

(3) 囊体输送管道。囊体输送管道(Capsule Pipeline)又可分为气体囊体输送管道(Pneumatic Capsule Pipeline,PCP)和水力囊体输送管道(Hydraulic Capsule Pipeline,HCP)两类。

PCP 是利用空气作为驱动介质,囊体作为货物的运载工具而完成物流过程的管道物流方法。PCP 运输管道分为圆形和方形管道两种。

由于空气远比水轻,囊体不可能是悬浮在管道中,必须采用带轮的输送囊体。PCP 系统中的囊体运行速度(10 m/s)远高于 HCP 系统(2 m/s)。所以,系统更适合于需要快速输送的货物(如邮件或包裹、新鲜的蔬菜水果等);而 HCP 系统在运输成本上则比 PCP 系统更有竞争力,适合于输送乳固体废物等不需要即时运输的大批量货物。

大部分气力管道系统是在 19 世纪的下半叶到 20 世纪的上半叶兴建并投入运行的。值得一提的是,20 世纪 60 年代初德国汉堡的大直径管道邮政系统,其管道直径为 450 mm,由于运输工具的尺寸和重量较大,其下部安装有滚轮,运输速度为 36 km/h。从技术上来看,该系统一直运行良好,但是由于该系统的时代性,终于在 1976 年运行了 16 年之后由于经济原因而关闭。英国伦敦在 1927 年建成了一个称为"Mail Rail"的地下运输系统,用于在伦敦市区的邮局之间进行邮件传送,该系统至今仍在运行之中;另外,在伦敦还有一条新的自动化地下管道物流系统。管道的内径为 2.74 m,每辆运输车的运输能力为 1 吨,行驶速度达 60 km/h。第二次世界大战以后,在其他一些国家也分别建立了各具特色的气力管道输送系统,其直径达到或超过 1000 mm,其中有两个具有代表性的例子:一是苏联的"Transprogress"系统,该系统采用直径为 1220 mm 的钢制运输管道,可输送单个的集装箱或者装有集装箱的运输车;二是建于美国 Georgia(佐治亚州)的"Tubexpress"系统。

目前日本在 PCP 技术领域处于世界领先地位。在 1972 年,日本的住友株式会社将管道物流的应用领域进一步扩大,建立了一条货物运输管道,用于从一个石灰石矿向水泥厂运送石灰石,从 1983 年开始,其年输送能力达到 200 万吨。其采用的管道形式有两种:圆形管道和方形管道,这两种系统均有日本 Sumitomo 金属工业兴建并成功地运行。其中圆形的管道是用来运输石灰石等,方形管道是用来在施工较长隧道或高速公路时,运输挖掘下来的岩石和建筑材料等。另外,日本的邮政和通讯部还提出要在东京的深部地下空间(50~70 m)修建一个"Tokyo L-net",用来连接东京市中心的邮政局并用来运送其他货物(包括纸张、杂志和食品等)。

以上应用的实例,只是初级形式的管道物流。美国、荷兰和日本的研究主要集中在管道的水力和气力运输及大型的地下货物运输系统(UFTS)上。而德国于 1998 年则开始研究 Cargo Cap 地下管道物流配送系统,这一系统应该是目前管道物流系统的最高级形式。运输工具按照空气动力学的原理进行设计,下面采用滚轮来承受荷载,在侧面安装导向轮来控制运行轨迹,所需的有关辅助装置直接安装于管道中。

该系统的最终发展目标是形成一个连接城市各居民楼和生活小区的地下管道物流运输网络,并达到高度智能化,人们购买任何商品都只需单击鼠标,所购商品就像自来水一样通过地下管道很快地"流入"家中。

第四节　管道物流的趋势

能源生产在一国国民经济中占有重要的地位,从石油和天然气中得到的一系列产品被广泛应用于形形色色的商品中。[①] 世界各国都在积极地为探测、开采、生产、运输和利用能源而努力。在一次性能源消费中,人们更乐于开发和利用清洁、高效、有利于保护环境的新能源。根据国际能源组织提供的资料,在世界能源消费总量中,天然气的消费呈逐年上升的趋势,1993 年天然气在能源消费中所占比例为 4%,1995 年上升为 17.8%,而 1997 年就已上升为 23%。据 2016 年统计数据:过去 10 年间,中国天然气消费量年均增长 13% 以上。2015 年,中国天然气进口量比 2011 年翻了一番。2016 年,天然气在中国一次性能源消费中的比例仅为 5.8%,预计到 2030 年,天然气在中国一次性能源消费中的比重将达到 15% 左右。为了改善一次性能源消费、增加天然气和石油的消费,世界各国都在积极地建设和完善能源运输系统——管道物流系统。

世界管道物流网分布很不均匀,主要集中在北美和欧洲。美国、俄罗斯及独联体国家的管道物流最发达。美国的管道建设技术是世界上最先进的,1977 年在高纬严寒地区建设并投入使用的横贯阿拉斯加的原油管道就是一例。在 2000 年开始的大口径管道建设中,美国也走在世界前列。

除美国和加拿大外,全世界在建的天然气管道、原油管道和成品油管道估计有 5.4 万千米,总投资可能超过 340 亿美元,其中输气管道长度 3.6 万千米。这些长输管道将把能源从数千千米外的生产国输送到消费市场。全世界目前在建和计划建设的管道总里程数为 1.3

---

① 周浩.交通基础设施与中国经济增长[M].北京:人民出版社,2015.

万千米,表现出强劲的势头,欧洲、中东、非洲、南太平洋、远东、中美洲、南美洲等地区均有大规模的管道工程项目。

1. 我国管道物流发展概况

我国的石油天然气资源的储量分布不均,能源产出地和消费地分处不同的地区,因此需要通过交通运输合理配置资源。20世纪90年代以来,我国天然气管道得到快速发展,天然气消费领域逐步扩大,城市燃气、发电、工业燃料、化工用气大幅度增长。西气东输工程横贯中国西东,放射型的支线覆盖中国许多大、中城市,并通过冀宁联络线与陕京二线连通,构成我国南北天然气管道环网。忠武输气管道建成投产。形成西气东输、陕京二线、忠武线三条输气干线,川渝、京津冀鲁晋、中部、中南、长江三角洲五个区域管网并存的供气格局。

我国海底油气管道建设还不到20年时间,管道数量不多,但技术上都达到了国际先进水平。此外,我国还自行设计建成了山西省尖山矿区—太原钢铁厂铁精粉矿浆管道,管道全长102 km,管径229.7 mm,精矿运量200×10^4吨/年,矿浆重量浓度63%~65%,以及长距离、大口径、高压力煤气管道。

我国加快油气干线管网和配套设施的规划建设,逐步完善全国油气管线网络,建成西油东送、北油南运的成品油管道,同时适时建设第二条西气东输管道及陆路进口油气管道。

2. 我国管道建设情况

中国是世界上最早使用管道方式运输流体的国家。早在公元前200多年,古人已建造用打通的竹管连接起来的管道,用来运送卤水,这可以说是管道物流的雏形。现代管道物流始于19世纪中叶,1861年美国建成了第一条原油输送管道。随着第二次世界大战后石油工业的发展,管道物流业进入了一个新的阶段,各产油国竞相兴建大量石油及油气管道。自20世纪60年代开始,输油管道的发展趋于采用大管径、长距离,并逐渐建成成品油输送的管网系统。同时,开始了用管道输送煤浆的尝试。20世纪70年代,管道物流技术又有较大提高,管道不仅能运输石油、天然气等流体物料,还能通过特殊的方法运输煤等固体物料。[①]

目前输气管道物流正朝着大口径(1400 mm以上)、高压力方向发展,并不断研制采用新材料、新技术、新工艺的管道。采用大口径管道不仅可以提高运输能力,还能降低投资和运输成本。近年来,新建管道压力较过去有较大增加,增大输气压力既可以提高输气压力,还可以减少压气站数量,降低经营成本。不过,大口径、高压力管道的应用,需要由高强度的钢材作保证,这间接促进了冶金、制管、焊接等工艺的发展。

国外研究的新技术还包括新的输气工艺,如管道物流条件下天然气密度的提高技术,着重研究在低温、高压下气态或液态输送天然气的技术,它可以大幅度提高输气能力。

通信系统是长距离运输中运行调度和指挥的重要工具,目前国内采用的大部分是有线载波通信。随着管理水平的提高,对通信系统的要求也越来越高,微波通信也开始得到应用。

1) 原油管道

我国原油管道始建于1958年,即新疆克拉玛依油田开发后,由克拉玛依油田到独山子炼油厂,全长147.2 km。大规模建设管道是于20世纪70年代随着石油工业的开发而相应发展的,管道布局是石油生产地与炼油厂、化工厂等用油地相连,也有通过水陆联运、管道输

---

① 贾争现,刘利军.物流配送中心规划与管理[M].北京:机械工业出版社,2011.

送到海港、内河码头装油船再运到用油地的。

(1) 华北地区：华北地区的油田有大港油田和华北油田，炼油厂有北京燕山的东方红炼油厂、大港炼油厂、天津炼油厂、沧州炼油厂、石家庄炼油厂、保定炼油厂和内蒙古呼和浩特炼油厂。华北地区的原油管道总长度为 1847.4 km。华北地区最早修建的原油主干线是秦皇岛至北京的秦京线，管道全长 324.6 km，年输油能力 600 万吨。大港油田至周李庄的输油管道是大港油田唯一的一条原油外输线，全长 210.5 km，年输送原油能力为 500 万吨。

(2) 东北地区：东北地区是原油生产的主要基地，有大庆油田、辽河油田和吉林油田，原油产量大约占全国总产量的 53.5%，原油管道达 3399.6 km。共建 8 条长 2471 km 的输油管道，其中干线管道 2181 km，形成了以铁岭站为枢纽，连接大庆至抚顺、大庆至秦皇岛和大庆至大连的 3 条输油大动脉。

(3) 华东地区：华东地区主要油田是山东胜利油田，该油田是继大庆油田之后建成的我国第二大油田。华东地区原油管道总长度达 2718.2 km。

(4) 西北地区：西北地区是 20 世纪 50 年代初我国石油勘探的重点地区。1958 年在甘肃兰州建成了中国第一座引进的现代化炼油厂——兰州炼油厂。1958 年 12 月建成的克拉玛依至独山子原油管道，标志着中国长输管道建设史的起点。西北地区原油管道总长 4102.7 km。

(5) 中部地区：中部地区油田分布在湖北和河南两省境内，有江汉油田、河南油田和中原油田，主要炼油厂有湖北荆门炼油厂和河南洛阳炼油厂。原油管道总长度 1347.5 km。

另外，中哈原油管道以及阿拉山口至独山子原油管道也正式全线投入商业运营。全长 962.2 km 的中哈原油管道，西起哈萨克斯坦阿塔苏，东到中国阿拉山口，直径 813 mm，设计每年输油能力 2000 万吨。

2) 成品油管道

成品油管道可以运送一种油品，也可以运送多种油品，主要用于由炼油厂通往化工厂、电厂、化肥厂、商业成品油库及其他用户之间。

格尔木至拉萨的管道，是中国最早的长距离成品油管道，管道全长 1080 km，年输送能力 25 万吨。抚顺石化至营口鲅鱼圈的成品油管道，全长 246 km；天津滨海国际机场至北京首都国际机场的管道，全长 185 km；兰州至成都至重庆的成品油管道，全长 1247 km。

3) 天然气管道

天然气管道是输送气田天然气和油田伴生气的输气管道，由开采地或处理厂输送到城市配气中心，是陆地上大量运输天然气的唯一方式。

陕西靖边至北京的管道（又称陕京管道）是国家的重点工程，也是早期西气东输的骨干工程，是目前国内建设水平最高的输气管道。根据我国输油、输气管道建设规划，中国管道建设的重点是建设大批的天然气管道，中国的天然气管网建设可概括为"两纵、两横、四枢纽、五气库"。"两纵"是两条南北向的输气干线，一条是萨哈林—大庆—沈阳干线；另一条是伊尔库茨克—北京—日照—上海干线。"两横"是两条东西向的输气干线，一条是新西伯利亚—乌鲁木齐—西安—上海干线；另一条是万县—枝江的干线。"四枢纽"是在北京、上海、信阳、武汉四地设立调度中心或分调度中心。"五气库"是在大庆、北京、山东、上海、南阳五地建设地下气库。

西气东输管道工程是国家西部大开发发展战略的一部分,该工程将带动西部经济的发展,是国家重点扶持项目。西气东输工程输气管道西起新疆轮南,东至上海市白鹤镇,途经10个省、自治区和直辖市,线路全长约4000 km,投资约435亿元人民币,是中国目前距离最长、管径最大、投资最多、输气量最大、施工条件最复杂的天然气管道。该工程穿越沙漠、戈壁、黄土高原、森林、草原、农田和湿地等多类环境敏感地区以及水面分布广泛的江南地区,涉及地域广泛,工程复杂。西气东输管道工程不但涉及地域广,而且时间长,整个工程按时间分成三个阶段:2005年为近期,涉及城市120个,涉及人口7000万;2010年为中期,涉及260个城市,近2亿人口;2020年为远期,将涉及更多的城市和人口。西部的4个天然气田,近期将供气源170亿立方米,中期将提供气源400亿立方米,远期将提供气源1000亿立方米。

近几十年来,国内外管道物流发展很快。迄今为止,尽管研究和开发的管道物流系统有水力管道、风动管道、集装胶囊管道和管道旅客运输系统,但应用最广泛的仍是液体输油管道及输气管道。

就管道物流技术而言,输油管道、输气管道和固体料浆管道等,采用的设备各不相同。与国外相比,我国的管道物流技术还存在一定差距,从输油管道看,主要表现如下。

1) 在管道用材与制管工艺方面

我国采用16号锰钢,制管工艺不够完善,管道承压较低,导致泵站间距短,钢材消耗量大。

2) 在输油工艺方面

我国原油多为高凝固点、高含蜡、高黏度的原油,需要采用加热炉直接输送。国外部分管道采用换热器间接加热、利用高速流动的摩擦热输送或经热处理后常温输送的技术,这样可大大降低技术难度与输送成本。

3) 在机、泵、阀门等方面

国外发展的方向为单级、大排量、中扬程、高效率离心泵,电机、阀门的调节性、可靠性均优于我国目前的设备水平。

4) 在自动化技术方面

国外采用全线集中控制设计较先进的自动化技术,我国虽然也研究自动程序控制,并试用微波通信,但离自动化还有一定差距。

5) 在防腐技术方面

国外普遍采用阴极保护与管道涂层相结合的防锈蚀技术,我国仍以传统的沥青玻璃布涂层为主。

6) 在管道施工技术方面

我国在机械化水平、绝缘质量、焊接工艺、质量检测方面仍存在较大差距。

我国正加快油气管线网络建设,建成西油东送、北油南运成品油管道,同时适时建设第二条西气东输管道及陆路进口油气管道。

未来十年是我国管道物流发展的黄金期,除了得益于我国经济的持续快速发展和能源结构的改变,建设中的中俄输气管线等,不仅为中国,也为世界管道物流提供了发展机遇。

交通物流

本章小结

　　管道物流是随着石油开发而兴起的,并随着石油、天然气等流体燃料需求量的增长而发展。管道物流由于具有运量大、运输成本低、易于管理等特点而备受青睐,呈快速发展的趋势。其主要特点有运量大、投资小、占地面积少、安全可靠、连续性强、受地理条件和气候因素的影响小、运费低。但其灵活性差、专用性强,综上特点,管道运输主要负担定向、定点、量大的流体状货物的运输。管道物流是综合运输网中干线运输的特殊组成部分,其主要功能有:承担原油、成品油等油品的运输;油田伴生气和气田气等天然气的运输;煤、铁矿石等矿物的运输。管道物流系统的基本设施包括管道、储存库、压力站和控制中心。随着科学技术的发展,各国越来越重视发展城市地下物流及管道物流运输的研究和应用。近几十年来,国内外管道物流发展很快。迄今为止,尽管研究和开发的管道物流系统有水力管道、风动管道、集装胶囊管道和管道旅客运输系统,但应用最广泛的仍是液体运输油管道及输气管道。

练习与思考

1. 管道运输根据哪些划分标准可以划分为哪些种类?
2. 试述管道运输的优点和缺点。
3. 管道交通物流系统的主要功能有哪些?
4. 管道物流系统的基本设施包括哪些?

综合案例

山海关船厂大湖型散货船

　　据报道,山海关船厂与加拿大森林航运有限公司,签订了一份两艘3万载重吨大湖型散货船建造合同。这份合同本月15日生效,明年2月开工,2008年5月完工交付。该船长185 m,宽23.7 m,型深14.6 m,设计吃水10.4 m,航速14节,续航力16500海里。

　　据悉,这两艘船为钢质双层底结构,按德国劳氏船级社的规范建造,大湖型散货船是经由圣劳伦斯水道航行于美国、加拿大大湖区域的特型散装货船,以承运煤炭、铁矿石和粮食为主。据介绍,加拿大森林航运有限公司在世界范围内从事航运,注重大湖船型,船舶载重吨从15000吨至40000吨不等,每年运货量约600万吨,是世界上最大的大湖型散货船运营商之一。

　　山海关船厂曾为英国五月花能源有限公司成功建造了世界首艘海洋风车安装船,为韩国三星重工建造了7万吨举力的大型浮船坞,为新加坡建造了2600箱的集装箱船。此次建造大湖型散货船,是山海关船厂开发主导产品系列造船的又一重要举措。

思考题

大湖散货运输公司需要考虑的交通物流因素有哪些?

新疆首条固体矿产品运输管道加紧建设

2008年6月14日,记者在地处富蕴县蒙库矿区的新疆金宝矿业有限责任公司采访时获悉,该公司投资建设的新疆第一条固体矿产品运输管线正在加紧建设,年内将投入运行。届时,粗选出来的铁精粉将像石油、天然气一样,从矿山通过管道直接"流"向选矿厂。

相对于传统的公路运输和铁路运输,管道运输具有节约运输成本、不破坏沿线森林草场等优点,但由于技术含量较高,在我国固体矿藏采、选行业尚属"新生事物",在新疆矿产业更是个空白。2007年,作为蒙库矿区最具实力的民营矿山企业,金宝公司委托国内一家设计单位完成了蒙库矿区铁精粉的管道运输设计方案。

2008年3月,新疆第一条铁精粉运输管线建设项目在蒙库矿区正式启动,90%的设备已经订购,土建工程也全面开工,6月下旬将开始安装管道,预计下半年可投入运行。

据金宝公司总经理龙翼介绍,该管线总长8公里,一头连接矿山,另一头连接选厂:铁矿石经过破碎、球磨、磁选,粗选出来的铁精粉以矿浆的形态被泵入管道,然后"流"向选矿厂进一步加工。

龙翼总经理还谈道,该公司迄今为止采用的是传统的汽车运输方式:每年200万吨矿石从矿山拉到选厂,需要40辆重型卡车上下奔忙,仅运费就得投入2000万元。采用管道运输,运输成本只需500万元。而且通过将破碎、球磨、磁选设备前移至矿山,一来废料可以就地抛弃,二来品位较低的矿石也可以加以利用,资源利用率提高了。

"一吨矿石从矿山拉到选厂,汽车运输需要8元;采用管道运输,1吨粗加工铁精粉运到选厂只需1元。按扩大生产规模后每年300万吨矿石采、选量计算,1亿元管道项目投资五年就收回来了。"龙翼谈道。

采访中记者了解到,金宝公司8公里管道运输项目只是蒙库矿区矿产品运输方式变革的"前奏",一旦金宝公司的大胆尝试获得成功,必将激发蒙库矿区一连串矿山企业对管道运输的极大兴趣。到那时,从蒙库矿区通往富蕴城郊工业园的近百公里矿产品管道运输线也就有望变成现实了。

(资料来源:http://www.chinapipe.net/news/2008/11386.html.)

第七章 特种物流

学习目标

1. 知识目标：
①掌握特种物流的分类；
②理解每种特种物流的概念；
③掌握每种物流的特点以及特别的包装要求；
④掌握每种物流应遵守的原则和所需要的运输方式。
2. 能力目标：
①能够对所运输之物进行合理的分类和包装；
②能够计算运输时间，保持物品的质量和安全；
③能够根据所运之物的特殊性选择适合的运输方式。

第一节 邮政物流

邮政是以传递信函为主的通信事业，接受寄件人的委托，把寄件人交寄的信函及其他邮件经过处理和运输，投交收件人。邮政是通信联系的手段之一，既要满足政府机关、团体等通信的需要，又要为广大公众服务，在社会的政治、经济、文化生活中以及在国际交往中起着重要作用。邮政又是国民经济的一个生产部门，属于交通运输业范畴，虽然不生产物质产品，但通过邮件的转移，产生有益的效用。邮政运输对促进社会生产发展，提高社会生产力，起着积极的作用。[①]

一、邮政业务

邮政经办的业务，初期只传递官方文书和个人信件，此后增加了寄递业务，适用于邮寄

---

① 陆琳,李超玲.烟草商业企业物流中心资源优化与应用[M].北京:科学出版社,2017.

物品的包裹业务和办理汇款的汇兑业务。邮政具有点多、线长、面广的特点,许多国家的邮政利用这一特点进而兼营某些金融业务(如储蓄业务、简易人寿保险),以及一些代理业务(如代收税款、代发养老金)等。有些国家的邮政还办理报刊发行业务,有的还利用自备的邮运工具办理旅客运送。邮政经办的业务,已超过了传统的业务范围。

我国在建立近代邮政初期,仅办理以传递信函为主的函件业务。1898年,又开办包裹业务和汇兑业务。1919年,开办储金业务,还办理过简易人寿保险以及代理国库代售印花税票等业务。我国人民邮政办理的主要业务有邮件和邮政报刊发行等。

二、邮政运输的特性

1. 具有广泛的国际性

邮政运输网遍及全世界,凡通邮之处无论崇山峻岭、高山大河、穷乡僻壤均可通行无阻,具有广泛的国际性。我国发往和来自世界各国的邮件,都需要经过许多国家转送,遵照国际邮政公约和协定的规定,各国之间有义务互相提供有效服务,使邮件安全、准确、迅速地运转。

2. 具有"门到门"运输的性质

邮政运输是一种手续简便、费用不高的运输方式。邮政机构遍及世界各地,为大众创造便利的条件。发出邮件和提取邮件,均可在附近邮局办理,手续简便,收费也不高,所以邮政运输基本上可以说是"门到门"运输,它为邮件托运人和收件人提供了极大的方便,因此在国际贸易运输中被广为采用。[①]

3. 具有多式联运性质

如果要投递一件国际邮件,那么该邮件一般需要经过两个或两个以上国家的邮政机构和两种或两种以上不同运输方式的联合作业方可完成。以国际贸易中的包裹运送为例,托运人只要按邮局章程办理一次托运,一次付清足额邮费,取得一张邮政包裹收据,交货手续即告完成。至于邮件经过几个国家的运送、交接、保管等一系列手续,无须托运人参与,均由各国的邮政机构负责办理。邮件到达目的地后,收件人可凭邮局到件通知和收据从邮局提取,手续非常简便。因此,可以认为邮政运输是一种具备多式联合运输性质的运输方式。

邮政运输具备上述特点,通过邮件的递送,沟通和加强了国内以及国际、人民之间的通讯联系,促进相互间的政治、经济、文化和思想交流。但是,邮政运输不可能运送国际贸易中的大量货物,只能运送包裹之类的小件货物,而且对包裹的重量和体积均有严格限制。通常只适宜运送精密仪器、机器零件、金银首饰、贸易样品、工程图纸、合同契约等量轻体小的零星贵重品。

三、邮政运输的基础条件

1. 邮包

邮件按运输方式分为水、陆邮件和航空邮件;按内容性质和经营方式分为函件和包裹两

---

① 陈雅萍,朱国俊,刘娜.第三方物流[M].2版.北京:清华大学出版社,2013.

大类。根据各个国家的具体要求,包裹又有不同的分类,按我国邮政规定,邮包分为:

(1) 普通包裹。

凡适于邮递的物品,除违反禁寄和限寄规定的物品外,都可以作包裹寄递。包裹内不准夹寄信函,但可以附寄包裹内件清单、发票、货单以及收寄件人的姓名和地址签条。

(2) 脆弱包裹。

装有易碎品的包裹,可按脆弱包裹寄递,如玻璃器皿、古玩等。脆弱包裹只限寄往同意接收的国家或地区,邮局对脆弱包裹只在处理上加以特别注意,所负责任与普通包裹相同。

(3) 保价包裹。

凡适于邮递的贵重品,如金银首饰、珠宝、工艺品等,可以作保价包裹寄递。寄件人可以申报价值,邮局按申报价值承担补偿责任。

邮局收寄各类邮件,要向寄件人收取规定的邮资。邮资是邮政局为提供邮递服务而收取的报酬。

2. 邮件及其分类

邮件是邮局传递的函件和包裹的总称。邮件按寄递区域可分为国内邮件和国际邮件两大类。国内邮件一般先按其内容性质分为信函、明信片、新闻纸(经邮局登记按新闻纸类邮寄的报刊)、印刷品、盲人读物、包裹等,然后按处理手续、运递方式或寄递时限等分为挂号邮件、快递邮件、航空邮件、保价邮件、代收货价邮件等。有些国家基本上按内容性质和寄递时限相结合的方法分类,如英国邮政先把邮件分为信件、包裹和经邮局登记的报刊三类,再把信件分为一、二两等。一等信件资费较高,通常在邮局收寄后第一个工作日内投交收件人;二等信件资费较低,通常在邮局收寄后第二个、不迟于第三个工作日内投交收件人。国际邮件的分类,《万国邮政公约》有统一的规定:邮件分类一方面可供用户选择使用;另一方面便于邮局按照不同的要求,分别规定各类邮件的资费标准、重量和尺寸的限制,以及不同的处理手续和运递时限等。

我国国内邮件按内容性质分为函件和包件两类。函件分信函、明信片、印刷品和盲人读物四种;包件分包裹和快递小包两种。函件又按寄递区域分为本埠函件和外埠函件;按处理手续分为平常函件和挂号函件。此外,利用飞机运递的邮件,称为航空邮件。报明保价金额或代收货价金额的,分别称为保价邮件和代收货价邮件。邮局对保价邮件丢失、短少、损毁,负担按保价金额补偿的责任;对漏收代收货价邮件的货款,负担按托收金额补偿货款的责任。此外,凡是邮局在收寄时开给收据,处理时加以登记,投递时要收件人签收的邮件,统称为给据邮件。各类给据邮件都可由寄件人加付回执费,附寄邮政回执。邮局在有关邮件投交后,将回执退给寄件人,作为邮件妥投的凭证。

3. 国际邮件

国际邮件是指国家(或地区)之间互相传递的邮件。国际邮件的传递由两个或两个以上国家(或地区)的邮政部门共同完成。因此,对国际邮件的规格、质量和邮递各环节的处理要有统一的标准和要求。《万国邮政公约》和各项协定对国际邮件的种类、资费、规格、封面书写、处理、各项费用的结算等做出了统一的规定。

国际邮件包括国际函件和国际包裹。国际函件又分信函、明信片、印刷品、盲人读物和小包。国际包裹分为普通包裹、脆弱包裹、保价包裹和过大包裹。国际函件用挂号方式寄递的,称国际挂号函件;要求保价的,称国际保价信函。国际邮件用航空方式寄递的,称国际航空邮件;要求代收货价的,称国际代收货价邮件。万国邮政联盟所有会员国都要办理国际函件业务;不参加邮政包裹协定或代收货价邮件协定的国家,可以不办理这些业务。国际邮件必须经由国际邮件互换局封成邮件总包,交由国际邮件交换站与外国的交换站(或通过交通部门)进行交换。

4. 邮路

邮路是邮件运输的路线。邮路和邮局共同组成邮政网路,完成各类邮件的传递业务。古代邮路有驿道,邮件运输靠人力和车马。近代邮政的邮路根据交通线路进行规划和确定,邮件运输主要靠列车、汽车、飞机、船舶等。1830年英国首先利用铁路运输邮件,1903年德国开始用汽车运邮,1918年在伦敦和巴黎间开始有定期邮政航班飞行。

为了达到迅速运送邮件的目的,邮路建立的基本原则是:选用路程尽量短、贯穿邮局尽量多的安全稳定路线;选用速度快、经济效益大的运邮工具;选择同邮件封发、投递频次和时间相衔接的车次、船次、航班。

通常按邮件运输工具的不同,将邮路分为铁道邮路、航空邮路、汽车邮路、水道邮路、早班邮路等。我国铁道邮路将邮政自备的邮政车挂在铁路旅客列车上或租用铁路行李车用集装箱运邮。航空邮路均利用民用航空部门的飞机运邮。汽车邮路包括由邮局自办的汽车邮路和委托交通运输部门代运的委办汽车邮路。此外,还有用摩托车运邮的摩托车邮路。水道邮路分为机动船邮路和非机动船邮路。早班邮路有步班邮路、自行车邮路、畜力班邮路等。在我国,按现行管理体制将邮路分为如下四种。[①]

(1) 干线邮路。

干线邮路是指以首都为中心,联系各直辖市、省会和自治区首府的邮局(简称省会局)以及重要的国际邮件交换站的邮路和各省会局之间相互联系的邮路。

(2) 省内邮路。

省内邮路是指以省会局为中心,联系本省(自治区)内各邮电局的邮路以及省(自治区)内各邮局之间相互联系的邮路。

(3) 市内邮路。

市内邮路是指一个城市内的邮局和所属分支机构之间及各分支机构之间相互联系的邮路,以及市内接送报纸的邮路,通往车站、码头、机场接送进出口邮件的邮路和开取信筒邮件的邮路。

(4) 县内邮路。

县内邮路又称农村邮路,是县邮电局和所属分支机构以及各分支机构之间相互联系的邮路。这种分类方法便于按行政体制进行分级管理。中华人民共和国成立后,我国的邮路,特别是在农村和边疆地区的邮路,有很大增长,已经形成一个利用多种运输工具、贯通全国城乡、纵横交错的邮路网。

---

① 李红.面向中亚国家的新疆农产品物流模式研究[M].北京:中国农业科学技术出版社,2013.

第二节 大件物流

大件物流作为运输领域的一项特殊作业,一直是高技术、高附加值、高收益的代名词。近年来,随着世界各国科学技术发展,在引进和研发超重型车组设备后,我国大件物流取得了一定的发展。工业设备逐步向大型化、重型化和超重型化发展。但与发达国家相比,我国大件运输业总体水平还较低,在技术和管理方面存在较大的差距。目前发达国家普遍采用计算机技术制定大件物流方案,不仅快速高效,而且简化了决策过程,只要输入货物的外形尺寸、重量、重心,以及承运车辆与运输路线等相关数据,在计算机模拟系统软件包的支持下,计算机即可输出不同的备选方案,供选优决策。

而我国绝大部分从事大件运输的货运公司缺乏科学、有效的决策程序,在进行运输方式选择、运输设备选择、装载加固方案选择等方面的决策往往是凭借经验,在导致决策复杂化的同时,运输安全得不到保障。我国大件运输业必须坚持科技创新,加快技术进步的步伐,研制具有国际先进的大件物品决策支持系统来辅助拟定运输方案,将大大提高我国大件物流的技术水平,增加我国运输企业参与国际大件物流的市场竞争力。

大件物品能否安全、迅速地运到目的地,不仅将对整个国民经济的发展产生重大影响,而且对国家大型工程项目和国防建设具有十分重要的战略意义。

一、大件物品定义

1. 汽车大件物品概述

1) 汽车大件物品的定义

汽车大件物品指货物外形尺寸和质量超过常规车辆装载规定的大件物品,汽车货物运输中的大件物品是指符合下列条件之一的货物:长度在 14 m 以上,或宽度在 3.5 m 以上,或高度在 3 m 以上的货物。质量在 20 吨以上的单体货物或不可解体的成组(捆)货物。

一般来说,大件物品有如下特点:

(1) 装载后车与货的总质量超过所经路线桥涵、地下通道的限载标准。

(2) 货物宽度不超过车辆界限。

(3) 载货汽车最小转弯半径大于所经路线设计弯道半径。

(4) 装载总高度超过 5 m;通过电气化铁路平交道口时,装载总高度超过 4.2 m;通过无轨电车线路时,装载总高度超过 4 m;通过立交桥和人行过街天桥时,装载总高度超过桥下净空限制高度。

2) 大件物品的类型

超限货物是一个总称,包括不同种类,有的是超高货物,有的是超长货物,有的则是超重、超宽货物,这些货物对运输工具、运输组织的要求各异。为了保证运输安全和管理的需要,一些运输方式根据大件物品的主要特征进行分类。

1995 年 12 月 4 日交通部交公路发〔1995〕1154 号文《道路大件物流管理办法》规定,公路超限货物(大件物品,简称大件)按其外形尺寸和质量分成四级,见表 7.1。

表 7.1　大件物品分组

大件物品级别	质量(t)	长度(m)	宽度(m)	高度(m)
一	20～(100)	14～(20)	3.5～(4.5)	3～(3.8)
二	100～(200)	20～(30)	4.5～(5.5)	3.8～(4.4)
三	200～(300)	30～(40)	5.5～(6)	4.4～(5)
四	300 以上	40 以上	6 以上	5 以上

注：1. "括号数"表示该项不包括括号内的数值。
　　2. 货物的质量和外廓尺寸中有一项达到表列参数，即为该级别的超限货物；货物同时在外廓尺寸和质量达到两种以上等级时，按高限级别确定超限等级。

大件物品质量是指货物的毛重，即货物的净重加上包装和支撑材料后的总重，它是配备运输车辆的重要依据，一般以生产厂家提供的货物技术资料所标明的质量为参考数据。

2. 铁路大件物品概述

铁路大件物品主要指铁路超限货物，是货物装车后，在平直线路上停留时，货物的高度和宽度有任何部位超过机车车辆限界或特定区段装载限界者，均为超限货物。在平直线路上停留虽不超限，但经过半径为 300 m 的曲线线路时，货物的计算宽度仍然超限的，也为超限货物。

根据货物的超限程度，超限货物分为三个等级：一级超限、二级超限和超级超限，如图 7.1 所示。

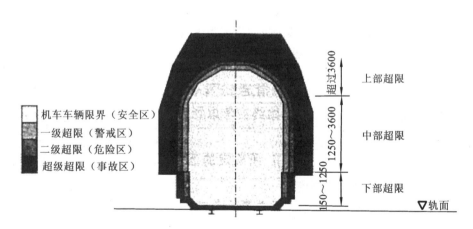

图 7.1　铁路超限示意图(尺寸单位：mm)

一级超限：自轨面起高度在 1250 mm 及其以上超限但未超出一级超限限界者。

二级超限：超出一级超限限界而未超出二级超限限界者，以及自轨面起高度在 150 mm 至未满 1250 mm 间超限但未超出二级超限限界者。

超级超限：超出二级超限限界者。

根据货物超限部位所在高度，超限货物分为三种类型：上部超限、中部超限和下部超限。

上部超限：自轨面起高度超过 3600 mm，任何部位超限者。

中部超限：自轨面起高度在 1250～3600 mm 之间，任何部位超限者。

下部超限:自轨面起高度在 150~1250 mm 之间,任何部位超限者。

超重货物主要指装车后,车辆及所装货物的总重(包括装载加固装置与材料、货物包装)对桥梁的作用超过按铁路桥涵列车活载标准设计的桥梁承载能力的货物。

根据货物的超重程度,超重货物分为三个等级:一级超重、二级超重和超级超重。

一级超重:$1.00 < Q \leqslant 1.05$。

二级超重:$1.05 < Q \leqslant 1.09$。

超级超重:$Q \geqslant 1.09$。

注:Q 为活载系数。

二、大件物流的特殊性

基于大件物品的特点,其运输组织与一般货物运输有所不同。

1. 特殊装载要求

大件物流对车辆和装载有特殊要求,一般情况下大件物品装载在超重型挂车上,用超重型牵引车牵引,而这种超重型车组是非常规的特种车组,车组装上大件物品后,往往质量和外形尺寸大大超过普通汽车、列车,因此,超重型挂车和牵引车都是用高强度钢材和大负荷轮胎制成,价格昂贵。

2. 特殊运输条件

大件物流条件有特殊要求,途经道路和空中设施必须满足所运货物车载负荷和外形尺寸的通行需要。道路要有足够的宽度、净空以及良好的曲度。桥涵要有足够的承载能力。这些要求在一般道路上往往难以满足,必须事先进行勘测,运前要对道路相关设施进行改造,如排除地空障碍、加固桥涵等,运输中采取一定的组织技术措施,采取分段封闭交通,大件车组才能顺利通行。[1]

3. 特殊安全要求

大件物品一般均为国家重点工程的关键设备,因此大件物流必须确保安全,万无一失。其运输可以说是一项系统工程,要根据有关运输企业的申请报告,组织有关部门、单位对运输路线进行勘察筛选;对地空障碍进行排除;对超过设计荷载的桥涵进行加固;指定运输护送方案;在运输中,进行现场的调度,做好全程护送,协调处理发生的问题。所运大件价值高,运输难度大,牵涉面广,所以受到各级政府和领导、有关部门、有关单位和企业的高度重视。

三、大件物品应遵循的原则

(1) 安全可靠。由于超限设备均是在制定工厂,采用特殊工艺生产的贵重设备,价值高、无替换品,所以无论采用何种运输方式,始终应考虑到设备的无替换性、非标准性,将安全第一作为第一指导原则。

(2) 节省费用。在确保安全的前提下,所确定的运输方式应能达到运输成本、道桥加固

---

[1] 毛光烈,张来武.第四方物流理论与实践[M].北京:科学出版社,2010.

改造及故障排除费用最低这一目的。

(3) 尽量减少中间装卸和倒运环节。主要是考虑需要大吨位吊车随行,进出场费与机具的后勤保障所需要的经费太大且相关问题太多。

四、影响大件物流的因素

1. 运输方式的选择

由于大件物品一般具有超长、超宽、超高、集重等特征,因此适合于大件物品的运输方式主要有四种,即铁路运输、公路运输、水路运输及其联合运输。四种运输方式各有特点,选择何种运输方式必须综合考虑大件物品的体积、质量、地区路网条件、装卸条件、运输时的水文气象条件及运输成本、运输时间等因素,灵活选择。因此,选择何种运输方式应根据所运货物相关参数、运输要求及运输地之间的交通情况、运输成本等来确定。

2. 运输路线的选择

由于运输方式的不同,导致在运输路径的选择上存在着巨大差异。铁路、公路、水路三种运输方式中,水路运输与陆路运输相比,通行环境较好,大件船舶一般仅对河道通行宽度有要求。

1) 大件物流

按托运人提出的有关资料对货物进行审核,掌握货物的特征及长、宽高度,实际重量,外形特征,重心位置等以便合理选择车型,计算允许装载货物的最大重量,不得超载。并指派专人观察现场道路和交通状况,附近有无电线、电话线、煤气管道或其他地下建筑物,车辆是否能进入,现场是否适合装卸、调车等情况。了解运行路线上桥涵、渡口、隧道道路的负荷能力及道路的净空高度,并研究装载和运送办法。

2) 大件货物的装卸

大型物件运输的装卸作业应根据托运人的要求、货物的特点和装卸操作规程进行作业。货物的装卸应尽可能使用适宜的装卸机械。装车时应使货物的全部支撑面均匀地、平稳地放置在车辆底板上,以免损坏底板或大梁。对于重的货物为使其重量能均匀地分布在车辆底板上,必须将货物安置在纵横垫木上或起垫木作用的设备上,货物重心应尽量置于车底板纵、横中心交叉点的垂线上,如无可能时,应对其横向位移进行严格限制,纵向位移在任何情况下不得超过轴荷分配的技术数据。还应视货物重量、形状、大小、重心高度、车辆和线路、运送速度等具体情况采用不同的加固措施以保证运输质量。

3) 大件货物的运送

按指定的路线和时间行驶,并在货物最长、最宽、最高部位悬挂明显的安全标志。日间挂红旗,夜间挂红灯,以引起往来车辆的注意。特殊的货物,要有专门车辆在前引路,以便排除障碍。

大件物品的运输

2004年2月12日傍晚的上海港码头人头攒动。17时左右,人们期待的目光都聚集到了一个"重无霸"身上。

这是一件重达821吨的进口化学反应设备。船务公司将它运抵上海港后,再由上海交运大件起重运输有限公司(交运大件)负责其陆路部分的运输,它最后的目的地是上海化工区巴斯夫项目安装工地。这类超大件的特殊运输来不得半点疏忽,必须考虑整个过程中可能发生的任何问题,甚至精确到了计算出每一个点上的承受力。为了这一运输任务,交运大件前后准备了几个月。

在水中的"向阳4号"400吨浮吊与岸上的500吨码头岸吊齐心协力下,"重无霸"终于被缓缓地抬吊了起来,最后被平稳地放在了大型平板车上。"重无霸"长56.4 m,交运大件动用了两组900吨级的液压平板车组承载,共有432只轮子驱动。从港口到工地一共4 km路程,"重无霸"一路上缓缓地拐了4个弯,用了两个多小时才到了目的地。

两个月前,交运大件接到了上海胜兴国际货代公司的委托,公司上下顿时忙活起来。交运大件要做的第一件事就是考察货物。对于货物的尺寸、形状以及重量等都要进行详细的计算,甚至对它的质量也要有所了解。"重无霸"的宽是11.7 m,交运大件采用了两组900吨级的液压平板车横向拼接,一辆900吨级的液压平板车的货台宽是3.6 m。

货物的情况了解后,还要检查路况。一要看路面是否平整,有没有坡度,如果有坡度就要计算会不会造成危险。路程中是否有弯道,如果有弯道,需要计算弯道半径有多大,因为900吨级的平板车转弯半径是44 m。在"重无霸"需要经过的4 km路程中,有4个弯道,幸好弯度都不是很大。除此之外,在这趟短程旅途中,还省去了对桥梁与涵洞的考虑。

至此,整个运输方案出台。随后安排具体的人负责具体的工作,有做整体指挥的,有专门作业的,还有负责检查的。

根据客户的要求,交运大件原本把运输时间安排在2月3日,但在之前的空车试行过程中发现,有一处高压电线必须清空,因为"重无霸"的身高是12.5 m,在高压电线下经过时,由于距离太近,会造成一定危险。在运输车经过电线时,必须保证电线处在断电状态,于是交运大件紧急向电力部门提出了申请。

由于这个原因,运输时间被拖至2月12日。暮色下,上海化工区的道路上,庞大的车队缓缓前行,前面一辆开道车,中间是载有"重无霸"的液压平板车,后面还跟了辆维修车。一行人马就这样浩浩荡荡地驶入了巴斯夫的项目基地。

(资料来源:郭希哲.货物运输实务[M].北京:中国物资出版社,2011.)

思考题

1. 什么是大件物品?大件物品是指符合哪些条件的货物?
2. 该公司是如何制定运输方案的?

第三节 鲜活易腐物流

一、鲜活易腐货物概述

1. 鲜活易腐货物的概念

鲜活易腐货物,是指在运输过程中,需要采取一定措施,以防止死亡和腐坏变质的货物。

汽车运输的鲜活易腐货物主要有鲜鱼虾、鲜肉、瓜果、蔬菜、牲畜、野生动物、花木秧苗、蜜蜂等。

承运鲜活货物时,承运方应对托运货物的质量、状态进行检查,并要根据货物的种类、运送季节、运送距离、运送方向,选择适用的车辆,确定货物装载方法和沿途提供的服务等运输组织方法;托运方应提出最长运到期限,并在托运单上注明。

2. 鲜活易腐货物的运输组织

良好的运输组织工作,对保证鲜活易腐货物的质量十分重要。由于鲜活易腐货物具有独特性,要求承运人掌握这些特点,根据其运输规律,适当安排运力,保证及时运输。

1)托运

发货人托运鲜活易腐货物前,应根据货物不同特性,做好相应的包装。托运时须向承运方提出货物的最长运到期限、某一种货物运输的具体温度及特殊要求,提交卫生检疫等有关证明,并在托运单上注明。

2)承运

承运鲜活易腐货物时,应由货运员对托运货物的质量、包装和温度进行认真的检查。要求质量新鲜,包装达到要求,温度符合规定。对已有腐烂变质迹象的货物,应加以适当处理,对不符合质量规定的货物不予承运。

运输部门在接受承运的同时,应根据货物的种类、运送季节、运送距离和运送地方确定相应的运输服务方法,及时安排适宜车辆予以装运。

3)装车

鲜活易腐货物装车前,必须认真检查车辆及设备的完好状态,应注意清洗和消毒,适当风干后,才能装车。装车时应根据不同货物的特点,确定其装载方法。如冷冻货物需保持货物内部积蓄的冷量,可紧密堆码;水果、蔬菜等需要通风散热的货物,必须在货物之间保留一定的空隙;怕压的货物必须在车内加隔板,分层装载。

4)运送

鲜活易腐货物在运送途中,应由托运方指派押运人沿途照料,承运方对押送人员应交代安全注意事项,并提供工作和生活上的便利条件。炎热天气运送时,应尽量利用早晚行驶。运送牲畜、蜜蜂等货物时,应注意通风、散热,尽力避免该类货物在运送中掉膘或死亡。

在汽车运输中,鲜活易腐货物的运量所占的比例虽然不大,但它对人民生活的需要及农业、食品工业和对外贸易的发展影响很大,所以加强鲜活易腐货物的运输组织工作,提高它们的运输质量是承运方的一项重要任务。

3. 鲜活易腐货物分类

鲜活易腐货物分为易腐货物和活动物两大类。

(1)易腐货物:包括肉、鱼、蛋、奶、鲜水果、鲜蔬菜、冰、鲜活植物等,按其热状态又分为冻结货物、冷却货物和未冷却货物。

(2)活动物:包括禽、畜、兽、蜜蜂、活鱼以及鱼苗等。

4. 鲜活易腐货物运输的特点

(1)季节性强、运量变化大。如水果、蔬菜大量上市的季节、沿海渔场的鱼汛期等,运量会随着季节的变化而变化。

(2)运送时间上要求紧迫、组织工作复杂。鲜活货物大多数是有生命的物质,受客观环境影响很大,对外界温度、湿度、卫生条件、喂食和生活环境都有一定的要求。冷了会冻坏,热了会腐烂,干燥会干缩,碰伤及卫生条件不好易被微生物污染而发生变质。活口在运输过程中还要饮水、喂食,活物要换水,蜜蜂要放蜂,不少动物在热天需要冲凉。因此鲜活易腐货物,要求以最短的时间、最快的速度及时运到。

(3)运输途中需要特殊照料。① 如牲畜、家禽、花木秧苗等的运输,需配备专用车辆和设备,并有专人沿途进行专门的照料。

二、鲜活易腐货物的保藏方法

1. 鲜活易腐货物腐败的原因

鲜活易腐货物在保管或运输过程中,由于自身的原因或外界环境的影响,使其成分发生分解变化,产生恶臭、异味和毒素,逐渐失去其食用价值,这种现象称为腐败。发生腐败的原因有多种,主要有以下四个原因。

1)微生物作用

微生物作用又称生物作用,主要指霉菌、病菌的作用。食品内蛋白质和脂肪在微生物分泌出的酶和毒素作用下迅速分解,变成氨、游离氮、硫化醛、硫化酮、二氧化碳等简单物质,同时产生臭气和有毒物质。随着微生物的几何级数繁殖,会加速食品的分解、消耗,最终导致其腐败变质。动物性食品屠宰过后,构成它的细胞都已死亡,本身不能控制体内引起变质的酶作用,也就不能抵抗外来微生物的入侵,这就是动物性食品腐败变质的主要原因。

2)呼吸作用

呼吸作用又称生物化学作用,指植物性的食品虽离开母株,但本身仍有生命活动,吸收氧气,放出二氧化碳、水分和热量。它们用呼吸作用产生的免疫功能抵御外界微生物的入侵,但以消耗自身体内的营养物质为代价,所以水果、蔬菜这个活动过程称为后熟作用。

植物性食品由于呼吸作用,果实逐渐由青转黄,由硬变软;蔬菜则由绿转黄,随着营养物质的消耗、水分的蒸发,它们抗微生物的能力便会下降,促使其呼吸强度继续增大,最终腐烂或枯萎。

3)化学作用

化学作用又称氧化作用,即果、蔬碰伤表皮受损后,果、蔬为抵抗微生物的入侵,自身会加强呼吸作用,使食品碰伤部位的成分被氧化,生成黑褐色的物质,这就加速了自身的成熟过程,从而很快导致腐败变质。

4)其他作用

其他作用如鼠类、昆虫的叮咬,人为的机械损伤,也会促使易腐食品发生腐败。

2. 鲜活易腐货物的保藏原理

了解了鲜活易腐货物腐烂变质的原因,就可以得出保藏这些货物的方法。凡是能用以抑制微生物的滋长、减缓呼吸作用的方法,均可达到延长鲜活易腐货物保藏时间的目的。保藏易腐货物的方法有气调储藏、减压储藏、水果表面涂层、冰温贮藏法、离子和臭氧保鲜、辐射处理保存食品、冻冰、真空、干制、浸钙保鲜法等。但以冷藏方法比较有效并常被采用,它

---

① 吴桥,杜希武.浙江省港口大宗商品物流中心建设研究[M].杭州:浙江大学出版社,2015.

的优点是:能很好地保持食物原有的品质,包括色、香、味、营养物质和维生素;冷源价格比较低廉,加工成本不高;适合对食品进行大规模加工;冷藏食品对人体健康无不良影响;保藏的时间长,能进行大量的保藏及运输。

冷藏货大致分为冷冻货和低温货。冷冻货是指货物在冻结状态下进行运输的货物,运输温度范围一般在-20~10 ℃之间。低温货是指货物在还未冻结或货物表面有一层薄薄冻结层的状态下进行运输的货物,一般允许的温度调整范围为-1~16 ℃。货物要求低温运输,主要是为了维持货物的呼吸,以保持货物的鲜度。

冷藏货在运输过程中为了防止货物变质,要保持一定的温度。该温度一般称作运输温度。温度的大小应根据具体的货种而定,即使是同一货物,由于运输时间、冻结状态和货物成熟度的不同,对运输温度的要求也不一样。现将一些具有代表性的冷冻货物和低温货物的运输温度介绍见表7.2。

表 7.2 冷冻货物和低温货物的运输温度

(a)冷冻货物的运输温度

货 名	运输温度(℃)	货 名	运输温度(℃)
鱼	-17.8~-15.0	虾	-17.8~-15.0
肉	-15.0~-13.3	黄油	-12.2~-11.1
蛋	-15.0~-13.3	浓缩果汁	-20

(b)低温货物的运输温度

货 名	运输温度(℃)	相对湿度(%)	保存期(d)	货 名	运输温度(℃)	相对湿度(%)	保存期(d)
苹果	0~2	90	90~240	桃/油桃	0	90	14~28
芦荟	0~0.6	90	14	梨	0	90	60~180
香蕉	13.9	90	21~24	胡椒	7.8~12.2	90	14
胡萝卜	0	90	180	菠萝	7.8~12.2	90	14~28
芹菜	0	90	28	土豆	3.9~12.8	90	60~150
樱桃	0~0.6	90	14	红毛丹	10	90	14~21
卷心菜	0~1.1	90	24	草莓	0	90	38~48
榴莲	3.3~4.4	90	40~60	西红柿	7.8~13.9	85	40
大蒜	0	70	180	甘薯	13.3~15.6	65	50~120
生姜	10	75	30~90	甜瓜	2.8~3.9	90	10~14
葡萄	-0.6	90	20~90	蜜瓜	7.2~10	90	16~20
猕猴桃	0	90	60~90	西瓜	7.2~10	90	16~20
韭菜	0	90	40	洋葱	0~1.1	60	270
莴苣	0~0.6	90	14~21	柑橘	0~3.9	90	35~90
枇杷	0	90	14~21	番木瓜	10	90	14~21
荔枝	1.1~2.2	90	21~35	芒果	10~13.9	90	14~21

用冷藏方法来保藏和运输鲜活易腐货物时,温度是主要的影响因素,但湿度的高低、通风的强弱和卫生条件的好坏对货物的质量也会产生直接的影响。而且温度、湿度、通风、卫生四个条件之间又有互相配合和互相矛盾的关系,只有充分了解其内部规律,妥善处理好它们之间的相互关系,才能保证鲜活易腐货物的运输质量。

用冷藏方法来保藏和运输鲜活易腐货物时,一定要连续冷藏。因为微生物活动和呼吸作用都随着温度的升高而加强,若储藏和运输中某个环节不能保证连续冷藏的条件,那么货物就可能在这个环节中开始腐烂变质,这就要求物资部门和运输部门密切配合,为冷藏运输提供必要的物质条件。就运输部门而言,应尽可能配备一定数量的冷藏车或保温车,尽量组织"门—门"的直达运输,提高运输速度,确保鲜活易腐货物的完好。

三、鲜活易腐货物的运输要求

1. 运输过程中保持一定的温度、湿度

运输过程中温度、湿度对鲜活货物的质量有很大影响。如运送的易腐货物的车辆内不能保持一定的温度、湿度要求,货物质量就不能保证。例如冻肉运输要求加冰冷藏车车内温度在-6℃以下,湿度在95%~100%;蔬菜运输时要求加冰冷藏车车内温度在3~8℃,湿度在80%~95%。

2. 要有相应的运输服务设备

为了安全的运输鲜活货物,除了要求运输企业配备有适宜货物性质的装运鲜活货物的各种类型的专门货车外,还要求在有关站点配备为易腐货物运输服务的制冰设备和加冰、加盐设备,为动物服务的上水、供料设备等。

3. 要有良好的包装

鲜活货物的包装应根据货物的性质,包装材料和结构应满足货物运输的要求。对比较娇嫩、怕挤、怕压的新鲜水果蔬菜,包装必须坚固,能承受货物堆码的压力;对需要通风的货物,包装应有适当的缝隙或特设有通风孔。坚实不易腐烂的冻结货物,如冻肉、冻鱼可不要包装。

4. 要有良好的卫生条件

运输鲜活货物的全过程还必须具有良好的卫生环境,以避免或减少鲜活货物的腐坏、变质、污染、掉膘或生病、死亡。

5. 组织快速运输

鲜活货物都是有生命或营养价值的货物,随着运输时间的增长,货物的质量下降程度也随之增大,货物的腐烂变质或掉膘、病残死亡可能性也随之增大,因此鲜活货物应组织快速运输。

案 例

鲜活易腐货物运输作业流程

鲜活易腐货物运输,要经过受理托运、货物装卸、途中运送、交付等环节,这些环节分别由不同岗位人员操作完成。其中,受理托运、货物装卸与运送工作环节尤其应加强管理。鲜活易腐货物运输作业流程如图7.2所示。

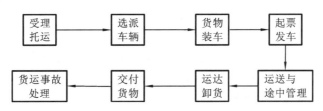

图 7.2　鲜活易腐货物运输作业流程

大闸蟹如何运输

金秋时节,大闸蟹很快就要上市了,大闸蟹在运输过程中如果没有很好的包装,很可能会死掉,死了的大闸蟹是不可以食用的。大闸蟹该如何运输呢?

(1) 严格分级。大闸蟹要根据质量区分等级,要求做到"四分开"。一是大小分开。如果大小混放,小蟹极易死亡。二是强弱分开。蟹壳蟹腿粗硬的蟹要与壳、腿不太硬的分开。前者往往腰肥体壮,生命力强,适于长途运输,销售价格高;后者相反,最好经暂养强化培育后,再行运输。三是健残分开。八足二螯齐全的蟹与附肢残缺的分开,有残缺和破损的蟹只适于当地销售或短途运输。四是肥瘦分开。壳厚肉壮,分量重,其生命力强,耐运输。分等级后,健壮肥大的可以出口或长途运输,等级稍差一些的仅能短途运输或就近销售。

(2) 搞好包装。目前常用的包装工具有竹笼、竹筒、柳条筐、木桶、铅丝笼以及蒲包、草包等。通常普通采用的是蟹筐、蟹笼包装,可先在竹筐(笼)内衬以浸湿的蒲包,再把阳澄湖大闸蟹一层层放入筐内。放置时,应使阳澄湖大闸蟹背部朝上,腹部向下,力求放平装满,加盖扎牢,使大闸蟹在筐内不能爬动,以减少体力消耗和防止受伤。

(3) 及时运输。一般情况下,蟹筐内的大闸蟹3~5天以内死亡较少,超过5天,死亡的大闸蟹会逐日增多。因此一般均用机动车、船运输,出口大闸蟹均采用空运,以尽量缩短运输时间,提高运输成活率。

(4) 加强途中管理。运输前,应将装好大闸蟹的蟹筐在水中浸泡一下,或用人工喷水方法使蟹筐和蟹鳃腔内保持一定水分,以保证大闸蟹在运输途中始终处于潮湿的环境中。用汽车长途运输时,蟹筐上还要用湿蒲包或草包盖好。运输途中要防止风吹、日晒、雨淋,尤其要防止高温,因此通常以夜间运输为佳。运输途中要定期加水喷淋,一般经1~2天运输,商品蟹的成活率可达90%左右。有条件的可采用降温运输,使运输气温保持在5~10℃,运输成活率可接近100%。装满蟹的蟹筐,在装卸时要注意轻拿轻放,切不可抛掷或挤压。

第四节　贵重品物流

一、贵重品概述

1. 贵重品的概念

贵重品是指价值昂贵的货物。[①] 贵重品包括:黄金、白金、锗、钯等稀有贵金属及其制品,

---

① 陆琳,肖小红.应急物流配送管理研究[M].北京:人民出版社,2016.

各类宝石、玉器、钻石、珍珠及其制品;贵重文物及其制品;现钞、有价证券、旅行支票、股票;毛重每千克价值超过1000美元或等值货币的货物。

根据《民用航空货物运输术语》(GB/T 18041—2000)的定义,贵重品(valuable cargo)是指毛重每千克运输声明价值,国际货超过1000美元或等值货币、国内货超过2000元人民币的货物,以及含有下列物品中的一种或多种的货物:

(1) 黄金、白金、铱、铑、钯等稀贵金属及其制品。

(2) 各类宝石、玉器、钻石、珍珠及其制品。

(3) 珍贵文物(包括书、古玩、字画等)。

(4) 现钞、有价证券。

2. 贵重品的种类

1) 稀贵金属及其制品

稀贵金属是稀有金属和贵金属的统称,稀有金属通常指在自然界中含量较少或分布稀散的金属。贵金属主要是指金、银和铂族金属(铂、钯、铑、钌、铱、锇)。

稀有金属根据各种元素的物理和化学性质,赋有状态,生产工艺以及其他一些特征,一般从技术上分为以下五类。

(1) 稀有轻金属:包括锂、铷、铯、铍。密度较小,化学活性强。

(2) 稀有难熔金属:包括钛、锆、铪、钒、铌、钽、钼、钨。熔点较高,与碳、氮、硅、硼等生成的化合物熔点也较高。

(3) 稀有分散金属:简称稀散金属,包括镓、铟、铊、锗、铼、硒、碲。大部分赋存于其他元素的矿物中。

(4) 稀有稀土金属:简称稀土金属,包括钪、钇及镧系元素。它们的化学性质非常相似,在矿物中相互伴生。

(5) 稀有放射性金属:包括天然存在的钫、镭、钋和锕系金属中的锕、钍、镤、铀,以及人工制造的锝、钷、锕系其他元素和104~107号元素。

2) 宝石及其制品

宝石指的是色彩瑰丽、坚硬耐久、稀少,并可琢磨、雕刻成首饰和工艺品的矿物或岩石,包括天然的和人工合成的,也包括部分有机材料。

最新的现代宝石学根据宝石的用途将宝石主要分为以下九个类别。

(1) 钻石:透明色美的钻石是贵重的宝石,因其具很高的硬度、辉度和火彩(具强色散性),在宝石中是无与伦比的,因此成为最受人们欢迎的宝石,其中透明物色或蓝色者价值最高。评价钻石主要依据是重量、颜色、洁净度和切工四大因素。

(2) 彩色宝石:指那些有颜色的宝石,如红宝石、蓝宝石、祖母绿、海蓝宝石、猫眼宝石、变色宝石、黄晶宝石、欧泊、碧玺、尖晶宝石、石榴石宝石、锆石宝石、橄榄绿宝石、翡翠绿宝石、石英猫眼、绿松石、青金石等。

(3) 玉石:这一类别是专门针对中国人划分的,指翡翠和白玉等多晶体集合体矿物。而钻石和彩色宝石都是单晶体。玉从色彩上分有白玉、碧玉、青玉、墨玉、黄玉、黄岫玉、绿玉、京白玉等。从地域上分有新疆玉、河南玉、岫岩玉(又名新山玉)、澳洲玉、独山玉、南方玉、加拿大玉等,而其中新疆和田玉是我国的名产。

(4) 玛瑙：从色彩上分有白、灰、红、兰、绿、黄、羊肝、胆青、鸡血、黑玛瑙等。从花纹上分有灯草、藻草、缠丝、玳瑁玛瑙等。在我国的东北、内蒙古、云南、广西均有出产，且有含水玛瑙，称为水胆玛瑙。

(5) 石：寿山石、绿松石、青金石、芙蓉石、木变石(又名虎皮石)、桃花石(又称京粉翠)孔雀石、兰纹石、羊肝石、虎睛石、东陵石等，其中绿松石是我国湖北郧阳一带的名产。

(6) 晶：白水晶、紫水晶、黄水晶、紫黄晶、红水晶、粉晶、蓝水晶、钛晶、墨晶、幽灵晶、茶晶(又名烟晶)、软水晶、鬃晶、发晶。我国南北各地均有出产，其中江苏东海县盛产天然水晶。

(7) 翡翠：具有紫、红、灰、黄、白等色，但以绿色为贵，它是我国近邻缅甸的名特产。

(8) 珊瑚：分红、白两色，是一种海底腔肠动物化石，我国台湾地区出产的质量很好。

(9) 珠：珍珠(海水珍珠、淡水珍珠)、养珠(海水养珠、淡水养珠)。

3) 珍贵文物

珍贵文物分为一、二、三级。具有特别重要历史、艺术、科学价值的代表性文物为一级文物；具有重要历史、艺术、科学价值的为二级文物；具有比较重要历史、艺术、科学价值的为三级文物。此外，具有一定历史、艺术、科学价值的为一般文物。

4) 现钞、有价证券

有价证券，是指标有票面金额，证明持有人有权按期取得一定收入并可自由转让和买卖的所有权或债权凭证。有价证券是虚拟资本的一种形式，它本身没价值，但有价格。有价证券按其所表明的财产权利的不同性质，可分为三类：商品证券、货币证券及资本证券。

(1) 商品证券：是证明持券人有商品所有权或使用权的凭证，取得这种证券就等于取得这种商品的所有权，持券者对这种证券所代表的商品所有权受法律保护。属于商品证券的有提货单、运货单、仓库栈单等。

(2) 货币证券：是指本身能使持券人或第三者取得货币索取权的有价证券。货币证券主要包括两大类：一类是商业证券，主要包括商业汇票和商业本票；另一类是银行证券，主要包括银行汇票、银行本票和支票。

(3) 资本证券：券是指由金融投资或与金融投资有直接联系的活动而产生的证券。持券人对发行人有一定的收入请求权，它包括股票、债券及其衍生品种如基金证券、可转换证券等。

5) 其他高价值货物

其他高价值货物，是指毛重每千克运输声明价值，国际货币超过1000美元或等值货币、国内货币超过2000元人民币的货物。如冬虫夏草等。

3. 贵重品的特性

(1) 高价值性。贵重品单价一般比较高，有的每克高达几百元，甚至上千元。

(2) 高安全性。贵重品一旦发生毁损，承运人和托运人往往面临巨大的损失。因此在保管、装卸、交接和运输过程中要加强安全防护，切记要小心翼翼，避免事故发生。

二、贵重品的运输组织

贵重品的运输流程如下：

(1) 贵重品托运人要提前向承运人员领取运单号，并向吨位控制室提前订好全程舱位。

(2)贵重品必须用坚固、严密的包装箱包装,原包装上不得有其他粘贴物,包装箱上应当有铅封或火漆封志,封志应当完好,封志上应有托运人的特别标识。

(3)贵重品的外包装上严禁使用贴签,每件货物上应使用两个挂牌,拴挂在货物的两侧。

(4)贵重品需用精确的磅秤称重,实际毛重以 0.1 kg 为单位。

(5)每份货运单货物的声明价值不得超过 100 美元,中国金币公司经民航总局批准限额 200 美元,但只能由中国民航所属航空企业承运。

(6)货物收到后,应立即与国际仓库保管室联系,安排货物入贵重品仓库,并做好记录和交接工作。

三、贵重品的包装

为了保证贵重品的完好无损,在对贵重品进行包装时要认真严密,保证不因包装不良而发生重大损失。贵重品的包装分为外包装和内包装。

1. 外包装

贵重品的外包装一般采用金属包装或木质包装,也有用复合材料制作的。金属包装因为其材质特性,比一般包装抗压能力更好,方便运输,不易破损,而且可以反复使用。目前铁箱、铝箱是贵重品常用的外包装,但其存在重量大、搬运不方便的缺点,通常用于小件的贵重品。木质包装轻便、价格低,在贵重品的外包装中也常用,但其抗压能力比金属包装差,通常用于普通的、大件的贵重品。复合材料是一种发展趋势,它在保证金属包装抗压能力的同时,降低了包装的重量,保证贵重品的安全。

瑞典 SQS 安全 Qube 系统公司已研究出使用玻纤增强塑料(GRP)一系列运输钞票、武器和其他贵重品的复合材料箱。第一种复合材料箱于 1996 年开始生产,自此之后已开发了完整的产品线包括存款箱、贵重品运输箱、武器运输箱和自动检重机(ATM)安全系统。可买到不同尺寸的箱,由 328 mm×145 mm×120 mm、重 2.9 kg,到尺寸为 407 mm×868 mm×170 mm、重 20 kg 以上的极大型箱。这些箱由一 GRP 制外壳和嵌入的"电子盾牌"系统组成。只要电子盾牌破裂至 1 mm,它就会立即检查出并触发 SQS 箱中破坏—跟踪系统。SQS 安全 Qube 系统在其箱体结构中使用 Reichhold 公司的 Norpol170345 和 GS70345S 树脂。此外,Reichhold 公司为 SQS 安全 Qube 系统专门开发了一种 ISO 级的 Polylite PI-3104 树脂。

2. 内包装

贵重品的内包装一般采用薄膜包装或泡沫包装,也有用海绵等其他材料制作的。其目的主要是防尘、防水和防震,也有的贵重品要求防虫、防霉,如冬虫夏草。

约定装运期时卖方考虑欠周致损案

中国某外贸公司(卖方)曾在广州秋交会上与英国某商人(买方)按 CIF(成本加保险费

加运费)条件签订了一项向伦敦出口白薯干的合同。由于卖方货源充足,急于出售,所以当月成交时便约定当月交货。后因卖方租不到船,未能按期交货,致使双方产生争议,买方遂提请在中国仲裁,结果卖方败诉。

原因:根据国际贸易惯例,按 CIF 条件成交,卖方必须自费洽租船舶,并在约定期限内将其出售的货物装上运往指定目的港的船舶,且向买方提交有关单据,以履行其交货义务。

第五节　易碎品物流

一、易碎品运输概述

由于易碎品的易碎性较大,因此易碎品的运输与普通货物运输有很大的不同点。

1)运输工具的选择要以快速、安全为主

易碎品运输时要根据不同地区、路途远近、不同季节等因素,选用适当的运输用具。长途运输以火车、轮船为主,短途运输以汽车为主。① 无论采用何种运输工具,在运输过程中都需注意下列事项:运输要快;搬运装卸要轻稳;运输过程要防止日晒、雨淋、灰尘和振动;装运易碎品的车船等装运工具要清洁干燥,凡装过农药、汽油、煤油等有毒、有异味的车船,一定要冲洗干净后再使用。

2)运输包装要求高

(1)运输包装要具有足够的强度、刚度与稳定性。

(2)具有防水、防潮、防虫、防腐、防盗等防护能力。

(3)包装材料选用符合经济、安全的要求。

(4)包装重量、尺寸、标志、形式等应符合国际与国家标准,便于搬运与装卸。

(5)能减轻工人劳动强度、使操作安全便捷。

(6)包装还要符合环保要求。

3)尽量减少中转搬运次数,即减少装卸搬运次数。

装卸搬运过程中易碎品容易破碎,减少装卸搬运次数是为了降低易碎品的破损率。

1. 易碎品的定义

易碎品是指在存放、装卸和运输过程中极易受到碰撞冲击发生损坏而失去其使用价值的物品,如陶瓷制品、玻璃制品、工艺品和瓶装食品饮料以及精密的电子、电器、通信产品等。

我国是世界上最大的日用陶瓷生产国,也是重要的日用陶瓷贸易国。因此我国的陶瓷制品的出口量一直很大。但是陶瓷制品脆性大,属于易碎品,因此在运输包装环节如何保护陶瓷制品的完好无损尤其关键。

2. 易碎品的种类

易碎品的种类主要包括商品本身易碎和容器易碎品两类。

(1)商品本身易碎。主要是指商品本身的组成材料属于易碎品,商品本身一旦破损,则

---

① 李友田,李润国.煤炭物流供应链管理[M].北京:中国科学技术出版社,2014.

失去商品的价值与使用价值,如陶瓷制品、工艺品、精密的电子产品等。在运输过程中,为了保护商品本身,采用特殊的抗压缓冲材料进行商品的包装。

(2) 容器易碎品。主要是指商品本身不属于易碎品,但是商品的包装及盛放商品容器属于易碎品,如玻璃瓶装食品饮料或者陶瓷装食品饮料。容器一旦破损,容器内盛放的商品也将受到损坏。因此在运输过程中,对容器易碎品也要使用抗压缓冲包装。

3. 易碎品的特性

(1) 易碎性。也称为脆性,即产品的冲击强度,当受到的外界冲击力超过产品的冲击强度极限时就立即破碎。易碎品具有较大的脆性,承受外力的能力较小,因此也是易碎品容易破损的主要原因。易碎品种类繁多,不同的易碎品脆值也不同。

(2) 易碎品包装的特殊性。进行物品包装的主要目的就是保护产品和美化产品。其包装性质分为两大类:一类是功能性,主要对商品进行保护,它体现了包装的本质;另一类是增值性,可促进商品的销售,展现包装的魅力和效果。易碎品由于其易碎性,在进行物品包装时要进行缓冲包装,它的作用是吸收冲击能量,延长内装物承受冲击作用的时间。

二、易碎品的包装材料

为了保护易碎品的完好无损,在进行包装时分为外包装和内包装。因此包装材料也分为外包装材料和内包装材料。

1. 外包装材料

外包装是保护易碎品免受损坏的有效方法。通常要求易碎品外包装应具有一定的抗压强度和抗戳穿强度,可以保护易碎品在正常的运输和仓储码垛条件下完好无损。最典型和最常用的易碎品外包装是瓦楞纸箱。部分大而重的易碎品采用蜂窝纸板包装箱,部分较轻或本身抗压强度较高的产品如玻璃空罐等,在使用托盘运输时,采用缠绕薄膜包装代替瓦楞纸箱。无论何种易碎品外包装件,都应在四个侧面的左上角处,标上"易碎品"字样和相应的图案。

1) 瓦楞纸箱

瓦楞纸箱是目前使用量最大的运输包装容器。常用的易碎品外包装用瓦楞纸箱由三层、五层瓦楞纸板制成。瓦楞纸板一般有 A、B、C、D 四种楞型,A、B、C 楞型瓦楞纸板均可制作易碎品外包装用纸箱。区别在于 A 型楞较高、较稀疏,抗压强度较低,B 型楞较低、较密,损压强度较高,C 型介于二者之间。选择不同的楞型或不同层数的纸板制作纸箱,主要是依据内装物的重要性和对抗压强度的要求。

早期中国运输条件较为落后,野蛮装卸现象时有发生,国内对五层瓦楞纸箱的需求量较大,约占 70%的比例。但是近年来随着中国运输条件的改善,三层瓦楞纸箱的应用比例逐年提高。并且随着销售方式的改变,很多易碎品的运输包装向销售包装靠拢。瓦楞纸箱的设计越来越复杂,印刷装潢的质量也越来越高,不少瓦楞纸箱已登上超市的售货架。

2) 蜂窝纸板箱

蜂窝纸板箱是由蜂窝纸板制造而成的箱形容器。蜂窝纸板质轻、抗压、抗弯、抗剪、强度高,具有良好的缓冲隔振性能,以蜂窝纸板为主体材料的包装箱有三种。一是复合材料包装箱,箱体外层使用戳穿能力强的纤维板或三合板、中层为蜂窝纸芯、内壁用草纸板黏合而成。

二是全蜂窝纸板包装箱,即以蜂窝纸为夹芯,内外用箱纸板黏合而成。三是内衬型包装箱,以瓦楞纸箱作为箱体,箱内上下四壁用蜂窝纸板做衬垫,有较强的防震、抗压、保温、抗戳穿能力。

与传统的瓦楞纸箱相比,蜂窝纸板箱的机械性能更好,如经破坏性跌落、重物码垛、实装滚动等实验表明,蜂窝纸板包装箱内装易碎品破损率比瓦楞纸箱低50%～97%;空箱放置600 kg的重物试压三个月也不变形,并且无须聚苯乙烯衬垫;与同规格的瓦楞纸箱重量比为2∶5,可节约纸板60%。这种纸箱的推广应用,将为降低商品在流通过程中的破损率,提高包装产品质量起到积极的作用。特别是对于价值较高的玉器雕刻品、工艺品等,蜂窝纸箱是最好的选择。不过,由于蜂窝纸板制作工艺较复杂,特别是目前还不能实现自动化制箱,因此在应用上受到限制,主要用于小批量、体积和重量都比较大的易碎品包装上。

3) 缠绕薄膜包装

随着包装运输逐渐托盘化,采用塑料缠绕拉伸薄膜作为运输包装的方式日渐普及。把易碎品的销售包装堆码在托盘上,用缠绕薄膜形成一个整体,可以简化包装,省去瓦楞纸箱,降低包装成本。缠绕拉伸回缩薄膜,是以线性低密度聚乙烯为主要原料,采用共挤出吹膜法或流延法生产而成。它具有很大的拉伸和回缩的性能,伸长率可高达500%。托盘式缠绕包装,就是借助缠绕膜拉伸后的回缩力将产品进行缠绕包装,形成一个紧凑的、不占空间的单元整体,使产品与托盘紧密地包裹在一起,可有效地防止运输过程中产品相互错位与移动。

近年来,缠绕薄膜发展迅速。它非常适合用于大宗货物托盘包装,这种托盘与叉车相结合的包装。集权装卸方法,不但降低了运输费用,提高了物流效率,还由于该膜有良好的透明性,使得包装物体美观大方而又便于识别内包物品,减少配货错误。缠绕薄膜的缺点在于其抗压、抗刺破能力较弱,使用上受到一定限制,特别是在易碎品包装上,通常只适用于那些有销售包装的、周转次数较少、货物本身较轻或本身抗压强度较高的商品。

2. 内包装材料

易碎品内包装的最主要功能是提供内装物的固定和缓冲。合格的内包装可以保护易碎品在运输期间免受冲撞及振动,并能恢复原来形状以提供进一步的缓冲作用。有多种内部包装材料及方法可供选择。

1) 衬板

衬板是目前最流行的内部包装形式,通常是使用瓦楞纸板通过彼此交叉形成一个网状结构,在尺寸上与外包装纸箱相匹配。根据所装物品的形状,对瓦楞纸衬板进行切割,然后将物品卡在其中即可。从衬板的制作、切割和装箱,全过程都可以通过机械化操作完成,非常适合大批量的产品包装。

用瓦楞衬板作为内部包装,可以提供良好的商品固定性能,能够避免易碎品之间的相互碰撞,降低破损率。并且由于制作材料是瓦楞纸,与瓦楞纸箱材料一致,利于统一回收,符合环保要求,成本也很低。

与箱体底部接触的物品由于所承受压力较大,受损概率也较大,通常在箱底添加一层瓦楞纸隔板,以增强缓冲性能。目前市场上也出现了用塑料制作的隔板。它采用高密度聚乙烯(HDPE)或聚丙烯(PP)挤出或挤压成型,具有低成本、抗弯折、耐冲击、无污染、抗老化、耐腐蚀、防潮、防水等多种优点,可以解决啤酒瓶、陶瓷等在大批量搬运过程中可能遇到的隔层包装问题。与瓦楞纸板相比,塑料隔板更能适应卸垛堆码机械化和仓储管理货架化等趋势,将得到越来越广泛的应用。

2）泡沫塑料及其替代品

作为传统的缓冲包装材料,发泡塑料具有良好的缓冲性能和吸振性能,有质量轻、保护性能好、适应性广等优势,广泛用于易碎品的包装上。特别是发泡塑料可以根据产品形状预制成相关的缓冲模块,应用起来十分方便。聚苯乙烯泡沫塑料曾经是最为主要的缓冲包装材料。不过,由于传统的发泡聚苯乙烯使用会破坏大气臭氧层的氟利昂做发泡剂,加上废弃的泡沫塑料体积大,回收困难等原因,逐渐被其他环保缓冲材料所替代。

目前代替聚苯乙烯发泡塑料的主要有发泡 PP、蜂窝纸板及纸浆模塑产品等。发泡 PP 不使用氟利昂,具有很多与发泡聚苯乙烯相似的缓冲性能,它属于软发泡材料,可以通过黏结组成复杂结构,是应用前景很好的一类新型缓冲材料。蜂窝纸板具有承重力大、缓冲性好、不易变形、强度高、环保、成本低廉等优点。它可以代替发泡塑料预制成各种形状,适用于大批量使用的易碎品包装上,特别是体积大或较为笨重的易碎品包装。

纸浆模塑制品也是可部分替代发泡聚苯乙烯的包装材料。它主要以纸张或其他天然植物纤维为原料,经制浆、模塑成型和干燥定型而成,可根据易碎品的产品外形、质量,设计出特定的几何空腔结构来满足产品的不同要求。这种产品的吸附性好、废弃物可降解,且可堆叠存放,大大减少了运输存放空间。但其回弹性差,防震性能较弱,不适用于体积大或较重的易碎品包装。

3）气垫薄膜

气垫薄膜也称气泡薄膜,是在两层塑料薄膜之间采用特殊的方法封入空气,使薄膜之间连续均匀地形成气泡。[①] 气泡有圆形、半圆形、钟罩形等形状。气垫薄膜对于轻型物品能提供很好的保护效果,作为软性缓冲材料,气泡薄膜可被剪成各种规格,可以包装几乎任何形状或大小的产品。使用气垫薄膜时,要使用多层以确保产品(包括角落与边缘)得到完整的保护。

气垫薄膜的缺点在于易受周围气温的影响而膨胀和收缩。膨胀将导致外包装箱和被包装物的损坏,收缩则导致包装内容物的移动,从而使包装失稳,最终引起产品的破损。并且其抗戳穿强度较差,不适合于包装带有锐角的易碎品。

4）现场发泡

现场发泡,主要是利用聚氨酯泡沫塑料制品,在内容物旁边扩张并形成保护模型,特别适用于小批量、不规则物品的包装。一般的操作程序如下:首先在纸箱底部的一个塑料袋中注入双组分发泡材料,然后将被包装产品放在发泡材料上,再取一个塑料袋,注入适当分量的发泡材料覆盖在易碎品上,很快发泡材料充满整个纸箱,形成对易碎品的完美保护。

现场发泡最大的特点在于可在现场成形,不需用任何模具,特别适合于个别的、不规则的产品,或贵重易碎品的包装,可广泛用于邮政、快递等特殊场合。

5）填料

在包装容器中填充各种软制材料做缓冲包装曾经被广泛采用。材料有废纸、植物纤维、发泡塑料球等。但是由于填充料难以填充满容器,对内装物的固定性能较差,而且包装废弃

---

① 张天琪. 大数据时代农产品物流的变革与机遇[M]. 北京:中国财富出版社,2015.

后,不便于回收利用,因此,目前这一包装形式正在逐渐衰退。

6) 充气包装

充气包装,又称为气调包装或置换气体包装。将产品装入密闭性包装容器内,抽真空(或不抽),再充入保护性气体(N_2、CO_2),然后将包装密封的方法。

有些易碎品脆性很大,抗压能力较小,即使没有强烈的碰击也会破碎,因此可采用充气包装。充气包装主要的好处在于它的密封性和密闭性都是包装的唯一方式。很多食品如肉食品、水果、蔬菜、蛋糕、茶叶和乳制品等都成功地采用了气体置换包装技术。在易碎品中比较常见的蛋黄派、薯片等均采取充气包装,避免在运输过程中被压碎。

三、易碎品包装步骤

1. 检查销售包装的质量及可靠性

对于有销售包装的,要检查销售包装的质量及可靠性。商品在销售包装内不可晃动,商品之间应有安全隔断,商品与销售包装之间应填充有安全缓冲材料。带有电池的商品,主机与随机电池应分别封装。

(1) 对商品在销售包装内未进行固定、缓冲保护的,内装多个商品、商品间未做安全隔断防护的、主机与随机电池未分别封装的,应重新进行封装处理。

(2) 不允许对销售包装内件商品进行封装保护处理,仅依靠在销售包装外做防护处理,又无法保证在常态寄递条件下安全寄递的,应拒绝受理其寄递要求。

2. 覆裹内件

对无销售包装或销售包装安全的,应按照其裸件或商品销售规格,截取气垫厚度 0.4 cm 以上、直径 1 cm 气垫膜覆裹 2 层以上,形成覆裹层 0.8 cm 以上厚度的茧状覆裹件。对带有电池的商品,应分别对主机和随机电池分别进行覆裹。

3. 密封处理

对未进行防潮处理的商品,应按照完成覆裹的茧状覆裹件或商品销售包装规格,选取适宜尺寸的防潮、防泄露塑封袋,密封处理。

4. 封合

使用宽 4 cm 以上聚丙烯或聚乙烯胶带,压盖茧状覆裹件、经过密封处理的茧状覆裹件或商品销售包装,进行封合。

5. 外包装箱内壁封栏

按照茧状覆裹件成茧规格或商品销售包装规格,选取适宜尺寸、强度的 5 层及 5 层以上瓦楞纸箱为外包装箱;截取 1 cm 及以上厚度蜂窝纸板或 EPS 板,对外包装箱进行封栏处理。截取蜂窝纸板或 EPS 板时,可经多层黏合形成。对外包装箱内置多个待封装物、外包装箱体积较大的,待封装物间(包括商品的底部和顶部)应使用 0.3 cm 及以上厚度瓦楞纸板或 EPS 板交叉竖立在箱内,将箱内空间分割成一层或多层若干个(视内装品数量而定)网格状空间,将待封装物置入。

6. 填充外包装箱

在外包装箱已封栏底面,铺衬 2 cm 及以上厚度气垫膜、聚氨酯泡沫或 EPS 板,使用气垫厚度 0.4 cm 以上、直径 1 cm 气垫膜,严实填充。

7. 封合外包装箱

使用宽 4 cm 以上聚丙烯或聚乙烯胶带,封合外包装箱;粘贴特快专递业务专用单式,形成邮件。

8. 填充、封合内封装盒

遇客户要求对商品内件包裹进行内封装盒封装时,应按照茧状覆裹件成茧规格,选取适宜尺寸的 3 层瓦楞纸箱为内封装盒,并进行内封装盒填充。填充时,应使用气垫厚度 0.4 cm 以上、直径 1 cm 气垫膜严实填充待封装物与内封装盒间隙;填充完毕,闭合内封装盒。

9. 发泡包裹

发泡处理按上述现场发泡过程处理。

10. 包装完毕

完成以上步骤,包装完毕。

案 例

托运丢失贵重品　未做声明获赔甚微

　　肝素钠是从猪或牛肠黏膜中提取的硫酸氨基葡聚糖的钠盐。因肝素钠提取工艺复杂且具有广泛的药用价值,所以价格不菲,市价在每千克 2.5 万元左右。2010 年 12 月 30 日,原告广汉某食品有限公司与被告某运输服务有限公司订立运输合同,约定被告通过航空托运运送 10 kg 肝素钠至江苏省吴江市某生化制品有限公司。被告在自原告出具的货运单上载明了运送货物的品名、件数、重量、航空运费等信息。原告也依合同约定向被告支付了运费 130 元。2011 年 1 月 2 日,原告指定的收货人在收货时发现托运的肝素钠丢失了 6200 g,价值 15.81 万元。原告得知此情况后,多次就赔偿问题与被告交涉未果,后诉至法院要求被告赔偿货物损失 15.81 万元。

　　法院审理后查明,2010 年 12 月 30 日,被告承接了原告代理货运的业务,并向原告出具了货运单。该运单上载明了运送货物的品名、件数、重量、航空运费等信息,但并未在货运单上的运输声明价值栏和运输保险价值栏做相应记载。原告也未向被告声明货物的价值或办理运输保险价值。

　　法院审理认为,原告的收货人在收货时发现由被告运输的肝素钠遗失了 6200 g,对此,被告未能举证证明货物的遗失是因不可抗力、货物本身的自然性质或者合理损耗以及托运人、收货人的过错造成的,故应予赔偿。原告所委托运货物是贵重物物品,应申报货物价值,并支付运输声明价值费或保险费。但原告没有申报货物价值也没有对货物进行投保,因此原告应承担货物遗失后因未办理声明运输价值和运输保险价值而造成的法律后果。根据合同法、《中国国际航空公司货物国内运输总条例》的相关规定,被告只是按照货物的重量标准收取了运费,并不知道货物的实际价值,原告仅凭向被告支付的运费要求被告赔偿遗失货物的实际价值不合理,故按每千克赔偿 100 元的标准,判令被告赔偿原告损失费 620 元。

第六节 危货物流

随着科学技术的进步和社会的发展,尤其是化学工业的发展,出现了越来越多新的化学物质。在已存在和应用物质中,具有明显或潜在危险的物质就有 3 万多种,其中以化学工业品居多。每年由于危险品运输而造成的世界船舶失事率有上升的趋势。在这些海损事故中,火灾和爆炸的事故约占总量的 26.7%。同样,装卸作业中也涉及不同的危险货物。

危险货物具有易爆、易燃、腐蚀、毒害、放射性等特性,有一定的潜在危险。因此,在运输和装卸作业过程中需要加以特别保护。而当它一旦受到某些因素的影响,若处理不当,就有可能发生危险,造成人员伤亡和财产损毁。

危险货物在海上货物运输量中约占整个海上货物运输量的一半,船舶和港口担负着重要的任务。危险货物采用集装箱运输有利于提高运输的安全性,因此,危险货物集装箱运输目前正被各国广泛采用,其运量也在不断地增长。

我国是一个海运大国,船舶危险货物运箱量目前已有大幅度的增长,为了有效防止危险货物对人员造成伤亡和财产损毁,保证安全运输,近年来,我国对危险货物的运输管理工作日益重视,并把它放在了重要的地位。

我国政府在 1954 年制定的《船舶装运危险品暂行规则》的基础上,经 1959 年、1960 年两度修改后,颁布了 1962 年 3 月 16 日起实施的《水上危险品货物运输规则》。后又经修改,改名为《危险货物运输规则》(以下简称《国内危规》),并于 1972 年 1 月 1 日起执行,这是国内最初使用的"危规"。

1973 年,我国加入《国际海上人命安全公约》,并参与了该国际组织的活动。为了适应国际惯例和国际贸易运输的需要,使危险货物在分类、标志、包装、单证、运输条件等方面与国际上取得一致,我国政府决定 1982 年 10 月 1 日起,在国际航线上(包括港口装卸)开始执行《国际海上危险货物运输规则》(以下简称《国际危规》),并结合我国实际情况作了一些补充规定。

从我国对危险货物水路运输管理角度来看,在内贸运输中执行《国内危规》,在外贸运输中执行《国际危规》造成了许多人为矛盾。为了使《国内危规》向《国际危规》看齐,我国于 1996 年 7 月 1 日正式启用新的《水路危险货物运输规则》(以下简称《水路危规》)。

新的《水路危规》是根据我国水路运输危险货物的特点和有关要求,参照《国际危规》中有关危险货物的分类、标志、包装等有关规定,还参考了其他国家航运对危险货物运输的要求和有关规定而制定的。该规则对危险货物运输中的各个环节和所采用的不同运输方式(如集装箱、滚装船等)都作了比较明确的规定。在执行新的《水路危规》时,还要配套使用《船舶装运危险货物应急措施》和《危险货物医疗急救指南》。

凡具有燃烧、爆炸、腐蚀、毒害以及放射性的性质,在运输、装卸和保管过程中,如果处理不当可能会引起人身伤亡或财产损毁的物质或物品,统称为危险货物。[①]

《国际危规》将危险货物分为九大类:①爆炸品;②气体;③易燃液体;④易燃固体、易自燃物质和遇水放出易燃气体的物质;⑤氧化物质(剂)和有机过氧化物;⑥有毒的(毒性的)物

---

① 张敏.农产品物流与运营实务[M].北京:中国物资出版社,2009.

质和感染性物质;⑦放射性物质;⑧腐蚀品;⑨杂类危险物质。

一、爆炸品

1. 爆炸品

爆炸品包括爆炸性物质、爆炸性物品以及为产生爆炸或烟火效果而制造的物质和物品。爆炸性物质是指通过其本身的化学反应产生气体,其温度、压力和速度能对周围环境造成破坏的某一固态、液态物质或混合物。爆炸品按其危险性,又分为五类。

(1) 具有整体爆炸危险(实际上同时影响全部货物的爆炸)的物质和物品。

(2) 具有喷射危险,但无整体爆炸危险的物质和物品。

(3) 具有燃烧危险和较小爆炸危险,或者兼有此两种危险,但无整体爆炸危险的物质和物品。

(4) 无重大危险的物质和物品。

(5) 具有整体操作危险但极不敏感的物质和物品。

2. 一般装箱要求

爆炸品的危险特性主要有爆炸性、燃烧性、毒性或窒息性。爆炸品如在一起能安全积载或运输而不会明显增加事故率或在一定量的情况下不会明显增大事故后果,可以认为是"相容的"或"可配装的"。根据这一标准,本类物质又可以分成十二个装配部,用英文字母 A~K 和 S 表示,并有相应的配装类别。

箱内危险货物带来安全隐患。系固的材料主要有钢丝绳、纤维索、钢带、尼龙带、气袋等。

必要时,应使用集装箱内的系固设备来防止货物发生移动。用于集装箱内系固的紧固件应具有紧固后的固定装置,系固完毕后,所有紧固件都应处于固定位置,或能起到同样效果,以防在运输途中因车、船的振动和摇摆等因素的影响,使紧固件松动而降低系固效果,气袋使用应符合下列要求:使用空气袋认真遵守制造商关于冲灌压力的指导;考虑到集装箱内部温度升高的可能性,装货时应留有余量;空气袋在集装箱门口处使用时,应采取相应的防护措施。

3. 特殊装箱要求

(1) 爆炸品装箱。爆炸品应按配装类的要求进行装箱,配装类相抵触的爆炸品不得同箱装载;雷管及引信等极敏感的物质应装于货物的表面;箱壁四周应用木板衬垫使与金属部位隔离;进行箱内固定工作时,应使用不致产生火花的工具,用力不要过猛,严防撞击、震动,同时注意所使用的钉子不能散落在箱内。

(2) 气体装箱。箱内沾有油污的集装箱不能使用,严禁穿沾有油污的工作服和使用沾有油污的手套,作业时不能用手持钢瓶的安全帽,严禁抛掷、碰撞、滚滑,检查钢瓶,应符合下列要求:安全帽应拧紧,无异味,防止气体冒出;瓶帽如有松动,应采取有效的紧固措施;瓶壁无腐蚀、无凹陷及损坏现象;其他附件如阀门、瓶体、漆色应符合产品标准;钢瓶的保护皮圈应齐全。钢瓶应以成组或托盘形式装箱,要防止钢瓶在箱内滚动。箱壁和两端应用木板隔离,堆放时,箱内钢瓶的安全帽应朝同一方向,货物固定时,钉子或钉帽不能外露。

(3) 易燃液体装箱。检查包装桶,应符合下列要求:桶盖无松动,桶的焊缝无渗漏的渍迹,严禁焊缝有渗漏的桶装货装入箱内;桶端无膨胀或外裂现象。应使用铜质工具紧固,低闪点危险货物装箱时,集装箱箱壁四周应用木板衬垫,桶装货装后留出的空隙余位,应有效的加固,防止移动;货物加固时,不应使用易产生火星的工具,固定后钉子不能外露。

(4) 易燃固体、易于自燃的物质、遇水放出易燃气体的物质装箱。装有电石、黄磷等的桶包装两端膨胀时,不得装入箱内;湿包或有水渍、油污现象的包件,不可装入箱内。箱内潮湿的集装箱严禁装载遇水放出易燃气体的物质。

(5) 氧化性物质和有机过氧化物装箱。忌高温,作业时应有遮阳设施,防止阳光直晒,集装箱内部应清洁、干燥、没有油污,不得留有任何酸类、煤炭、木屑、硫化物及粉状等可燃物。

(6) 毒性物质和感染性物质装箱。夏季装载易燃性毒品时,应防止日晒,作业时应穿工作服,戴口罩、手套等,撒落在地面上的毒害品,应用潮湿锯末等物及时打扫干净,并按规定妥善处理。

(7) 放射性物质装箱。人工搬运时,操作人员应按规定的作业时间进行轮换,放射性大的应装于中部,放射性强度小的装于周围,货物较少,不能装满箱时,应置于箱子中部,四周用填料顶紧,摆放在箱内要平稳、牢靠,以防在运输途中滑动倒塌,对于放射性物质应当优先装运,做到及时进货、装箱、搬运。

(8) 腐蚀性物质装箱。塑料桶的包装冬季较脆,不应摔碰,夏季变软怕压,应用木板衬垫减压,装箱时应检查包装的桶盖是否松动,包件是否渗漏或裂变,玻璃和陶瓷容器盛装腐蚀品,应检查封口是否完好、向上,有无渗漏。装箱时应采取有效紧固措施和固定方法。

4. 封箱操作要求

装箱完毕后,应进行清理,清除多余的系固材料、工具、废弃的包装材料等,然后关闭箱门,确认箱门的关闭装置锁闭牢靠,在施封装置上加以封志。

5. 装箱后要求

应巡视装箱后集装箱外观情况,并确认正常,在集装箱箱体两端、两侧张贴该危险货物的标牌。如适用,还应张贴"海洋污染物"标记和其他标识。有联合国编号要求显示的危险货物,应显示相应的联合国编号,具有副危险性质的危险货物,还应在主危险性标牌的旁边张贴副危险性标牌。使用固体二氧化碳或其他膨胀或制冷剂,应按规定在箱外做出标识。装载熏蒸货物或在熏蒸条件下运输的封闭集装箱,箱门外应张贴警告牌。装载有温控要求的危险货物冷藏箱,应开启制冷系统,保持相应的运输温度,并采取监控措施。对固定物体用的结构、装置、用具及材料应符合危险货物运输的要求;箱内固定的方法要合适恰当;各类危险货物在箱内积载均应有效地固定。

二、危险货物集装箱的装卸与保管

(一) 危险货物的装卸

1. 装卸危险货物集装箱前的准备工作

(1) 明确危险货物的性质、积载位置及应采取的安全措施,并申请监装,取得适装证书。

(2)应将审签的货物积载图交当地法定机关进行审定。

(3)保证舱室清洁、干燥和水密。

(4)在装卸货现场备妥相应的消防设备,并使其处于随时可用状态。

(5)夜间作业应备好足够的照明设备;装卸易燃、易爆危险货物时必须使用防爆式或封闭式安全照明设备,严禁使用其他不安全灯具。

(6)起卸放射性物品或能放出易燃、易爆、有毒气体的危险货物前,应进行充分的通风,应有防止摩擦产生火花的措施,须经有关部门检测后才能开始卸货作业。[①]

2. 装卸危险货物的注意事项

危险货物的装卸工作尽可能安排在专用作业场地,严格按货物积载图装货,遵守装卸货注意事项,加强监装监卸,注意装卸货安全。

(1)装卸作业时,要悬挂显示规定的灯号或标志。

(2)装卸危险品时,应有专人值班,并进行监装监卸工作,坚守岗位,落实各项安全措施。

(3)装货时监装人员应逐件检查货物包装及标志,破、漏、渗的包装件应拒装。

(4)严格按积载图装卸,遵守危险货物分装卸货的注意事项。

(5)装卸危险货物时应使用适当的机器。在装卸易燃、易爆、剧毒、腐蚀及放射性危险货物时,装卸机具应按额定负荷降低25%使用;在装卸易燃或爆炸品时禁止使用易产生火花的工具。

(6)装卸危险货物时应采取正确的作业方法,小心谨慎地操作,平稳吊落货物,轻拿轻放。严禁撞击、摩擦、拖拉、滑跌、抛丢、坠落、翻滚等野蛮作业,保持包装完好。严禁超高堆装,堆码整齐牢固。桶盖、瓶口应朝上,禁止倒置、倒放。

(7)根据危险货物不同的性质,活用相应的铺垫隔衬材料进行衬垫、遮盖、绑扎和加固。

(8)起卸包装破漏的危险品时现场严禁明火,有关人员应站在上风处,对包装破损严重的,要进行必要的修理和清洁工作,以避免危险品渗漏,但必须注意安全,并根据"应急措施表"及"医疗急救指南"采取相应的措施。

(9)在装卸爆炸品或烈性易燃品时,不得进行能产生火花的检修工作和拷铲油漆作业。

(10)装卸危险货物过程中,遇有闪电、雷击、雨雪天或附近发生火警时,应立即停止装卸货作业。

(11)停装停卸时,应关闭照明及电源。

(12)装完货后应进行全面检查,及时取得监装。

危险货物集装箱的保管应符合有关堆放、储存、转运的法令、法规以及企业的规章制度。

(二)危险货物的保管

1. 危险货物品名表的条目

危险货物品名表的每个条目都对应一个编号。危险货物品名表的条目包括以下四类。

(1)"单一"条目适用于意义明确的物质或物品。

---

① 翁心刚,安久意,黄全明,李俊韬.大宗商品全程电子商务及物流模式研究[M].北京:中国财富出版社,2016.

示例:

1114 苯

1160 二甲胺水溶液

(2)"类属"条目适用于意义明确的一组物质或物品。

示例:

1133 黏合剂,含易燃液体

1266 香料制品,含油易燃溶剂

(3)"未另列明的"特定条目适用于一组具有某一特定化学性质或特定技术性质的物质或物品。

示例:

1481 无机高氯酸盐,未另列明的

3272 酯类,未另列明的

(4)"未另列明的"一般条目适用于一组符合一个或多个类别或项别的标准的物质或物品。

示例:

3178 无机易燃固体,未另列明的

1993 易燃液体,未另列明的

2. 危险货物品名表结构

危险货物品名表分为7栏:

第1栏"编号"——采用联合国编号;

第2栏"名称和说明"——危险货物的中文正式名称,用黑体字(加上构成名称一部分的数字、希腊字母、"另"、"特"、"间"、"正"、"邻"、"对"等)表示,也可附加中文说明,用宋体字表示;

第3栏"英文名称"——危险货物的英文正式名称,用大写字母表示,附加说明用小写字母表示;

第4栏"类别或项别"——危险货物的主要危险性,按《危险货物分类和品名编号》(GB6944—2005)确定,其中第1类危险货物还包括其所属的配装组;

第5栏"次要危险性"——除主要危险性以外的其他危险性,按《危险货物分类和品名编号》(GB 6944—2005)确定;

第6栏"包装类别"——按照联合国包装类别给危险货物划定的类别号码,用Ⅰ、Ⅱ、Ⅲ表示;

第7栏"备注"——原《危险货物品名表》(GB 12268—1990)中的编号。

要注意的是,现在用《危险货物品名表》(GB 12268—2005)标准代替《危险货物品名表》(GB 12268—1990)标准。

3. 危险货物编号

《危险货物分类和品名编号》(GB 6994—2005)的有关危险货物品名编号的规定如下。

1)编号的组成

危险货物品名编号由五位阿拉伯数字组成,表明危险货物所属的类别、项号和顺序号。

2) 编号的使用

每一危险货物指定一个编号,但对其性质基本相同,运输条件和灭火、急救方法相同的危险货物,也可使用同一编号。

3) 举例

品名×××,属第4类,第3项,顺序号100,该品名的编号为43100。该编号表明该危险货物属第4类第3项遇湿易燃物品。

(三) 危险货物运输特征

危险品一般是工业原料或产品,以其特殊的物理性质、化学性质,在运输与储存过程中必须遵守相应的规则,以免发生事故,造成灾害,危险货物的主要特征如下:

1. 危险货物品类繁多,物理、化学性质各不相同

《危险货物品名表》(GB 12268—2005)中在册危险货物的品类已达2763个,而且每年还不断增加新的危险品,物理和化学性质千差万别。

2. 运输中既有危险性与潜在危险性大

危险货物具有爆炸、易燃、毒害、腐蚀、放射性等性质,在运输过程中既有危险性与潜在危险性大,容易造成人员伤亡和运输工具损坏、运输设施破坏、运输货物损坏。危险货物的事故往往造成极大的危害。

3. 危险货物运输管理方面的法律法规多

目前危险货物管理方面的法律法规有《中华人民共和国道路安全法》、《中华人民共和国道路运输条例》、《危险化学品安全管理条例》、《危险货物品名表》(GB 12268—2005)、《危险货物分类和品名编号》(GB 6994—2005),以及各种运输方式危险货物运输规则、危险货物运输管理规定等。

4. 运输资质要求高,运输专业性强

目前危险货物运输实行业务专营、车辆专用、人员专业等政策,以保证运输中的安全。

贵州福泉收费站爆炸事故

2011年11月1日上午11时30分左右,贵州省黔南州福泉市马场坪收费站附近,两辆运送炸药的车辆在一汽修厂检修时发生爆炸。受爆炸冲击波影响,周边部分房屋玻璃震碎,房屋受损。爆炸波及范围大约有一个标准400 m跑道的足球场大小,发生爆炸的收费站房屋基本只剩下框架结构。经初步调查,两辆汽车上共装有炸药72吨左右。事故已造成8人死亡,约有200人被送进医院救治,其中,重伤20余人。

新华社报道,据贵州省黔南州公安局通报的事故初步调查情况显示,福泉市永远发展运输有限公司与湖南南岭民用爆炸器材股份有限责任公司签订了运输合同,运输炸药的两辆货车均属福泉永远发展运输公司,载有炸药总量72吨,拟运往贵州联合民爆器材经营有限

责任公司。两辆货车未规定的路线行驶,违规停放在马场坪收费站附近的检测站时,一辆货车燃烧,发生爆炸。

1. 危险货物运输事故可能对社会产生什么样的严重后果?
2. 贵州福泉收费站爆炸事故发生的原因是什么?

三、危险货物的包装

危险货物的包装,依据的国家标准主要有《危险货物运输包装通用技术条件》(GB 12463—2009)、《危险货物包装标志》(GB 190—2009)、《包装储运图示标志》(GB/T 191—2008)。

1. 危险货物运输包装的定义

危险货物运输包装是指根据危险货物的特性,按照有关标准和法规,专门设计制造的运输包装。

2. 包装的分级

按包装结构强度和防护性能及内装物的危险程度,危险货物包装可分为三个等级。

Ⅰ级包装:适用内装危险性极大的货物。

Ⅱ级包装:适用内装危险性中等的货物。

Ⅲ级包装:适用内装危险性较小的货物。

3. 危险货物包装的基本要求

(1) 危险货物运输包装应结构合理,具有足够的强度,防护性能好。包装的材质、形式、规格、方法和内装货物质量,应与所装危险货物的性质和用途相适应,并便于装卸、运输和储存。

(2) 运输包装应质量良好,其构造和封闭形式应能承受正常运输条件下的各种作业风险,不应因温度、湿度或压力的变化而发生任何渗(撒)漏,包装表面应清洁,不允许黏附有害的危险物质。

(3) 运输包装与内装物直接接触部分,必要时应有内涂层或进行防护处理,运输包装材质不得与内装物发生化学反应而形成危险产物或导致削弱包装强度。

(4) 内容器应予固定。如内容器易碎且盛装易撒漏货物,应使用与内装物性质相适应的衬垫材料或吸附材料衬垫妥实。

(5) 盛装液体的容器,应能经受在正常运输条件下产生的内部压力。灌装时必须留有足够的膨胀余量(预留容积),除另有规定外,并应保证在温度55 ℃时,内装液体不致完全充满容器。

(6) 运输包装封口应根据内装物性质采用严密封口、液密封口或气密封口。

(7) 盛装需浸湿或加有稳定剂的物质时,其容器封闭形式应能有效地保证内装液体(水、溶剂和稳定剂)的百分比,在贮运期间保持在规定的范围以内。

(8) 运输包装有降压装置时,其排气孔设计和安装应能防止内装物泄漏和外界杂质进入,排出的气体量不得造成危险和污染环境。

(9) 复合包装的内容器和外包装应紧密贴合,外包装不得有擦伤内容器的凸出物。

(10) 盛装爆炸品包装的附加要求:

① 盛装液体爆炸品容器的封闭形式,应具有防止渗漏的双重保护;

② 除内包装能充分防止爆炸品与金属物接触外,铁钉和其他没有防护涂料的金属部件不得穿透外包装;

③ 双重卷边接合的钢桶、金属桶或以金属做衬里的包装箱,应能防止爆炸物进入缝隙。钢桶或铝桶的封闭装置必须有合适的垫圈;

④ 包装内的爆炸物质和物品,包括内容器,必须衬垫妥实,在运输中不得发生危险性移动;

⑤ 盛装有对外部电磁辐射敏感的电引发装置的爆炸物品,包装应具备防止所装物品受外部电磁辐射源影响的功能。

大件运输由于其质量或体积超过常规道路、桥梁涵洞等设施的限载或通行标准,可能导致道路、桥梁的损坏,危及公共交通安全,很难由承运企业独自实施,因此需要在有关行政职能部门的组织协调下,对大件运输进行科学的组织和管理,以保障大件运输任务的安全顺利完成。大件运输因其承运对象的大型化以及特殊性,使其在具体的运输实施时不仅关系到货物运输本身的安全,而且关系到社会的安定。如何确保大件公路运输安全、提高运输组织效率,是大件运输的关键。

案 例

8·12 天津滨海新区爆炸事故

2015 年 8 月 12 日 23:30 左右,位于天津市滨海新区天津港的瑞海公司危险品仓库发生火灾爆炸事故,造成 165 人遇难(其中参与救援处置的公安现役消防人员 24 人、天津港消防人员 75 人、公安民警 11 人,事故企业、周边企业员工和居民 55 人)、8 人失踪(其中天津消防人员 5 人,周边企业员工、天津港消防人员家属 3 人),798 人受伤(伤情重及较重的伤员 58 人、轻伤员 740 人),304 幢建筑物、12428 辆商品汽车、7533 个集装箱受损。截至 2015 年 12 月 10 日,依据《企业职工伤亡事故经济损失统计标准》等标准和规定统计,已核定的直接经济损失 68.66 亿元。经国务院调查组认定,天津港"8·12"瑞海公司危险品仓库火灾爆炸事故是一起特别重大生产安全责任事故。

2016 年 11 月 7 日至 9 日,天津港"8·12"特大火灾爆炸事故所涉 27 件刑事案件一审分别由天津市第二中级人民法院和 9 家基层法院公开开庭进行了审理,并于 9 日对上述案件涉及的被告单位及 24 名直接责任人员和 25 名相关职务犯罪被告人进行了公开宣判。宣判后,各案被告人均表示认罪、悔罪。

天津交通运输委员会主任武岱等 25 名国家机关工作人员分别被以玩忽职守罪或滥用职权罪判处三年到七年不等的有期徒刑,其中李志刚等 8 人同时犯受贿罪,予以数罪并罚。

事发公司

瑞海公司危险品物流仓库

天津东疆保税港区瑞海国际物流有限公司官网显示,公司成立于 2011 年,是天津海事

第七章
特种物流

局指定危险货物监装场站和天津交委港口危险货物作业许可单位。曾多次进行危化品事故演练,官网显示,2014 年 8 月公安部门对该企业进行了多方面检查。其仓储业务中主要的商品分类,基本上都属于危险及有毒气体。瑞海国际官网介绍,2014 年 3 月 5 日 14 时,该公司在其剧毒品仓库北库进行剧毒化学品泄漏应急处置演练。公司官网显示,其安全文化的方针是:"更科学、更严谨、更规范,对生命负责"。同时,格外强调"安全",并称:"金钱再好,没有生命美好,时间再紧,没有安全要紧"、"安全不是万能的,没有安全却是万万不能的。"

事发地点

事发地点位于天津市滨海新区吉运二道 95 号的瑞海公司危险品仓库(北 39°02′22.98″,东经 117°44′11.64″)运抵区("待申报装船出口货物运抵区"的简称,属于海关监管场所,用金属栅栏与外界隔离。由经营企业申请设立,海关批准,主要用于出口集装箱货物的运抵和报关监管)。

天津港,也称天津新港,位于天津市海河入海口,处于京津冀城市群和环渤海经济圈的交汇点上,是中国北方最大的综合性港口和重要的对外贸易口岸。天津港是在淤泥质浅滩上挖海建港、吹填造陆建成的世界航道等级最高的人工深水港。天津港主航道水深已达 21 m,可满足 30 万吨级原油船舶和国际上最先进的集装箱船进出港。2013 年天津港货物吞吐量首次突破 5 亿吨,集装箱吞吐量突破 1300 万标准箱,成为中国北方第一个 5 亿吨港口。2003 年 11 月 15 日 根据国务院办公厅《转发交通部等部门关于深化中央直属和双重领导港口管理体制改革意见的通知》,经天津市委批准,天津港务局实行政企分开,行政职能转交天津市交通委员会,天津港务局专制为天津港(集团)有限公司。2004 年 6 月 3 日,天津港(集团)有限公司正式挂牌成立。

事故经过

2015 年 8 月 12 日 22 时 51 分 46 秒,瑞海公司危险品仓库最先起火;2015 年 8 月 12 日 23 时 34 分 06 秒发生第一次爆炸,近震震级 ML 约 2.3 级,相当于 3 吨 TNT;发生爆炸的是集装箱内的易燃易爆物品。现场火光冲天,在强烈爆炸声后,高数十米的灰白色蘑菇云瞬间腾起。随后爆炸点上空被火光染红,现场附近火花四溅。23 时 34 分 37 秒发生第二次更剧烈的爆炸,近震震级 ML 约 2.9 级,相当于 21 吨 TNT。国家地震台网官方微博"中国地震台网速报"发布消息称,"综合网友反馈,天津塘沽、滨海等,以及河北河间、肃宁、晋州、藁城等地均有震感。"2015 年 8 月 12 日晚 22 时 50 分接警后,最先到达现场的,是天津港公安局消防支队。截至 2015 年 8 月 13 日早 8 点,距离爆炸已经有 8 个多小时,大火仍未完全扑灭。因为需要沙土掩埋灭火,需要很长时间。事故现场形成 6 处大火点及数十个小火点,8 月 14 日 16 时 40 分,现场明火被扑灭。事故中心区为此次事故中受损最严重区域,该区域东至跃进路、西至海滨高速、南至顺安仓储有限公司、北至吉运三道,面积约为 54 万 m²。两次爆炸分别形成一个直径 15 m、深 1.1 m 的月牙形小爆坑和一个直径 97 m、深 2.7 m 的圆形大爆坑。以大爆坑为爆炸中心,150 m 范围内的建筑被摧毁,东侧的瑞海公司综合楼和南侧的中联建通公司办公楼只剩下钢筋混凝土框架;堆场内大量普通集装箱和罐式集装箱被掀翻、解体、炸飞,形成由南至北的 3 座巨大堆垛,一个罐式集装箱被抛进中联建通公司办公楼 4 层房间内,多个集装箱被抛到该建筑楼顶;参与救援的消防车、警车和位于爆炸中心南侧的吉运一道和北侧吉运三道附近的顺安仓储有限公司、安邦国际贸易有限公司储存的 7641 辆商品汽车和现场灭火的 30 辆消防车在事故中全部损毁,邻近中心区的贵龙实业、新东物流、港湾物流等公司的 4787 辆汽车受损。

公安部消防局 2015 年 8 月 13 日 10 时消息,天津爆炸现场救援指挥部爆炸中心点刚刚召开会议决定,现场救援暂停,待现场勘察完毕后决定下一步采取何种措施。国务院事故调查组确定工作思路:暂缓扑灭,派防化团进场。①由于危化品数量内容存储方式不明,暂缓扑灭,确定好具体方案再实施;②密切关注环保监测,派防化团进现场;③做伤员的抢救救治及遇难者家属的安抚工作;④对附近区域进行交通戒严。

(资料来源:http://baike.baidu.com/link?url＝2RaELuwfiGbcstq2an5WYTaOsqs8-zKeNGZ8YoZ99hVv-Xyhtz3sY_QR8INab6B2ojnZ9v5Pyvu9MfCYNxmqL02bpU-D8mTcf-puszWP8LiJtiUEJfyv1aNhJCmX9-lp9t0yp9qZz5QVlMUPhcf65P5X8VbXGkJ3zyEnVfZC_hc1XoPOxz-XB_eB1Ow2AwwHOwI8P-rC1UBwxN1PxFd_BULCq_RygfmhiZuCRI3Ez1n1_i8woTkqxZG4U0ae5H3KzrENlWpDKLpscrcw4ItaUfNOln15sV3LE9XQOwjJySS1g1Av39-H19jPATRQMkgfh19.)

第七节　成　组　运　输

成组运输(Unitized Transport)是将各类集装单元(箱)货物作为一个运输单元(箱),采用机械装卸和搬运,进行规格化运输的一种运输自动化生产方式。它是采用一定的办法,把分散的单件货物组合在一起,成为一个规格化、标准化的大的运输单位进行运输。成组运输适于机械化、自动化操作,便于大量编组运输。成组运输加快了货物周转,提高了运输效率,减少了货损货差,节省了人力物力,降低了运费成本。因此,成组运输已成为现代交通运输中普遍采用的一种方式。

一、成组运输概述

我们通常说的成组运输包括捆扎件运输、托盘运输、集装箱运输。它的发展经过了一个漫长的过程。最初的成组方式是利用一个箱子将零碎的物品装起来,或使用网络和绳索铁皮把几件货物捆扎在一起成为一个运输单位,这是成组运输的雏形。后来,把若干件货物堆装在一块垫板上作为一个运输单位。随后,在垫板运输的基础上进而发展到托盘运输。托盘运输比垫板运输前进了一大步,不仅运输单位增大,而且更便利、更适合机械操作。因此,我们把托盘运输称为成组运输的初级阶段。此后,因汽车运输货物需要换装而发明了集装箱。集装箱运输的产生被称为运输的革命,它为标准化的成组运输方式提供了极为有利的条件,使自动化大生产开始适用于运输领域,因此集装箱运输是成组运输的最高形态。将货物经由集装器具进行集装,改善了货物原有的存放状态,提高了货物的装卸搬运活性。如果将各类集装单元(箱)货物作为一个运输单元(箱),采用机械装卸和搬运,进行规格化运输,就形成了集装箱运输。

随着物流业的发展,托盘运输迅速地在仓储运输配送中发展起来,而集装箱运输则大量地应用于国际贸易和国际多式联运中。成组运输能大大提高运输效率、降低运输成本,具有安全、迅速、省时等优点。特别是集装箱运输的开展,可以在各种运输方式之间自动顺利的转换,因而有利于大陆桥运输和多式联合运输的开展。

成组运输必须具备两个前提,一是机械化和自动化,二是产品的标准化和规格化,这两个条件互为前提。要实现机械化和自动化,首先必须使产品标准化和规格化,这样才能充分发挥机械化和自动化的作用。当机械化和自动化的程度提高以后,才可能生产出标准化和规格化的产品,以机械代替人力操作。在运输领域里,大宗货物的运输自动化生产已获得较快的发展。例如,石油及其制品运输早已采用机械化和自动化,通过海上使用大型油轮运输,港口使用高性能自动油泵装卸,陆上使用管道输送等手段组成具有高组织化的连贯运输系统。粮食、煤炭、矿砂等大宗货物也已采用自动化和机械化成组运输,大大提高了装卸和运输效率,降低了运输成本。大宗货物的成组运输之所以得到较快的发展,一是使用了现代化、高性能的运输设备,实现了机械化和自动化;二是货物性质和规格相同,符合产品标准化和规格化的要求。

二、托盘运输

1. 托盘运输的概念和种类

托盘(Pallet)运输是指货物按一定要求成组,装在一个标准托盘上组合成为一个运输单位,使用铲车或托盘升降机进行装卸、搬运和堆放的一种运输方式,它是成组运输的一种形式。托盘是按照一定的规格制成的单层或双层干板载货工具。在平板上集中装载一定数量的单件货物,并要求捆扎加固,组成一个运输单位,以便在运输过程中使用机械进行装卸、搬运和堆放。同时,托盘又是一种随货同行的载货工具。

目前国际上对托盘的提供有两种来源:一是由承运人提供。在装货地将货物集装在托盘上,然后货物与托盘一起装上运输工具,在卸货地收货人提货时,如果连同托盘提走,就必须在规定时间内将空托盘送回,这种托盘结构比较坚固耐用。二是由收货方自备简易托盘,这种托盘随同货物一起交给收货人,不予退回。

托盘以木制为主,但也有用塑料、玻璃纤维或金属材料制成。按托盘结构的不同,常见的有平板托盘、箱形托盘和柱形托盘等。

2. 托盘运输的特点

1) 优点

托盘运输是以一个托盘为一个运输单位,运输单位增大,便于机械操作,因而可以成倍地提高运输效率。这种运输方式具有以下优点。

(1) 高运输效率。由于托盘运输是以托盘为运输单位,搬运和出入仓库都以机械操作,因此有利于提高运输效率。缩短货运时间,降低运输成本,同时还可以减小劳动强度。

(2) 便于理货,减少货损货差。以托盘为运输单位,货物件数变小,体积重量变大,而且每个托盘所装数量相等,既便于点数,理货交接,又可以减少货损货差事故。

(3) 投资比较小,收效比较快。与集装箱相比,托盘的投资相对较小,所用时间也较短,因而收效较快。

2) 缺点

托盘运输也存在着不足之处,如下所示。

(1) 托盘承运的货物范围有限。最适合托盘运输的货物是集装箱罐头食品、硬纸盒装的消费品等比较小的包装商品。大的、形状不一的家具、机械以及散装冷冻等货物就不适于托盘运输方式。

(2) 增加了托盘费用和重量。托盘运输虽然设备费用减少，但要增加托盘的费用。同时，由于增加了托盘的重量和体积，因此相应地减少了运输工具的载量。

3. 托盘运输的发展现状

目前世界上许多国家，特别是尚未具备条件开展集装箱运输的国家都在大力推广托盘运输，甚至有些国家的港口只允许货物托盘化和成组化的船舶装卸或优先给予泊位。

有些承运人为鼓励货主采用托盘运输，除对托盘本身免收运费外，还给货主一定的托盘津贴，甚至有些承运人对去往某些国家的货物，若没采用托盘则须加收托盘费，而许多进口商也愿意采取托盘运输并负担托盘费。由于托盘运输的上述优点，采取托盘运输不仅对港方和船方有利，而且对买卖双方也十分有利。

然而，托盘运输并不是最理想的运输方式。虽然托盘运输向成组运输前进了一步，但其效果还不足以从根本上改变传统的运输方式，不能完全适应国际多式联运方式。例如，它不能像集装箱那样，可以密封地越过国境和快速转换各种运输方式。因此，这种运输方式有待于向更高级的运输方式——集装箱运输方向发展。

三、集装箱运输

1. 集装箱运输概述

集装箱运输(Container Transport)是以集装箱作为运输单位进行货物运输的一种现代化的运输方式。它适用于海洋运输、铁路运输及国际多式联运等。

1) 集装箱的含义

集装箱(Container)又称"货柜"、"货箱"，原义是一种容器，现指具有一定的强度和刚度，专供周转使用并便于机械操作和运输的大型货物容器。因其形状像一个箱子，又可以集装成组货物，故称"集装箱"。

根据集装箱在装卸、堆放和运输过程中的安全需要，国际标准化组织（International Organization for Standardization，ISO）把集装箱定义为："集装箱是一种运输设备，应满足以下要求，具有耐久性，其坚固强度足以反复使用；便于商品运送而专门设计的，在一种或多种运输方式中运输时无须中途换装；设有便于装卸和搬运的装置，特别是便于从一种运输方式转移到另一种运输方式；设计时应注意到便于货物装满或卸空；内容积为 1 m^3 或 1 m^3 以上。"

中国、日本、美国、法国等国家，都全面地引进了国际标准化组织的定义。我国国家标准 GB1992—85《集装箱名称术语》中，引用了上述定义。除了 ISO 的定义外，还有《集装箱海关公约》(Customs Convention on Container，CCC)、《国际集装箱安全公约》(the International Convention for Safe Containers，CSC)、英国国家标准和北美太平洋班轮公会等对集装箱下的定义，内容基本上大同小异。

2) 集装箱的分类

随着集装箱运输的发展,为适应装载不同种类货物的需要,因而出现了不同种类的集装箱。这些集装箱不仅外观不同,而且结构、强度、尺寸等也不相同。根据集装箱的用途不同而分为以下几种:

(1) 干货集装箱(Dry Cargo Container)。干货集装箱也称杂货集装箱,这是一种通用集装箱,用以装载除液体货、需要调节温度货物及特种货物以外的一般件杂货。这种集装箱使用范围极广,其结构特点是常为封闭式,一般在一端或侧面设有箱门。

(2) 开顶集装箱(Open Top Container)。开顶集装箱也称敞顶集装箱,这是一种没有刚性箱顶的集装箱,但有可折式顶梁支撑的帆布、塑料布或涂塑布制成的顶篷,其他构件与干货集装箱类似。开顶集装箱适于装载较高的大型货物和需要吊装的重货。

(3) 台架式及平台式集装箱(Platform Based Container)。台架式集装箱是没有箱顶和侧壁,甚至有的连端壁也去掉而只有底板和四个角柱的集装箱。

台架式集装箱有很多类型,包括敞侧台架式、全骨架台架式等,为了保持其纵向强度,箱底较厚。箱底的强度比普通集装箱大,其内部高度则比一般集装箱低。在下侧梁和角柱上设有系环,可以把装载的货物系紧。台架式集装箱没有水密性,怕水湿的货物不能装运,适合装载形状不一的货物。

平台式集装箱是仅有底板而无上部结构的一种集装箱。该集装箱装卸作业方便,适于装载长、重大件。

(4) 通风集装箱(Ventilated Container)。通风集装箱一般在侧壁或端壁上设有通风孔,适于装载不需要冷冻而需要通风、防止汗湿的货物,如水果、蔬菜等。如果将通风孔关闭,则可作为杂货集装箱使用。

(5) 冷藏集装箱(Reefer Container)。这是专为运输要求保持一定温度的冷冻货或低温货而设计的集装箱,可分为带有冷冻机的内藏式机械冷藏集装箱和没有冷冻机的外置式机械冷藏集装箱,适用装载肉类、水果等货物。冷藏集装箱造价较高,营运费用较高,使用中应注意冷冻装置的技术状态及箱内货物所需的温度。

(6) 散货集装箱(Bulk Container)。散货集装箱除了有箱门外,在箱顶部还设有2~3个装货口,适用于装载粉状或粒状货物。使用时要注意保持箱内清洁干净,两侧保持光滑,便于货物从箱门卸货。

(7) 牲畜集装箱(Pen Container)。这是一种专供装运牲畜的集装箱。为了实现良好的通风,箱壁用金属丝网制造,侧壁下方设有清扫口和排水口,并设有喂食装置。

(8) 罐式集装箱(Tank Container)。这是一种专供装运液体货而设置的集装箱,如酒类、油类及液状化工品等货物。它由罐体和箱体框架两部分组成,装货时货物由罐顶部装货孔进入,卸货时,则由排货孔流出或从顶部装货孔吸出。

(9) 汽车集装箱(Car Container)。这是专为装运小型轿车而设计制造的集装箱。其结构特点是无侧壁,仅设有框架和箱底,可装载一层或两层小轿车。

由于集装箱在运输途中常受各种力的作用和环境的影响,因此集装箱的制造材料要有足够的刚度和强度,应尽量采用质量轻、强度高、耐用、维修保养费用低的材料。并且材料既要价格低廉,又要便于取得。

2. 集装箱运输的特性

集装箱运输与传统的货物运输相比较,具有以下特性。

1) 效益好

集装箱运输经济效益高主要体现在以下几方面。

(1) 简化包装,节约包装费用。为避免货物在运输途中受到损坏,必须有坚固的包装,而集装箱具有坚固、密封的特点,其本身就是一种极好的包装。使用集装箱可以简化包装,有的甚至无须包装,实现无包装运输,可大大节约包装费用。

(2) 减少货损货差,提高货运质量。由于集装箱是一个坚固密封的箱体,因此集装箱本身就是一个坚固的包装。货物装箱并铅封后,途中无须拆箱倒载,一票到底,即使经过长途运输或多次换装,不易损坏箱内货物。集装箱运输可减少被盗、潮湿、污损等引起的货损和货差,深受货主和船公司的欢迎,并且由于货损货差率的降低,减少了社会财富的浪费,也具有很大的社会效益。

(3) 减少营运费用,降低运输成本。由于集装箱的装卸基本上不受恶劣天气的影响,船舶非生产性停泊时间缩短,又由于装卸效率高,装卸时间缩短,因此对船公司而言,可提高航行率,降低船舶运输成本;对港口而言,可以提高泊位通过能力,从而提高吞吐量,增加收入。

2) 效率高

传统的运输方式具有装卸环节多、劳动强度大、装卸效率低、船舶周转慢等缺点,而集装箱运输完全改变了这种状况。

(1) 装卸效率高。普通货船装卸一般每小时为 35 吨左右,而集装箱装卸每小时可达 400 吨左右,装卸效率大幅度提高。同时,由于集装箱装卸机械化程度很高,因此每班组所需装卸工人数很少,平均每个工人的劳动生产率大大提高。

(2) 航行效率高。由于集装箱装卸效率很高,受天气影响小。船舶在港停留时间大大缩短,因此船舶周转加快,航行效率大大提高,船舶生产效率随之提高,从而提高了船舶运输能力,在不增加船舶艘数的情况,可以完成更多的运量。

3) 投资大

集装箱运输虽然是一种高效率的运输方式,但是它同时又是一种资本高度密集的行业。

(1) 船舶和集装箱的投资大。根据有关资料表明,集装箱船每立方英尺的造价为普通货船的 3.7~4 倍。同时,集装箱的投资也相当大。开展集装箱运输所需的高额投资,使得船公司的总成本中的固定成本占有相当大的比例,高达三分之二以上。

(2) 港口的投资大。专用集装箱泊位的码头设施包括码头岸线和前沿、货场、货运站、维修车间、控制塔、门房,以及集装箱装卸机械等,耗资巨大。

(3) 配套设施的投资大。为开展集装箱多式联运,需要有相应的设施及货运站等,还需要兴建、扩建、改造、更新现有的公路、铁路、桥梁、涵洞等,这方面的投资更是惊人,没有足够的资金,开展集装箱运输是困难的,必须根据国情量力而行,最后实现集装箱化。

4) 协作难

集装箱运输涉及面广、环节多、影响大,是一个复杂的运输系统工程。集装箱运输系统包括海运、陆运、空运、港口、货运站以及与集装箱运输有关的海关、商检、船舶代理公司、货运代理公司等单位和部门,这就增加了运输中协作的难度。如果互相配合不当,就会影响整个运输系统功能的发挥,如果某一环节失误,就会影响全局,甚至导致运输生产停顿和中断。因此,要求整个运输系统各环节、各部门之间的高度协作,只有这样,才能保证集装箱运输系统高效率地运转。

总体来说,由于上述特点,大大解决了传统运输中久已存在而又不易解决的问题,如货物装卸操作重复劳动多、劳动强度大、装卸效率低、货损货差多、包装要求高、运输手段烦琐、运输工具周转迟缓、货运时间长等。这也使集装箱运输适合不同运输方式之间的转换,有利于国际多式联运的开展。

本章小结

本章通过分析当代几种主要的特种物流的特点和性质,总结了它们不同的包装运输方式,也说明了以后物流的发展方向。其中包括邮政、大件物品、鲜活易腐物、贵重物品、易碎物和危货六大种类,也对每种物品的包装运输给出了明确的解决方案。

邮政业务是最古老的一种物流方式,但现在它被划分为特种物流是因为它具有点多、线长、面广的特点,许多国家的邮政利用这一特点进而兼营某些金融业务(如储蓄业务、简易人寿保险),以及一些代理业务(如代收税款、代发养老金)等。现在人们最关心的就是老有所依、老有所养,而且政府通过邮政这个被老百姓所熟悉的渠道来分发各种养老金,邮政业才会生生不息。大件物流一直都是一个难题,影响着大件运输的因素都是技术上的问题,需要更高更好的科技,我国现阶段还需要加强,本章提出了运输时各种问题的解决方案。鲜活易腐物流是近来兴起的一种物流,随着经济一体化和计算机与通信技术的不断发展,为了满足当代物质的需求,鲜活易腐物流发展越来越好,但也受到许多因素的影响,鲜活易腐物最大的影响因素是季节。因此,本章对于鲜活易腐品也给出了具体的保存、包装和运输方式,具体的温度、湿度。贵重物流要注意的是收与发都要有具体详细的记录,包装时的细节影响着整个流程,要有具体的组织来管理。易碎物流的包装材料和顺序是非常重要的,每种不同的易碎物品要用不同材质和不同规格的材料来包装,也有不同的包装顺序。随着改革开放的深入,许多物品可以在各省市之间流通,如本章提到的危货,其中包括易燃易爆物、腐蚀性和放射性等化学用品,这类物品的危险程度很大,不允许个人携带。本章对危险物品进行了分类,对于这类货物的装卸和保管有明确的解释,分别列出了运输的方式,有成组运输、托盘运输和集装箱运输三类运输方式。

通过本章的学习,希望大家对于特种物流不再困惑,知道每种物流的特别之处,顺应时代发展的趋势。

交通物流

练习与思考

1. 邮政运输的特性有哪些?
2. 影响大件物流的因素有哪些?
3. 大件物流需要改进和加强的地方有哪些?
4. 贵重物流最重要的是哪一个环节?
5. 危货物流的具体运输方式有哪些?

综合案例

鲜活食品"冷链"物流

据专家预测,未来10年世界速冻食品的消费量将占全部食品的60%以上。与经济发达国家之间的明显差距表明,中国发展鲜活食品"冷链"物流潜力巨大,具有广阔的发展前景,冷冻冷藏食品行业正向更大的市场、更多的领域开拓。

肉制品行业——对"冷链"物流需求将经久不衰

多年来,居民对冷鲜肉、分割肉及其延伸制品的需求量猛增,其主要原因有:一是肉制品是广大居民的日用生活品,且是重要蛋白食品。随着人口增长,肉类消费量不断增加。二是肉制品行业集中度较高。目前主要集中于拥有丰富资源优势和独特区位优势的山东、河南两省。山东省肉类加工企业162家,河南139家。两者合计占全国肉制品销售总额的比重高达60%。三是进入21世纪以来,居民肉类消费发生了明显的结构变化,呈现出新的发展趋势:从冷冻肉到热鲜肉,再从热鲜肉转变到冷鲜肉,形成了"热鲜肉广天下,冷冻肉争天下,冷鲜肉甲天下"的局面。四是肉制品行业发展势头旺盛。

速冻主食品——"冷链"物流方兴未艾的行业

速冻食品指采用新鲜原料,经过水洗、漂烫、烹调加工或其他前处理工序,然后在低温(-33℃以下)下快速冻结,再妥善保存,于-18℃以下的连贯低温条件下送抵消费地点的低温产品。

据不完全统计,自1995年以来,中国速冻食品的产量以20%~35%的速度递增长,远高于全球9%的平均增长速度。迄今为止,中国速冻食品已经涵盖粮油、水果、蔬菜、畜禽和水产等五大行业。2005年,中国速冻调制食品年销售额高达100多亿元,2014年达到715亿元。同时,在全国连锁超市销售的各种日用食品中,速冻食品已连续多年名列第一位。目前在中国速冻食品领域,"三全"、"思念"和"龙凤"等三大品牌均以超过10%的市场占有率雄居第一集团。与之相适应的"冷链"物流配送系统至今尚未形成。如果这一条件得到满足,将会把速冻食品提高到一个新的水平。

乳制品冷藏冷运——促进"冷链"物流提速的行业

自从20世纪90年代以来,中国以牛奶为主的乳制品进入快速发展时期。2010年,我国人均液体奶消费量为9.6 kg,2014年为17.8 kg,相比发达国家有很大差距,有较大增长空间。如果按照中国居民膳食指南提出的人均每日消费 100 g 奶和奶制品的标准数量,那么,全国人均每年消费奶类数量应达到 36 kg。因此,乳制品行业采取"冷链"物流方式进行运输和配送十分必要。

"三聚氰胺事件"后,我国奶粉出口一度被禁止,近年来才慢慢恢复。

果蔬行业——急需快速发展"冷链"物流系统

中国是世界上最大的水果、蔬菜生产国,2016 年我国水果直接消费和加工消费分别达到 1.28 亿吨和 2810 万吨。我国是世界苹果生产第一大国,苹果栽培面积约为 225 万公顷,总产量居世界首位。由于原料充足、价格稳定,加工后又延长储存期和便于运输等因素,浓缩苹果汁每年以两位数增长。2015 年,我国蔬菜产量为 77403.56 万吨,年度进口总量为 27 万吨,出口数量为 1019 万吨。2016 年我国蔬菜表观消费量 84032 万吨,进口总量 27 万吨,出口总量 1039 万吨。再如蔬菜、水果罐头也是主要出口产品,占全球市场的 1/6 以上。水果和蔬菜是鲜活产品,通过发展"冷链"物流系统改善其储藏、运输和加工条件,可以减少损耗和浪费。

水产品——急需加强的"冷链"物流行业

改革开放以来,中国逐步形成以出口为导向的水产品生产加工体系。目前向 150 个国家(地区)出口水产品,其中向日、美、韩和欧盟市场的出口量占总出口量的 82% 以上。在出口的水产品中,深加工产品出口额占第一位,冻鱼及鱼片名列出口量第一位。水产品生产、加工和出口对"冷链"物流,包括冷冻、冷藏和冷运的技术设备等要求都很严格。特别是要求鱼类即捕捞即冷冻,以保证其新鲜和质量,克服上岸后再冷冻鱼产品已变质的问题。另外,水产品深加工无菌化的特点,需要包装容器和包装环境保持无菌化。然而,中国水产品无菌包装储藏与国外先进水平相比存在较大差距。此外,水产品捕捞船舶陈旧、冷冻冷藏设施落后、冷藏运输能力不足、冷藏运输费用较高等,都很不适应水产业发展和水产品出口贸易的需要,加强这一薄弱环节势在必行。

冷饮行业——需要不断扩大"冷链"物流系统

冷饮行业在中国有着广大的消费市场,其规模在不断扩大。然而,消费的季节性差异逐渐消失。目前国内人均冷饮消费量仅为 1.1 kg,与世界 1.3 kg 的人均冷饮消费量只差 0.2 kg,但与经济发达国家相比,差距很大。例如美国人均冷饮消费量已达 40 kg,是中国的 36.4 倍。悬殊的差距表明中国冷饮消费市场发展潜力巨大,与此相应的冷饮"冷链"物流发展前景也十分广阔。然而要清醒看到,目前中国国内冷饮业进入微利时代,平均销售利润率居整个食品行业的末位,导致行业内市场竞争十分激烈。这为发展"冷链"物流系统提供了机遇。另外,在中国超市和大卖场经营鲜活品的数量越来越大,品种越来越多,消费者在超市购置鲜活食品的比重也日益上升,致使冷冻冷藏食品成为超市的一个重要利润源。建立和健全冷饮行业"冷链"物流系统,实现细化运作,降低物流成本,通过现代"冷链"物流提高效益和增加利润大有希望。

(资料来源:李煜,胡洪林,周永圣.鲜活农产品冷链物流研究[J].中国市场,2015(15):78-80.)

思考题

1. 冷链物流的优势有哪些？
2. 冷链物流对我国有哪些影响？前景如何？

第八章 国际物流

学习目标

1. 知识目标：
①熟悉国际物流运输的方式和特点；
②掌握国际多式联运的优点和主要业务；
③掌握国际多式联运的基本特征；
④了解国际多式联运的形式；
⑤了解国际物流运输合理化的内容；
⑥掌握国际物流运输合理化的途径。

2. 能力目标：
①能够掌握国际物流的运输方式并能够在现实生活中运用；
②掌握国际多式联运经营人的性质、所需的条件、责任和赔偿责任制度；
③掌握国际多式联运的一般业务流程；
④认识和了解一些有重要意义的大陆桥；
⑤掌握国际多式联运实施的责任划分。

国际物流是现代物流系统中重要的物流领域之一，这种物流是国际贸易间的一个必然组成部分，各国之间的相互贸易最终通过国际物流来实现。

所谓国际物流，是指在国际贸易中发生的物流过程，即在国际贸易活动中，实现货物从一国向另一国空间转移的物理流动过程。《中华人民共和国国家标准物流术语》（GB/T 18354—2006）对国际物流（International Logistics）的定义是："跨越不同国家或地区之间的物流活动。"它是出口货物离开国境后，到进入进口国国境这样一个长距离的物流过程。国际物流这一概念，是在经济的发展越来越成为一种国际性活动，国民经济的发展越来越依赖于国际经济环境，各国为了尽快地发展本国经济，都在努力寻找国外市场的背景下提出来的。由于物流这块"黑暗大陆"蕴藏着极大的利润潜力，许多企业的目光都投向这块过去无人问津的"黑暗大陆"，物流因此成为国际市场上进行有效竞争的重要手段。

交通物流

国际物流的总目标是为了国际贸易和跨国经营服务,即选择最佳的方式与路径,以最低的费用和最小的风险,保质、保量、适时地将货物从某国的供方运到另一国的需方。国际物流使各国物流系统相互"接轨",与国内物流系统相比,具有一些不同的特征。

国际性是指物流系统涉及多个国家,系统的地理范围大,这一特征又称为国际物流系统的地理特征。国际物流跨越不同地区和国家,跨越海洋和大陆,运输距离长,运输方式多样,这就需要合理选择运输路线和运输方式,尽量缩短运输距离,缩短货物在途时间,加速货物的周转并降低物流成本。

国际物流的复杂性主要包括国际物流通信系统设置的复杂性、法规环境的差异性和商业现状的差异性等。在国际的经济活动中,生产、流通、消费三个环节之间存在密切的关系,由于各国社会制度、自然环境、经营管理方法、生活习惯的不同,一些因素变动较大,因而在国际组织好货物从生产到消费的流动,是一项复杂的工作。

国际物流的复杂性主要包括政治风险、经济风险和自然风险。政治风险主要指由于所途经的国家政局动荡,如罢工、战争等原因造成货物可能受到损害或丢失;经济风险又可分为汇率风险和利率风险,主要指从事国际物流必然要发生的资金流动,因而产生汇率风险和利率风险;自然风险则指物流过程中,可能因自然因素,如台风、暴雨等引起的风险。

国际物流的特点。国际物流与国内物流相比在物流环境、物流系统、信息系统及标准化要求这四方面存在着不同。

1. 物流环境

国际物流的一个重要的特点是物流环境的差异,这里的物流环境主要指物流的软环境。不同的国家有不同的与物流相适应的法律,这使国际物流的复杂性增强;不同国家不同的经济科技发展水平,使国际物流处于不同的科技条件的支撑下,甚至会因为有些地区根本无法应用某些技术,导致国际物流全系统运作水平下降;不同国家的不同标准使国际物流系统难以建立一个统一的标准;不同国家的国情特征,必然使国际物流受到很大的局限。

由于物流环境的差异,迫使一个国际物流系统需要在多个不同法律、人文、习俗、语言、科技环境下运行,无疑会大大增加国际物流运作的难度和系统的复杂性。

2. 物流系统

由于物流本身的功能要素,系统与外界的沟通已经很复杂,国际物流再在这样复杂的系统上增加不同国家的要素,这不仅是地域和空间的扩大,而且所涉及的内外因素也更多,所需的时间更长,带来的直接后果是难度和复杂性增加,风险增大。正因为如此,国际物流一旦加入现代化系统技术,其效果会十分显著。

3. 信息系统

国际物流需要国际化信息系统的支持。国际信息系统的建立具有较大的难度:一是管理困难,二是投资巨大,三是世界上不同的国家和地区物流信息水平不均衡,使信息系统的建立十分困难。由于国际市场瞬息万变,如果没有高效率的信息传递渠道,就会影响物流功能的正常发挥。因此,国际物流对信息的要求更高,必须建立高效率的信息系统。

4. 标准化要求

要使国际物流畅通起来,统一标准是非常重要的。可以说,如果没有统一标准,国际物流的效率会很低,水平也会停滞不前。美国、欧洲基本实现了物流工具、设施的统一标准,如托盘的尺寸规格、集装箱的几种统一规格及条码技术等,这大大降低了物流费用,降低了转运的难度,而不向这一标准靠拢的国家,必然在转运、换载等许多方面多消耗时间和费用,从而降低其国际竞争能力。

5. 对国际物流运输的基本要求

国际物流运输是国际物流系统的核心。进出口商品通过国际货物运输作业由卖方转移到买方。国际物流运输具有路线长、环节多、涉及面广、手续繁杂、风险性大、时间性强等特点。随着各国间国际贸易的发展,必然对目前的国际物流,特别是对国际物流运输提出一些新的要求。

(1) 物流运输的可靠性。

物流必须根据进出口商品的结构,针对不同品种、型号、规格的商品,采用不同的包装和运输方式,保证货物安全、及时、准确的流动。这里的可靠性,一是指运输商品的安全可靠;二是指运输工具、人员的安全可靠。

(2) 基础设施国际化、标准化。

没有标准化的基础设施,不可能提高国际物流水平,如可停靠大吨位船只的泊位、可起降大型运输机的机场等。国际物流运输的基础设施还必须与进出口商品的数量相适应。随着国际贸易的进一步发展,进出口商品的数量将会越来越大,物流基础设施必须能够适应这种情况,以增强物流系统的应变能力。

(3) 国际物流运输的区域性。

区域经济的发展是未来经济发展的重要趋势之一,物流必须重视进出口商品的区域结构。针对不同的国家和地区,采用不同的运输工具和运输方式,以保证物流渠道畅通无阻。

(4) 对国际市场的适应性。

物流运输必须适应国际市场的变化,在国际市场竞争日益激烈的环境下,必须实现国际物流运输的最大化、合理化,这也是增强本国商品国际竞争能力的重要途径之一。

第一节 国际物流的概念

我国国家标准(物流术语)将国际物流(International Logistics,IL)定义为跨越不同国家或地区之间的物流活动。国际物流也称为国际大流通或国际大物流,是国内物流的延伸和进一步发展。构成国际物流要具备两个条件之一:第一,货物要跨越两个不同国家或地区的海关监管区,也就是要跨境。中国的情况要特殊一些,国内有不同的海关监管区。例如中国大陆和中国香港之间,中国香港和中国台湾之间就属于不同的海关监管区。第二,国际物流所关联的贸易要在两个不同的货币区。满足以上两个条件之一就是国际物流。因此,中国大陆和中国台湾、中国大陆和中国香港、中国香港和中国台湾之间的物流也是国际物流。中国和越南、老挝等一些邻国之间的边民"互市",虽使用人民币结算,也算作国际物流。反之,在欧盟成员国之间,如德国和法国之间,根据《申根协定》,人员可以自由往来,因为都是欧盟成员国,两国之间没有海关(从2007年12月31日开始),欧盟国家内部的陆路、海路的边境检查完全取消,机场的边境检查则在2008年3月底取消,货物可以畅行无阻,同时两国都是欧元区国家,使用同一种货币,因此德国和法国之间的物流已不具有国际物流的特征。

国际物流有广义与狭义之分。广义国际物流的范围包括国际贸易物流、非贸易国际物流、国际物流合作、国际物流投资、国际物流交流等领域。其中国际贸易物流主要是指组织货物在不同国家(或地区)间的合理流动;非贸易国际物流典型的有国际展览与展品物流、国际邮政物流等;国际物流合作是指不同国家(或地区)的企业共同完成重大的国际经济技术项目的国际物流;国际物流投资是指不同国家(或地区)的物流企业共同投资组建国际物流企业;国际物流交流则主要是指在物流科学、技术、教育、培训和管理方面的国际交流。

狭义的国际物流主要是指国际贸易物流,即组织货物在国际上的合理流动,也就是发生在不同国家(或地区)之间的物流。更具体地说,狭义的国际物流是指货物的提供者和需求者分别在两个或两个以上的国家(或地区)时,为了克服提供者和需求者之间的空间距离和时间距离,对货物进行物理移动的一项国际贸易或国际交流活动,从而完成国际商品交易的最终目的,即卖方交付单证、货物和收取货款,买方接受单证、支付货款和收取货物。本书主要针对狭义的国际物流进行阐述。

一、国际物流的内涵

(1) 国际物流是国内物流的延伸,是跨国界(或地区)的、范围扩大的物流活动。国际物流包括全球范围内与物流管理和物资运输相关的所有业务环节。[①] 所以,国际物流又称"国际大流通"或"国际大物流"。

(2) 国际物流是国际贸易活动的重要组成部分,是伴随着国际贸易和国际分工合作形成的。随着世界经济的发展,国际分工日益细化,任何国家(或地区)都难以包揽一切领域的经济活动,国际合作与交流日益频繁,这就推动了国际的商品流动,促成了国际物流的发展。因此,国际物流的实质是按国际分工协作的原则,依照国际惯例,利用国际化的物流网络、物流设施和物流技术,实现货物在国际上的流动与交换。它促成了区域经济的发展和资源在国际上的优化配置。

(3) 国际物流的总目标是为国际贸易和跨国经营服务。选择最佳的方式和路径,以最低的费用和最小的风险,将货物从一个国家或地区的供给方运到另一个国家或地区的需求方,从而实现国际物流系统整体效益最大化。做好国际物流工作,就是适时、适地、保证质量、低成本地在国际上组织货物的流动,提高企业在国际市场上的竞争力。

二、国际物流运输的方式及特点

在国际物流中采用的运输方式很多,其中包括海运、空运、铁路运输、国际多式联运等基本运输方式,而每种运输方式都有其自身的特点和独特的经营方式。了解和掌握各种运输方式的特点和经营方式对于企业合理选择各种运输方式,进行物流运输决策有着重要的意义。国际物流运输有以下几种主要方式。

1. 海上运输

海上运输是国际贸易中最主要的运输方式,它是使用船舶通过海上航道在不同国家和

---

① 刘文歌,刘丽艳.国际物流与货运代理[M].北京:清华大学出版社,2012.

地区的港口之间运送货物的一种方式。国际贸易总运量的 2/3 以上、我国进出口货运总量的 90% 都是利用海上运输。海上运输有两种基本方式,即班轮运输和租船方式。

2. 班轮运输

班轮运输是指运输公司安排货船或客货船在固定的航线上、固定时间、固定港口间运输货物,并公布船期时间表、按班轮运价收取运费。班轮运输使用最广,在海上运输中占有十分重要的地位。

1) 班轮运输的主要特点如下

(1) 计划性强。客户可按船期时间表从容安排计划,有利于客户安排工作。

(2) 固定运费率。便于客户核算运费和对不同的运输方式进行选择。

(3) 运输灵活。在装运时间、数量、卸货地点等方面都很灵活,非常有利于杂货和小批量、零星货物运输。

(4) 手续简便,便于采用且风险较小。

2) 采用班轮运输,必须具备以下几个条件

(1) 必须具有一份海上运输合同,即提单。提单是采用班轮运输方式的海运合同,所以班轮运输也称为提单运输。它是承运人在接管货物或把货物装船后签发给托运人。证明双方已订立运输合同,并保证在目的港按照提单所载明的条件交付货物的一种书面凭证。

提单在班轮运输中有以下几方面的作用。

①提单是承运人对货物出具的收据。提单是承运人收到货物后根据托运人提供的货运资料填写提单并签发给托运人的,这就表明承运人已按提单所记载的内容收到了托运货物。

②提单是货物的物权凭证。提单作为货物的物权凭证,表示在占有提单时就等于占有了货物,提单的合法转让或抵押等于货物的合法转让或抵押,提单还可以作为向银行押汇的担保品。

③提单是海上货物运输合同的依据。提单中规定了承运人或托运人、收货人之间的权利与义务,以书面形式证明运输合同的成立。

提单没有统一的格式,由各运输公司自行制定,但都必须具备提单的主要内容:①船名和船舶的国籍;②承运人的名称;③装货地和目的地或运输航线;④托运人名称;⑤收货人名称;⑥货物的名称、标志、包装、件数、重量或体积;⑦运费和应当付给承运人的其他费用。其中,第①~⑥项由托运人根据实际情况填写,第⑦项由承运人填写。

提单的背面规定承运人与托运人的权利和义务的详细条款,其内容可繁可简,由各运输公司自行拟订。提单通常是一式三份,承运人凭其中一份提单交货之后,其余提单一律作废。

(2) 托运人必须按约定提供货物、支付运费和在目的港接收货物。托运人应当及时把约定的货物送到承运人指定的地点,并按规定办妥货物出境的一切手续,向承运人交付有关单据文件,避免造成延期装船,使承运人遭受损失。

托运人支付运费的方法有以下几种。

①预付运费,即在装货时或开航前,托运人支付运费。

②到付运费,即在目的港交货时,收货人支付运费。

③比例运费,即按货物运送的实际里程与全程之间的比例计付的运费。这种方式通常

只适用于船舶中途遇难,放弃原定航线的情况。

以上三种支付运费的方法可由双方当事人商定,并在运输合同中进行记载。

托运人交运货物后,应当在目的港接收货物。实际上,在目的港接收货物的人通常是收货人。收货人可能是托运人的代理人,也可能是货物的买方。如果不及时接货或拒绝接货,一切额外费用均由收货人或货主承担。

(3)承运人提供适航的船舶,把货物运达目的港和在目的港交货。承运人在开航前应选择具备航行条件的船舶,船舶的构造和设备能在海上一般风险下安全航行,应配备足够数量的合格人员,包括船长、船员和其他工作人员,并根据航程远近和航经地区情况储备足够的燃料和其他物资。

承运人的主要义务是把货物运达目的港。货物装船后,船舶应按规定日期开航,并在货物运达目的港后,通知收货人提货,在收货人交出合同单据并交清运杂费用以后向收货人交货。

3. 租船方式

租船方式是指租用船舶全部、部分或指定舱位进行运输的方式,租用的船舶只按租船合同规定航线航行,只负责运输租船人根据租船合同提供的货物。在无法采用班轮运输的情况下,一般采用租船运输。

租船方式主要包括定程租船和定期租船两种。[①]

(1)定程租船。

出租人将船舶租给租船人,按航程计费租赁。在定程租船方式下,船方必须按租船合同规定的航程完成货物运输任务,并负责船舶的经营管理及其在航行中的各项费用开支;租船人则应支付双方约定的运费。定程租船包括单航次租船、连续单航次租船、连续往返租船等多种形式,并且不同形式下的运费水平有较大差别。

(2)定期租船。

出租人将船舶租给承运人,在约定期限内,按约定用途使用船舶进行运输,在租赁期内,船由租船人负责经营管理,租船人可以根据租船合同规定的航行区域自由使用和调动船舶,但船舶经营过程中产生的燃料费、港口费、装卸费和垫仓物料费等项开支均应由租船人负担。船方除收取租金外,还负责保证船舶的适航性。

租船方式运输应具备以下条件。

(1)必须具备一份租船合同。租船合同是在采用租船运输的方式下,托运人与承运人就租赁船舶而签订的海上运输合同,出租人是船舶所有人,承担人是租船人。

租船合同只起运输合同的作用,它既不是货物收据,也不是物权凭证,这与航轮运输的合同——提单是有区别的。

租船合同分为定程租船合同和定期租船合同。下面以定程租船合同为例,说明租船合同的内容。定程租船合同的条款很多,主要有以下内容:①出租人提供特定化的船舶;②规定船舶到达装货港的"受载日期";③规定装货港和目的港;④规定装卸条件;⑤规定装卸时间、滞期费与速遣费;⑥规定货物损失责任;⑦规定运费计算和支付方法等。

---

① 柴庆春.国际物流管理[M].北京:北京大学出版社,2011.

(2)定程租船方式对承运方与托运方的要求,与班轮运输方式基本相同。

三、国际铁路运输

国际铁路运输是仅次于国际海运的一种主要方式,铁路运输的运行速度较快。装载量较大且在运输中遭受的风险较小,它一般能保持终年正常运行,具有高度的连续性。

在国际铁路运输中,常采用国际联运方式,就是在国际物流中采用两个或两个以上国家的铁路,联合完成货物的运输。

根据铁路运输的特点,国际铁路联运主要适用于散杂货的运输,它不受集装箱的限制,可以承运各种货物,如建材、钢材、水泥、煤炭、大型机械等。但是,由于存在不同的规定的国家国境站,这样就需要更换车轮,致使货物容易受损,还大大降低了物流速度。

采用国际铁路联运应具备以下条件。

(1)必须具备一份运输合同。在国际铁路联运中,使用的运单和运单副本是铁路与货主(承运人与托运人)之间缔结的运输合同。

运单和运单副本由收货人填写,签发后交给铁路发站。发货人提交货物和付清运费后,由铁路发站在运单上加盖戳记,记明货已承运。发货人应对运单所填项目的正确性负责,并将有关证件附在运单后面。运单随着货物全程附送,最后交给收货人。运单副本在铁路发站加盖戳记后,发还发货人留存。运单是运输合同的凭证,也是铁路在到站向收货人收取运杂费用和点交货物的依据。运单副本是买卖合同中卖方(发货人)通过银行向买方(收货人)收取货款的主要单证之一。

(2)托运人必须支付运费并领取货物。托运人支付运费,分三种情况:①发运国铁路的运费,由托运人向始发站支付;②终到国铁路的运费,由收货人到站支付;③过境国铁路的运费,由托运人向始发站支付或由收货人向到站支付。

货物到达终到站,收货人付清运单所载的一切应付的运送费用后,必须领取货物。只有在货物由于毁损或腐烂使质量发生变化,以致部分货物或全部货物不能按原用途使用时,收货人才可以拒绝领取货物。

(3)承运人必须负责全程运输,并对承运期间发生的损失负赔偿责任。由于国际铁路联运是跨国境的路上运输,需要使用各国家的铁路、机车和车站,所以各有关国家使用统一的国际联运票据共同负责货物跨国界的全程运输任务。

从发货国的铁路始发站到收货国的终点站,不论途经几个国家,只要在发站按国际联运要求办妥托运手续,这些国家的铁路就应负责将货物安全运送到终到站,并交给收货人。

在运送过程中的一切业务与行政手续(如换装、转运交接等)均由有关铁路当局办理。承运方(铁路)对承运期间货物的灭失、延迟交货、丢失运单附件等损失要负其应负的责任。

四、国际航空物流

国际航空货物运输是跨国界的现代化的航空货物运输。由于航空物流自身的特点,决定了它在国际货物运输中占有重要地位。航空物流速度很快,运行时间短,货物中途破损率小,但航空物流运量有限,且费用一般较高。

航空物流的种类有以下两种形式。

(1) 班机运输。和班轮一样,班机是在固定起落站按预先计划规定时间进行定期航行的飞机,主要是客货混载,个别航空公司也有专门的货运班机。班机货运适用于急用物品、行李、鲜活商品、贵重品、电子器件等的运输。

(2) 包机运输。这是指由租机人租用整架飞机或若干租机人联合包租一架飞机进行货运的运输方式。包机如往返使用,则价格较班机低;如单程使用,则价格较班机为高,包机适用于专用高价值货物。

航空物流方式应具备的条件如下。

(1) 必须具有一份航空货运单。航空货运单是国际货物航空物流最重要的单证。运单是订立运输合同,接收货物和承运条件的证明,但它并不是物权凭证,它不代表所承运的货物价值,不可转让,不可议付。

航空货运单由承运人填写,必须是正本一式三份,连同货物交给承运人。第一份注明"交承运人",由托运人签字;第二份注明"交收货人",由托运人和承运人签字,并附在货上;第三份由承运人在接收货物后签字交给托运人。

航空货运单应具备以下主要内容:①货运单地点和日期的填写;②起运地和目的地;③约定的经停地点;④托运人的名称和地址;⑤第一承运人的名称和地址;⑥必要时应写明收货人的名称和地址;⑦货物的性质;⑧包装方式、包装件数、特殊标志或号数;⑨货物的重量、数量、体积或尺寸。

(2) 托运人必须正确填写航空货运单,并提供各种必需的资料。托运人应正确填写航空货运单上关于货物的各项说明和声明,避免因这些说明和声明不合规定、不正确或不完备使承运人或任何人遭受其他损失。托运人应在货物交付收货人以前完成海关、税务或公安手续,并且应将必需的有关证件附在航空货运单后面。

(3) 承运人应负责货物在空运期的安全,按时把货物空运到目的地。

五、国际海运物流

通过海洋航道,使用船舶在不同国家和地区的港口之间运送货物的物流方式叫国际海运物流。海上货物运输是国际物流运输的主要形式。特别是由于集装箱运输的兴起和发展,不仅使货物运输向集合化、合理化方向发展,而且节省了货物包装用料和运杂费,减少了货损货差,保证了运输质量,缩短了运输时间,从而降低了运输成本。此外,海上货物运输是国家节省外汇支出、增加外汇收入的重要渠道之一。在我国进出口贸易中,运费支出一般占10%左右,大宗货物的运费占的比重更大。在对外贸易中若充分利用贸易术语,争取我方派船,不但可节省外汇支出,还可以争取更多的外汇收入。

国际贸易货物总运量的2/3以上、我国进出口货物总量的85%以上是通过海洋运输完成的,因此学习国际海运物流比了解国际铁路运输、国际航空物流等形式更重要。另外,国际海运物流的流程比国际铁路运输、国际航空物流都复杂得多。因此学习国际海运物流的流程对学习国际铁路运输、国际航空物流流程会有很大帮助和启发。

与其他国际货物运输方式相比,海洋运输主要有以下特点。

1. 通行能力强

海洋运输可以利用四通八达的天然航道,它不像火车、汽车受轨道和道路的限制,因而其通行能力超过其他各种运输方式。可根据政治、经贸环境、军事以及天气等条件的变化，随时调整和改变航线以完成运输任务。

2. 运输量大

海洋运输船舶的运载能力，远远大于铁路运输车辆和公路运输车辆。如一艘万吨船舶的载重量，一般相当于250～300个车皮的载重量。随着船舶向大型化发展，超巨型油轮已载60万～70万吨，散货船可载15万～20万吨，第五代大型集装箱船的载箱能力已可达10000 TEU（标准箱）。

3. 运费低

船舶的航道天然形成，海运运量大，航程远，港口设备一般均为政府修建，船舶经久耐用且节省燃料，分摊于每货运吨的运输成本相对低廉。因此，海洋运输的费用比航空物流、铁路运输、公路运输等都低。据不完全统计，海运运费一般约为铁路运费的1/5、公路汽车运费的1/10、航空运费的1/30，海洋运输为低价值大宗货物的运输提供了有利条件。[①]

4. 对货物的适应性强

由于有上述特点，海上货物运输基本上适用于各种货物的运输。例如，石油井台、火车、机车车辆等超重、超大货物，粮食、钢材、煤炭、矿石、矿砂等大宗散货，以及其他运输方式无法装运的货物，船舶一般都可以装运。

5. 风险较大

由于船舶海上航行受自然气候和季节性影响较大，海洋环境复杂、气象条件多变，随时都有可能遇上狂风、巨浪、暴风、雷电、海啸等人力难以抗衡的海洋自然灾害侵袭，遇险的可能比陆地、沿海要大。同时，海上运输还存在着社会风险，如战争、海盗、罢工、贸易禁运等因素的影响。为了减少货物遭受风险带来的损失，海上运输的货物、船舶保险尤其应引起重视。

6. 运输速度慢

由于船舶的体积大，水流的阻力大，加之装卸货物的时间长等各种因素的影响，海运速度比其他运输方式慢。较快的集装箱班轮航行速度也仅为每小时30海里左右。因此，对于不能经受长期运输的货物以及急用和易受气候条件影响的货物，一般不宜采用海洋运输方式。

按照船公司对船舶经营方式的不同，海洋运输可分为班轮运输和租船运输两种方式。班轮运输又称定期船运输，租船运输又称不定期船运输。本书主要讲解以国际标准集装箱为载体的整箱FCL（Full Container Load）及拼箱LCL（Less than Container Load）班轮运输进出口操作流程。普通国际贸易货物运输的绝大部分是靠集装箱班轮货船完成的，只有大宗商品，如粮食、钢材、煤炭、矿石、矿砂、原油、液化气等用散货船、特制油船及液化气船运输。大宗的散货运输不在我们的介绍范围之内。

---

① 杜培枫.转型与整合：跨国物流集团业务升级战略研究[M].北京：经济管理出版社，2013.

六、国际航空货运代理

国际航空货运代理业务包括航空货物出口运输代理业务和航空货物进口运输代理业务。

航空货物出口运输代理业务，是航空货运代理公司从发货人手中接到货物，并将货物交到航空公司发运至货物到达目的地的过程，主要包括以下业务：市场销售、接受出口委托、预订舱、接单与审单、送货进监管仓、制作货运单、出口报检报关、交单与出运、费用结算、信息跟踪和交单交货等。

航空货物进口运输代理业务流程和出口作业流程大致相同，只是方向相反，一般要经过以下几个环节：委托办理接货手续—接单接货—货物驳运进仓—单据录入和分类—发到货通知或查询单—制报关单—预录入—检验、报关—送货或转运。

国际航空货运代理从业人员职业标准。

（一）职业概况

1. 职业名称

国际航空货运代理。

2. 职业定义

国际航空货运代理职业是在国际航空货物运输代理行业中，从事揽货、订舱、仓储、中转、集装箱装运、结算运杂费，代为客户报关、报检、办理保险等工作的人员。

3. 职业环境条件

室内、室外，常温。

4. 职业能力特征

（1）有一定的专业知识和相关知识的学习能力。

（2）有较强的代理操作能力。

（3）有较强的组织协调和应变能力。

（4）有一定的语言表达能力和沟通能力。

（5）有一定的货代英语的阅读、表达和书写能力。

（6）有一定的规划和经济核算能力。

（7）有信息技术和电子商务的运用能力和操作技能。

5. 适用对象

高等学校（含大学、大专、高职）学生。

注：与国际货运代理的相关专业主要有国际商务、国际货运与报关、国际货物运输和报关、国际贸易、商务外语、物流管理等。

（二）工作要求

工作要求如表 8.1 所示。

第八章 国际物流

表 8.1 工作要求

职业功能	工作内容	技能要求	专业知识要求
一、单证处理 /(12%)	(一)接单、审单、改单	1. 接受单据 2. 检查单据的完整性 3. 审查单证的正确性 4. 修改错误单据 5. 重新审核单据 6. 办理单证数据更改手续	1. 掌握国际贸易知识 2. 掌握空运知识 3. 掌握陆运知识
	(二)缮制空运单	1. 缮制空运单 2. 审核空运单	1. 掌握国际贸易知识 2. 掌握空运单知识
二、代理操作 /(45%)	(一)空运货代包括集运操作	1. 送交货物 2. 接受运单	1. 熟悉空运知识 2. 熟悉货代行业规定 3. 了解空运有关规定
	(二)空运集装板的配装	1. 选用合适的板、箱 2. 画出装箱示意图	1. 掌握板、箱知识 2. 了解货物装载方式
	(三)监装货物	1. 办理货物出入港区手续 2. 协调港区、地面公司事宜	1. 熟悉货物装载知识 2. 了解出入港区规定
	(四)漏装操作	1. 办理漏装货物手续 2. 办理漏装货物运输	1. 掌握报关基本知识 2. 熟悉漏装货运输规定
	(五)报关报检操作	1. 办理报关操作 2. 办理报检操作	1. 掌握报关基本知识 2. 掌握报验基本知识
	(六)转关货物的货代操作	1. 办理转关货物手续 2. 办理货物转关	1. 掌握报关基本知识 2. 熟悉货物转关规定
	(七)退运货物货代操作	1. 办理退运货物手续 2. 办理货物退运	1. 掌握报关基本知识 2. 熟悉货物退运规定
三、商务处理 /(15%)	(一)办理客户服务	1. 收集客户信息 2. 协调客户关系 3. 为客户提供优质服务	1. 掌握客户服务知识 2. 了解客户心理知识
	(二)办理市场营销业务	1. 制定市场营销方法 2. 实施市场营销计划	1. 熟悉市场营销知识 2. 熟悉市场分析知识
	(三)办理运价服务业务	1. 查找运价表 2. 设计运价方案 3. 计算运价	1. 掌握航运知识 2. 掌握计算知识 3. 了解航线情况

续表

职业功能	工作内容	技能要求	专业知识要求
四、管理规划/(15%)	（一）选择航空运输航线	1. 能调阅运输航线表 2. 选择合理的运输航线	1. 熟悉经济地理的知识 2. 熟悉航线港口知识 3. 熟悉航线、航班和船期
	（二）单票业务运费核算	1. 能够计算单票业务成本 2. 能够分析出毛利	1. 熟悉货代知识 2. 掌握计算方法
	（三）结算航空运费	1. 能调阅航空运费表 2. 能选择合理的航线 3. 能结算航空运费	1. 熟悉航空的知识 2. 熟悉航空运费
五、信息技术操作/(8%)	（一）信息技术的应用	1. 能检索网络信息 2. 能进行网上订舱操作 3. 航班和运价网上搜索	1. 熟悉电子商务基础知识 2. 熟悉航班和运价
	（二）掌握货代、报关软件的操作技能	1. 能够自如运行软件 2. 能够操作软件的报关、货代功能	1. 了解应用软件基础知识 2. 熟悉应用软件操作方法
六、相关基础知识/(5%)		英语知识	

第二节　国际多式联运

多式联运是多种方式联合运输的简称，是指单一的联合运输合同，使用两种或两种以上的运输方式，由联运经营人组织将货物从指定地点运至交付地点的全程连续运输。多式联运是不同运输方式的综合组织，即在一个完整的货物运输过程中，不同运输企业、不同运输区段、不同运输方式和不同运输环节之间衔接和协调的组织，是一种新的符合综合物流思想的运输组织形式。

一、国际多式联运的概念

国际多式联运（Multimodal Transport）是一种以实现货物整体运输的最优化效益为目标的联运组织形式。它通常是以集装箱为运输单元,将不同的运输方式有机地组合在一起，构成连续的、综合性的一体化货物运输。通过一次托运、一次计费、一份单证、一次保险，由各运输区段的承运人共同完成货物的全程运输，即将货物的全程运输作为一个完整的单一运输过程来安排。然而,它与传统的单一运输方式又有很大的不同。根据1980年《联合国国际货物多式联运公约》以及1997年我国交通部和铁道部共同颁布的《国际集装箱多式联运管理规则》的定义,国际多式联运是指"按照多式联运合同,以至少两种不同的运输方式,由多式联运经营人将货物从一国境内接管货物的地点运至另一国境内指定地点交付的货物运输"。

二、国际多式联运的基本特征和优越性

1. 国际多式联运的基本特征

根据多式联运公约的规定和现行的多式联运业务特点,国际多式联运具备下列基本特征。

(1) 多式联运经营人(Multimodal Transport Operator,MTO)必须与托运人签订多式联运合同。该合同明确规定多式联运经营人与托运人之间的权利、义务、责任、豁免的合同关系和多式联运的性质。多式联运合同是确定多式联运性质和区别于一般传统联运的主要依据之一。

(2) 多式联运经营必须对全程运输承担运输责任。在实际业务中,多式联运经营人作为总承运人对发货人负有履行合同的义务,并承担自接管货物起到交付货物时止的全程运输责任,以及对货物在全程运输中因灭失、损坏或延迟交付所造成的损失负责赔偿。这是多式联运的根本特征。

(3) 多式联运必须是国际的货物运输。多式联运经营人接管的货物必须是国际运输的货物,即在国际多式联运方式下,货物运输必须是跨越国境的运输方式。这不仅有别于国内货物运输,还涉及国际运输法规的适用问题。

(4) 多式联运必须是使用两种或两种以上的运输方式,而且必须是不同运输方式下的连续运输。这里所指的至少两种以上的运输方式可以是海陆、陆空、海空等,这与一般传统的联运有着本质的区别。后者虽是联运,但仍是同一种运输工具之间的运输方式,不属于完整的国际多式联运。这种规定的主要目的是尊重和维持既存的国际公约和国内法律规定。

(5) 多式联运的费率必须为全程单一运费费率。多式联运经营人在对发货人负责全程运输的基础上,制定一个货物从发运地至目的地全程单一的费率,并一次向货主收取。这种全程单一费率通常包括运输成本(全程各段运费的总和)、经营管理费用(通信、制单及劳务手续费等)及合理利润。

(6) 货物全程运输必须使用一份全程多式联运单据(Multimodal Transport Document,MTD)。全程多式联运单据由多式联运经营人签发,是指证明多式联运合同以及证明多式联运经营人已经接管货物并负责按照合同条款交付货物所签发的一种证据。它与传统的提单具有相同的作用,是一种物权证书和有价证券。[①]

2. 国际多式联运的优越性

1) 简化托运、结算及理赔手续,节省人力、物力和有关费用

在国际多式联运方式下,无论货物运输距离有多远,由几种运输方式共同完成,且不论运输途中货物经过多少次转换,所有一切运输事项均由多式联运经营人负责办理。而托运人只需办理一次托运,订立一份运输合同,支付一次费用,办理一次保险,从而省去托运人办

---

① 孙鉴,迟亮亮,林赞明.国际贸易运输实务与法规指南[M].北京:化学工业出版社,2014.

理托运手续时的许多不便。同时,由于多式联运采用一份货运单证,统一计费,因而也可简化制单和结算手续,节省人力和物力。此外,一旦运输过程中发生货损货差,由多式联运经营人对全程运输负责,从而也可简化理赔手续,减少理赔费用。

2)缩短货物运输时间,减少库存,降低货损货差事故,提高货运质量

在国际多式联运方式下,各个运输环节和各种运输工具之间配合密切,衔接紧凑,货物所到之处中转迅速及时,大大减少货物的在途停留时间,从而从根本上保证了货物安全、迅速、准确、及时地运抵目的地,因而也相应地降低了货物的库存量和库存成本。同时,多式联运是通过集装箱为运输单元进行直达运输,尽管货运途中需经多次转换,但由于使用专业机械装卸,且不涉及箱内货物,因而货损货差事故大为减少,从而在很大程度上提高了货物的运输质量。

3)降低运输成本,节省各种支出

由于多式联运可实行门到门运输,因此对货主来说,在货物交由第一承运人以后即可取得货运单证,并据以结汇,从而提前了结汇时间。这不仅有利于加速货物占用资金的周转,而且可以减少利息的支出。此外,由于货物是在集装箱内进行运输的,因此从某种意义上来看,可相应地节省货物的包装、理货和保险等费用的支出。

4)提高运输管理水平,实现运输合理化

对于区段运输而言,由于各种运输方式的经营人各自为政,自成体系,因而其经营业务范围受到限制,货运量相应也有限。而一旦由不同的运输经营人共同参与多式联运,经营的范围可以大大扩展,同时可以最大限度地发挥其现有设备作用,选择最佳运输线路组织合理化运输。

三、国际多式联运经营人

1. 国际多式联运经营人的性质

《联合国国际货物多式联运公约》对多式联运经营人的规定为:"多式联运经营人是指其本人或通过其代表与托运人订立多式联运合同的任何人,他是事主,而不是发货人的代理人或代表,也不是参加多式联运的承运人的代理人或代表,负有履行合同的责任。"因此,多式联运经营人是一个独立的法律实体。由于多式联运是在国际以多种运输方式来完成的,不可能由一个经营人自己承担全部运输任务,它往往是在接受货主的委托后,自己办理一部分运输,而将其余的运输再委托给其他承运人。但它与单一的运输方式不同,这些接受多式联运经营人委托的承运人,只是按运输合同关系对多式联运经营人负责,而不与货主发生任何直接关系。因此,多式联运经营人对货主来说是货物的承运人,同货主签订多式联运合同;对其委托的承运人来说,它又是货物的托运人,自己以托运人的身份与其他承运人签订运输合同,所以它具有双重身份。

2. 国际多式联运经营人应具备的条件

当多式联运经营人从发货人那里接管货物时起,即表明责任已开始,货物在整个运输过程中的任何区段发生灭失或损害,多式联运经营人均以本人的身份直接承担赔偿责任,即使该货物的灭失或损害并非由多式联运经营人的过失所致。因此,多式联运经营人应具备下列基本条件。

(1) 必须依法注册。多式联运经营人必须是具有经营管理的组织机构、业务章程和具有企业法人资格的负责人,以使之能够与发货人或其代表订立多式联运合同。

(2) 必须签发多式联运单据。多式联运经营人从发货人或其代理人手中接收货物后,即能够签发自己的多式联运单证,用以证明合同的订立、执行并开始对货物负责。为确保该单证的可转让性,多式联运经营人必须在国际运输中具有一定的资质或令人信服的担保。

(3) 必须具有充足的自有资金。多式联运经营人要完成或组织完成全程运输,并对运输全程货物灭失、损害和延误负责,就必须具有开展业务所需的流动资金和足够的赔偿能力。因此,在申请国际货物多式联运经营执照时,各国工商注册登记机关多规定较高的注册资金门槛。

(4) 必须具备足够的经营能力。为保证多式联运经营人履行多式联运合同义务,多式联运经营人必须具备足够的经营技术能力。这包括:建立自己的多式联运线路;拥有具备国际货物运输法律和专业知识的专业队伍;在各条联运线路上建立完整的网络机构;能够制定各条线路的多式联运单一费率;具备必要的设备和设施等。

3. 国际多式联运经营人的责任

多式联运经营人是货物运输的总承运人,对货物负有全程运输的责任。其主要责任有:

(1) 托运人委托多式联运经营人装箱、计数时,对箱内货物非自身的包装和质量问题所造成的污损和灭失负有责任。

(2) 托运人委托装箱时,未按托运人要求,因积载、衬垫、绑扎不良,造成货物串味、污损和因倒塌、碰撞引起的货损负责。

(3) 全程运输过程中,责任期间因责任事故对货物的灭失和损坏负责。

(4) 对自己的责任造成的货物延误交付负责。

国际多式联运经营人对以下原因造成的货物灭失和损坏不负责任。

(1) 托运人提供的货物名称、种类、包装、件数、重量、尺码及运输标志等不实或由于托运人的过失和疏忽等造成货物灭失或损坏,托运人自行负责。对国际多式联运经营人或第三方造成损失,即使托运人已将多式联运提单转让,仍应承担赔偿责任。

(2) 货物由托运人或其代理人装箱、计数或封箱的。

(3) 货物品质不良、外包装完好而内装货物短缺、变质。

(4) 货物装载于托运人的自备集装箱内。

(5) 运输标志不清。

(6) 危险品等特殊货物其说明及注意事项不清或不正确,因而造成的损失。

(7) 有特殊装载要求的货物,不予标明而造成的货损。

(8) 海关、商检、承运人等行使检查权所引起的货物损耗。

四、国际多式联运单据的作用

1980年,《联合国国际货物多式联运公约》将多式联运单证定义为:证明多式联运合同以及证明多式联运经营人接管货物并负责按照合同条款交付货物的单据。该公约以多式联运单证的合同证明、收据及提货凭证3项功能来进行定义。《1991年联合国贸易和发展会议/国际商会多式联运单证规则》的定义为:证明多式联运合同的单证,该单证可以在适用法律的允许下,以电子数据交换信息取代,而且以可转让方式签发,或者表明记名收货人,以不可转让方式签发。该规则将多式联运单证的证明合同功能和其种类相结合进行定义。我国目前仅在《国际集装箱多式联运管理规则》(以下简称《多式联运规则》)中有规定,"证明多式联运合同以及证明多式联运经营人接管集装箱货物并负责按合同条款交付货物的单据。该单据包括双方确认的取代纸张单据的电子数据交换信息"。该规则对多式联运单证的规定与1980年的《联合国国际货物多式联运公约》基本一致。

从上述定义可以看出,多式联运单据是多式联运经营人、实际承运人、发货人、收货人等当事人之间进行业务活动的单证,同时也具有货物收据和物权凭证的作用。这一点与海运提单类似。在所有的货运单证中,也只有多式联运单证与海运提单具有物权凭证的功能,空运单、海运单、铁路运单都不具有此项功能。

五、多式联运单据的内容

根据我国《多式联运规则》,多式联运单据一般包括:
(1) 货物名称、种类、件数、重量、尺寸、外表状况、包装形式。
(2) 集装箱箱号、箱型、数量、封志号。
(3) 危险货物、冷冻货物等特种货物应载明其特性、注意事项。
(4) 多式联运经营人名称和主营业场所。
(5) 托运人名称。
(6) 多式联运单据表明的收货人。
(7) 接收货物的日期、地点。
(8) 交付货物的地点和约定的日期。
(9) 多式联运经营人或其授权人的签字及单据的签发日期、地点。
(10) 交接方式、运费的交付、约定的运达期限、货物中转地点。
(11) 在不违背我国有关法律法规的前提下,双方同意列入的其他事项。

多式联运单据缺少一项或数项,并不影响该单据作为多式联运单据的法律效力,但是应当能证明具有《多式联运规则》第四条第四项的规定内容。

六、国际多式联运的一般业务流程

1. 订立多式联运合同

国际多式联运经营人以契约承运人的名义与托运人签订国际多式联运合同。

托运人应根据货物运输的需要及时托运和备货,并准备各种出口所需的单证。也就是根据货物买卖合同和信用证的要求进行备货以及根据对货物品质规定的要求申请检验和出证。制作单证,单证有贸易单证和运输单证(也可委托国际多式联运经营人制作)。报关,然后向国际多式联运经营人托运。

国际多式联运经营人接受了托运后,则需要对托运货物编制运输计划。运输计划的编制要符合运输线路的合理性、经济性和稳定性要求。合理性就是运输线路短,运输工具安全可靠,运输时间短,中转快;经济性是指各种费用最少;稳定性就是运输计划确定后,一般不宜随意变动。

2. 起运地货物交接

托运人根据多式联运合同的规定,应及时将所托运的货物交至指定地点。托运人还应办理其他相关手续,如出口货物的报关,在港口交接货物时,货主可以在装运港港口办理出口报关手续;在内陆地点交接货物时,则可以由海关派员在现场监装和办理出口报关手续。通常由多式联运经营人提供集装箱,发货人可以自己装箱,也可以委托多式联运经营人代为装箱。

多式联运经营人对货物的状况等进行检验,在确认无误后接收货物。多式联运经营人根据具体运输计划和所采用的运输方式,签发多式联运单据。

3. 多式联运经营人安排货物运输

国际多式联运经营人按托运人的托运要求安排运输路线、订舱配载、接货、安排内陆运输、仓储、装箱,将装箱完毕的集装箱送至实际承运人指定的堆场或港口堆场装运。实际承运人向多式联运经营人签发提单或运单。货物装上运输工具后,国际多式联运经营人应随时注意货物的流转并将有关信息和单证及时上交目的地。

由于多式联运经营人通常不是自己或完全由自己来完成多式联运货物的全程运输,因此它会根据具体情况向适合的实际区段的承运人订舱或要求车皮进行货物运输。多式联运经营人可以向某一实际承运人一次性托运货物,再由该承运人与有关区段承运人订立区段分包运输合同;也可以与各区段实际承运人分别签订分包运输合同,以完成全程货物运输的要求。

4. 目的地交接货物

货物运抵目的地后,由多式联运经营人或其代理人将货物交给收货人。在货物运抵目的地时,多式联运经营人通常应通知收货人做好提货准备,并办理货物的进口手续。当收货人出具了多式联运单据或其他有效证明,并支付了到付的费用后,就可以办理货物的交接手续,多式联运经营人可将货物交付给收货人。

七、国际多式联运运费

国际多式联运运费直接影响多式联运经营人的经营业绩,所以费率制定水平的高低事关重大。一般情况下,多式联运的费率都是单一费率,这也是多式联运的特征之一。多式联运费率一般由以下几部分组成。

1. 运输费用

由两种以上运输方式组成的国际多式联运,需分别付各区段的运费。国际多式联运经营人一般与负责某区段运输的实际承运人订有代理协议,但也可能只有业务关系而无代理协议。有代理协议的可以从承运人那里获得比较优惠的运价。

2. 装运港包干费

装运港包干费主要有:内陆运费(如公路费用包括过桥过境费等),市内运费(如提箱费、仓库到仓库、仓库到机场、港口、码头等费用),仓储费用(如卸车费、进出库费、堆存费、机械费等),装拆箱费,报关费,港建费,服务费(如通信费、交通费、制单费、手续费)等。此外,疏港、特殊情况货物的移动还会有疏港费、移动费、翻箱费等。根据不同的情况,包干费有大包干费和小包干费之分。

3. 中途港的中转费用

该费用是指货物到了中转港,货物由一种运输方式转移至另一种运输方式所产生的各种费用。这些费用主要有中途运费、堆存费、吊装吊卸费、必要时的拆装箱费、服务费等,大致与国内的包干费相同。另外,不同的国家对相关费用的收取有所不同。

4. 特殊费用

在国际多式联运过程中,由于一些特殊情况的出现会带来一些特殊费用的支出,多式联运经营人可以根据有关规定和协议收取。

5. 利润

国际多式联运经营人在经营过程中必须能够取得一定的收益才能维持正常的经营活动,所以多式联运运费中包含了经营人的正常经营利润。

第三节 国际多式联运形式

国际多式联运采用两种或两种以上不同运输方式进行联运的运输组织形式,包括海陆、陆空、海空等。这与一般的海海、路路、空空等形式的联运有着本质的区别。后者虽然也是联运,但仍是同一种运输工具之间的运输方式。由于国际多式联运严格规定必须采用两种或两种以上不同的运输方式进行联运,因此,这种运输组织形式可以综合利用各种运输方式的优点,充分体现社会化大生产和大交通的优点。

由于国际多式联运具有其他运输组织形式无可比拟的优越性,因而这种国际运输新技术已在世界一些国家和地区得到广泛的推广应用。有代表性的国际多式联运主要有远东和欧洲、远东和北美等海陆空联合运输。

(1) 海陆联运。

海陆联运适用于重型货物运输,是国际多式联运的主要组织形式,也是远东和欧洲多式联运的主要组织形式之一。组织和经营远东与欧洲海路联运业务的主要有班轮公会的三联集团、北荷、冠航和丹麦的马士基等国际航运公司,以及非班轮公会的中国远洋运输公司、中国台湾长荣航运公司和德国那亚航运公司等。这种组织形式以航运公司为主体,签发联运提单,与航线两端的内陆运输部门开展联运业务,与大陆桥运输展开竞争。

(2) 陆桥运输。

在国际多式联运中,陆桥运输起着非常重要的作用,它是远东和欧洲多式联运的主要组织形式之一。所谓陆桥运输,是指采用集装箱专用列车或卡车把横贯大陆的铁路或公路作为中间"桥梁",使大陆两端的集装箱海运航线与专用列车或卡车连接起来的一种连贯运输方式。严格地讲,陆桥运输也是一种海路联运形式,只是因为其在国际多式联运中的独特地位,故在此将其单独作为一种运输组织形式。

(3) 海空联运。

海空联运又被称为空桥海运。在运输组织方式上,空桥运输与陆桥运输有所不同。陆桥运输在整个过程中使用同一个集装箱,不用换装,而空桥运输的货运通常要在航空港换入航空集装箱,不过,两者的目标是一致的,即以低费率提供快捷、可靠的运输服务。

海空货物联运是加拿大航空公司20世纪60年代初开创的,当时为了将价值昂贵的日本消费品运往美国东海岸、欧洲和中东地区,他们先将货物集装箱用船运往温哥华,再经陆路运输到温哥华机场,在机场开箱把货物分类改装成航空货交机场续运。这项业务的成功促进了海空联运模式的发展,不久之后这条线路沿北美太平洋向南发展到西雅图和洛杉矶。

20世纪70年代中期,波音747飞机问世之后,海空货物联运业务得到迅猛发展。首先是在美国,继而扩展到其他地区,特别是海湾地区,因为该地区飞往欧洲的飞机货舱往往空载,于是航空公司开始向发货人提供极低的回程费率,许多代理人注意到了海空联运的大好机会。

20世纪八九十年代,亚洲国家出口货物迅猛增长,促进了该地区的海空联运业务的发展,新加坡成为世界级海空货物联运枢纽。东南亚和远东大多数国家出口的纺织品通过海空联运运到欧洲,日本、韩国还越来越多地用海空联运将高技术产品(如电子设备)运往欧洲。

海空联运方式始于20世纪60年代,到了20世纪80年代才得以迅速发展。它充分利用了海运的经济性与空运的快捷性,正成为一种具有巨大发展潜力的新的多式联运形式。

国际海空联运线主要有以下几条。

(1)远东—欧洲。这之间的航线有以温哥华、西雅图、洛杉矶为中转地,也有以中国香港地区、曼谷、海参崴为中转地。此外,还有以旧金山、新加坡为中转地的。

(2)远东—中南美。近年来,远东至中南美的航空联运发展较快,因为此处港口和内陆运输不稳定,所以对海空运输的需求很大,该联运航线以迈阿密、洛杉矶、温哥华为中转地。

(3)远东—中近东、非洲、大洋洲。这是以中国香港地区、曼谷为中转地至中近东、非洲的运输服务。

特殊情况下,还有经马赛至非洲、经曼谷至印度、经中国香港地区至大洋洲等联运航线,但这些线路货运量较小。

总体来讲,运输距离越远,采用海空联运的优越性就越大,因为同完全采用海运相比,其运输时间更短,同直接采用空运相比,其费率更低。因此,若从远东出发,则将欧洲、中南美和非洲作为海空联运的主要市场是合适的。[①]

一、大陆桥运输的定义

所谓大陆桥运输(Land Bridge Transport),是指使用横贯大陆的铁路或公路运输系统为中间桥梁,把大陆两端的海洋连接起来的运输方式。从形式上看,大陆桥运输是海陆海的连贯运输,但在实际中,已经在国际集装箱运输和多式联运的实践中发展成为多种多样的形式。

大陆桥运输一般都是以集装箱为媒介,因为采用大陆桥运输,中途要经过多次装卸,如果采用传统的海陆联运,不仅增加运输时间,而且大大增加装卸费用和货损货差,以集装箱为运输单位,则可大大简化理货、搬运、储存、保管和装卸等操作环节,同时集装箱是经海关铅封,中途不用开箱检验,而且可以迅速直接转换运输工具,故采用集装箱是开展大陆桥运

---

① 孙家庆.国际物流操作风险防范——技巧·案例分析[M].北京:中国海关出版社,2009.

输的最佳方式。

二、大陆桥运输产生的历史背景

大陆桥运输是集装箱运输开展以后的产物,出现于1967年。当时苏伊士运河封闭,航运中断,而巴拿马运河又堵塞,远东与欧洲之间的海上货运船舶,不得不改道绕航非洲好望角或南美致使航程距离和运输时间倍增,加上油价上涨航运成本猛增,而当时正值集装箱运输兴起,在这种历史背景下,大陆桥运输应运而生。从远东港口至欧洲的货运,于1967年底首次开辟了使用美国大陆桥运输路线,把原来全程海运,改为海/陆/海运输方式,试办结果取得了较好的经济效果,达到了缩短运输里程、降低运输成本、加速货物运输的目的。①

三、西伯利亚大陆桥

1. 西伯利亚大陆桥概况

西伯利亚大陆桥是利用俄罗斯西伯利亚铁路作为陆地桥梁,把太平洋远东地区与波罗的海和黑海沿岸以及西欧大西洋口岸连起来。此条大陆桥运输线东自海参崴的纳霍特卡港口起,横贯欧亚大陆,至莫斯科,然后分三路:一路自莫斯科至波罗的海沿岸的圣彼得堡港,转船往西欧、北欧港口;一路从莫斯科至俄罗斯西部国境站,转欧洲其他国家铁路(公路)直运欧洲各国;另一路从莫斯科至黑海沿岸,转船往中东、地中海沿岸。所以,从远东地区至欧洲,通过西伯利亚大陆桥有海/铁/海、海/铁/公路和海/铁/铁等三种运输方式。

2. 西伯利亚大陆桥的营运情况及主要问题

从20世纪70年代初以来,西伯利亚大陆桥运输发展很快。它已成为远东地区往返西欧的一条重要运输路线。日本是使用此条大陆桥的最大雇主,在整个20世纪80年代,日本利用此大陆桥运输的货物数量每年都在10万个集装箱以上。为了缓解运力紧张情况,苏联又建成了第二条西伯利亚铁路。但是,西伯利亚大陆桥也存在三个主要问题。

(1) 运输能力易受冬季严寒影响,港口有数月冰封期。

(2) 货运量西向约为东向的3倍,来回运量不平衡,集装箱回空成本较高,影响了运输效益。

(3) 运力仍很紧张,铁路设备陈旧。随着新亚欧大陆桥的正式营运,这条大陆桥的地位正在下降。

四、北美大陆桥

1. 北美大陆桥概况

北美的加拿大和美国都有一条横贯东西的铁路公路大陆桥,它们的线路基本相似,其中美国大陆桥的作用更为突出。美国有两条大陆桥运输线,一条是从西部太平洋口岸至东部大西洋口岸的铁路(公路)运输系统全长约3200 km,另一条是西部太平洋口岸至南部墨西哥湾口岸的铁路(公路)运输系统,长500～1000 km。

---

① 林晓丹.国际海运物流操作实务[M].武汉:武汉理工大学出版社,2013.

2. 美国的小陆桥(Mini Land Bridge)与微型陆桥(Micro Land Bridge)

美国的大陆桥运输由于东部港口拥挤等原因处于停顿状态,但在大陆桥运输的使用过程中,派生并形成小陆桥和微型陆桥两种运输方式。

所谓小陆桥运输,也就是比大陆桥的海/陆/海形式缩短一段海上运输,成为海/陆或陆/海形式。例如,远东至美国东部大西洋口岸或美国南部墨西哥湾口岸的货运,由原来全程海运,改为由远东装船运至美国西部太平洋口岸,转装铁路(公路)专用车运至东部大西洋口岸或南部墨西哥湾口岸,以陆上铁路(公路)作为桥梁,把美国西海岸同东海岸和墨西哥湾连起来。

所谓微型陆桥运输,也就是比小陆桥更短一段。[①] 由于没有通过整条陆桥,而只利用了部分陆桥,故又称半陆桥运输,是指海运加一段从海港到内陆城乡的陆上运输或相反方向的运输形式。微型桥运输近年来发展非常迅速。

3. 关于美国 OCP 运输条款

"OCP"是 Overland Common Points 的缩写,意为"内陆公共点地区",简称"内陆地区"。其含义是:根据美国费率规定,以美国西部九个州为界,也就是以洛矶山脉为界,其以东地区,均为内陆地区范围,这个范围很广,约占美国全国 2/3 的地区。按 OCP 运输条款规定,凡是经过美国西海岸港口转往上述内陆地区的货物,如按 OCP 条款运输,就可享受比一般直达西海岸港口更为优惠的内陆运输费率。相反方向,凡从美国内陆地区启运经西海岸港口装船出口的货物同样可按 OCP 运输条款办理。同样,按 OCP 运输条款,还可享受比一般正常运输更低的优惠海运运费。

采用 OCP 运输条款时必须满足以下条件。

(1) 货物最终目的地必须属于 OCP 地区范围内,这是签订运输条款的前提。

(2) 货物必须经由美国西海岸港口中转。因此,在签订贸易合同时,有关货物的目的港应规定为美国西海岸港口,即为 CFR 或 CIF 美国西海岸港口条件。

(3) 在提单备注栏内及货物唛头上应注明最终目的地 OCP×××城市。

例如,我国出口至美国一批货物,卸货港为美国西雅图,最终目的地是芝加哥。西雅图是美国西海岸港口之一,芝加哥属于美国内陆地区城市,此笔交易就符合 OCP 规定。经双方同意,就可采用 OCP 运输条款。在贸易合同和信用证内的目的港可填写"西雅图"括号内陆地区,即"CIF Seattle"(OCP)。除在提单上填写目的港西雅图外,还必须在备注栏内注明"内陆地区芝加哥"字样,即"OCP Chicago"。

五、新亚欧大陆桥

新亚欧大陆桥东起我国连云港,西至荷兰鹿特丹,横跨亚欧两大洲,连接太平洋和大西洋,穿越中国、哈萨克斯坦、俄罗斯与西伯利亚大陆桥运输线重合。经白俄罗斯、波兰、德国到荷兰,辐射 30 多个国家和地区,全长 10800 km,这条运输线与西伯利亚大陆桥相比,总运距缩短 2000~2500 km,可缩短运输时间 60% 左右,降低约 30% 的运费。

[①] 孙家庆.国际物流理论与实务[M].大连:大连海事大学出版社,2005.

案例

贝克的"环保运输方式"

船舶运输是贝克啤酒出口营业的最主要运输方式。贝克啤酒厂邻近不来梅港,是其采用海运的最大优势。凭借全自动化设备,专用集装箱可在8分钟内灌满啤酒,15分钟内完成一切发运手续。每年,贝克啤酒经由海运方式发往美国一地的啤酒就达9000标准箱。

之所以选择海运方式,贝克啤酒解释为"环保运输方式"。欧洲甚至世界规模陆运运输的堵塞和污染日益严重,贝克啤酒选择环保的水运方式不仅节约了运输成本,还为自己贴上了"环保"的金色印记,用绿色增加了企业的无形资产价值。

第四节 国际物流运输合理化

一、国际多式联运实施的条件

(1) 必须订立一份国际多式联运合同。

多式联运合同由多式联运经营人本人或其代表就多式联运的货物与托运人本人或其代表协商订立,是以书面形式明确双方的权利、义务的证明。它是确定多式联运经营人与托运人之间权利、义务责任与豁免的合同关系和运输性质的依据,也是区别多式联运与一般货物运输的主要依据。该合同的成立必须具备:

①至少使用两种以上不同的运输方式;
②承担国际货物运输;
③接受货物,对合同中的货物负有运输、保管的责任;
④属于一种承揽、有偿的合同。

(2) 全程运输必须使用国际多式联运单据。

多式联运单据是由联运人在接管货物时签发给发货人的,它是证明多式联运合同及证明多式联运经营人接管货物并负责按照合同条款交付货物的单据。按照发货人的选择,多式联运单据做成可转让的单据或不可转让的单据。①

签发可转让的多式联运单据,应当:
①列明是按指示或是向持票人交付;
②如果列明按指示交付,须经背书即可转让;
③如果列明是向持票人交付,无须背书即可转让;
④如果签发一套一份以上的正本,应注明正本份数;
⑤如果签发任何副本,每份副本均应注明"不可转让副本"字样。

---

① 张良卫.国际物流[M].北京:高等教育出版社,2011.

只有交出可转让的多式联运单据,才能向多式联运经营人或其代表提取货物。签发不可转让的多式联运单据时,应指明记名的收货人。

多式联运单据的内容包括以下几项:

①货物品类、标志、危险货物的性质、包数或件数、货物毛重;
②货物的外表状况;
③联运人的名称和地址;
④托运人的名称;
⑤收货人的名称;
⑥联运人接管货物的地点和日期;
⑦联运人或经其授权人的签字;
⑧每种运输方式的运费,或应由收货人支付的运费;
⑨预期经过的路线、运输方式和转运地点;
⑩在不违背签发多式联运单据所在国法律的情况下,双方同意列入多式联运单据的任何其他事项。

(3) 准确提供信息。

托运人必须提供货物、支付运费,并提供其他相关准确信息。发货人向联运人提供货物,并准确无误地告知货物的品类、标志、件数、重量和质量。

如果是危险货物,发货人在交付给多式联运经营人或其代表时,应告知其货物的危险特性,必要时告知应采取的预防措施。

(4) 联运经营人必须对多式联运负责。

联运经营人必须对多式联运负责,对多式联运负责主要是指联运经营人。国际多式联运的经营人是国际多式联运的组织者和主要承担者,以事主身份从事这一经营,经营人依靠自己的经营网络和信息网络,依靠本身的资信从事这一业务。也可以是货主、各运输方式以外的第三方,或者是铁路、公路等运输公司充当经营人。

联运经营人不是发货人的代理人或代表,也不是参与多式联运的承运人的代理人或代表,它对整个联运负责。在联运人接管货物后,无论货物在哪一个运输阶段发生丢失或损坏,联运人都要直接承担赔偿责任,而不能借口以把全程的某一个运输阶段委托给其他运输分包人而不负责任。

二、国际多式联运实施的责任划分

1. 多式联运经营人的责任形式

在目前的国际多式联运业务中,多式联运经营人的责任形式主要有两种。

1) 统一责任制

它又称同一责任制,就是多式联运经营人对货主负有不分区段的统一原则责任,也就是说经营人在整个运输中都使用同一责任向货主负责。即经营人对全程运输中货物的灭失、损坏或延期交付负全部责任,无论事故责任是明显的,还是隐蔽的,是发生在海运段,还是发生在内路段,均按一个统一原则由多式联运经营人按约定的限额进行赔偿。但是,如果多式联运经营人已尽了最大努力仍无法避免的或确实证明是货主的故意行为过失等原因所造成的灭失或损坏,经营人则可免责。统一责任制是一种科学、合理、手续简化的责任制度,但这种责任对联运经营人来说责任负担较重,因此,目前在世界范围内采用还不够广泛。

2) 网状责任制

所谓网状责任制系指由签发多式联运提单的人对全程运输负责,但其损害赔偿与统一责任制不同,它是按造成该货损的实际运输区段的责任制予以赔偿,在各运输区段中依据的法律有:

- 公路运输——根据《国际公路货运公约》或国内法;
- 铁路运输——根据《国际铁路货运公约》或国内法;
- 海上运输——根据《海牙规则》或国内法;
- 航空物流——根据《华沙运输公约》或国内法。

网状责任制是介于全程运输负责制和分段运输责任之间的一种责任制,又称混合责任制。也就是该责任制在责任范围方面与统一责任制相同,而在赔偿限额方面则与区段运输形式下的分段运输责任制相同。

国际上大多采用的是网状责任制。我国发展和采用网状责任制有以下有利之处:

（1）与国际商会1975年修订的《联合运输单证统一规则》有关精神相一致,也与大多数航运发达国家采用的责任形式相同。

（2）我国各运输区段,如海上、公路、铁路等均有成熟的运输管理法规可以遵循,采用网状责任制,各运输区段所适用的法规可保持不变。

（3）相对于统一责任制而言,网状责任制减轻了多式联运经营人的风险责任,对保护刚刚起步的我国多式联运经营人的积极性,保证我国多式联运业务顺利、健康的发展具有积极意义。[①]

但是从国际多式联运发展来考虑,网状责任制并不十分理想,容易在责任轻重、赔偿限额高低等方面产生分歧。因此,随着我国国际多式联运的不断发展与完善,统一责任制将更为符合多式联运的要求。

2. 多式联运经营人的责任期限

责任期限是指多式联运经营人对货物负责的时间或期限,自1924年《海牙规则》制定以来,承运人的责任期限随着运输的变化也在不断发展着。《海牙规则》对承运人关于货物的责任期限规定为"自货物装上船舶时至卸下船舶为止"的一段时间,也就是说货物的灭失、损害发生在过渡期间才适用《海牙规则》。1978年《汉堡规则》规定:包括在装船港、运输途中和卸船港由承运人掌管的整个期间,即从接管货物时起至交付货物时为止。《汉堡规则》的这一规定扩大了承运人的这一责任期限,突破了《海牙规则》对承运人的最低责任限制,向货物装卸前后两个方面发展,在一定程度上加重了承运人的责任。

根据《联合国国际货物多式联运公约》(以下简称《多式联运公约》),货物在货主仓库、工厂及集装箱货运站、码头堆场进行交接的地点仿照《汉堡规则》。对多式联运经营人规定的责任期间是:多式联运经营人对于货物的责任期间,自其接管货物之时起至交付货物时止。依照多式联运公约条款的规定,多式联运经营人接管货物有以下两种形式:

[①] 孙韬.跨境电商与国际物流:机遇、模式及运作[M].北京:电子工业出版社,2017.

(1) 从托运人或其代表处接管货物，这是最常用、最普遍的规定方式；

(2) 依据接管货物地点适用的法律或规章，货物必须交其运输的管理当局或第三方。这是一种特殊的规定。

在第二种接管货物的方式中，有一点须予以注意，即使多式联运公约规定多式联运经营人的责任从接管货物时开始，但在从港口当局手中接收货物的情况下，如货物的灭失或损坏系在当局保管期间发生的，多式联运经营人可以不负责任。

多式联运公约对交付货物规定的形式有以下三种：

(1) 将货物交给收货人；

(2) 如果收货人不向多式联运经营人提取货物，则按多式联运的合同或按照交货物地点适用的法律或特定行业惯例，将货物置于收货人支配之下；

(3) 货物交付根据交货地点适用法律或规章必须向其交付的当局或其他第三方交付。

在收货人不向多式联运经营人提取货物的情况下，多式联运经营人可以按上述第(2)和第(3)种交货形式交货，责任即告终止。在实践中，经常会发生这种情况，如收货人并不急需该批货物，为了节省仓储费用而延迟提货；又如市场价格下跌，在运费到付的情况下，收货人也有可能造成延迟提货。

因此，多式联运公约的这种规定不仅是合理的也是必要的。

3. 多式联运经营人的赔偿责任限制

赔偿责任限制包括两个方面内容。

(1) 赔偿责任限制的基础。

已通过的《多式联运公约》对多式联运经营人所规定的赔偿责任基本仿照了《汉堡规则》，规定多式联运经营人对于货物的灭失、损害或延迟交货所引起的损失，如果该损失发生在货物由多式联运经营人接管期间，则应负赔偿责任。除非多式联运经营人能证明其本人、受雇人、代理人或其他有关人为避免事故的发生及其后果以采取一切符合要求的措施。如果货物未在议定的时间内交付或虽然没有规定交货时间，但未按具体情况在一个勤勉的多式联运经营人所能受理的时间内交货，即构成延迟交货。

《多式联运公约》采用的是完全过失责任制，即多式联运经营人除对由于其本人所引起的损失负责赔偿外，对于他的受雇人或代理人的过失也负有赔偿责任。

《海牙规则》中对延迟交货未做任何规定。

《多式联运公约》对在延迟交货情况下的多式联运经营人的赔偿责任规定有以下两种情况：

• 未能在明确规定的时间内交货；

• 未能在合理的时间内交货。

对于如何理解一个勤勉的多式联运经营人未在合理时间内交货，要根据具体情况加以判断。如果在货物运输过程中，为了船和货的安全发生绕航运输；或由于气候影响，不能装卸货物，这些情况的发生，都有可能构成延迟交货。但显然上述情况的发生，即使是再勤勉的多式联运经营人也可能是心有余而力不足。在延迟交货的情况下，收货人通常会采取这样的处理方法：

• 接收货物，再提出由于延迟交货而引起的损失赔偿；

- 拒收货物,提出全部赔偿要求。

(2) 赔偿责任限制。

所谓赔偿责任限制是指多式联运经营对每一件或每一货损单位负责赔偿的最高限额。

《海牙规则》对每一件或每一货损单位赔偿的最高限额为100英镑;《维斯比规则》则为10000金法郎,或毛重每千克30金法郎,两者以较高者计。

此外,《维斯比规则》对集装箱、托盘或类似的装运工具在集装运输时也做了规定,如果在提单上载明这种运输工具中的件数或单位数,则按载明的件数或单位数赔偿。《汉堡规则》规定每一件或每一货损单位为835个特别提款权(国际货币基金组织规定的记账单位),或按毛重每千克2.5个特别提款权,两者以较高者为主。《汉堡规则》对货物用集装箱、托盘或类似的其他运载工具在集装时所造成的损害赔偿也做了与《维斯比规则》相似的规定。对于延迟交货的责任限制,《汉堡规则》做了相当于该延迟交付货物应付运费的2.5倍,但不超过运输合同中规定的应付费用总额的规定。

已通过的《多式联运公约》规定,货物的灭失、损害赔偿责任按每一件或每一货损单位计,小的超过920个特别提款权,或毛重每千克2.75个特别提款权,两者以较高者计。如果货物系用集装箱、托盘或类似的装运工具运输,赔偿则按多式联运单证中已载明的该种装运工具中的件数或包数计算,否则,这种装运工具的货物应视为一个货运单位。

各种运输公约对延迟交货的赔偿限额的规定如表8.2所示。

表8.2 各种运输公约对延迟交货的赔偿限额规定

公 约	延误损失赔偿责任限制	备 注
多式联运公约	应付运费的2.5倍(40%以下)	不超过合同运费总额
华沙公约	无限制规定	无限额规定
海牙规则		
铁路货物公约	应付运费的2倍	无限额规定
公路货物公约	延误货物运费总额	

有关延迟交货的赔偿则是建立在运费基础上的,与运费基数成正比。多式联运的费用基数是由各种货物和运输区段的运费作为总的赔偿基数,可列式为:

$$X = a + b + c$$

①金法郎(法文 franc,英文 gold franc)是历史悠久的一种货币单位。法郎诞生于14世纪,1795年法郎成为法兰西第一共和国货币。1803年3月28日(芽月7日),法国制定金币法郎法律,因此又称"芽月法郎"。1834年,法郎真正成为法国唯一的货币。

②特别提款权(Special Drawing Right,SDR)是国际货币基金组织创设的一种储备资产和记账单位,亦称"纸黄金"(Paper Gold)。它是基金组织分配给会员国的一种使用资金的权利。会员国在发生国际收支逆差时,可用它向基金组织指定的其他会员国换取外汇,以偿付国际收支逆差或偿还基金组织的贷款,还可与黄金、自由兑换货币一样充当国际储备。但由于其只是一种记账单位,不是真正的货币,使用时必须先换成其他货币,不能直接用于贸易或非贸易的支付。因为它是国际货币基金组织原有的普通提款权以外的一种补充,所以称为特别提款权,式中:X——运费总数;a、b、c——各段的运费。

4. 赔偿责任限制权利的丧失

为了防止多式联运经营人利用赔偿责任限制的规定从而对货物的安全掉以轻心,致使货物所有人遭受不必要的损失,既而影响国际贸易与国际航运业的发展。如果证明货物的灭失、损害或延迟交货系由于多式联运经营人有意造成,或明知可能造成而由毫不在意的行为或不行为所引起,多式联运经营人则无权享受赔偿责任限制的权益。此外,对于多式联运经营人的受雇人或代理人或为其多式联运合同服务的其他人有意造成明知可能造成而由毫不在意的行为或不行为所引起的货物灭失、损害或延迟交货,则该受雇人、代理人或其他人无权享受有关赔偿责任限制的规定。

但在实际业务中,作为明智的多式联运经营人,在有赔偿责任限制的保护下,故意造成货物灭失、损害而失去责任限制,这是不现实的。所谓毫不在意的行为或不行为,即多式联运经营人已经意识到这种做法有可能引起损失,但其仍然采取了不当的措施,或没有及时采取任何措施。国际货物运输公约对赔偿限额的规定见表8.3。

表8.3 各种运输公约对赔偿限额的规定

公约名称	每一件或每一单位		每千克毛重/kg		备注
	责任限制/SDR	多式联运公约所占/(%)	责任限制/SDR	多式联运公约所占/(%)	
多式联运公约	920		2.75		包括海运或内河
海牙规则	161	570			
维斯比规则	280	185	2.04	135	
CMR(公路)			8.33	33	
CIR(铁路)			16.67	16.5	
华沙公约			17	16	
多式联运公约			8.33		不包括海运或内河
CMR(公路)			8.33	100	
CIR(铁路)			16.67	49.9	
华沙公约			17	48	

从表8.3中可以看出,多式联运中不论是否包括海运或内河运输,多式联运经营人的赔偿责任限额比《海牙规则》高出5倍以上,比《维斯比规则》高出35%。与铁路、公路、华沙公约相比较,多式联运经营人的赔偿责任限额显得较低,只有公路承运人赔偿限额的1/3,航空承运人的1/6。

5. 托运人的赔偿责任

在国际多式联运过程中,如果多式联运经营人所遭受的损失是由于托运人的过失或疏忽,或者是由于他的受雇人或代理人在其受雇范围内行事时的疏忽或过失所造成,托运人对这种损失应负赔偿责任。

托运人在将货物交给多式联运经营人时应保证:
①所申述的货物内容准确、完整;

②集装箱铅封牢固,能适合多种运输方式;
③标志、标签应准确、完整;
④如系危险货物,应说明其特性和应对该货物采取的预防措施;
⑤自行负责由于装箱不当、积载不妥引起的损失;
⑥对由于自己或其受雇人、代理人的过失对第三者造成的生命财产损失负责;
⑦在货运单证上订有"货物检查权"的情况下,海关和承运人对集装箱内的货物有权进行检查,其损失和费用由托运人自行负责。

三、国际物流运输合理化的内容与途径

1. 国际物流运输合理化的内容

随着国际贸易的发展,国际物流水平也将得到进一步的提高。为了提高国际货物运输的效率,满足货主的运输要求,推进国际物流运输合理化具有重要意义。

国际物流运输合理化包括以下几个方面:
(1)物流设施合理;
(2)商品运输渠道合理化;
(3)商品包装规格化、系列化;
(4)装卸、储存托盘化、机械化;
(5)运输网络化。

国际物流运输合理化的主要目标在于实现国际运输合理化及有关包装、装卸、保管诸环节的合理化。国际运输以谋求国际物流合理化为目标,采取了从发货地到收货地的直达运输系统,从而降低了物流总费用。

国际物流运输合理化的主要基本形式:
(1)汽车—船舶—汽车;
(2)汽车—铁路—汽车;
(3)汽车—飞机—汽车。

为了实现国际物流合理化,利用集装箱通过各种组合运输,推进国际的直达运输,这些组合运输是推进物流及国际物流运输合理化的主要形式。

2. 国际物流运输合理化的途径

1)成品出口渠道系统合理化

国际物流系统机制的正常运转必须借助合理的出口渠道系统。只有建立多层次的出口渠道系统,并运用现代化的管理技术、现代化的信息系统,国际物流才能顺畅运转。在成品出口中,增加机械类、机电类成品比例已经成为一种发展趋势。为了寻找出口商品的国际运输的合理化的途径,以海上集装箱为主要载体的国际联运已居主导地位。

根据货物组织者和委托者不同,表现出成品出口渠道合理化的几种基本形式:
(1)制造商通过出口机构向对方的进口机构出售产品;
(2)大公司的出口机构在进口国设置分公司及其驻外机构;
(3)工厂、企业与进口机构直接交易而形成的国际物流;
(4)工厂、企业在进口国设立驻外办事机构或代理点。

(5) 制造商在进口国建立工厂，进行生产、销售，变国际物流为企业物流。

2) 单位成组装载系统合理化

所谓单位成组装载系统，不是将货物单个地、一件一件地进行运输，而是把众多的货物分类排列，组合成一个单元进行运输的一种方法。用这种方式运输商品，一般具有以下特点：

(1) 商品的重量、体积包装、货形不一致；
(2) 多品种、少交易的商品；
(3) 流动机构复杂。

单位成组装载合理化的具体形式有以下两种：

(1) 使用大型金属集装箱。由于这种方式采取了从装货到卸货的连贯作业，所以一般都有较高的效率。

(2) 使用托盘的托盘化作业。它的主要优点有：装卸率高、能够有效地防止货物损失、包装简单、费用低、增加装卸高度等。但这种方式也存在不足之处，主要包括：对按数量单位装载的器具管理有困难、使用数量单位装卸成本较高、需要与之相配套的机械设备、装载效率较低、需要宽敞的作业场地等。

3) 连贯运输托盘化

托盘是一种把货物集合成一定的数量单位便于装卸操作的搬运器具。在国际物流运输过程中，推行运输托盘化具有以下优点。

从货主立场看：
(1) 包装简易和规范，节约包装费用；
(2) 有利于提高作业效率；
(3) 有利于减少货物损伤；
(4) 便于对商品进行管理，有效利用仓库面积及空间。

从运输者立场看：
(1) 有利于提高装卸作业效率；
(2) 有利于提高运输效率；
(3) 有利于减少工伤事故的发生，解放重体力劳动。

从整个社会经济系统看：
(1) 有利于物流协调化、效率化；
(2) 有利于降低物流费用，提高社会效益。

本章小结

国际物流是现代物流系统中重要的物流领域之一，这种物流是国际贸易间的一个必然组成部分，各国之间的相互贸易最终通过国际物流来实现。所谓国际物流，是指在国际贸易中发生的物流过程，即在国际贸易活动中，实现货物从一国向另一国空间转移的物理流动过程。

交通物流

　　国际物流运输的几种主要方式：海上运输、班轮运输、租船方式，还包括国际铁路运输、国际航空物流、国际海运物流、国际航空货运代理。了解每种运输方式的特点和方式并能够运用在现实生活中。我们需要了解国际多式联运的特征和优点。国际多式联运是一种以实现货物整体运输的最优化效益为目标的联运组织形式，掌握国际多式联运的基本特征和优越性同时还需要了解国际多式联运经营人的性质、具备条件、责任、赔偿责任制度。

　　对于国际多式联运单据的作用和内容不需要做详细了解。掌握国际多式联运的一般业务流程。知道国际多式联运运费由几部分组成，不做重点记忆。注意区分国际多式联运的形式和一般的海海、路路、空空等形式的联运的本质区别。对于大陆运输的相关内容不需要做重点了解，只要有个大概的了解即可。在第四节中，需要重点了解国际多式联运实施的责任及划分和熟悉国际物流运输合理化的内容与途径，国际多式联运的条件了解即可。

　　在学习的过程中会遇到一些困难，对于需要记忆的地方，可以用对比分析法或列条理、理主干的方法进行学习；对于难点的部分需加强理解。通过本章的学习，让同学们了解什么是国际物流，国际物流包括什么，哪些可以为我们现实生活服务，还有对国际多式联运及其一些相关内容有一定程度的了解和对国际物流运输合理化有一定程度的了解。

练习与思考

1. 国际物流的内涵是什么？
2. 与其他国际货物运输方式相比，海洋运输的主要特点是什么？
3. 多式联运与传统单一运输方式相比，有哪些主要特征？
4. 国际多式联运运费由什么组成？
5. 国际物流运输合理化的途径有哪些？

综合案例

海 铁 联 运

　　全球贸易90%货物基本依赖海运完成，海运物流在全球化的供应链服务体系中至关重要。2007年10月9日，中国海运集团开通了从连云港到莫斯科的海铁联运通道。此前从日本、韩国运来的货物在经中国港口后，必须先运到德国的汉堡港，在经过陆路运输到莫斯科，需要40~50天的时间。而海铁航运开通以后，可以从连云港直接用铁路运到莫斯科，仅仅需要十几天的时间。2007年5月29日，深圳北-二连浩特-捷克的国际集装箱班列举行首发仪式,该班列是我国南方发往欧洲的首趟集装箱班列,途径6个国家,行程超过12000 km,需时29天,比海运时间缩短将近一半。该班列是深圳首条国际海铁联运路线,为深圳乃至珠三角地区的货物去往欧洲增加了一条便捷的运输通道。继开通外贸集装箱海铁联运后,厦门港又开通了内贸集装箱海铁联运通道。2008年8月3日,中海集运载着83个集装箱到达厦门港后马上又装上火车前往赣州,标志着东北-厦门-赣州集装箱海铁联运正式启动。

(资料来源:梁金萍.运输管理[M].北京:机械工业出版社,2010.)

思考题

海铁联运及多式联运的优越性主要表现在什么地方?

第九章 交通物流优化

学习目标

1. 知识目标:
①了解综合运输在现代物流中的地位和作用;
②理解综合交通物流系统、交通物流组织和管理及法规概述、绿色物流、交通物流趋势等概念;
③掌握交通物流优化的重要性和必要性。
2. 能力目标:
①知道我国交通物流优化的内容、存在问题及发展趋势;
②了解绿色物流的作用和意义;
③会用本章学到的相关交通物流法规,解决生活中遇到的一些问题。

第一节 交通物流系统

综合交通物流系统,是指由水运物流、公路运输、铁路运输、航空物流和管道物流等各种现代化运输方式分工协作、有机结合,所形成的技术先进、布局合理、结构优化的运输网络,是交通运输的宏观体系。简单地说,综合交通物流系统就是指在将货物从出发地运往目的地的过程中使用两种或两种以上的运输方式,并且在运输过程中统筹资源、合理规划,使资源消耗最小,经济效益最大。

我国综合交通物流系统的建设近年来取得了举世瞩目的成就,各种运输方式迅速发展与完善,使我国长期存在的交通运输对国民经济发展的瓶颈制约得到有效缓解。然而,随着世界能源形势的日趋严峻以及我国节能减排的客观要求,土地、能源、环境等因素对交通运输的制约作用日益明显。因此,充分发挥各种运输方式的比较优势,建设资源集约型、环境友好型的综合交通运输体系是我国经济、社会、环境协调发展的战略选择,是交通运输发展的必然方向,对我国国民经济的可持续发展具有举足轻重的作用。

第九章

交通物流优化

一、综合运输在现代物流中的地位与作用

1. 综合运输在现代物流中的地位

1）综合运输是发展现代物流的基础

现代物流的发展趋势呈现出全球化、多功能化、系统化、信息化和标准化的特征。在经济全球化的大背景下,生产要素的流动也日益全球化和国际化。企业特别是跨国企业逐渐从全球的角度来构建生产和营销网络,原材料、零部件的采购和产品销售的全球化相应地带来了物流活动的全球化。在这种形势下,单一的运输方式已经无法满足货物流动的需要,迫切需要建立一种能将货物安全、快速、准确送达目的地的综合运输体系。总体来说,物流离不开运输,发展现代物流离不开综合运输的支持,综合运输是发展现代物流的基础和保障。

2）综合运输是现代物流各环节协调发展的先决条件

现代物流的基本特点表现为在服务对象空间移动的全过程中,为其提供跨越行业、运输方式和区域界限的全方位计划、组织、实施、控制和管理服务。而综合运输是保证这一过程中社会生产、运输、分配、消费等各环节正常运转和协调发展的先决条件,对保障物流活动持续、健康发展起着重要作用。

3）综合运输是发展国际物流的重要保证

国际贸易对本国经济发展、国民生活水平提高和竞争实力增强都有着重要的影响。近年来,世界各国都十分重视开展国际贸易,国际贸易是因自然资源的分布不均和国际分工而产生的,而货物和商品的转移,带动了国际物流的产生和发展。由于国际物流是在不同的国家之间进行的,因此具有周期长、距离远、风险性大等特点。单一的运输方式已经无法满足用户的需求,只有依靠两种或两种以上运输方式的协同合作和有机结合,才能满足国际物流活动的要求。因此,综合运输对于国际物流的开展具有举足轻重的作用,是发展国际物流的重要保证。

2. 综合运输在现代物流中的作用

1）综合运输有利于降低物流成本

综合交通物流系统通过对各种独立的运输方式进行统筹规划和合理优化,使得铁路、公路、航空、水路和管道物流之间相互协调,形成了优势互补、连接贯通、分工合作的交通运输体系,可以缩短物流时间,提高物流速度,减少装卸搬运次数,提高客户服务水平,减少货物损失,降低物流费用。

2）综合运输有利于实现物流的集约化

综合运输的显著特点是通过建立综合物流中心,将两种或两种以上不同的物流中心集约在一起,成为一个有综合职能并且高效的物流中心。如可将铁路货站和公路货站集约而成综合物流中心,也可将铁路货站、公路货站、港口码头集约在一起而成为综合物流中心。综合物流中心的建立,有利于物流系统的集约化经营,对于减少资源的浪费,提高物流过程的组织效率和经济效益具有十分重要的意义。

3）综合运输有利于实现物流各环节的有机衔接

运输是物流的重要功能要素之一,在整个物流活动中发挥着极其重要的作用。运输活动犹如一座桥梁,将物流的各个环节连接成一条有效的供应链。在现代物流活动中,综合运输的作用愈发凸显,综合运输是现代物流不可或缺的部分,一个完整的供应链需要靠综合运输这一条主线来将各个环节有机地串联起来。

4) 综合运输有利于实现物资的大范围空间流动

物流是指物品从供应地到接收地的实体流动过程,根据实际需要,将运输、储存、装卸搬运、包装、流通加工、配送、信息处理等基本功能实施有机结合。物流中的"流"是最重要的活动,也是物流管理追求的目的。综合运输可以在全球范围内实现原材料及成品的及时、快速、准确的传递,有利于实现物资在大范围内的空间流动,为打造高效的现代物流体系打下坚实的基础。

5) 综合运输有利于搭建绿色物流体系

综合运输是多种运输方式的集成,它把传统运输方式下相互独立的海运、陆运、空运等各个运输方式按照科学、合理的流程组织起来,从而使客户获得最佳的运输路线、最短的运输时间、最高的运输效率、最安全的运输保障和最低的运输成本,对于有效利用资源、搭建绿色物流体系具有重要的作用。

二、综合交通物流系统构成

综合交通物流系统由载运机具系统、综合运输网络系统和综合运输枢纽系统等三部分组成。

(一) 载运机具系统

载运机具系统,包括运输工具和装卸机械两大组成部分。运输工具是实现旅客和货物的运送和集散;装卸机械是实现旅客和货物上下运输工具的位移和运输枢纽内的空间组合,一方面将运输对象送入运输工具,另一方面将运输对象从运输工具内取出。运输工具和装卸机械两者是紧密相连的,其两者的运作过程相辅相成、相互配合,两者的功能将直接影响整个综合运输体系的运转效率。

(二) 综合运输网络系统

综合运输网络系统简称综合运网,是指在一定空间范围(国家或地区)内,以现代综合运输管理技术和信息技术为基础,以安全、便捷、快速和经济为目标,由各种运输方式的运行线路和网络枢纽等固定技术装备分工协作、有机结合而组成的综合体。

综合运网是运输业的主要物质基础,在运输业的发展中占有举足轻重的地位。其网络布局、通过能力和技术装备等是衡量整个运输业发展状况和运营水平的重要指标,直接影响着交通物流系统的功能。下面对综合运输网络系统的运输线路和层次结构做简要分析。

1. 运输线路

根据运输网同国民经济和生产力地域组成的关系,可将组成全国综合运输的各种交通线路,按照以下功能结构进行建设。

1) 骨干线路(主干线路)

这是全国运输网的骨干和大动脉,它将大城市、重要海港、主要工矿区和主农产品基地联系起来,把各个大经济区、省、自治区、直辖市联成一个有机的整体。在我国,一般情况下,骨干线路由铁路主要干线和沿海以及长江主干流组成,但在一些地区,如西藏、新疆等西部地区,公路干线为其骨干线路。骨干线路发挥着承担综合运输物质基础的重要作用。

2) 开发线路

开发线路是指骨干线路向边疆地区和新开发区的延长。这种线路对开发资源、改变原有生产力分布的不平衡性具有重大意义,在国民经济中起先行作用。

3) 给养线路

这是联系主干线路和工业、农业以及矿产品,运输肥料、工矿设备、粮食和日用品等给养物资的线路,它可以是铁路、公路,也可以是大河的支流或人工运河。因许多工农业地区并不分布在主干线上,必须用相关的线路将其连接起来,因此给养路线在整个运输网中有着不可替代的作用。

4) 腹地线路

腹地线路是指分布在广大农村和工矿区内部的交通线,一般呈网状分布,像微血管一样贯穿全国各地。腹地线路一般为二级以下公路和小河航线,在城市工矿区腹地线路有时也采用铁路和高级公路。

5) 企业专用线路

企业专用线路是指为工矿企业和乡镇、大型农场内部生产服务的交通线,既构成企业内部的生产线,又将自身和企业外部的交通物流系统紧密连接,是一种重要的运输线路。

2. 层次结构

综合运输网络的层次结构是根据地理条件、行政区划、交通设施设备等状况确定的。在我国,综合运输网络分为国家级、省级和地县级三个层次。

1) 国家级综合运输网络

国家级综合运输网络是国家的运输大动脉,是构成综合运输网的主骨架,主要研究国家交通运输大通道,为建立完善综合运输交通体系服务。其目的是使五种交通运输方式有机结合、分工协作、布局合理、连接贯通,形成完整的交通运输综合体,从而实现"人便其行、货畅其流"的目标。

2) 省级综合运输网络

省级综合运输网络主要研究省(自治区或直辖市)内部运输主干道及省内运输线路与国家运输网络的接口,以建设大交通,破解边缘化问题,加快崛起步伐。

3) 地县级综合运输网络

地县级综合运输网络主要研究县市交通规划布局以及县市内部运输线路与省级运输网络乃至国家级运输网络的连接和贯通。地县级综合运输网络的建设与完善,是城市实现内外联系与交流的桥梁和纽带,对城市经济的发展和腾飞有着巨大作用。

(三) 综合运输枢纽系统

1. 综合运输枢纽的含义

关于综合运输枢纽,交通运输领域专家们给出了多种不同的定义,但都有着基本一致的认识,即综合运输枢纽具有以下三个方面的特征。

(1) 在地理位置上,综合运输枢纽地处在两种或两种以上的运输方式衔接地区或客货流重要集散地。

(2) 在运输网络上,综合运输枢纽是多条运输干线通过或连接的交汇点,是运输网络的重要组成部分,连接不同方向客货流,对运输网络的畅通起着重要作用。

(3) 在运输组织上,综合运输枢纽承担着各种运输方式的客货到发、同种运输方式的客货中转及不同运输方式的客货联运等运输作业。

我国城市化进程的加快,交通运输业的发展以及现代先进物流管理理念的引进,赋予了综合运输枢纽新的内涵。总体说来,综合运输枢纽是指在两条或者两条以上交通运输线路的交汇、衔接处形成的,具有运输组织与管理、中转换乘与换装、装卸储存、多式联运、信息流通和辅助服务等功能的综合性设施。

2. 综合运输枢纽的功能

作为交通运输的生产组织基地和交通运输网络中客货集散、转运及过境的场所,综合运输枢纽是保证客货运输质量,提高客货运输效率的关键环节。综合运输枢纽的功能主要体现在以下三个方面。

1) 提供集散和中转服务,带动区域经济发展

综合运输枢纽一般地处区域主要中心城市,为所在地区或城市的经济发展和居民生活提供客货运输服务,是城市对外联系的桥梁和纽带。

2) 保障客货运输连续性,完成运输服务全过程

以信息化、网络化为基础,改进运输组织方式,实现各种运输方式一体化管理,完成运输服务全过程,是提高运输效率、降低运输成本、节约资源、实现交通可持续发展的有效途径,而综合运输枢纽正是实现这一目标的关键。

3) 吸引和疏散客货流,促进交通运输产业健康发展

交通运输产业发展的基础是日益增长的运输需求,在经济高度发达的现代社会,交通运输产业正向着综合集成和一体化运输的方向发展,以满足客货运输多样化的需求。综合运输枢纽作为运输网络上的节点,集信息传递、设备管理和组织运营于一体,吸引并疏散大量的客货流,是综合交通物流系统发展的重要支撑。

3. 综合运输枢纽的分类

对综合运输枢纽进行适当的分类,目的是为了更加深入地研究综合运输枢纽与经济、社会、城市发展的关系以及各种运输方式在枢纽内的衔接关系,从而运用正确的方法对各种综合运输枢纽进行规划,以实现旅客和货物换乘或转运的高效与便捷。

因综合运输枢纽的形成依赖大量客货运输需求源,而客货流产生的基础是较大的人口和产业规模,故综合运输枢纽有着与城市共生的特性。人们在规划全国或区域综合运输枢纽时,通常将综合运输枢纽理解为枢纽城市,而在规划各种运输方式相衔接的具体的综合运输枢纽时,又将综合运输枢纽理解为客货集散或中转的枢纽场站,因此,研究综合运输枢纽首先要区分开宏观综合运输枢纽和实体综合运输枢纽这两个概念。实体综合运输枢纽依托宏观综合运输枢纽而存在,宏观综合运输枢纽包含着一个或多个实体综合运输枢纽,两者的含义有很大区别。

1) 宏观综合运输枢纽

宏观综合运输枢纽是指运输干线的连接或交汇点所在的枢纽城市。

根据其在国民经济和综合运输网络中所起的作用和服务范围不同,可分为:

①国家级综合运输枢纽,如杭州、宁波、徐州等城市。

②区域性综合运输枢纽,如柳州、梧州等城市。

③一般综合运输枢纽。

2)实体综合运输枢纽

实体综合运输枢纽是指具体承担客货流集散和中转作业的运输场站。与单一运输方式枢纽不同,实体综合运输枢纽至少衔接两种以上的运输方式。

(1)按实体综合运输枢纽中承担客货运量的主要运输方式,实体综合运输枢纽分为:

①港口型综合运输枢纽。

②机场型综合运输枢纽。

③硬公路场站型综合运输枢纽。

④铁路(城轨)车站型综合运输枢纽。

(2)按交通方式的组合方式不同,实体综合运输枢纽可分为:

①铁路-公路运输枢纽,其由陆路干线组成,分布于内陆地区,是综合运输枢纽的主要形式。

②水路-公路运输枢纽,其由水运与公路运输组成,水运为承担客货运量的主要运输方式,公路则以集散客货为主。

③水路-铁路-公路运输枢纽,因水路有海运和河运之分,此类枢纽又分为三种:海运-河运-铁路-公路枢纽,海运-铁路-公路枢纽和河运-铁路-公路枢纽。前两种都以海运为主,并有庞大的水、陆联运设施系统,如中国的上海、荷兰的鹿特丹、俄罗斯的圣彼得堡;后一种有些以铁路大宗运输为主,有些则以水运为主,如中国的武汉。

④综合运输枢纽,此类枢纽是综合运输枢纽发展的高级阶段,一般由铁、公、水、空、管五种运输方式组成,有些则无水运而由其余四种运输方式组成。上海、北京、武汉等地均已形成五种运输方式联合的综合运输枢纽。

三、综合交通物流系统规划

(一)综合交通物流系统规划的任务

综合交通物流系统规划,是指在一定地域范围内对交通物流系统进行总体战略部署,即根据国民经济发展的要求,从当地具体的自然条件和经济条件出发,通过综合平衡和多方案的比较,确定交通运输发展方向和地域空间分布。综合运输是实现国民经济对运输要求的重要手段,也是编制运输方式总体规划的基本依据。总的来说,综合交通物流系统规划的任务包括三个方面的内容。

(1)查明所规划地区的自然条件、自然资源、经济地理条件、现有经济基础和历史发展特点、工农业生产布局等,从而确定对交通运输的需求量。

(2)确定规划区的交通运输发展方向,拟定交通运输发展的合理规模。

(3)选择交通物流系统中各种运输方式的适用地区并进行合理组织和布局。

（二）综合交通物流系统规划的内容

在综合运输的总体规划中，基本内容包括三个组成部分。

（1）提出交通物流系统发展的依据，包括交通物流系统发展的方向、性质和规模，即交通物流系统发展规划。

（2）研究交通物流系统中各种运输方式的空间分布，包括综合运输布局形式，用地结构和功能，这部分称为综合交通物流系统的布局规划。

（3）研究交通物流系统各专项工程的规划。

（三）综合交通物流系统场站布局

1. 综合交通物流系统场站布局的基本要求

综合交通物流系统场站的布局，主要是指综合交通物流系统内部各种场站设施的合理配置，内部布局合理与否，对整个综合交通物流系统的运转效率有着重要影响，其基本要求如下。[1]

（1）综合交通物流系统内各种运输设施的布局，应服从交通运输网的规划，从交通运输网布局的全局出发。

（2）充分保证各种交通运输方式之间的相互协调与分工协作。

（3）方便城市生产和居民生活，尽量避免和减少对城市的不良影响，如各种交通运输线路应尽量避免穿越城市等。

（4）综合交通物流系统场站的布局，在能力上要留有余地，以适应社会、经济不断发展的要求。同时，也不能不顾实际、盲目超前，造成运力闲置和资源浪费。

2. 综合交通物流系统场站布局规划方法

综合交通物流系统是组织交通运输并保证交通运输网络畅通的基本条件。综合交通物流系统场站的合理布局，是根据对社会经济发展和交通需求的预测结果利用交通规划和网络优化的理论和方法，综合考虑交通发生吸引源的分布情况、交通运输条件以及自然环境等因素，对场站的数量、地理位置、规模和与其他场站的相互关系进行优化和调整，实现整个综合交通物流系统运输效率的最大化。

我国综合交通物流系统场站规划与布局研究中采用的方法主要有：单纯的数学物理模型，如解析重心法、微分法及交通运输效益成本分析法等；最优化方法，如线性规划、混合整数规划等。这些方法虽然可以较好地反映场站的运营机理，但缺乏从路网整体角度来考虑，而只是从静态的、抽象的角度研究场站的规划与布局，没有考虑场站所处交通运输网络的动态变化对整个综合运输网络带来的影响，也无法反映交通运输网络的节点层与其他层面的互动关系，因而计算结果可靠性较差，通常只能为定性分析提供参考。

近年来，很多学者逐渐尝试把交通规划、交通物流理论应用到综合交通物流系统场站的规划与布局研究中，力图反映场站所在区域交通运输网络的动态变化特性，从场站的运行机理及其与交通运输网络之间的动态关系入手，把交通规划的四阶段理论与物流学的物流节

---

[1] 柳健.新编物流管理案例及解析[M].北京：北京大学出版社，2013.

点选址模型相结合,运用运筹学的方法,对交通物流系统场站布局规划的新模型和新方法进行探索和研究。

四、综合运输组织

交通运输任务的完成,是依靠综合运输体系的高效运转而实现的。而整个综合运输体系的运转,又依赖各种运输方式的相互协调与有机结合。因此,必须建立一个合理的交通运输组织结构,才能更好地推动交通运输体系的有效运转。

广义的综合运输组织,是指在既有综合运输网络上,在一定的管理体制的调制下,通过各种运输方式的有机结合,发挥各种运输方式的比较优势,实现货物高效运转和人员合理流通的一系列过程。狭义的综合运输组织则指为完成某一具体任务而采用的运输方案的实施过程。以下从综合运输组织的目的、作用和管理三个方面着手,对其进行详细介绍。

(一)综合运输组织的目的

(1)使客、货流合理流动,实现货物、人员的流量均衡与流向合理。

(2)使整个交通运输体系灵活、高效运转。通过合理的综合运输组织工作,使运输业能以最少的投入达到最大的产出,提高运输业的经济效益与社会效益。

(3)使整个交通运输体系服务质量最优。通过对各种运输装备、运输能力的研究和最有效的综合运输组织过程的探讨,提高运输生产能力和运营效率,为全社会提供安全、便捷、经济、舒适的高质量运输服务。

(二)综合运输组织的作用

(1)根据运量情况和区域分布,对本企业的运力进行合理调度,并与其他企业进行有效的调剂,能有效地协调运输能力与运量,从而提高整个交通运输体系的社会效益和经济效益。

(2)通过实施合理的运输方案,能保证载运工具的安全运载与高效运行,从而降低运输成本,提高物流企业的利润。

(3)通过统筹安排和科学规划,能有效地保证运输生产中的协作与衔接,从而提高物流企业的服务质量和顾客满意度。

(4)通过对运输体系内的薄弱环节进行有效组织和及时改进,可以提高整个运输体系的运转效率和操作灵活性。

(5)通过对综合运输规划工作和管理工作进行检验和评价,可以提高综合运输组织的管理水平,对于改善日后的工作具有很好的指导意义。

(三)综合运输组织的管理

建立高效率、相互衔接、灵活运转的综合交通物流系统的组织管理体系,以及责、权、利三者统一的经济责任制,是发挥综合交通物流系统管理组织职能的重要方面,对于提高综合交通物流系统管理效率和管理水平有着十分重要的作用。

1. 单一运输方式的组织管理概述

1)铁路运输组织管理

我国铁路有国家铁路、地方铁路、专用铁路和铁路专用线等四类。实现中国铁路总公司、地方铁路公司和铁路站段三级管理。中国铁路总公司对国家铁路的营运实行集中领导、统一指挥全路日常运输调度工作,管理铁路国际联运和对外技术交流与合作;地方铁路公司是根据铁路营运管理需要而设置的物流企业,是铁路运输经营活动的主体;铁路站段是按照铁路运输不同专业设置的基层生产单位,主要完成旅客上下和货物装卸作业,也有供机车及车辆维修或添加燃料的设施。

我国铁路行政主管部门为交通运输部。

2)公路运输组织管理

公路运输的组织与管理是指公路运输的生产组织和行政管理。从宏观上讲,政府的管理部门负责制定规划、方针和政策,颁布有关的法令规章,管理公路运输事业;从微观上讲,公路物流企业围绕运输业务建立必要的管理机构和规章制度,并进行计划、组织、指挥和监控等工作。

3)水运物流组织管理

水运物流组织管理按照运输路线及运输距离分为内河运输、沿海运输和远洋运输三类。水运物流必须依靠港口来实现旅客的上下和货物的装卸。因此,水运的组织管理包括水运系统的管理和港口系统的管理。

4)民航运输组织管理

为了将旅客和货物安全、快速地送达目的地,促进民航运输事业的健康发展,民航运输组织管理扮演着极其重要的角色。其职责主要体现在以下四个方面:一是建立、完善机场安全生产制度;二是督促检查安全生产工作,及时消除安全事故隐患;三是组织实施机场应急预案,及时、有效处理机场突发事件;四是统一协调、管理机场的生产运营,为航空物流企业及其他驻场单位、旅客和货主提供公平、公正的服务。

5)管道物流组织管理

管道物流组织管理是指在管道运行过程中,利用技术手段对管道物流实行统一指挥和调度,以保证管道在最优化状态下长期安全而平稳的运行,从而获得最佳经济效益。管道物流组织管理包括管道输送计划管理、管道输送技术管理、管道输送设备管理和管道线路管理。前两者又合称为管道运行管理,是管道物流管理的中心。

2. 综合交通运输中的结合部

所谓的综合交通运输结合部,就是在运输生产经营活动中,为了共同的目的,由几个系统和系统的几个要素,共同负责、共同管理形成相互交叉、相互依存的区域和环节。随着现代交通运输业生产规模的逐渐扩大和分工的不断细化,综合管理与协调工作日趋复杂和重要。而综合管理与协调工作又大量集中在各运输管理部门、各运输方式以及同一运输方式各区域、各工种之间的结合部上,结合部的管理已成为物流企业经营管理的一个突出问题。在综合交通物流系统中,主要有以下几类结合部。

1)过程结合部

过程结合部指在运输过程中,由各工种协同完成某一特定功能的作业过程。这种结合部是最基本、最普遍的形态,如铁路运输中的接发列车作业、调车作业、机车出入库作业、施工作业等。

2)空间结合部

空间结合部指各部门、各单位间相互衔接、密切联系,又共同管理、共同负责的区域,如不同运输方式的枢纽站,管辖区域的分界处,公路和城市的结合处等。

3)时间结合部

时间结合部指在连续的运输生产过程中,各工种、各工序必须在规定的时刻按要求完成的作业项目和内容。它类似于时间网络图中的"节点",如铁路的列车交会、区间封锁、交接班、客货运输交接等。

4)设备结合部

设备结合部指运输设备在维修、管理、使用之间的相互关系。运输生产的连续性要求设备必须始终保持良好的运行状态。而设备的修、管、用有时归不同部门负责,需有一整套相互结合的管理措施,如车辆和集装箱的租赁和调运、运输设备的承包等。

5)环境结合部

环境结合部指与运输生产不可分割,而又对其发生重要影响的各种外部因素和条件,如运行秩序、治安状况、站车关系、港船关系等。

6)职能结合部

职能结合部指各运输管理部门的职能、职责、职权的相互交叉和联系。职能结合部的范围很广,表现在纵向、横向、内部、外部的分工协作等各个方面,如计划、规章等。

3. 结合部的组织管理

1)建立结合部的有序状态

聚集在结合部的各系统或系统的各个要素,不少是处于无序状态的。调整好各系统或要素之间的相互关系,使之从无序转为有序,是进行协调的首要任务和基本内容。要从结构、排列、层次、程序等方面进行整体优化,确定各自的职责范围,统筹规划、紧密衔接、相互协调,形成整体能力,发挥有效功能。

2)确定结合部的管理标准

为了使结合部的各要素处于有序状态,提高协调的水平,应当建立结合部管理标准或控制标准,按照"5W1H"(Why,What,When,Where,Who,How)的要求,明确规定:为什么做?做什么?何时做?何地做?谁来做?怎么做?每个要素都在明确无误的标准下有规则运行,就可以使结合部处于有效管理状态。

3)把握结合部的分析方法

比较有效的结合部分析方法大致有过程分析、关联分析、矩阵分析、失效树分析、网络分析、统计分析等。综合交通物流系统结合部的管理是个较新的课题,它的理论和方法已开始在实践中接受检验,收到了初步的成效,并将在今后的实践中不断发展和完善。

五、综合运输的问题与发展

1. 我国综合运输面临的主要问题

综合运输体系的核心是各种运输方式的集成,目标是发挥不同运输方式的组合效率,优化资源配置,形成城乡之间协调、城市群内畅通、区域之间无瓶颈、国际通道无障碍的现代运输体系。影响综合运输开展的因素是多方面的,发展综合运输任重而道远。在我国,综合交通运输体系的建设主要面临以下几个问题。

交通物流

1) 部门分割,各自为政

中国的交通运输管理长期实行分运输方式的管理模式,交通运输主管部门多,分布在交通运输部、中国铁路总公司、中国民用航空局、住建部、农业部、邮政局等若干个部门,各个部门在规划方面会出现各行其是、各自为政、自行体系的情况。由于管理部门分割和部门利益冲突的影响,使得我国各种交通运输方式在服务网络有效衔接、交通资源合理配置、交通信息有效传递等方面效果不佳,导致目前我国交通运输业的资源利用效率不高,无谓地消耗着本已极度稀缺的资源。

根据2008年国务院机构改革方案,为优化交通运输布局,发挥整体优势和组合效率,加快形成便捷、通畅、高效、安全的综合运输体系,组建了交通运输部。将交通部、中国民用航空局的职责以及建设部的指导城市客运的职责整合划入该部。成立交通运输部后,虽有利于优化资源、提高效率,但整合过程中各部门的利益冲突无法避免。受技术条件的限制,交通运输业从机构合并到功能整合直至产业升级最终实现综合运输尚需时日。[①]

2) 综合运输仍属初级阶段,总体水平亟待提高

近年来,我国政府采取一系列政策、措施加大了交通基础设施的投资和建设力度,综合运输化进程明显加快,长期以来交通运输对国民经济的瓶颈制约得到初步缓解,特别是高等级公路、高速铁路、城市轨道、港口设施、集装单元化运输以及民航业均得到快速发展,市场融资能力明显增强,各种运输方式的运输能力和技术装备水平也有相应提高,有效地满足了运输需求,降低了运输成本,提高了运输质量。

在取得巨大进步的同时,也应看到其存在的不足。虽然近十余年是我国运输业发展速度最快的时期,但我国交通运输体系整体潜力尚未得到充分发挥,还存在各种各样的问题。比如,运输网络未全面铺开,物流企业规模小和组织结构落后,城市交通阻塞状况恶化,公路超载和乱收费现象严重,运输管理和法治建设不完善,交通安全问题形势严峻,运输市场的正常秩序尚未完全建立,运输业发展与资源、环境的矛盾凸显等。为了全面建设现代化的综合运输体系,必须从根本上改变目前行业整体水平较低的现状。

3) 网络布局不尽完善,区域发展很不均衡

我国幅员辽阔,地区间自然条件迥异,决定了不同地区发展交通运输业存在"先天性"差异。比如,东部地区以平原为主,气候宜人,环境优美,经济发达,运输量大,交通基础设施的建设比较快,总体发展水平也较高。相比之下,西部地区多为山地、丘陵和戈壁、沙漠,气候干燥,生态恶化,交通运输业的发展较为滞后。虽然近年来,国家加大了对中西部地区交通运输基础设施建设的投入与扶持,但区域间总体不平衡状况尚未从根本上发生改变,这就极大地阻碍了综合交通物流系统的建设与发展。

2. 我国综合运输的发展趋势

根据我国交通运输现状、未来社会经济发展对交通运输的需求、资源和环境条件以及世界科技发展趋势,未来我国现代综合运输体系建设发展的趋势如下。

1) 以加快发展为主题,在发展中进行结构优化

交通运输紧张状况虽已得到缓解,但这是一种低水平的、暂时的、非全面性的缓解,各种

---

① 齐严.网络背景下的物流商业模式创新理论与实证研究[M].北京:中国财富出版社,2013.

运输方式的交通基础设施依然薄弱,交通物流系统整体效率和服务质量不高,运输成本尚未有效降低,还不能有效地满足我国工业化和城市化发展的需要。如果没有交通运输的大发展和及时提供足够的基础条件,保证其应有的机动性和便利性,我国的工业化进程就会受到制约,人们的生活质量也将受到很大的影响。因此,未来我国的综合运输体系的建设,还需要继续以发展为主题,继续支持各种运输方式完成大的发展过程,通过增加总量规模,提高我国交通运输的机动性和通达性,增强对未来社会经济发展的支持能力,并在发展过程中按照各种运输方式的合理分工与协作,加快符合未来发展需求的主导运输方式的发展,通过增量调整和存量升级,使各种运输方式之间的结构和布局逐步趋于优化。

2) 发挥多种运输方式优势,建设综合运输大通道

综合运输大通道(交通轴)是综合运输网络和国家经济发展的命脉,是跨区域间最重要的连接。其发达程度既代表着一个国家交通运输的发展水平,也是区域经济发展规模与发展水平的重要影响因素。通道内城市、人口、产业密集,经济规模总量大,居民收入水平相对较高,区域内部以及跨区域之间的人员和货物交流量大等特点,决定了大通道运输需求总量庞大,且具有集中性和多样性,为各种运输方式的共存与发展奠定了基础。

大通道是国家社会经济的主要集中带和发展带,是各种运输方式骨干线路必经的地区,同时也是各种运输方式承担运输量最大、在综合运输体系中作用最明显的线路,多种运输方式共同组成通道。综合交通物流系统,既是通道地区社会经济发展的要求,也是交通运输发展的必然结果。

3) 以可持续发展和需求管理为新理念,建设符合我国国情的综合运输体系

交通运输可持续发展,在于从战略的角度做到交通运输发展与经济社会发展、人们生活质量、土地资源利用、环境保护等之间确立一种协调发展的辩证关系。世界发达国家讲的可持续发展,是建立在它们已完成了交通运输的大发展,拥有了雄厚的基础上的,而我国的交通运输规模暂时还落后于发达国家,必须同时解决发展与环境保护问题,坚持交通运输可持续性发展的思想,为我国经济社会持续、快速、健康、协调发展奠定物质基础。

在运输方式的选择上,不能简单地以占用土地的多少来衡量,关键要看是否更符合未来的发展趋势,是否更有利于经济发展,是否更有利于整体路网布局的完善和效率与效益的提高。

交通需求管理是为解决交通基础设施的无限扩张,并不能从根本上解决运输量不断增长的问题。为此,政府应通过一些理性的手段,引导人们自觉地调整消费观念和交通行为方式:一是建立与我国国情和资源禀赋相适应的综合运输体系,发展公共交通,在结构上实现交通模式的优化;二是创造条件和鼓励人们采用资源消耗较少的交通模式;三是不断促进交通行业的技术进步。

4) 以干支线路协调和区域协调为发展思想,完善综合运输网络布局

建设综合运输体系过程中,在重点解决干线交通运输的同时,应加快与其连接的次干线和支线网络的建设,提高路网密度和农村的通达程度,形成结构层次合理的网络系统,适应地区经济、农村经济和城市化发展的需要,加深区域内的分工与协作,促进城市与农村共同发展以及全面建设小康社会目标的实现。要以区域协调发展的指导思想加快西部地区的交通基础设施建设;要综合考虑各层次路网的功能需求和社会效益,促进西部大开发,增强西部地区的经济发展能力;要注重老、少、边、穷地区的公路建设,积极改善农村交通条件,体现

交通物流

社会公平发展的原则,支持社会的可持续性发展。

5) 统一政策、规划和体制管理,实现运输"一体化"

交通运输是一个非常复杂的庞大系统,具有很强的基础性和社会性特征。[①] 综合运输体系的形成必须依靠政府的力量进行推动,要在政策、规划、技术标准、信息传输、经营规则以及管理体制上进行统一的协调和宏观调控,避免各种运输方式或部门各自规划、分散建设、自成体系,最终导致系统效率低、成本高、资源浪费。尤其是对综合运输枢纽的建设以及信息化等技术标准的制定,更需要从综合运输体系的发展战略上进行统一的规划与指导。

综合交通运输枢纽,是多种运输方式实现一体化发展的全程"无缝"物理连接和逻辑连接的关键,必须以战略的高度在规划综合运输网络的同时,对综合交通运输枢纽进行统一布局规划,加强包括各城市在内的各有关部门的协调,强调城间运输与城市交通的衔接配合,采取指定部门(单位)负责、联合建设、共同使用的方式,加快建设。

6) 积极推进交通运输信息化、智能化的进程,发展集约型交通

人类不可能通过无限制地扩张设施和服务来满足运输需求,只有改进方式、挖掘潜力、提高效率,才能克服空间约束性。随着经济的发展和社会的进步,交通基础设施能力与使用者需求之间的矛盾将会日益突出,必须依靠科技进步,采用现代化的装备和管理技术,改进整个交通物流系统的运行组织方式,才能更大幅度地提高交通基础设施的使用能力、效率,以及安全性能等。

世界发达国家已开始把注意力从修建更多交通基础设施、扩大交通网络规模转移到采用高新技术来改造现有交通物流系统及其管理体系上。交通运输信息化和智能交通物流系统(ITS)的建设,已成为 21 世纪现代化交通运输体系的发展方向。ITS 的广泛推广应用,将有助于实现由单一的基础设施扩张向集约型交通发展的转变,是解决现代交通发展问题的重要手段。"以信息化、网络化为基础,加快智能型交通的发展"是我国交通运输业实现跨越式发展、缓解资源和环境压力的有效途径,是实现我国交通运输现代化的关键。同时,在交通发展的全过程中,要始终贯彻以人为本的思想,从交通运输政策和规划的制定开始,就应把人类对各种交通运输服务的需要,如安全、便捷、舒适、智能等要素加以全面考虑。

案 例

富士通的美国货运策略

富士通个人电脑公司在日本和美国之间建立了一座空中桥梁。该公司逐步完善了一种快速补货的分销方式,使他们能够从美国接受订单,在日本完成产品的加工和装配,然后将产品直接运到太平洋彼岸的美国客户手中,这个过程只要 5 到 7 天。

富士通公司的总部位于日本东京,其美国分公司所签的订单(大部分是笔记本电脑,台式电脑和平板电脑)98%采用的都是依据订单加工和直运的方式。尽管这条供应链跨越了整个太平洋,但这种创新性的销售方式,使得富士通公司在一年之内就运出了 15 万件货物,

---

① 云虹.物流成本管理与控制[M].北京:人民交通出版社,2010.

第九章

交通物流优化

也将在美国的存货量降低了88%。同时,个人电脑成为富士通公司最为盈利的领域之一。

富士通公司于1996年进入美国电脑市场,并在加利福尼亚州的圣克拉拉市建立了一家分公司。该分公司的营运副总裁凯文·莱恩回忆说:"那时我们经常是每卖出一件产品都会有所损失,旧有的'预测—加工装配—销售'模式意味着我们从未找到准确的产品组合,因此也就没有什么竞争力。在产品定价每周都有变动的情况下,如果所需产品稍有差错,我们就需要两周的时间才能得到合适的产品给客户,这也就丧失了盈利的机会。"

为了推动产品的流通,减少库存,3年前富士通公司采取了一种"直运"的销售模式——该公司的大部分产品在日本生产,然后直接运给美国的客户。为了给这种创新性的销售模式打下坚实的基础,该公司投资600万美元建立了一个终端网站,处理来自客户、企业以及圣克拉拉分公司的订单。

尽管实际产品可以根据客户的要求而安装不同的配置,富士通公司所使用的标准配件,如硬盘、处理器、内存及主板的可选择性还是有限的。莱恩说:"这可以帮助工厂更有效率地生产一些按客户要求定制的产品。"

电脑装配好之后,就从工厂运往仅需5分钟路程的富士通物流中心。在那里,工人们给包装盒贴上标签,把货物装上卡车,准备运往6小时路程以外的大阪国际机场。该公司使用下属公司富士通物流的车队来运送这些货物。快速运输到机场之后,UPS(United Parcel Service)公司开始接手货物的运输。UPS会给每一件包裹贴上它们自己的标签,以便对其进行跟踪。经过拼箱之后,这些货物就被放到从中国台湾起飞,途经大阪飞往美国的飞机上。

飞机到达美国阿拉斯加州的安克雷奇后,UPS负责为富士通公司的货物进行清关。清关结束后,根据最终到达目的地的不同,货物又被拆分成不同的小包装,分别由UPS的货机送往位于加利福尼亚州的安大略市和肯塔基州的路易斯威尔市的分拨中心。之后,这些货物再由分拨中心送往UPS位于全美各地的分中心,以便最终送往客户或企业的手中。

从下订单到交货,通常最多需要7天的时间,大部分订单的完成到交货仅需5天的时间。因此,如果星期一订货,星期五就会交货,最迟也不会超过下周一。在根据订单加工的情况下,快速运货之所以成为可能,原因之一就是每天都有很多航班往来于日美之间。与此同时,富士通公司也利用了时差,由于跨太平洋的航班穿越了国际日期变更线,因此从日本起飞的货物在同一天即可到达美国。

第二节 交通物流组织

现代运输的运营目标是对运输资源进行科学、经济、合理的配置与利用,通过资源的最优化实现组织效益最大化。运输任务的完成,是依靠交通物流系统的运转来实现的。就整个交通物流系统的运转而言,最优化必须依靠各种运输方式的相互配合以及各个运输环节的相互协调来实现。因此,研究现代运输,组织合理的运输活动,除了保证四通八达的交通运输体系之外,其最终的落脚点是要在运输体系中合理地组织运输生产,完善交通物流组织工作,以发挥交通物流系统内各要素的最大功效。

交通物流

一、交通物流组织的概念

运输任务的完成需要依靠运输体系的运转来实现,研究运输体系的运转就是研究运输体系的组织工作。因此,开展交通物流组织工作时,需要明确交通物流组织的含义和交通物流组织工作的必要性。

1. 交通物流组织的含义

什么是交通物流组织呢?交通物流组织有哪几个方面的含义?从组织工作的具体情况来看,一是运输工作的宏观组织,即根据当地的社会经济环境,对一定时期内运输工作做出总体安排,制订运输计划;二是运输工作的微观组织,即对某一具体运输任务的组织实施。前者为后者提供指导,后者是前者的具体化。从组织工作的对象来看,一是物流企业内部运输工具、装卸机具等的作业组织,以提高物流企业的生产效益;二是对客货流的流向、流量方面组织,以实现客货流动的合理化,避免不合理运输;三是建立起一个科学、合理的运行机制。因此,交通物流组织的概念有广义和狭义之分。广义的交通物流组织,是指从客观出发,从微观着手,在既有的综合运输网络上,在一定的管理体制的调节与控制下,通过各种运输方式的配合和各运输环节的协作,实现运输工具、装卸机械高效益地运转和客货流合理流动的一系列过程。狭义的交通物流组织,是指为完成某一具体任务的运输方案的实施过程。

交通物流组织是交通物流组织系统有效运转的灵魂,负有交通物流组织、调度指挥的重要使命。交通物流组织的主要功能就是通过对运输过程各个生产环节和各项作业工序客观规律性的研究和分析,制定出相应的技术组织措施,将各种运输方式有效地组织起来,不断地提高运输效率,为旅客和货主提供优质的运输服务,并获得最佳的经济效益、社会效益和环境效益。

从广义和狭义两个方面来理解交通物流组织的概念十分重要。从广义的角度来看,交通物流组织有利于开展综合运输,能够使综合运输体系灵活地运转,对指导运输工作的进行有十分重要的积极意义。从狭义的角度来看,交通物流组织有利于某一具体运输任务的完成。我们研究交通物流组织的目的,就是如何使各种运输方式和各个运输环节有效地配合和协调起来,通过运输生产的进行,推动交通运输体系的灵活运转。

2. 交通物流组织的必要性

(1) 交通物流组织系统内运输业的内部特点决定了我们必须搞好交通物流组织。运输过程各个组成部分的划分是相对的,它们之间既有区别又有联系。为了适应多种高效率的运输工具、装卸机械等设备,以及进行细致劳动分工的需要,运输过程可划分为不同的生产环节和作业工序,这些相互联系的作业又是分别在不同的工地,由不同的人员平行或顺序地完成。这种情况必然要求对运输过程进行严密的组织,以保证各生产环节、各作业工序之间能协调地、高效地进行工作。毕竟,在交通物流组织体系中,各种运输方式要想合理配合,各个运输环节要想有效协作,必须建立在良好的交通物流组织工作的基础之上。否则,各种运输方式之间缺乏互相配合,各个运输环节不协调,综合生产就无法进行。

(2) 客货流的特点决定了我们必须建设好交通物流组织。旅客和货物分布于社会的每一个角落,一旦它们需要进行运输,就会要求运输部门能够及时地提供运输服务。然而,客货流都不掌握在运输部门的手中,因此,要使交通运输部门能够有效地为人民生活和国民经济服务,必须做好交通物流组织工作。

(3) 运输体系的发展需求决定了我们必须做好交通物流组织工作。当代交通运输业的发展呈现出两大趋势:一是随着世界新技术革命的发展,交通运输广泛采用新技术,实现运输工具和设备的现代化;二是随着运输方式的多样化、运输过程的统一化,各种运输方式朝着分工协作、协调配合、建立综合运输体系的方向发展。这两种趋势结合起来,成为当代运输业发展的新方向,已经或正在改变交通运输业原来的面貌。在运输业发展的趋势推动下,综合运用各种运输方式成为我国运输业发展的新模式,为了避免各种运输方式、各个物流企业盲目发展和盲目竞争,也必须建设好交通物流组织。这种由单一的、孤立的发展模式向综合的、协调的模式转变是一个巨大的进步。为了在增加经济和社会效益的前提下完成好运输任务,使大宗、稳定的客货流方向按照综合交通物流系统的要求进行建设,做好交通物流组织工作成为建立合理的运输结构、发展综合运输的必由之路。

二、交通物流组织的性质与作用

交通物流组织就是在计划运输的基础上,在一定运输设备的条件下,为完成规定运输任务而制订运输计划并实施的过程;或者是在一定运输任务的条件下,合理选用运输工具、线路、中转地点、装卸机械,制定最优的交通物流组织方案并实施的过程。总之,交通物流组织是根据系统原理组织运输工作的过程。交通物流组织过程既是对运输计划有效落实的过程,也是各种运输方式具体协作的过程。通过对各种运输方式、各个物流企业相互关系的协调,使装、卸、集、散、运、储之间紧密衔接,最大限度地挖掘运输设备的潜力,提高运输效益。

1. 交通物流组织的性质

从交通物流组织系统建设的角度看,交通物流组织活动的任务就是为全社会运输活动提供优良的运输资源保障。交通物流组织活动综合性、一体性、协作性的指导思想,也比较适合现代运输高效率、高效益的运作与发展特点。此外,从运输活动与交通物流组织系统方法、形态、体系的复杂性、多样性角度看,针对不同的目标和需求情况,交通物流组织活动能够采取多变的措施来应对。于是,在支持全社会运输活动、不断调整自身发展策略的同时,交通物流组织活动也具有服务性、基础性、社会贡献性、时空性和复合性。

1) 生产服务性

我国采用按社会生产活动历史发展的顺序对产业进行分类:产品直接取自自然界的部门称为第一产业(主要是农业,包括种植业、林业、牧业和渔业);对初级产品进行再加工的部门称为第二产业(主要是工业,包括采掘业、制造业、电力煤气及水的生产和供应业);为生产和消费提供服务的部门称为第三产业(除第一、第二产业以外的其他各业)。根据这种产业划分的方法,运输业应属第三产业。由于运输业与其他产业之间特殊的依存关系,交通物流组织活动中的运输生产实际上成为其他行业生产活动的基础。正是在这种意义上,运输组织具有生产性。

同时,交通物流组织具有服务性,即交通物流组织的生产活动为社会提供的"产品"仅是旅客和货物的位移,以及这一位移过程中的服务,包括为旅客提供舒适、安全的服务和为货主提供的保管及装卸等服务。因此,交通物流组织的生产活动为社会提供的效用不是实物形态的产品,而是一种劳务,劳务量的大小取决于运输量(旅客量和货物量)和运距。也就是说,交通物流组织活动的存在和发展水平,由社会再生产过程中的需要和人们生活的需要以及对发展的预测来决定,从根本上受到社会生产和消费水平的影响。

2) 国民经济的基础性

交通物流组织活动的基础性表现在:工农业生产、人民生活、国防建设及社会活动诸方面对交通运输活动具有普遍需求性。

国民经济是一个复杂而庞大的系统,是由各部门、各产业、各地区组成的相互联系、相互促进、相互制约的整体。交通物流组织系统是这个社会经济系统中最基础的子系统之一,是其他各子系统得以有效运转的主要载体,是联系各部门、各产业、各地区的桥梁和纽带,因而成为使国民经济大系统充满生机和活力、人民安居乐业的基本条件。

运输状况的改变在很大程度上会影响社会和经济机制的运行。随着社会的进步和商品经济的发展,经济的区域化和专业化得到更进一步的发展,社会经济各方面对运输的依赖性会愈来愈强,运输业的作用也会愈加突出。许多国家的经验表明,一个经济发达的国家也同时具有完善的运输网络,而运输手段愈完善,其经济活动也愈具有高效率、高效益的特征。

把交通物流组织活动视为国民经济的基础性活动,是对交通物流组织系统本质的认识。这表明交通物流组织活动是其他生产部门正常运转、协调发展的前提,是现代社会化大生产高效率的先决条件,也是社会再生产得以延续的不可缺少的基本环节。

3) 隐性的社会贡献性

隐性的社会贡献性是从基础性派生出来的,把它作为交通物流组织的特征之一加以强调是因为:

(1) 交通物流组织活动的经济效益由运输对象来体现。交通物流组织活动的经济效益除了少部分体现在行业本身上缴国家的利税外,更重要的是蕴含在运输对象所有者身上。当运力供给大于运量时,损失的只是运输部门自身的经济效益;而当运力供给小于运量时,则对社会效益造成了损失。通常,后者会远远大于前者。这一点在运输关键物资和应付非常事件时,更为突出。

(2) 交通物流组织的社会贡献性是隐性的。一方面是因为运输需求是从其他社会经济活动中派生出来的,交通物流组织活动只是其实现目标的手段,而非最终目标。由于人们注意追求目标,忽视条件和手段,因此往往导致忽视基础性建设投资,从而导致运输资源短缺。另一方面是因为运输活动的经济效益具有滞后性且不容易被客观地认识到。这是因为整个交通物流系统的基础建设规模较大,建造投资大、建设期长,而且即使建成也不一定能立刻得到充分的利用。例如,一些高速公路和大型机场在建成后需要一段时间才能发挥最佳效益。

4) 特殊的时空性

交通物流组织活动的时空性是指运输活动对于空间、地域和时间具有极强的依附性,即不可挪用性。一方面,交通基础设施(路网、港口和车站等)在空间和地域上不能挪用;另一方面,运输能力在时间上不能挪用。前者表明交通设施的建设成本具有沉淀性;后者则说明由于运输产品的即时性,运输能力不能像其他行业的产品那样可以储备。这一特征决定了

第九章

交通物流优化

交通物流组织的发展和国民经济其他生产部门的发展在时间序列上有着密切配合的相关性。

由于运输生产和消费在时间上的重合,要求运输能力应当保持适度超过运输需求的水平,而这被公认为不是浪费。因为除了大宗货物外,各行业对运输的需求在时间上存在着随机性。适度的运力富余是随时使需求得到满足的物质基础,从而可以缓解和避免给国民经济大系统正常运转带来约束。由此而创造出的社会配套综合效益要远远大于因运力浪费所付出的代价,同时又能使整个社会经济系统处于良性循环状态。否则,经济在高库存下运转,人们在低节奏中生活,将给整个经济造成巨大的损失。

5) 公共性与企业性的复合性

交通物流组织活动具有公共性的特性很早就被人们认识。然而,交通物流组织活动的产品非但不能作为纯粹的公共品由社会提供,而且在生产经营过程中,交通物流组织活动还表现出一定的企业性。更进一步讲,从各国的经济史资料中可以看出,在每个国家的不同发展阶段中,运输活动的公共性和企业性的表征也有强弱变化,而且是互为"余数"。对这种复合特性的判断具有重要的意义,尤其对制定运输政策具有指导价值。

2. 交通物流组织的作用

在市场经济条件下,各种运输方式按照其自身技术经济特征,在服务社会化的过程中,形成分工协作、有机结合、连接贯通、布局合理、竞争有序、运输高效的现代化交通物流系统,并在按照市场需要整合、配置运输资源的条件下,通过合理的管理与组织,最大限度地发挥各种运输方式的单个及组合优势。交通物流组织的作用可以归结为以下几个方面。

(1) 交通物流组织能有效地协调运输能力与运量。在交通物流组织系统的生产过程中,物流企业根据运量情况,对本企业的运力进行合理的调度,并与其他物流企业进行有效的运力调剂,以协调运力与运量使之平衡,提高整个交通运输体系的社会、经济效益。运输组织通过制定运输方案,保证运输工具的高效运行,从而提高交通运输业的微观经济效益。

(2) 交通物流组织能够统筹安排,有效地保证运输生产中的协作。以一次运输任务的完成过程而言(以货运为例),从货物的托运到交付,整个过程都在交通物流组织系统范围内,在这些过程中,运输部门与货主部门、运输部门内部相关的各运输生产单位之间,可以通过一定的组织形式,共同协作完成这一运输任务,并提高运输的效益。

(3) 运输组织能有效克服运输体系内的薄弱环节,提高整个交通物流系统运转的灵活性和高效性。如在运输体系中,对于压车压港严重的枢纽,可以增加集疏运转能力,改善运输体系中的"瓶颈"部位,避免因个别环节不能高效运转而降低整个交通运输体系的运转效率的现象。

交通物流组织有利于促进综合运输规划工作和综合运输管理工作的进一步完善和提高。交通物流组织工作能够对综合运输规划工作和综合运输管理工作的好坏进行检验和评价,将检验和评价的结果进行反馈,对我们今后工作的开展具有重要的参考价值,对于改善以后的工作具有重要的实践指导作用。

三、交通物流组织的目的与基本原则

运输业作为一个具有强烈服务性的物质生产部门,具有独特的生产过程,即运输过程。

任何生产过程的完成都有其目的和原则,运输过程也不例外。因此,合理组织运输工作必须明确交通物流组织的目的和基本原则。

1. 交通物流组织的目的

交通物流组织的目的主要体现在三个方面,具体内容如下。

(1) 促进全国客货流合理流动。在全国范围内,旅客和货物的流量、流向合理,对生产和生活具有重要意义。在客运方面,通过交通物流组织作用的发挥,能够把富余的劳动力调往劳动力欠缺地区,从而促进经济的发展。在货运方面,经过交通物流组织活动,能够把原材料运往生产加工企业,并把产品运到销售地,从而使货物合理流动,满足生产和生活的需要。

(2) 推动交通运输体系灵活、高效运转。通过合理的综合交通物流组织工作,使交通运输业能以最少的投入,为社会提供最佳的运输服务,提高交通运输运转的社会效益和经济效益。比如在"五一"、"十一"和春运期间,可以通过有效的组织,在增加列车车次的同时,不影响其他车次的正常运行。

(3) 提高服务质量。运输服务的质量在很大程度上依赖于交通物流组织,通过对各种技术装备综合运用规律和最有效地组织运输过程的研究,提高运输生产能力,为社会提供安全、及时、经济、舒适、方便的运输服务。特别是随着信息技术的发展,将先进的通信、控制及感测技术运用于交通物流组织系统的相应环节中,能够实现运输快捷化、交通智能化以及安全与环境的最优化。

2. 交通物流组织的基本原则

1) 连续性

作为一个具有强烈服务性的物质生产活动,交通物流组织有其独特的生产过程,这个过程可视为改变旅客或货物所在地(位移)的全部生产活动。或者说,就是从准备运输旅客、货物开始,直到将客货送至目的地为止的全部生产过程。它的基本内容是人们的劳动过程,即物流企业的劳动者运用车辆、装卸机具、站场库房等劳动工具,使得旅客、货物等服务对象按照预定的目标和要求完成其位移的过程。因此,交通物流组织具有连续性。连续性是指各个生产环节、各项作业工序之间,在时间上能够紧密地衔接和连续地进行,不发生各种不合理的中断现象。也就是说,旅客或货物在运输过程中,经常保持相对的运动状态,没有或者很少有不必要的停留和等待现象。

连续性是获得较高劳动生产率的重要因素,它可以缩短旅客货物的在途时间,提高运送速度;可以有效地利用车辆、设备和站房,提高运输效率;可以提高经营管理水平,改善运输服务质量;可以加速物资部门流动资金的周转等。

为了提高交通物流组织的连续程度,应尽量采用先进的技术,努力提高运输过程机械化和自动化水平。但是,在一定生产技术水平的条件下,必须谋求组织工作的科学性和合理性,优越的技术条件与先进的组织方法相配合,才能获得理想的效果。

2) 平行性

平行性是指各个生产环节、各项作业工序之间,在时间上尽可能平行地进行。平行性是运输过程连续性的必然要求。对于可以平行进行的生产环节或作业工序,如没能同时进行,就会影响交通物流组织的连续性。因此,交通物流组织的平行性,能保证在同一时间内更有效地进行生产活动,从而大大提高旅客或货物的送达速度,加速车辆的周转,并为连续生产创造有利的条件。

平行性能节约运输所需要的延续时间。在确定有关生产活动平行作业之前,应对各个生产环节或作业工序做专门的调查研究。分析各项作业的具体内容和完成作业所需要的时间,选定可以平行进行作业的项目并加以合理组织。当然,过分追求平行性,会使交通物流组织工作复杂化。因此,交通物流组织的平行性,应从实际出发,具体分析,合理解决。

3) 协调性

协调性是指通过交通物流组织使各个生产环节、各项作业工序之间,在生产能力上保持适当的比例关系,即所配备的工人人数、车辆数及其吨(座)位、机器设备的生产能力,必须相互协调,避免发生不配套、不平衡,相互脱节的现象。这是现代化大生产的客观要求,也是劳动分工与协作的必然要求。交通物流组织的协调性可以提高车辆、机械、设备的利用率和劳动生产率,保证交通物流组织的连续性。

在日常生产活动中,由于客货流的变化、交通物流组织工作的改善、工人熟练程度的提高等因素,都会使各个生产环节、各项作业工序之间生产能力的比例发生相应的变化。因此,在一定的技术条件下,交通物流组织的协调在很大程度上取决于交通物流组织工作的水平。抓好各个生产环节和各项作业工序间的平衡工作,及时调整各种比例失调的现象,保证交通物流组织的协调性,是交通物流组织工作的一项重要内容。

4) 均衡性

均衡性是指在交通物流组织中要注意使各个生产环节、各项作业工序之间,在相同的单位时间内,完成大致相等的工作量或实现工作量稳步递增,使车队、车站、车间的作业量能保持相对稳定,不出现时松时紧、前松后紧的不正常现象。交通物流组织的均衡性有利于企业保持正常的生产秩序;有利于充分利用车辆、机械、设备的生产能力,并使其及时得到保修、更新和改造;有利于保证运送安全和货物完好,确保运输服务质量;有利于运输部门和物资部门进行均衡生产,如期完成计划规定的生产任务等。

当然,我们要求的均衡性并不是绝对的,在个别时期、个别地点、对个别环节和作业进行临时性的突击是难免的,但从整个交通物流组织工作出发,应力求达到生产的均衡性。

案 例

湖北某造纸厂诉某港多式联运货物滞留纠纷

1990年2月4日,湖北某造纸厂(甲方)要托运一批纸张从宜昌出发,经水运到重庆段,经铁路到达目的地成都,由收货人大邑县某商店联系短途运输经汽车运送至大邑。

甲方于当日向某港(乙方)提出"水陆联运货物运单"一份,乙方接受承运,于1990年2月7日根据"水陆联运货物运单"填写"水陆联运货票"共四联,甲联报起运地航运局财务部门;乙联随货物到换装地点,报接运铁路局财务部门,作为铁路和水路之间的费用清算联;丁联随同货物递交到达地点,由到达站报主管局财务部门或由到中存查;丙联由起运港存查。

交通物流

在"货票"中的"到达港或到站"栏内,甲方填写的是"成都站","收货人"栏内填写的是"大邑县某文化用品商店",但未将承担短途运输的大邑县汽车运输公司填入"收货人"栏。2月13日,甲方将托运货物交由乙方装运上船,途经铁路部门换装接运后,到达终点站成都站。由于大邑县汽车运输公司迟迟未收到通知安排短途运输,致使货物在成都滞留10天,遂产生纠纷。

法院经审理,认定了上述事实。法院认为,在甲方填写运单时,由于自己的过错,未将承担短途运输的汽车公司填入收货人栏内,造成承运人无法及时通知收货人以及汽车公司无法获得通知并运输货物,对于因此而造成的货物损失,应由甲方自行承担。

从本案中,我们可以看到联合运输合同的订立,是托运人与承运人就联合运输合同的内容进行协商,达成一致意见,使合同得以成立的法律行为。

我国国内的水陆多式联运,应当填写"水陆联运货物运单"和"水陆联运货票"。运单或者货票,是多式联运合同成立的初步证据,也是当事人履行合同的基本依据。运单或者货票由托运人填写,水陆联运货物运单记载的货物名称应与托运的货物相符;托运人必须准确地将货物的重量、体积、件数等填写在水陆联运货物运单上。

本案中,甲方的意图是货物运到成都后,由承运人将货物交给汽车公司,因而,收货人应当为汽车公司。也只有汽车公司为收货人的情况下,承运人才能将货物交付给汽车公司。所以,本案中,由于托运人自己的过错,致使承运人无法通知汽车公司,托运人应当自行承担责任。

(资料来源:侯作前,乔宝杰,刘胜利. 运输合同案例评析[M]. 北京:知识产权出版社,2003.)

随着国家经济发展的同时,交通运输方式也在不断地变化与发展,各种运输方式相应地由各自单独作业趋向于相互影响、相互协调的方向发展。铁路、公路、水路、航空和管道等多种运输方式在具体的交通运输过程中都会发挥各自的优点,相互结合、相互协作,为运输组织系统更好地服务。伴随着这个发展过程,了解各种运输方式的发展状况和特性便成为合理组织综合运输的前提。

第三节 交通物流管理

交通物流管理是由铁路、公路、水运、航空和管道等各种运输方式构成的现代综合运输体系,构成该体系的每种运输方式都是交通物流管理的子系统。根据各个运输子系统的共性,可以把运输组织分为客运组织和货运组织两类。这两类基本的运输组织系统都具备特有的组织流程和运输方式,并根据各自的生产特性开展运输组织工作。与此同时,两类运输组织还根据运输流、场站作业设施的具体情况,发挥各自生产系统的性能,与其他运输生产辅助系统相互协作,共同完成特定的运输任务。

一、交通物流管理

1. 交通物流管理的含义

物流是指物品从供应地向接收地的实体流动过程,根据实际需要,将运输、储存、装卸、

第九章

交通物流优化

搬运、包装、流通加工、配送、信息处理等基本功能有机结合。交通是指用设备和工具,将物品从一地点向另一地点运送的物流活动,包括集货、分配、搬运、中转、装入、卸下、分散等一系列操作。交通物流是在不同的地域范围内,以改变"物"的空间位置为目的的活动,是对"物"的空间转移。它是物流的主要功能之一,是物流各项活动中的核心业务。[①]

2. 交通物流管理的特点

(1) 对象广泛。

货物运输的对象,包括工、矿、农、林、渔、牧等各种产品和商品,种类繁多,且随着新产品的不断问世和旧产品的不断被淘汰,其类别和品名也在不断地变化。

(2) 运输方向性。

货物运输具有方向性,即往返程货运量不相等。这是由于资源分布和生产力的配置所致。我国自然资源主要分布在西部和北部内陆地区,而工业基地主要分布在东部和南部沿海。自然资源和工业布局的错位态势,决定了我国地区经济发展的不平衡,决定了货运结构以能源、原材料和初级产品为主,也决定了物资由北向南和由西向东的基本流向。

(3) 运输时间性。

货物运输需求往往在年内各季、季内各月以及月内各旬、各日之间不均衡。如我国铁路运输,长期以来存在着一、三季度运量偏低,二、四季度偏高,特别是存在第四季度运量骤增的现象。运输时间不均衡主要是由工农业生产和消费的季节性导致的。国民经济各部门生产和消费的季节性,可以分为四种情况:生产和消费都有季节性,如南方的甘蔗和北方的甜菜等;生产有季节性,而消费全年均衡,如粮食等;生产均衡而消费有季节性,如化肥、农药等;生产和消费都相对均衡,如煤炭等。

(4) 销售集中性。

虽然货物运输的运输对象差异很大,但市场相对集中,特别是对于大容量的运输方式如铁路、水运,大多具有一定的批量。

(5) 运输组织的复杂性。

与旅客运输相比,货物运输增加了货物的集散、装卸、中转组织,为了提高货物运输的效率,还要合理选择运输方式、运输路径以及运输工具,因此,货物运输过程不仅是货物运送的过程,还要延伸到货源组织、中转组织、货物配送以及工农业生产过程。因此,交通物流管理更复杂,涉及的机构也较多。

3. 交通物流的运输方式

1) 运输方式的选择

运输方式选择的意义:①运输方式的选择是物流系统决策中的一个重要环节,是物流合理化的重要内容。②运输方式选择合理、恰当,将会促进各种运输方式协调发展。③运输方式选择合理、恰当,将会实现最佳的经济效益和社会效益。④运输方式选择也是运输规划和政府筹划时考虑的重要因素之一。

分析下列几种货物的运输,选择最合适的运输方式。

---

① 刘云霞.现代物流配送管理[M].北京:清华大学出版社,北京交通大学出版社,2009.

交通物流

(1) 两箱急救药品,从北京运到兰州。
(2) 1 吨活鱼,从密云水库运往北京城。
(3) 60 吨钢材,从太原运到石家庄。
(4) 1 万吨海盐,从天津运到上海。
(5) 100 吨大米,从九江运到上海。

2) 交通物流的基本方式

按照使用运输工具的不同,交通物流可分为公路运输、铁路运输、水路运输、航空运输和管道运输五种基本运输方式。各种运输方式优缺点见表 9.1。

表 9.1 各种运输方式优缺点对照表

运输方式	优 点	缺 点
铁路运输	当代最重要的运输方式之一。运量大、速度快、运费较低、受自然因素影响小、连续性好	修筑铁路造价高,消耗金属材料多,占地面积广,短途运输成本高
公路运输	发展最快、应用最广、地位日趋重要的运输方式。机动灵活、周转速度快、装卸方便、对各种自然条件适应性强	运量小、耗能多、成本高、运费较贵
水路运输	历史最悠久的运输方式。运量大、投资少、成本低	速度慢、灵活性和连续性差、受航道水文状况和气象等自然条件影响大
航空运输	速度快、运输效率高,是最快捷的现代化运输方式	运量小、能耗大、运费高、设备投资大、技术要求严格
管道运输	运具与线路合二为一的新型运输方式。用管道运输货物(主要是原油和成品油、天然气、煤浆以及其他矿浆),气体不挥发、液体不外流、损耗小、连续性强、平稳安全、管理方便、可昼夜不停地运输、运量很大	需要铺设专门管道、设备投资大、灵活性差

3) 选择运输方式的步骤

第一步运输方式的选择——定性分析法,明确各种运输方式的技术经济特点,见表 9.2。

表 9.2 各种运输方式的技术经济特征

运输方式	技术经济特点	运输对象
铁路	运输容量大、成本低廉、占用土地多、连续性强、可靠性好	大宗货物、大件杂物等的中长途运输
公路	机动灵活、适应性强、短途运输速度快、能源消耗大、成本高、空气和噪声污染严重	短途运输、零担运输、门到门运输
水路	运输能力大、成本低廉、速度慢、连续性差、能源消耗及土地占用都较少	中长途大宗货物运输、海运和国际货运
航空	速度快、成本高、空气和噪声污染严重	中长途及贵重货物运输、保险货物运输
管道	运输能力大、占用土地少、成本低廉、连续运输	长期稳定的液体、气体及浆化固体物运输

第九章

交通物流优化

第二步选择合适的运输工具。

选择合适的运输工具应综合考虑运输条件和物料特征等因素,影响运输方式的选择因素见表9.3。

表 9.3　影响运输方式选择的因素

影响因素	释　义	描　述
货物特性	货物价值、形状、单件的质量、容积、危险性、实质性等都是影响运输方式选择的重要因素	大批量的货物,价格低廉或容积形状庞大的货物适宜选择水路运输或铁路运输;鲜活商品、电子产品,宝石以及季节性商品等适宜选择航空运输;中短距离的运输适宜公路运输;石油、天然气、碎煤浆等适宜选择管道运输
运输速度	运输速度的快慢决定了货物运送时间的长短。必须调查各种运输工具所需要的运输时间,根据运输时间来选择运输工具	运输时间的快慢顺序依次为航空运输、铁路运输、公路运输、水路运输
运输成本	运输成本因货物的种类、质量、容积、运距和运输的工具的不同而不同	在考虑运输成本时,必须注意运输费用与其他物流子系统之间存在着互为利弊的关系,不能仅仅考虑运输费用来决定运输方式,而要由全部成本来决定
运输距离	在运输过程中,运输时间、运输货损、运费、车辆或船舶周转等运输的若干技术经济指标,都与运距有一定比例关系,运距长短是选择运输方式时考虑的一个最基本因素	一般情况下,300 km 以内,用公路运输;300～500 km 内,用铁路运输;500 km 以上,用船舶运输;在没有水路的情况下,用铁路运输比较经济
运输批量	运输如生产一样,在设计运作安排时必须考虑规模经济,即大批量运输成本低	一般来说,15～20 吨以下的货物用公路运输;15～20 吨以上的货物用铁路运输;万吨级原材料之类的货物,如有水路条件的,应选择水路运输
运输的安全性	运输的安全性包括所运输货物的安全和运输人员的安全,以及公共安全。对运输人员和公共安全的考虑也会影响到货物的安全措施,进而影响到运输方式的选择	一般来说,航空运输最安全,水路运输和铁路运输次之,公路运输安全性较差
其他影响因素	除上述因素外运输的可得性、运输的可靠性,还有经济环境或社会环境变化也影响托运人对运输方式的选择	

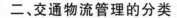
交通物流

二、交通物流管理的分类

1. 交通物流管理的分类

1) 按运输方式分类

主要有公路、铁路、航空、水路和管道物流五种方式。各种运输方式基于自身的技术经济特点,在货物运转市场中各有其优势。

公路运输由于其机动灵活、覆盖面广、适于"门到门"运输,在短途及地区、小批量运输中占据主导地位。

铁路运输具有运量大、速度快、安全性好、费用低、能耗小、占地少、全天候、环境效益高等优点,在大宗货物运输和中长距离货物运输中具有明显的比较优势,是货物流通尤其是区际货物流通的主要载体,在平抑物价、繁荣经济、扶贫救灾、国防和军事物资运输中也发挥着重要作用。

航空物流有速度快、服务质量高、损坏率和丢失率相对较小、包装要求低等优点,主要服务于三类货物的运输:一是急快件货物运输,如商业信函票证、生产部件、急救用品、救援物资以及紧急调运物品等;二是易腐货物运输,主要是货物的价值与时间密切相关的货物,如鲜花、海鲜、时令水果等;三是普通货物,尽管急快件和常规易腐货物运输在航空物流中占有重要地位,但是航空物流货物中大部分仍是常规非易腐货物(普通货物),以有时间性要求、不宜颠簸或容易受损的精密仪器设备、贵重品为主。

水运物流主要有运量大、成本低、效率高、能耗少、投资省的优点,同时也存在速度慢、环节多、自然条件影响大、机动灵活性差等缺点。水运主要承担大数量、长距离的运输,是干线运输中起主力作用的运输形式。在内河及沿海,水运也常作为小型运输工具使用,担任补充及衔接大批量干线运输的任务。水运货物主要分为散货运输和杂货运输两类,前者是批装的大宗货物,如石油、煤炭、矿砂等,后者是指批量小、件数多或较零星的货物运输。

管道物流是利用管道输送气体、液体和粉状固体的一种运输方式。其运输形式是靠物体在管道内顶着压力方向循序移动实现的,和其他运输方式的重要区别在于,管道设备是不动的。管道物流的主要优点是,由于采用密封设备,在运输过程中可保证货物的安全与完整,也不存在其他运输设备本身在运输过程中消耗动力所形成的无效运输问题。另外,管道的运输量大,适合于大量且连续不断运送的物资。

综上所述,货运市场竞争的焦点是高附加值货物的运输。高附加值货物如医药、服装、机电、轻纺、食品等,不仅本身具有较高的科技含量和单位价值量,而且通过运输易地,能实现较高的增值。运输业也由于对高附加值货物的运输提供更为优质的服务而获得更高的经济效益,这就使运力配置必然向高附加值货运倾斜,促进了运输结构的改善、运输技术装备的发展和快运体系的建设。

2) 按组织形式分类

为了在承运、交付货物和计算运输费用时便于计量,货物运输一般以"批"为单位进行管理。依据运输工具单元所装载的货物批数,货物运输可分为单批运输和组批运输两类。单批运输是指同一运输工具只载运同一批货物的运输形式;组批运输是指同一运输工具载运多批货物的运输形式。这里的"一批"是指属于同一托运人、同一收货人、同一发货地点、同一收货地点、同一时间、同一承运人的货物,实践中以每张货物运单为一批。

3) 按运输区域分类

货物运输按运输区域主要分为国际、国内运输,也称为外贸运输和内贸运输。国际运输是指运输路径至少跨越两个国家的运输方式。国内运输是指在本国内部各地区之间的运输。在国际运输中,水运物流占有明显的优势。对于公路运输,各国分类标准不一,以美国为例,营业性货运分为州际货物运输和州内货物运输、市际货物运输及市内货物运输等。按运输区域,铁路通常分为管内运输和直通运输。管内运输指在一个铁路局管辖范围内的运输;直通运输指跨越两个或两个以上铁路局的运输。按航行区域,水运物流分为远洋运输、沿海运输、内河运输和湖泊(包括水库)运输。远洋运输是指国际之间的运输,以外贸运输居多;沿海运输是指几个邻近海区间或本海区内的运输,以内贸运输为主;内河运输是指在一条河流(包括运河)上或通过几条河流的运输,一般为国内运输;湖泊运输是指一个湖区内的运输,大多属于国内运输。

4) 按运输工具使用单元分类

根据一批货物的数量大小,货物运输有单元运输(整车、整船、整机、整舱、整箱)和零担运输或拼箱运输之分。如果一批货物的重量、体积或形状需要一个基本运输工具单元的装载能力,那么按单元运输托运;不够单元运输条件的,即一批货物的重量、体积或形状小于一个基本运输工具单元装载能力的,按零担托运。例如,铁路分为整车、零担、集装箱三种运输方式。一个基本的运输单元在不同的运输方式中标准是不同的,在铁路运输中这一标准为30吨货车,在公路运输中为3吨货车。在水路运转中,原先以杂货船班轮运输形式存在,现已基本消失。

5) 按经营方式分类

货物运输按经营方式分为定线运输和非定线运输。定线运输即定期、定线在各货运港站之间运输货物;非定线运输即不定期、不定线,在特定区域范围内以合同形式进行的货物运输。

6) 按运输货物的种类分类

按货物种类,货物运输可分为普通货物运输和特殊货物运输。普通货物是指在运输过程中,按一般运送条件办理的货物,如煤、矿石、粮谷、棉布等。由于货物本身的性质,在运输过程中,要采取特殊的运送措施才能保证货物完整和行车安全的,称为特殊货物。按照特殊货物的不同运送要求,又可再分为危险货物、鲜活货物、超限货物、超长货物、笨重货物。其中,超限货物、超长货物、笨重货物又统称为阔大货物。

7) 按参与运输方式的数量分类

按参与运输方式的数量,货物运输可分为单一运输和多式联运。单一运输由一种运输方式完成运输过程。多式联运是两种及其以上的运输方式参加,在运转计划、运送条件、换装作业、费用清算和事故理赔等方面,有各方均能适用的规章制度的运输方式,如公铁联运以一份货运票据,在换装地点不需要发(收)货人重新办理托运,由铁路和公路共同参加的运输。经济的发展要求运输形式的多样化,原有的一些运输形式可能会在优胜劣汰的规则下退出历史舞台,如零担运输。随着各种形式的快递和速运的出现,将最终导致衰落或改变既有的形式与内容。同时,新的符合经济发展要求的运输形式将迅速壮大发展,如集装箱运输。

2. 交通物流管理的基本要求

货物运输总的要求是安全、迅速、准时、经济、便利地运输货物。交通物流管理，应遵循以下基本要求。

（1）安全是交通物流管理基本要求。货物运输安全与许多因素有关，如货物的质量和包装方法、货物运输设备、货物运输条件和运输过程中的作业方法等。为了保证货物运输安全，必须加强对运输人员的职业道德教育，采用科学的运输组织、管理措施和作业方法。同时，还应注意改进运输设备、装载技术和包装方法。但由于本身的性质产生的自然减量或者由于技术原因，货物在运输工程中产生一定的损耗是不可避免的。企业应当根据货物特性、运输设备条件和包装方法等因素，合理制定允许货物损耗的标准，以便正确划分货物运输安全与否的界限，应当特别关注特种货物，即阔大货物、危险货物和鲜活易腐货物的运输安全。

（2）迅速是一个相对的概念。货物运输的迅速与否，一方面，应以运到期限作为衡量标准；另一方面，就某种运输方式来说是与其他运输方式的送达速度相比较，在一定运程范围内具备"门到门"的送达速度的优势。通过采用新的技术设备和运输组织方法，缩短货物的装卸作业时间，提高货物的运送速度，减少货物及载运工具在港站中转和停留时间，都会收到提高货物送达速度的效果。

（3）准时是货物运输满足用户关于货物送达期限和送达时间的要求，尤其是高附加值货物的运输需求，能对用户的送达时间需求做出明确的承诺。在市场经济高度发达的西方国家，货物运输是社会商品交易过程的一个组成部分，按时交货成为运输质量和运输服务水平的重要标志。保证货物准时送达，应当在货物装卸和挂运的各个环节体现运输的时效性，对非始发直达的运输流组织方式，应保证固定的运输流接续和严格按时刻表运送。

（4）方便是用户的共同要求，一般包括办理运输手续、费用结算的简便，以及提供不受时间限制的运输服务和延伸服务。同时，方便性也是相对于使用其他运输方式或者是与过去情况相比较而言的。因此，尽可能地方便用户，提高服务质量和水平，是改善交通物流管理工作，提高竞争力的一个重要方面。

（5）经济对用户而言是指支付较低的运输费用，对物流企业而言则是指耗费较低的运输成本。这两方面的要求有时是一致的，有时则是矛盾的。例如，因为铁路运费比公路低，一些用户的短途物资也愿意交铁路运输，但从铁路来说增加了每吨千米的运输成本，则是不经济的。又如，为了减少货物装载费用和车辆洗刷费用，一些生产企业希望使用专用车辆运送某些货物，但从物流企业来说，专用车辆将增加空车走行率，影响运输成本。

货运企业对上述基本要求的达成程度，是货物运输质量和运输服务水平的重要标志，也是物流企业市场竞争能力的重要标志。

3. 交通物流管理的基本原则

根据货物运输的特点和基本要求，应当努力遵循负责运输、计划运输、均衡运输、合理运输和直达运输的基本原则。

（1）负责运输。在物流企业与用户之间是建立和健全适应市场经济体制的运输合同制度。在物流企业内部是以责任制为中心，规范和完善与货物运输有关的各个部门和环节的各项负责制，以保证货物运输的安全、完整和及时送达。负责制是现代企业管理的根本制度，也是对货物运输的基本要求。保证货物安全、完整和及时送达，在发生各种违约情况下及时、正确地实行理赔,严肃认真地进行事故和违章分析,明确责任,是负责运输的主要标志。物流企业在接收发货人的货物承运之后直至将货物送达收货人之前,对货物的承运、保管、装卸、运输和交付过程负有全面责任,与货物运输有关的部门和个人应将负责运输的原则贯彻始终。

(2) 计划运输。在这种情况下,货物运输需求在大宗物资运输总量保持稳定增长态势的同时,小批量、轻质、高附加值货物的运输需求迅速增长,运输市场日益呈现需求多元化的发展态势。在新的形势下,尽管运输产品和运输资源的配置已经转向以运输市场为主体,然而,计划仍然是组织现代化运输大生产的重要手段。运输计划在综合平衡运量需求和运能供给以及组织日常运输生产上仍然发挥着整合、协调和优化的重要作用。运输计划通常分为长远、年度和月度运输计划,它是编制相应时期货物运输其他工作计划的依据,是组织货物运输工作的基础。

(3) 均衡运输。货物运输的数量和时间安排上尽可能地均衡,货物的流量和流向尽可能稳定,以保证良好的运输工作秩序,充分利用运输能力。从根本上来说,运输的均衡性决定于工农业生产、分配和消费的季节性以及国家资源分布、开发水平和生产力的配置。日常运输组织工作中,放松货源货流组织,缺乏科学的分析预测,同样可能产生一定范围和一定时间内的运输不均衡。因此,组织均衡运输,必须加强经济调查,做好货源货流组织,认真搞好运输流调整,加强空驶方向的货流吸引,在一定程度上可减小运输方向的不均衡。根据货源货流的变化规律,在计划安排上预先考虑季节性物资运输要求,可减少季节性物资运输对运输均衡的不利影响。

(4) 合理运输。运输合理化是社会物流合理化的重要组成部分,力求使货物的运量、运程、流向和中转环节合理,保证充分、有效、集约地使用运输能力,以最少的运输资源耗费,及时、准确、迅速、均衡地满足运输需求。特别需要指出的是,运输合理化有利于节约能源和减少因运输引起的环境污染,符合经济社会和交通运输可持续发展的要求。因此,组织合理运输是货运工作组织必须遵循的基本原则。

(5) 直达运输。严格地说,是指货物在发送港站装上车(船、机)后直接运达到站,在运输途中既没有货物的中转作业,也没有运输工具的改编作业。根据现行的铁路车流组织办法,车辆在运输途中延误时间最长、作业费用最多的是在技术站的改编作业。因此,人们往往将无改编通过技术站的货物列车统称为货物直达运输组织,简称直达运输。可见,广义的直达运输并不严格限定货物装车(船、飞机)后,必须直接送到目的地,而是指尽可能减少耗时较长的货物中转或运转工具改编作业的运转组织方式。

三、交通物流管理系统

1. 交通物流管理系统的含义

交通物流管理按运输工具不同,有铁路、公路(包括城市道路)、航空、水运和管道五种方式。除管道物流是一种比较特殊的、运输线路与运载工具合一的专门输送石油及其制品、天然气等产品的运输方式外,其他四种运输方式都共同面临复杂、繁多的货物品类和批量的安全性、完整性运输需求。

交通物流管理总是围绕着发到作业、中转作业和运行作业展开的,其中发到作业和中转作业由港站计划、安排与实施,运行作业则由承运人的生产管理部门计划和安排,由司乘人员具体实施。运输货物的过程主要包括组织货源货流、办理货物承运、货物保管、装卸、运送、途中作业、到达货票检查、卸车(船、机)、保管、交付等过程,其作业流程如图9.1所示。

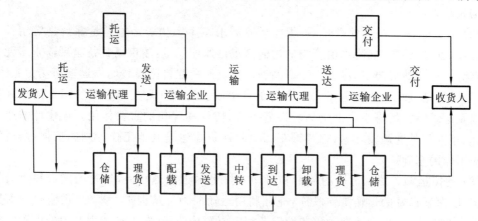

图 9.1　货物流通与货运作业示意图

2. 货运业务的分类

货运业务主要在货运站港口、机场进行,一般可分为发送作业、途中作业和到达作业。

1) 发送作业

货物在始发港站的各项货运工作称为发送作业。在货物运输前,发送人首先应向物流企业或其代理托运货物并提出货物托运单,这也是物流企业的承运单。货物运单是运输合同,它规定了承运人、发货人和收货人在运输过程中的权利、义务和责任。车站或其代理在受理货物运单时,应确认托运的货物是否符合规定的运输条件,确认无误后根据车(船、机)次情况指定进货日期或装车日期。

对进入货场的货物,港站应按规定进行验收,检查货物品名、数量、重量是否与托运单相符,货物包装和标记是否符合规定的要求,一切无误后先将货物安放在堆场或仓库。

船舶要根据配载计划编制堆场积载图,再将货物按堆场积载图堆放。

货物在装运前,必须对运输工具进行技术检查和货运检查,在确保货物完整时才装货。装货时要力求充分利用运输工具的装载能力,并防止偏载、超载等。装载完毕,要严格检查货物的装载情况是否符合规定的技术要求,然后按规定对车辆和货舱施封。零担货物、集装箱货物在进场验收后,一般货物在装车、装船完毕后,需要在运单上填写运班号或运输工具编号、货物的实装重量及货物状况等,并填制货票或出具收据。

在水运物流、民航运输中,发货人面对的往往是实际承运人的代理。港口直接面对的是实际承运人或其代理,而不是托运人。港口只负责接受租用港口的实际承运人或其代理的货物,并按他们的指令在港口交接货物。

2) 途中作业

货物在运送途中发生的各项作业统称为途中作业。货物在运送过程中,不同运输方式之间或同一运输方式内部往往存在各种形式的内部交接,才能到达目的地(站、港、机场)交付收货人。不同运输方式之间换装以及需要中转的货物在中转站的作业都是途中作业。为了保证货物运输的安全与完整,便于划清企业内部的运输责任,货物在运输途中如发生装卸、换装、保管等作业,交接时应按规定办理交接手续。

货物在运输途中的中转作业分为如下两种情况。

(1) 货物随同运载工具中转。

这种中转方式分两种情况:一是在同一种运输方式下,通过运载工具及其运载动力的重新组合,如公路场站集装箱拖车的更换接驳,铁路货车在技术站的无调(不进行调车作业,仅换挂机车)或有调(进行解体和编组调车作业)中转作业;二是在不同运输方式之间进行运输方式转换,如公铁联运的集装箱换装中转。这两种情况,都不发生货物装卸作业。

(2) 货物通过装卸作业中转。

这种中转方式是指货物运输途中需要改变货物与其载运工具的组合关系,重新进行配载和配装,发生新的货物装卸作业的中转,如零担货物在途中场站卸车后重新配装发送,集装箱货物在途中场站进行拆箱和拼箱作业后继续发运等。

除运输途中正常的中转作业外,运送途中货运作业还包括:货物目的地和收货人的变更作业,由于各种事故造成的途中货物换装作业以及特种货物载运工具在途中技术作业所要求的中转停留等,对运输工具进行简单的检修,补给继续运输所需要的燃料、水、冰、食品及其他所需物品,也是货运站(港、机场)对货物在运输途中所进行的作业。

3) 到达作业

货物在到达站发生的各项货运作业统称为到达作业,主要包括货运票据的交接、货物卸车、保管和交付等内容。

货运站(港、机场)在接到运输工具到达卸货内容的计划后,应进行卸装准备工作。运输工具到达货运站(港、机场)界域外时应及时安排进港进站,并将运输工具送至卸货作业线。

卸货前,货运站(港、机场)需认真核查运输工具、集装箱和货物的状态是否完好,如发现异状或有异议,要及时会同车(船、机)运行负责人做好货运记录。卸货时,应根据货物积载图将货物准确无误地卸下,并清点货物件数和衡量货物重量,核对货物标志和货物状态,如果发生货物事故,应编制货运记录。货运记录是分析事故责任和处理事故赔偿的重要依据。卸下的货物应按方便提取的原则,合理有序地堆码。

收货人或其代理人在货运站(港、机场)领取货物时,必须出具领货凭证(提货单、货票)或有效证件文件(包括保函),并据此交换货物。在发生各类货差货损事故情况下,物流企业应与收货人按照货运合同,确定理赔事宜。

为开展货物运输的组织生产,物流企业需要进行以下工作:进行货物运输市场调查和运输需求预测分析,了解本地区物质运输的品类、数量、流向、流程、各种季节性物资运输需求,分析各种运输方式的市场占有率;根据市场需求开发有竞争力的优质货物运输产品和运输服务,如各运输线路和方向的不同行程的铁路货运班列、公路货运班车等,保证货物运输的安全、快速、方便、准时、经济;组织货源货流,制订运输生产计划和运载工具运用计划,合理运用运输技术设备,提高运输能力;提供货物运输信息服务,包括货物运输信息查询、货物运输动态跟踪预报、货物运输单据流转、货物运输设备运用、货物运输工具统计分析等信息和其他延伸增值服务;运输过程的监控和调度指挥包括运载工具的运行过程和在货运站(港、机场)的技术作业过程,以安全、高效、经济、有序地实现货物输送;运营活动的安全、技术和经济的考核、统计、分析和管理。

货物运输与旅客运输相比,其运输组织更为复杂,需要组织货源货流,并根据货源货流变化配置运输资源;需要进行载运工具的回空调拨运输,防止载运工具偏集;需要更完备、更可靠的信息系统为商务交易和运输过程服务;需要特别重视阔大货物、危险货物、鲜活易腐等特种货物运输条件及其运输过程的安全。

3. 运输流的生产组织

客运与货运以运载工具为载体,实现有目的的位移,载运工具在运输线路上的移动便形成交通运输流。运载工具的运输组织方式多种多样,与陆路运输相比,水路和航空的运输流是一种稀疏流,在运输线路上较少相互干扰和冲突,彼此表现出较强的独立性,通常只是在特定地段(如水运人工航道)和运输节点(水运港口或航空港)及其进出相邻区域才需要疏导和处理交通运输流,而铁路和公路的交通运输流不仅在节点上,而且在线路上均呈现较强的关联性。铁路的运载基本单元是车辆,但个别车辆一般不能单独发运,须将相同去向或到站的车辆组成列车才能发运。列车运行需要严格规范其运行次序与运行速度,铁路车站便是列车途中停靠和运行次序调整的地点和场所。公路或城市道路以各种汽车为运载基本单元,速度不同的汽车在运输线路上的超越关系常常发生变化,在平面交叉路口也要按不同运行方向确定通过交叉口的先后次序。为保证运输安全、畅通和良好的运输秩序,需要对交通运输流进行疏导、调节和管理,这就构成了运输流生产组织。

运输流生产组织的主要任务是:管理、调节和控制交通运输需求,从时间和空间分布两个方面影响和促进交通运输流的适度生成和合理分布,制订运输计划,防止或缓解交通运输"瓶颈"的交通拥挤和阻塞;调节控制交通运输线路上运载工具的运行速度,实现较高的线路利用率和通行能力;指定或规范运载工具的运行路径,提高运载工具的运输效率;调整及控制运载工具运行的相互顺序关系,保证运输安全和良好的运输秩序;组织交通运输场站作业过程,包括旅客乘降、货物装卸,组织运载工具基本单元的分解、组合、中转、接续、技术检查、商务检查、货物及其票据交接等作业过程,保证作业过程的连续性、平行性、协调性、均衡性等方面的要求;编制公共交通运输服务时刻表,协调和规范公共交通物流系统的运输组织工作。

需要指出的是,各种运输方式的组织化程度不同。组织化是指交通物流系统对运输流的调节、控制和管理的规模和质量。组织化程度高的交通运输方式,如航空和铁路,有比较严格的需求管理,可以对所有的交通运输流进行严密的计划管理和严格的指挥调度,其交通流基本上是有组织和可控的;而组织化程度较低的交通运输方式,如公路和城市道路,由于存在大量私人交通工具,交通流量生成和分布的随机性十分明显,对交通运输流的预测和实时调控能力较弱。不同交通运输方式,其交通运输流组织的重点、方法、手段和难度各不相同。

4. 场站作业生产组织

场站是旅客和货物运输的始发、终到和中转地点,其生产过程包括生产准备过程、基本生产过程、辅助生产过程和生产服务过程四个方面。

(1) 生产准备过程,是指基本生产活动之前所进行的全部技术准备和组织准备工作,如编制旅客和货物运输计划、装卸作业计划,设计运输工作方案,确定作业地点,库场和接运工具,准备装卸机械和货运文件等。这些工作是确保基本生产过程得以顺利进行的前提。

(2) 基本生产过程,是指旅客在交通场站的乘降、行李包裹和货物的装卸、搬运以及运载工具进出场站和在场站内部有目的的运输移动和技术作业,是运输对象和运输工具从进入场站到离开场站所进行的全部作业的总和。

(3) 辅助生产过程,是保证基本生产过程正常进行所必需的各种辅助性生产活动,如运输机械、场库、站台(泊位)货位、信息通信、线路基础设施、电力供电和装卸机械等的维修、保养与管理。

(4) 生产服务过程,是为基本生产和辅助生产服务的各项活动,如为旅客运输提供的候车(船、机)、餐饮、娱乐、信息等服务,为货物运输提供的理货、仓储和计量等服务,为运载工具提供的技术设备、生活必需品供应、燃料和淡水供应服务,设备整备、清洁、检查、保养与维修,为货主提供的货物鉴定、检验、包装等服务。各种生产服务活动也是交通场站生产活动不可缺少的组成部分。

5. 运输生产流程再造

运输生产过程是为实现人和物的有目的的移动而进行的一系列相关活动的有序集合。物流企业有效运行的一个显著特征,就是实现人流、物流、资金流和信息流的合理流动,按照一定的逻辑顺序,由一个阶段向另一个阶段转变,这种转变过程实际上是一种流程,所以,也将运输生产过程及其管理称为运输流程。运输流程具有一切流程的共同性质:

目的性——流程是为实现某一目标而设计和产生的。

内在性——流程包含状态的时间变化和活动的空间转移,是系统的内在特性。

整体性——流程是一系列活动通过一定方式的联系和组合,具有整体特性。

动态性——流程通过活动(状态)的变化而实现某一目标,具有动态特性。

层次性——流程包含不同层次的多种活动的投入,具有系统的层次性。

结构性——组成流程的各种活动之间的相互联系和相互作用方式在结构上具有一定的规律性,都表现为串联结构、并联结构和反馈结构的不同组合。

运输生产流程再造是以信息社会下的业务流程再造(Business Process Reengineering,BPR)理念为基础,为有效地改善运输组织的绩效,对现有运输生产流程的重新分析、设计和改造。

1) 集装箱与运输流程再造

集装箱运输的产生是运输业的革命,它克服了普通散件杂货运输长期以来存在的装卸及运输效率低、时间长、货损货差严重、货运质量不高、货运手续繁杂等缺点。同时,集装箱运输使流通过程中每一个环节发生了根本性的变革,是一种高效率、高效益和高质量的运输方式,它对货物运输流程再造产生了重要影响,起到了促进作用。

集装箱运输是高协作的运输方式。集装箱运输涉及面广、环节多、影响大,是一个复杂的交通物流系统工程。集装箱交通物流系统既包括海运、陆运、空运、港口、货运站等各个运输环节,又包括集装箱船公司,铁路、公路与航空物流公司,以及海关、商检、安检、动植物检疫、船舶代理公司、货运代理公司、集装箱租赁公司等参与集装箱运输的各个服务部门。以集装箱运输为纽带,不仅使海运、港口、陆运、空运相衔接,使各种运输方式的运力与运量相匹配,而且使海关、商检、代理等服务部门工作相协调。

集装箱运输适于组织多式联运。① 集装箱多式联运以集装箱为运输单元进行直达运输,货物在发货人工厂或仓库装箱后,可直接运送到收货人工厂或仓库,运输途中无须拆箱、装箱,减少了中间环节,集装箱在不同运输方式之间转运时,无须改变箱内货物装载状态而只需要简单地转移集装箱,这就提高了转运作业效率,非常适合不同运输方式之间的联合运输。在换装转运时,海关及有关监管单位只需要加封或验封转关放行,从而提高了运输效率。集装箱换装转运时使用专业机械装卸,不涉及箱内货物,因而货损货差事故大为减少,提高了货运质量。此外,各个运输环节和部门之间密切配合,衔接紧凑,货物所到之处中转迅速及时,大大减少货物停留时间,保证了货物安全、准确、及时地运抵目的地。

集装箱运输简化了托运、制单和结算手续。在集装箱多式联运方式下,不管货物运程多远,不论由几种运输方式共同完成货运任务,也不论运输途中对货物经过多少次转换,所有运输事项均由多式联运经营人负责办理。托运人只需办理一次托运、订立一份运输合同,一次支付费用、一次保险,从而省去办理托运手续的许多不便。而一旦运输过程中发生货损货差,由多式联运经营人对全程运输负责理赔,集装箱多式联运采用一张货运单证、统一费率,简化了制单和结算手续,节省了人力和物力。

总之,集装箱运输不仅由于使用标准化的货物集装箱提高了装卸作业效率和货物运输质量,减少了运输方式转换时的重复装卸作业,简化了货物转运过程,使整个运输过程围绕集装箱的标准化重新进行相关设备及其运力的配置,而且改变了运输的组织方式,产生了专门从事运输服务而不一定拥有运输设备的运输中介(运输代理人或多式联运经营人),运输交易分别在用户与运输中介以及运输中介与不同运输方式的物流企业之间进行,并由运输中介负责全程运输和运输方式之间的衔接和配合。可见使用集装箱带来的运输流程再造,适应货物的多式联运和快速运输需求,有效地加速资金周转,降低成本,提高物流企业的利润。

2) 电子商务与运输流程再造

电子商务带来的运输流程再造集中表现为物流企业采用新的技术和新的管理模式,提高服务能力和服务素质。

(1) 信息化。

信息化是运输现代化的基础,运输信息化是电子商务的必然要求。运输信息化表现为物流信息的商品化、物流信息收集的数据库化和代码化、运输信息存储的数字化、运输信息处理的电子化和计算机化、运输信息传递的标准化和实时化等。因此,条码技术(Bar Code)、数据库技术(Database)、电子订货系统(Electronic Ordering System,EOS)、电子数据交换(Electronic Data Interchange,EDI)、快速反应(Quick Response,QR)、有效客户反应(Efficient Consumer Response,ECR)、企业资源计划(Enterprise Resource Planning,ERP)等技术与观念在运输中将得到普遍应用。运输效率的提高在很大程度上取决于运输信息的流转和处理。

(2) 自动化。

自动化的基础是信息化,核心是机电一体化。自动化的外在表现是无人化,自动化的效果是省时,从而扩大运输作业能力,提高劳动生产率,减少运输过程的人为差错和失误等。

---

① 戢守峰,唐金环. 低碳物流[M]. 北京:中国财富出版社,2015.

运输自动化的设备多种多样,如条码/语音/射频自动识别系统、自动导向车、货物自动跟踪系统等。这些高新技术越来越普遍地应用于运输作业流程中,大大简化了运输过程中监督、判断、操作和管理的内容和方式。

(3) 智能化。

智能化是运输自动化、信息化的最高层次。运输及其管理过程存在大量的运筹和决策,如运输方式和运输路径的选择、运输工具运行的自动识别和跟踪、运输安全控制、速度控制和作业进程控制等问题都需要借助于先进的智能化技术和系统。智能交通系统技术不仅在交通控制领域,而且在与用户服务相关的电子商务领域,都已经有比较成熟的研究成果。

(4) 柔性化。

柔性化本来是为实现"以顾客为中心"理念而在生产领域首先提出的,但要真正做到柔性化,即真正根据消费者需求的变化来灵活调节生产过程,没有配套的柔性化的物流系统是不可能实现的。20 世纪 90 年代,国际生产领域纷纷推出柔性制造系统(Flexible Manufacturing System,FMS)、计算机集成制造系统(Computer Integrated Manufacturing System,CIMS)、制造资源计划(Manufacturing Resource Planning,MRP)、企业资源计划(ERP)以及供应链管理的概念和技术。这些概念和技术的实质是要将生产和流通进行集成。根据客户端的需求组织生产,安排物流活动。因此,电子商务要求将货物运输融入社会物流系统的运作和管理之中。[①]

四、交通物流管理辅助系统

运输组织的生产辅助服务系统通常包括运输生产服务系统、运输生产生活服务系统和运输通信信息系统。这三个系统对运输组织的生产运营活动起到了辅助支撑的作用。

1. 运输生产服务系统

车辆作业区:主要指停车场、堆场、车辆进出货运站必经的道路路线区域及进出站口,同时配备一些中、小吨位的货物取送车辆等。

装卸作业区:主要指货物集散的理货大厅、装卸平台和设备以及防护设备等。

仓储区:货物堆场和仓库等货物停留超过 24 小时以上存放的区域。

站务管理区:包括货运站站房、生产调度室、信息管理中心、站务办公室及与国际集装箱业务配套的由海关、卫检、商检、商务等部门构成的国际联运代理业务办公室等。

根据枢纽站服务区和服务对象的不同,各货运站应分别建成综合站或不同功能的专业站,如集装箱中转站、零担站、联运站,以便充分发挥不同功能的货运站的作用,因而在建筑实体和设备配备上也应有所侧重,如集装箱中转站应建有足够规模的堆场、站房和拆装箱库等,配备龙门吊等大型起重设备、自动分拣作业装置、掏装箱机械等;零担站应建设足够规模的仓库、堆场,配备货物取送车辆和装卸设备,根据货主需要,还可配置为货主提供包装等服务的设施和设备。

---

① 万凤娇.城市危险废弃物逆向物流网络优化研究[M].武汉:武汉大学出版社,2013.

2. 运输生产生活服务系统

运输生产生活服务系统是运输组织的后勤保障,系统设置的目的是为车主、货主、旅客提供全方位的优质辅助服务以及为维持运输生产顺利开展而提供的后勤服务,具体内容可分为三个方面:生产服务区域,包括汽车修理、保养车间、加油站、清洗和检测设备;工作人员服务区域,主要为站务、管理、司乘人员提供生活服务,设置必要的生活服务、食堂、文化娱乐场所等;用户服务区域,主要满足旅客、车主和货主候车、办理货物托运业务时的商务、问询、食宿、休息等需求,因而可以配置一些商店、餐饮、住宿和文化娱乐场所等,并开办复印、传真、长话等服务。

3. 运输通信信息系统

运输通信信息系统是运输组织有效运转的中枢神经系统,是各系统相互联系、提高运输效率的重要手段。它包括两个部分:计算机信息子系统和通信子系统。其中,计算机信息子系统是以计算机及其运行网络为运行环境,多种通信设施为传输手段的管理信息系统;通信子系统是由多种通信手段构成的能够实现常规通信的通信网络,同时也是计算机信息系统数据传输的通道或载体。该系统能够实时采集、处理、分析、存储、传输运输过程中发生的客货流、车辆、船舶、飞机、列车、调度指挥、装卸存储、中转换装/换乘、多式联运、辅助服务等信息,如图 9.2 所示。

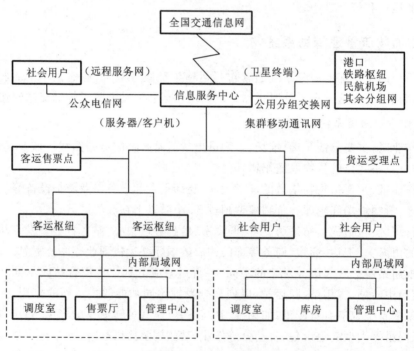

图 9.2 管理信息子系统信息网连接示意图

五、交通物流管理程序

运输组织是一个复杂的系统性工作,在合理组织的过程中,必须按一定的工作程序进

第九章

交通物流优化

行,其作业流程如图 9.3 所示。

在以上五个步骤中,运输经济调查与预测是以后各个步骤工作的前提,营运计划是参考了运输经济调查和预测的资料而制订的,是物流企业一定时期工作的蓝图。运输方案是营运计划的具体化,运输方案的实施是运输方案付诸实际的过程,也是对运输方案的检验过程,效果评价是对以前各个步骤工作的总结评价,并为下一阶段的工作提供借鉴之处。综上所述,我们也可以用另一种方式来表示运输组织工作中五个步骤之间的相互关系,如图 9.4 所示。① 总之,在运输组织工作中,这五个步骤不断循环、不断改进,使运输组织工作不断完善。

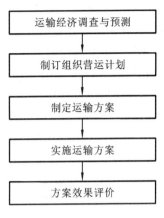

图 9.3 运输组织工作流程图

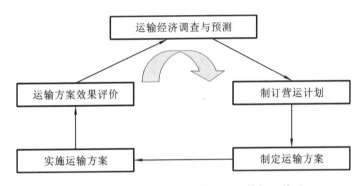

图 9.4 运输组织工作各个步骤之间的相互关系

百胜餐饮运营物流网络

当肯德基(KFC)在克拉玛依的新店开张之际,这个石油钻探城市几乎沸腾起来,附近城镇的很多食客纷纷前来,也为这家美国快餐连锁企业开辟了一个新的区域。但是,这同时也带来了一个问题:克拉玛依位于中国偏远的西北部地区,距离当地首府还要经过 44 个多小时艰难的卡车旅行,肯德基是怎样把鸡运过去的呢?肯德基克拉玛依分店是全球最大的餐饮集团百胜餐饮集团在中国服务的最远的市场。百胜餐饮集团目前在中国 250 个城市拥有 1100 家肯德基、140 家必胜客、1 家塔可钟和 8 家必胜客宅急送餐厅。2003 年,它在中国的营业额达到人民币 93 亿元(11 亿美元),较上年同期增长 31%。为了满足一个如此庞大网络的供应,该公司需要一个类似规模的物流网络,能够迅速实现包括易腐烂食品在内的各种产品的长途运输。百胜餐饮集团正在进军中国内陆地区,那里的运输线常常要比发达的沿海地区艰苦,这就为公司的物流经理们带来了新的挑战。

---

① 张浩.城市物流系统可靠性优化研究[M].北京:经济科学出版社,2014.

交通物流

该公司的解决方案是：和在其他许多国家将物流外包给第三方食品服务公司的做法不同，百胜餐饮集团在中国建立和管理着自己的物流网络。这样一来，它创造出了业内公认的较成功的物流运营模式：一家同行企业的管理人才将其称之为"灵活而实用"的物流模式，认为百胜餐饮集团能够更贴近顾客，并且迅速地针对市场需求做出反应。

中国百胜物流总经理托德·纳尔逊（Todd Nelson）表示："鉴于公司庞大的业务规模，中国没有一家第三方物流企业或食品服务公司能够为我们提供这项服务。"其下属的企业负责供应公司1249家餐厅，所分销的产品从烹饪用具到食用油、鸡翅、新鲜蔬菜、纸杯和吸管等。位于北京的分销中心是百胜餐饮集团在亚洲最大的分销中心。它服务于北京、天津、河北、山西、宁夏和内蒙古的243家餐厅。每天，该中心会接到各餐厅通过电子邮件发来的订单，然后按要求准备产品，安排卡车以固定的路线将产品运送到各餐厅中去。该中心拥有装配3个不同温度储存室的11辆卡车，使得每辆卡车都能同时运输冷冻、冷藏干鲜产品。孙荣说，对于长途运输，百胜餐饮集团有时会雇佣更熟悉路况的当地运输企业。这种方法能够使公司节省成本，因为它在市场低迷时无须支付卡车及司机方面的成本，而一旦市场反弹，与这类当地企业的长期合作关系有助于确保有足够的车辆满足公司产品的运输。百胜餐饮集团对这些企业制定了一个评估体系，从车况、司机服务水平和企业的财务状况等方面进行评估。

即使部署得再周密，在中国仍会遇到一些意外事件妨碍产品的及时送达，如糟糕的天气、交通事故、车辆故障等。虽然这类问题在其他市场也会发生，但是在中国，一条狭窄道路上的一宗小事故（这种情况在发达国家可能一两个小时就能疏通）有时就会使车辆拥堵好几公里，要等到第二天警察来了才能解决。百胜餐饮集团制定了紧急方案来尽可能地避免这种情况发生。北京的仓储营运部经理翟伟说，在某些省份的下雪季节到来之前，公司经常临时租用库房来存储额外的产品。这样，如果道路拥堵或路面太滑无法通行时，餐厅也能获得必要的食品。同样地，在中国南部的海南岛，几乎每个夏季都会遭遇台风袭击，公司也租用了一个临时仓库多储存一些产品，以免到时海上运输延误。在一些情况下，北京的分销中心甚至预订货机来确保产品的准时运输。

对纳尔逊来说，在中国运作如此庞大的物流网络面临的最大挑战是薄弱的公路基础设施。中国的公路网络全长180万公里左右，不及美国的三分之一，远远跟不上中国经济迅速增长的需求。纳尔逊说："如果我们无法保证从一个城市到另一个城市的及时运输，我们就需要在一个附近的大城市再建立一个分销中心。但是，如果道路状况能够改善，我们就能更多地依赖交通运输而不是分销设施来满足我们的产品供应。"为了触及公司在中国西部的10家餐厅，包括新近开业的克拉玛依餐厅，百胜餐饮集团已经在河南建立了一个分销中心。尽管如此，河南和新疆之间的高速路网仍不完善，因此公司不得不依赖于速度更慢的铁路运输。冷冻品和干货（储存在控温的集装箱中）需要三到五天的时间才能达到新疆首府乌鲁木齐，在那里百胜拥有5家餐厅和1个小库房。然后，产品再从那里通过一家第三方运输公司用卡车运送到克拉玛依餐厅，一般每周运送一到两次。像面包、蔬菜这样的新鲜食品由一个附近城市的当地销售商供货，每周运送四次。

思考：百胜餐饮集团是怎样挺进中国西北内陆地区实现灵活的食品配送运输？

第四节 交通物流法规

在市场经济环境中,人们的一切经济活动都应当纳入法制轨道,物流运输亦然。在法的范围内从事物流运输活动是社会发展的必然。本节从一般意义上介绍与物流运输相关的法规。

一、交通物流法规的内涵

1. 交通物流法规的含义

现代市场经济是法制经济,各种经济活动和政府对经济的管理行为均应纳入法制轨道,企业的物流运输活动和政府对物流运输业的管理也不例外。对物流企业和物流运输从业人员来说,运输法规的重要作用是促进、保障物流运输活动的正常进行及维护有关当事人的合法权益;对政府管理来说,通过运输法规来规范各种物流运输行为,建立起健康有序的现代物流运输业。

本书中的交通物流法规是指国家立法机关为了加强交通运输管理而颁布的法律,以及各级政府依照宪法和法律的有关规定制定和发布的行政法规、规章,是集行政法、民法和经济法于一身的调整交通运输关系的法律规范的总称。

2. 对交通物流法规的说明

由于本节中所说的法规大多属于规章制度的范畴,所以这里必须对本节中使用"法规"一词作如下说明。

(1) 本节所称的物流运输相关法规,是在非严格意义上使用的含义。这里的法规应被理解为广义上的法律,即有关物流运输活动相关的各种法律,包括全国人大、国务院、国务院所属部委、地方人大、地方政府等制定的规范物流运输活动的各种形式的法规。

(2) 由于国际物流运输中经常要涉及国际公约,我国是很多国际公约的缔约国,这些公约是我国法律的一种形式、一个组成部分。当国内立法与国际公约发生冲突时,应当以国际公约优先。所以,本节中的交通物流法规也包括相关国际公约。

(3) 这里的法规概念虽然不具有法学中关于法律、规章、制度、条例等概念的严格意义,但都是必须执行的各类法律、规章,而不是学术意义上的讨论。

二、国内交通物流法规的范畴

我国的交通物流法规的范畴主要包括两个方面。一是对该行业主体行为的约束,即应该做什么和不应该做什么。例如,《中华人民共和国铁路法》对铁路运输企业在运输营运过程中对社会应该承担的环境保护义务做出了具体规定:铁路运输企业应当采取措施,防止对铁路沿线环境的污染,主要包括防治大气污染、防治噪声污染、防止固体废弃物污染等。防止对铁路沿线环境的污染,这就是法律赋予铁路运输企业在自身发展的同时必须承担的社会义务,也就是运输业的发展也要符合社会可持续发展的客观要求,否则其行为将受到法律法规的约束和制裁。二是政府制定的各类法律和规章制度保护和促进该行业的合理发展,

以保证物流运输服务的可靠性和稳定性,这类法规包括市场的加入和服务水平规范、费率管制和补贴等。具体内容如下:

(1) 在开放的大背景下,我国对物流运输业的费率,特别是航空、铁路等仍实行严格的管制政策。对各种运输方式的费率均有明确规定的运价表,要求运输企业严格按照运价表收取运输费,并由交通运输部、民航局等行政部门及其下属机构负责监督执行。除非特别批准,运输企业不得变更运输费率。

(2) 我国对物流运输服务水准规范的内容涵盖了运输业经营的技术和服务标准,特别是对交通安全有诸多交通安全规则加以规范(各种交通运输事故反映的主要是执行者渎职)。尤其是对我国目前的服务水准管制中涉及的安全、运输工具、运输业从业技术人员的考核及物流运输合同条款方面的规定较多也较为详细,但对于具体的服务水平、次数等的规定比较笼统。

(3) 对加入和退出物流运输行业的规章,其内容涵盖了运输企业从设立到退出行业的全过程,这种限制的目的是为了控制市场的过度和不良竞争,同时确保正规的市场从业者能够正当合法地经营并获利。与加入规章相对应的是退出限制,即为确保应有的服务水准,经济法规规定,如果承运人离开市场会导致服务水准大幅下降,则限制其离开市场。

(4) 我国政府对运输业的补贴分为中央财政补贴和地方财政补贴两级。中央财政补贴主要用于铁路和管道运输,补贴方式主要是以差额方式补贴,即由中央财政拨款弥补运输企业运营亏损;地方财政补贴主要用于补贴城市公共交通,包括对城市公共交通运输企业中的地铁、公共汽车等进行补贴,补贴方式主要是以差额方式补贴。

上述的两个方面不是截然分开的,在每一个具体的法规、条例中都包括了促进和约束两个方面的内容。

三、对外交通物流法规的基础

对外物流运输的基础是对外贸易,我国对外贸易的基本原则也指导对外物流运输业务。我国对外贸易的原则包括以下四个方面。

1. 我国实行统一的对外贸易制度

统一的对外贸易制度,是指我国的对外贸易制度由中央政府统一制定、在全国范围内统一实施的制度,包括方针、政策的统一分类、法规的统一,各项外贸管理制度的统一。一方面,它体现了维护国家整体利益的需要;另一方面,实行统一的对外贸易制度,也是履行国际义务。

2. 坚持平等互利、互惠对等的原则

根据平等互利的原则,促进和发展同其他国家和地区的贸易关系,缔结或者参加关税同盟协定、自由贸易区协定等区域经济贸易协定,参加区域经济组织。任何国家或地区在贸易方面对我国采取歧视性的禁止、限制或者其他类似措施的,我国可以根据实际情况对该国家或者该地区采取相应的措施。

我国在对外贸易方面根据所缔结或者参加的国际条约、协定,给予其他缔约方、参加方最惠国待遇、国民待遇等待遇,或者根据互惠、对等原则给予对方最惠国待遇、国民待遇等待遇。

3. 维护公平、自由的对外贸易秩序

保证公平竞争,建立和维护公平、自由的贸易秩序。这是市场经济发展的必然要求。为适应这一要求,《中华人民共和国对外贸易法》中明确规定,国家依法维护公平、自由的对外贸易秩序。

4. 准许货物与技术的自由进出口

《中华人民共和国对外贸易法》规定:"国家准许货物与技术的自由进出口。但是,法律、行政法规另有规定的除外。"这表明对于货物与技术贸易,以自由进出口为原则,但在法律规定的特殊情况下,对某些货物与技术的进出口施加限制。这一规定符合我国改革开放的精神,与国际经济通行规则也是一致的。

从事国际物流运输的企业在业务活动中也要以上述原则为基础,这也是从事国际物流运输的基本要求,是对国家利益的维护,也是对企业自身利益的保护。

从事对外物流运输活动的法人、组织或者个人也要具有符合国家要求的资质,这在国际贸易学和国际物流学等课程中多有讲述,在此不再赘述。

四、交通物流法规主要条目

关于物流运输的法律、法规、条例众多,下面列出执行的关于物流运输的主要法规条目,以供参考:

《中华人民共和国公路法》2016 年 11 月 7 日第四次修正;

《中华人民共和国铁路法》1990 年 9 月 7 日发布;

《中华人民共和国民用航空法》2015 年 4 月 24 日修正;

《中华人民共和国海商法》1993 年 7 月 1 日实施;

《中华人民共和国道路运输条例》2016 年 2 月 6 日第二次修订;

《汽车货物运输规则》1999 年 11 月 15 颁布日;

《铁路运输安全保护条例》2005 年 4 月 1 日;

《水路危险货物运输规则》1996 年 11 月 4 日发布;

《中国民用航空货物国内运输规则》1996 年 3 月 1 日起施行;

《中华人民共和国飞行基本规则》2007 年 10 月 18 日第二次修订;

《中华人民共和国国际海运条例》2013 年 7 月 18 日修订;

《国际铁路货物联运协定》,我国于 1954 年 1 月加入。

本书只从一般意义对最基本的法规做简要介绍,以提高读者的法律意识,在从事具体运输业务中必须对相关法规做进一步了解。下面对其中与物流运输关系密切的几部法规做简单介绍。

1. 《中华人民共和国道路运输条例》

《中华人民共和国道路运输条例》已于 2004 年 4 月 14 日国务院第 48 次常务会议通过,自 2004 年 7 月 1 日起施行,该条例共 7 章 83 条。2016 年 2 月 6 日,国务院令第 666 号《国务院关于修改部分行政法规的决定》第二次修订。该条例主要是为维护道路运输市场秩序,保障道路运输安全,保护道路运输有关各方当事人的合法权益,促进道路运输业的健康发展。

主要内容包括:

①道路运输经营;

②道路运输相关业务;

③国际道路运输;

④执法监督;

⑤法律责任。

其中关于道路货物运输的条例主要包括以下条款。

(1) 从事道路运输的基本要求。

第22条规定,申请从事货运经营的,应当具备下列条件:

①有与其经营业务相适应并经检测合格的车辆;

②有符合本条例第23条规定条件的驾驶人员;

③有健全的安全生产管理制度。

第23条规定,从事货运经营的驾驶人员,应当符合下列条件:

①取得相应的机动车驾驶证;

②年龄不超过60周岁;

③经设区的市级道路运输管理机构对有关货运法律法规、机动车维修和货物装载保管基本知识考试合格。

第24条规定,申请从事危险货物运输经营的,还应当具备下列条件:

①有5辆以上经检测合格的危险货物运输专用车辆、设备;

②有经所在地设区的市级人民政府交通主管部门考试合格,取得上岗资格证的驾驶人员、装卸管理人员、押运人员;

③危险货物运输专用车辆配有必要的通信工具;

④有健全的安全生产管理制度。

第27条规定,国家鼓励货运经营者实行封闭式运输,保证环境卫生和货物运输安全。

货运经营者应当采取必要措施,防止货物脱落、扬撒等。

运输危险货物应当采取必要措施,防止危险货物燃烧、爆炸、辐射、泄漏等。

第28条规定,运输危险货物应当配备必要的押运人员,保证危险货物处于押运人员的监管之下,并悬挂明显的危险货物运输标志。

托运危险货物的,应当向货运经营者说明危险货物的品名、性质、应急处置方法等情况,并严格按照国家有关规定包装,设置明显标志。

(2) 从事国际道路运输的规定。

第48条规定,国务院交通主管部门应当及时向社会公布中国政府与有关政府签署的双边或者多边道路运输协定确定的国际道路运输线路。

第49条规定,申请从事国际道路运输经营的,应当具备下列条件:

①依照本条例第10条、第25条规定取得道路运输经营许可证的企业法人;

②在国内从事道路运输经营满3年,且未发生重大以上道路交通责任事故。

第51条规定,中国国际道路运输经营者应当在其投入运输车辆的显著位置,标明中国国籍识别标志。

外国国际道路运输经营者的车辆在中国境内运输,应当标明本国国籍识别标志,并按照规定的运输线路行驶;不得擅自改变运输线路,不得从事起止地都在中国境内的道路运输经营。

第52条规定,在口岸设立的国际道路运输管理机构应当加强对出入口岸的国际道路运输的监督管理。

第53条规定,外国国际道路运输经营者经国务院交通主管部门批准,可以依法在中国境内设立常驻代表机构,常驻代表机构不得从事经营活动。

2. 《铁路运输安全保护条例》和《铁路安全管理条例》

为了加强铁路运输安全管理,保障铁路运输安全和畅通,保护人身安全、财产安全及其他合法权益,根据《中华人民共和国铁路法》和《中华人民共和国安全生产法》,2004年12月22日国务院第74次常务会议通过《铁路运输安全保护条例》,自2005年4月1日起施行。

2013年8月17日,国务院令第639号公布《铁路安全管理条例》,原《铁路运输安全保护条例》废止。

《铁路安全管理条例》的主要内容包括:铁路建设质量安全,铁路专用设备质量安全,铁路线路安全,铁路运营安全,监督检查等。

3. 《中华人民共和国海商法》

《中华人民共和国海商法》(简称《海商法》)是调整海上运输关系及船舶的特殊民事法律,在1992年11月7日由第七届全国人民代表大会常务委员会第28次会议通过,自1993年7月1日施行。《海商法》有两个特点:一是与国际规则接轨;二是条款强制性与任意性的统一。《海商法》的内容繁多,共15章278条,主要可分为以下几个部分。

(1) 航运管理法。包括海上运输安全法,主要是船舶登记、船舶和航海安全、船长船员资格和管理等方面的法律法规。船运经济法,即旨在规范海运市场和促进国家商船队发展的法律,防止海运污染的法律等。

(2) 海上运输法。包括海上货物运输法、海上旅客运输法、海上拖航合同的法律等。

(3) 海上保险法。包括船舶保险、货物保险和运费等其他海上财产保险的法律。

(4) 海上纠纷解决的法律。包括海事诉讼和海事仲裁的法律。

《海商法》的第4章对海上货物运输做了全面的规定,下面做简要介绍。

1) 海上货物运输合同

《海商法》第41条规定,海上货物运输合同,是指承运人收取运费,负责将托运人托运的货物经海路由一港运至另一港的合同。

第43条规定,承运人或者托运人可以要求书面确认海上货物运输合同的成立。但是,航次租船合同应当书面订立。电报、电传和传真具有书面效力。

第44条规定,海上货物运输合同和作为合同凭证的提单或者其他运输单证中的条款,违反本章规定的,无效。此类条款的无效,不影响该合同和提单或者其他运输单证中其他条款的效力。将货物的保险利益转让给承运人的条款或者类似条款,无效。

2) 关于承运人的有关规定

关于承运人的责任、权利、义务等在第4章均有介绍,这里只补充若干法律规定。

《海商法》第46条规定,承运人对集装箱装运的货物的责任期间,是指从装货港接收货物时起至卸货港交付货物时止,货物处于承运人掌管之下的全部期间,承运人对非集装箱装运的货物的责任期间,是指从货物装上船时起至卸下船时止,货物处于承运人掌管之下的全部期间。在承运人的责任期间,货物发生灭失或者损坏,除本节另有规定外,承运人应当负赔偿责任。

《海商法》第47条规定,承运人在船舶开航前和开航当时,应当谨慎处理,使船舶处于适航状态,妥善配备船员、装备船舶和配备供应品,并使货舱、冷藏舱、冷气舱和其他载货处所适于并能安全收受、载运和保管货物。第48条规定,承运人应当妥善地、谨慎地装载、搬移、积载、运输、保管、照料和卸载所运货物。第49条规定,承运人应当按照约定的或者习惯的或者地理上的航线将货物运往卸货港。上述三条属于承运人的义务范畴。

对于赔偿数额与计算方法,《海商法》第55条的规定,货物灭失的赔偿额,按照货物的实际价值计算;货物损坏的赔偿额,按照货物受损前后实际价值的差额或者货物的修复费用计算。货物的实际价值,按照货物装船时的价值加保险费加运费计算。第56条的规定,承运人对货物的灭失或者损坏的赔偿限额,按照货物件数或者其他货运单位数计算,每件或者每个其他货运单位为666.67计算单位,或者按照货物毛重计算,每千克为2计算单位,以二者中赔偿限额较高的为准。

同时规定,货物用集装箱、货盘或者类似装运器具集装的,提单中载明装在此类装运器具中的货物件数或者其他货运单位数,视为前款所指的货物件数或者其他货运单位数;未载明的,每一装运器具视为一件或者一个单位。

3) 关于托运人的有关规定

对于托运人的责任、权利、义务等在第4章均有介绍,这里只补充若干法律规定。

《海商法》第66条规定,托运人托运货物,应当妥善包装,并向承运人保证,货物装船时所提供的货物的品名、标志、包数或者件数,重量或者体积的正确性;由于包装不良或者上述资料不正确,对承运人造成损失的,托运人应当负赔偿责任。

第67条规定,托运人应当及时向港口、海关、检疫、检验和其他主管机关办理货物运输所需要的各项手续,并将已办理各项手续的单证送交承运人;因办理各项手续的有关单证送交不及时、不完备或者不正确,使承运人的利益受到损害的,托运人应当负赔偿责任。

对于危险物品的托运,《海商法》第68条规定,托运人托运危险货物,应当依照有关海上危险运输的规定,妥善包装,作为危险品标志和标签,并将其正式名称和性质及应当采取的预防危害措施书面通知承运人;托运人未通知或者通知有误的,承运人可以在任何时间、任何地点根据情况需要将货物卸下、销毁或者使之不能为害,而不负赔偿责任。托运人对承运人因运输此类货物所受到的损害,应当负赔偿责任。

承运人知道危险货物的性质并已同意转运的,仍然可以在该项货物对于船舶、人员或者其他货物构成实际危险时,将货物卸下、销毁或者使之不能为害,而不负赔偿责任。但是,本款规定不影响共同海损的分摊。

关于免责、费用支付等在《海商法》第11章中,均有明确规定,在此不再赘述。

4) 关于运输单证的主要规定

《海商法》第71条规定,提单,是指用以证明海上货物运输合同和货物已经由承运人接收或者装船,以及承运人保证据以交付货物的单证。提单中载明的向记名人交付货物,或者按照指示人的指示交付货物,或者向提单有人交付货物的条款,构成承运人据以交付的保证。

第73条规定,提单应包括下列11项内容:货物的品名、标志、包数或者件数、重量或者体积,以及运输危险货物时对危险性质的说明;承运人的名称和主营业所;船舶名称;托运人的名称;收货人的名称;装货港和装货港接收货物的日期;卸货港;多式联运提单增列接收货物地点和交付货物地点;提单的签发日期、地点和份数;运费的支付;承运人或者其代表的签字。

第75条规定,承运人或者代表签发提单的人,知道或者有合理的根据怀疑提单记载的货物的品名、标志、包数或者件数、重量或者体积与实际接收的货物不符,在签发已装提单的情况下怀疑与已装船的货物不符,或者没有适当的方法核对的方法核对提单记载的,可以在提单上批注,说明不符之处、怀疑的根据或者说明无法核对。

第76条规定,承运人或者代其签发提单的人未在提单上批注货物表面状况的,视为货物的表面状况良好。

第77条规定,除依照本法第75条的规定做出保留外,承运人或者代其签发提单的人签发的提单,是承运人已经按照提单所载状况收到货物或者货物已经装船的初步证据;承运人向善意受让提单的包括收货人在内的第三人提出的与提单所载状况不同的证据,不予承认。

第78条规定,承运人同收货人、提单持有人之间的权利、义务关系,依据提单的规定确定。收货人、提单持有人不承担在装货港发生的滞期费、亏舱费和其他与装货有关的费用。但是提单中明确载明上述费用由收货人、提单持有人承担的除外。

第79条规定,提单的转让,依照下列规定执行:

①记名提单,不得转让;

②提示提单,经过记名背书或者空白背书转让;

③不记名提单,无须背书,即可转让。

第80条规定,承运人签发提单以外的单证用以证明收到待运货物的,此项单证即为订立海上货物运输合同和承运人接收该单证中所列货物的初步证据。承运人签发的此类单证不得转让。

5)关于合同的解除的主要规定

第89条规定,船舶在装货港开航前,托运人可以要求解除合同。但是,除合同另有约定外,托运人应当向承运人支付约定运费的一半;货物已经装船的,并应当负担装货、卸货和其他与此有关的费用。

第90条规定,船舶在装货港开航前,因不可抗力或者其他不能归责于承运人和托运人的原因致使合同不能履行的,双方均可以解除合同,并互相不负赔偿责任。除合同另有约定外,运费已经支付的,承运人应当将运费退还给托运人;货物已经装船的,托运人应当承担装卸费用;已经签发提单的,托运人应当将提单退还承运人。

第91条规定,因不可抗力或者其他不能归责于承运人和托运人的原因致使船舶不能在合同约定的目的港卸货的,除合同另有约定外,船长有权将货物在目的港邻近的安全港口或者地点卸载,视为已经履行合同。

船长决定将货物卸载的,应当及时通知托运人或者收货人,并考虑托运人或者收货人的利益。

6) 关于多式联运合同的特别规定

在《海商法》的第 4 章第 8 节是"多式联运合同的特别规定",其中第 102 条规定,本法所称多式联运合同,是指多式联运经营人以两种以上的不同运输方式。其中一种是海上运输方式,负责将货物从接收地运至目的地交付收货人,并收取全程运费的合同。

第 104 条中规定,多式联运经营人负责履行或者组织履行多式联运合同,并对全程运输负责。多式联运经营人与参加多式联运的各区段承运人,可以就多式联运合同的各区段运输,另以合同约定相互之间的责任。但是,此项合同不得影响多式联运经营人对全程运输所承担的责任。这一规定明确了"各区段承运人"与"多式联运经营人"之间的责任关系。

在第 105 和 106 条中又分别规定,"货物的灭失或者损坏发生于多式联运的某一运输区段的,多式联运经营人的赔偿责任和责任限额,适用调整该区段运输方式的有关法律规定"。和"货物的灭失或者损坏发生的运输区段不能确定的,多式联运经营人应当依照本章关于承运人赔偿责任和责任限额的规定负赔偿责任"。

这些对多式联运合同的特别规定明确了各区段承运人的责与权,为多式联运的发展提供了良好的法律环境。

4.《中国民用航空货物国内运输规则》

为了加强航空货物运输的管理,维护正常的航空运输秩序,根据中华人民共和国民用航空法的规定,由中国民用航空局制定该规则。本规则自 1996 年 3 月 1 日起施行。本规则适用于出发地、约定的经停地和目的地均在中华人民共和国境内的民用航空货物运输,共 8 章 49 条。

1) 该规则的主要内容
(1) 货物托运。
(2) 货物承运。
(3) 特种货物运输。
(4) 航空邮件及航空快递运输。
(5) 货物包机、包舱运输。
(6) 货物不正常运输的赔偿处理。

2) 关于货物托运的主要规则

第 4 条规定,托运货物凭本人居民身份证或者其他有效身份证件,填写货物托运书,向承运人或其代理人办理托运手续。如承运人或其代理人要求出具单位介绍信或其他有效证明时,托运人也应予提供。托运政府规定限制运输的货物以及需向公安、检疫等有关政府部门办理手续的货物,应当随附有效证明。

第 5 条规定,货物包装应当保证货物在运输过程中不致损坏、散失、渗漏,不致损坏和污染飞机设备或者其他物品。

托运人应当根据货物性质及重量、运输环境条件和承运人的要求,采用适当的内、外包装材料和包装形式,妥善包装。精密、易碎、怕震、怕压、不可倒置的货物,必须必须有相适应的防止货物损坏的包装措施。严禁使用草袋包装或草绳捆扎。

第 6 条规定,托运人应当在每件货物外包装上标明出发站、到达站和托运人、收货人的单位、姓名及详细地址等。

托运人使用旧包装时,必须除掉原包装上的残旧标志和标贴。

托运人托运每件货物,应当按规定粘贴或者拴挂承运人的货物运输标签。

第7条规定,货物重量按毛重计算,计量单位为千克。重量不足1 kg的尾数四舍五入。每张航空货运单的货物重量不足1 kg时,按1 kg计算。贵重物品按实际毛重计算,计算单位为0.1 kg。

非宽体飞机载运的货物,每件货物重量一般不超过80 kg,体积一般不超过40 cm×60 cm×100 cm。宽体飞机载运的货物,每件货物重量一般不超过250 kg,体积一般不超过100 cm×100 cm×140 cm。超过以上重量和体积的货物,承运人可依据机型出发地和目的地机场的装卸设备条件,确定可收运货物的最大重量和体积。

每件货物的长、宽、高之和不得小于40 cm。

每千克货物体积超过6000 cm^3 的,为轻泡货物。轻泡货物以每6000 cm^3 折合1 kg计重。

3) 关于货物承运的主要规则

第10条规定,承运人收运货物时,应当查验托运人的有效身份证件。凡国家限制运输的物品,必须查验国家有关部门出具的准许运输的有效凭证。

承运人应当检查托运人托运的包装,不符合航空运输要求的货物包装,需经托运人改善包装后方可办理收运。承运人对托运人托运货物的内包装是否符合要求,不承担检查责任。

承运人对收运的货物应当安全检查。对收运后24小时内装机运输的货物,一律实行开箱检查或者通过安检仪器检测。

第11条规定,航空货运单应当由托运人填写,连同货物交给承运人。如承运人依据托运人提供的托运书填写货运单并经托运人签字,则该货运单应当视为代托运人填写。

托运人应当对货单所填关于货物的说明或声明的正确性负责。

货运单一式八份,其中正本三份、副本五份。正本三份为:第一份交承运人,由托运人签字或盖章;第二份交收货人,由托运人和承运人签字或盖章;第三份交托运人,由承运人接收货物后签字盖章。三份具有同等效力,承运人可根据需要增加副本,货运单的承运人联应当自填开货运单次日起保存两年。

第13条规定,根据货物的性质,承运人应当按下列顺序发运:

(1) 抢险、救灾、急救、外交信袋和政府指定急运的物品;

(2) 指定日期、航班和按急件收运的货物;

(3) 有时限、贵重和零星小件物品;

(4) 国际和国内中转联程货物;

(5) 一般货物按照收运的先后顺序发运。

第14条规定,承运人应当建立舱位控制制度,根据每天可利用的空运舱位合理配载,避免舱位浪费或者货物积压。

承运人应当按照合理或经济的原则选择运输路线,避免货物的迂回运输。

第16条规定,承运人应当根据进出港货物运输量及货物特性,分别建立普通货物及贵重物品、鲜活物品、危险物品等货物仓库。

货物仓库应当建立健全保管制度,严格交接手续;库内货物应当合理码放、定期清仓;做好防火、防盗、防鼠、防水、防冻等工作,保证进出库货物准确完整。

第 17 条规定,货物托运后,托运人或收货人可在出发地或目的地向承运人或其代理人查询货物的运输情况,查询时应当出示货运单或提供货运单号码、出发地、目的地、货物名称、件数、重量、托运日期等内容。承运人或其代理人对托运人或收货人的查询应当及时给予答复。

第 18 条规定,货物运至到达站后,除另有约定外,承运人或其代理人应当及时向收货人发出到货通知。通知包括电话和书面两种形式。急件货物的到货通知应当在货物到达后两小时内发出,普通货物应当在 24 小时内发出。

第 21 条规定,货物自发出到货通知的次日起 14 日无人提取,到达站应当通知始发站,征求托运人对货物的处理意见;满 60 日无人提取又未收到托运人的处理意见时,按无法交付货物处理。对无法交付货物,应当做好清点、登记和保管工作。

凡属国家禁止和限制运输物品、贵重物品及珍贵文史资料等货物应当无价移交国家主管部门处理;凡属一般的生产、生活资料应当作价移交有关物资部门或商业部门;凡属鲜活、易腐或保管有困难的物品可由承运人酌情处理,如作毁弃处理,所产生的费用由托运人承担。

经作价处理的货款,应当及时交承运人财务部门保管。从处理之日起 90 日内,如有托运人或收货人认领,扣除该货的保管费和处理费后的余款退给认领人;如 90 日后仍无人认领,应当将货款上交国库。

第 25 条规定,货物运价是出发地机场至目的地机场之间的航空运输价格,不包括机场与市区间的地面运输费及其他费用。

贵重物品、动物、鲜活易腐物品、危险物品、灵柩、骨灰、纸型以及特快专递、急件货物等按普通货物运价的 150% 计收运费。

声明价值附加费的计算方法为:[声明价值-(实际重量×20)]×0.5%。

第 26 条规定,承运人可以收取地面运输费、退运手续费和保管费等货运杂费。

4) 关于特种货物运输的主要规则

第 29 条规定,凡对人体、动植物有害的菌种、带菌培养基等微生物制品,非经民航总局特殊批准不得承运。

凡经人工制造、提炼,进行无菌处理的疫苗、菌苗、抗生素(旧称抗菌素)、血清等生物制品,如托运人提供无菌、无毒证明可按普货承运。

微生物及有害生物制品的仓储、运输应当远离食品。

第 30 条规定,植物和植物产品运输须凭托运人所在地县级(含)以上的植物检疫部门出具有效"植物检疫书"。

第 34 条规定,托运人托运鲜活易腐物品,应当提供最长允许运输时限和运输注意事项,定妥舱位,按约定时间送机场办理托运手续。

政府规定需要进行检疫的鲜活易腐物品,应当出具有关部门的检疫证明。

包装要适合鲜活易腐物品的特性,不致污染、损坏飞机和其他货物。客运班机不得装载有不良气味的鲜活易腐物品。

需要特殊照料的鲜活易腐物品,应由托运人自备必要的设施,必要时由托运人派人押运。

鲜活易腐物品在运输、仓储过程中,承运人因采取防护措施所发生的费用,由托运人或收货人支付。

5)关于货物不正常运输的赔偿处理的主要规则

关于货物不正常运输的赔偿处理的主要规则规定,由于承运人的原因造成货物丢失、短缺、变质、污染、损坏,应按照下列规定赔偿:

(1)货物没有办理声明价值的,承运人按照实际损失的价值进行赔偿,但赔偿最高限额为毛重每千克人民币20元。

(2)已向承运人办理货物声明价值的货物,按声明的价值赔偿;如承运人证明托运人的声明价值高于货物的实际价值时,按实际损失赔偿。

5. 国际铁路货物联运协定

《国际铁路货物联运协定》(Agreement On International Railroad Through Transport Of Goods)简称《国际货协》,是于1951年11月由苏联、捷克、罗马尼亚、民主德国等8个国家共同签订的一项铁路货运协定。1954年1月,我国参加,其后朝鲜、越南、蒙古也陆续加入,至此共有12个国家加入《国际货协》。我国对朝鲜、蒙古以及俄罗斯、独联体各国的一部分进出口货物均采用国际铁路联运方式运送。由于独联体的出现,近年来,在原有协定基础之上,我国同相关国家又重新增订了有关铁路运输的国际公约。

为适应国际经贸大发展的需要,自1980年以来,我国成功地试办了通过西伯利亚铁路的集装箱国际铁路运输。在采用集装箱铁路运输的基础上,又开展了西伯利亚大陆桥运输方式、使海、路、海集装箱运输有机地形成一定规模。1990年,我国又开通了一条新的亚欧大陆桥,东起连云港,西至鹿特丹,为国际新型运输发展开辟了又一条通道。而国际铁路联运的成功经验和良好基础,又为开展陆桥运输提供了便利条件。[1]

《国际货协》是缔约各种发货人、收货人以及过境办理货物联运所共同遵循的基本文件。协定适用范围是指适用于缔约国铁路方面之间的国际直通货物联运,协定对铁路部门,发货人、收货人都有约束力。但该协定不适用于:

①发、到站都在同一国内,而用发送国列车只通过另一国家过境运送货物;

②两国车站间,用发送国或到达国列车通过第三国过境运送的;

③两邻国车站间,全程都用某一列车,并据这一铁路的国内规章办理货物运送时。

1)《国际货协》的主要内容

①适用范围;

②运输契约缔结;

③托运人的义务和权利;

④承运人权利和义务;

⑤赔偿请求与诉讼时效。

2)国际铁路货物联运的主要特征

①涉及面广:每运送一批货物都要涉及两个及两个以上国家、几个国境站。

②货物运输条件高:要求每批货物的运输条件如包装、转载、票据的编制、添附文件及车

---

[1] 夏春玉,李健生.绿色物流[M].北京:中国物资出版社,2005.

辆使用都要符合有关国际联运的规章、规定。

③办理手续复杂：货物必须在两个或两个以上国家铁路参加运送，在办理国际铁路联运时，其运输票据、货物、车辆及有关单证都必须符合有关规定和一些国家的正当要求。

④使用一份铁路货物联运票据完成货物的跨国运输。

⑤国际铁路货物联运运输责任方面采用统一责任制。

⑥国际铁路货物联运仅使用铁路一种运输方式。

3)《国际货协》有关物流运输的主要内容

(1) 托运人的权利、义务。

托运人包括发货人和收货人，其主要权利和义务如下：

①发货人对运单记载和声明事项的正确性承担义务，否则，承担相应的一切后果。

②发货人对货物包装、标记符合要求负责。

③按规定计算、支付运费。即发送路铁路国内运价由发货人支付；到达路发生的运费按到达国国内运价由收货人在到站支付；过境铁路运费按《协定》统一的过境运价规程计算，在发站或到站由收货人支付。

④货到站后，收货方应付清运费并领取货物。

⑤货物发生重大质变，不能按原用途使用时，收货人有拒绝领取货物的权利。

⑥发货人和收货人都有对运送契约变更一次的权利。发货人在发站领回货物；变更到站；将货物返还发站。

收货人也可在到达国范围内变更到站或收货人，但变更申请必须在货物尚未从到达国境站上发出时做出，否则，一旦从国境站发出，申请变更无效。变更运输合同应在国内（发出或到达国）按规定交纳一定费用。

(2) 铁路(承运人)的权利和义务。

承运人的主要权利和义务如下：

①收取运送费用和其他费用，并交付货物和运单。

②有权检查运单中记载事项的正确性，并对不完全、不准确记载和声明核收罚款。

③对非承运人过失而引起的货物灭失、损坏、短量不负责任。

④铁路对于按《协定》办妥联运手续的货物负全程运输责任。

⑤如果货物发往非《协定》国，铁路应负责按另一种有关协定的运单要求办理运送手续。

(3) 赔偿请求与诉讼时效。

①托运人有权据合同提出赔偿请求。赔偿请求应采用书面形式，由全权代理人、代表提出时，应有发货人或收货人的委托证明书方可。

②列明具体赔偿金额。当请求人是发货人时，则向发送路局提出；如由收货人提赔，则应向到达站提出。

③索赔不能得到合理解决时，可起诉。

④提赔和诉讼时效：9个月内提出或诉讼；但逾期的请求赔偿和诉讼，应为2个月内提出。部分灭失、损坏以及逾期索赔，自交付货物之日起算；全部灭失赔偿，自货物运到期限届满后30日内计算。

(4) 关于运单的主要规定。

发货人在托运货物时，要填写运单和运单副本。运单是发货人与铁路之间缔结的运输契约,是铁路向收货人收取运杂费用和点交货物的依据。

运单规定了铁路、发货人和收货人在货运中的权利、义务和责任,因此,运单对上述当事人均有法律约束力。同时,运单又是铁路运输的凭证。但运单不是物权凭证,不能转让,亦不能凭以提货。运单随同货物从始发站至终点站全程附送,最后交给收货人。

联运运单副本是贸易双方结算货款的依据。当所运货物或票据丢失时,副本可作为向铁路索赔的证件。运单副本加盖戳记后,证明铁路运输合同订立,并交付发货方凭以结汇。

第五节 绿色交通物流

"绿色"并不是被清晰界定的概念,而是泛指人类从生存、自然和环境的角度,重新反思和审视人类传统的、主流的经济发展思想,提出了绿色生产、绿色营销、绿色消费、绿色物流和绿色运输等一系列以尊重自然、天人合一等为基础的经济发展理念。

一、交通物流与自然环境

1. 交通物流对环境的影响

改革开放以来,我国交通物流业得到长足发展,交通物流在国民经济发展中的先导作用是人所共知的。但是交通物流是较为典型的资源占用型、能源消耗型,以及对生态环境影响较大的行业,所以在发展绿色经济的今天,资源环境的约束同样也是交通物流业发展中必须解决和不可回避的问题。下面仅从排放和占用两方面做简单说明。

1) 交通物流中的排放对环境的影响

交通物流中不良气体的排放污染,也包括废水、固体废物等的排放污染,成为发展绿色交通物流的最大瓶颈。仅以目前国内的汽车运输为例,由于我国交通物流业的能源利用率不高,我国汽车平均每百公里燃油9.5升,燃油经济性比欧洲低25%,比日本低20%,比美国低10%。载货汽车每百吨每公里油耗9.6升,比国外先进水平高1倍以上。物流运输中尾气排放高于发达国家对环境的污染也非常大,我国大城市中60%的一氧化碳、50%的氮氧化物、30%的碳氢化合物污染均来源于机动车的尾气排放。

近年来,因危险化学品等危险货物运输事故而导致的环境污染事件也大幅上升,对生态环境和公众的生命财产安全构成了直接威胁。交通物流业在高速发展的同时,也付出了高昂的资源和环境成本,并对公众健康和生态环境产生了巨大的负面影响。

2) 交通物流中的占用对环境的影响

交通物流的资源占用主要表现为运输基础建设所需的土地、原材料及运输的能源消耗。运输基础设施的建设占用了大量的土地资源,如铁路、公路、客货运站场、港航码头、机场及受运输服务区等运输基础设施的建设,都需要占用土地。据估算,目前建设1 km铁路约需占地4.4~6.0公顷(1公顷=10000 m^2),双向六车道高速公路每公里占地8.2公顷。而现代运输系统的运转更是建立在能源消耗的基础上,所有的运输工具都是依靠能源驱动的。近年来,我国运输业对石油的需求急剧增长(我国的原油主要依靠进口,成为世界第二大原油进口国)。我国车用燃油消耗已占中国石油消耗总量的1/3(当然这其中上升最快的是私人轿车的普遍使用),从长期来看,车用燃油消耗还有巨大的上升空间。即使在欧盟等经济较发达国家,运输也是能耗增长速度最快的行业。

运输业在大量占用资源的同时,对生态的影响也是无处不在。比如,交通基础设施的建设会对动物栖息地的生态平衡产生破坏,在生态环境极为敏感的地区,一些设施的建设常常会给生态带来毁灭性的影响。英国环境经济学家大卫·皮尔斯(1995年)研究了公路运输中所造成的全球气候变暖、空气污染、噪声污染、堵塞成本、公路损坏、交通事故等外部成本,并计算得出,在英国每10亿英镑运输成本造成的生态环境外部负面效应总值达45.9亿~52.9亿英镑,折算车辆的每公里外部成本为1.322~1.524英镑。在我国,虽然还没有这类较为精确的研究成果问世,但可以肯定交通物流的单位外部成本会高于英国,而我国的运输总量又远远高于英国,其造成的环境污染和环境问题也会大大高于英国。

2. 交通物流造成的负面效应

改革开放30多年来,我国经济持续高速增长,已使我国经济总量成为世界上仅次于美国的第二大经济体,但我国经济发展中"三高一低"(高消耗、高污染、高排放、低利用)的增长方式没有得到根本性改变,使得经济社会发展与资源环境的矛盾日益突出,其负面效应已经十分明显,在交通物流中主要表现如下。

1) 交通物流对大气环境的负面效应

运输是许多有害气体的主要来源之一,随着我国汽车保有量的不断增加,城市空气已形成煤烟型和机动车尾气复合型污染。以汽车为例,汽车排放污染物的量和比例取决于一系列因素,包括发动机设计、发动机大小、燃油性质、车辆使用的状况,即驾驶、车龄和保养状况等。排放的有害物质包括以下几类:

①一氧化碳(CO)排放物。CO排放是不完全燃烧的结果,90%的CO排放来自运输部门,其中80%来自小汽车的使用。

②粒子排放物。粒子排放物包括大气中的或排放中的细微固体颗粒或液体颗粒,例如灰尘、烟雾,来源包括发动机燃烧排放物,特别是货车使用的柴油机燃烧排放物,以及轮胎和刹车产生的颗粒物质。

③挥发性有机化合物(VOC),挥发性有机化合物包括各种碳氢化合物和其他物质(如甲烷、乙烯氧化物、苯酚、苯等),通常是由于石化燃油不完全燃烧产生的。运输排放的碳氢化合物(HC)占世界排放总量的30%,汽油发动机还造成80%的苯排放。

④燃油添加剂排放物,特别是铅(Pb)。为提高发动机性能,燃油中加有各种化学添加剂。有些添加剂对环境有不良影响,尤其是铅(用于防爆震的添加剂元素)对大气环境会造成很大影响。

⑤氮氧化物(NO_x)排放物。运输部门排放的NO_x,约占所有NO_x排放的一半,其余的是能源和工业部门排放出来的。

⑥二氧化硫(SO_2)排放物。运输活动直接排放的SO_2占总排放的5%。柴油每升的SO_2含量比汽油高,烧煤的发电厂也是SO_2的主要排放源。因此,使用电力机车的铁路运输也是一个间接的SO_2来源。

⑦对流层臭氧。在对流层有自然形成的低浓度的臭氧,受到NO_x和HC污染的空气增加了臭氧的形成。

上述汽车尾气中排放的可吸入颗粒物、硫化物、碳氢化合物、氮氧化物等污染物成为大气污染的主要"凶手"。大气中 90% 的铅来自汽车所用的含铅汽油。铅在汽车尾气中呈可吸入的微粒状态,随风扩散,进入人体后,主要分布于肝、肾、脾、胆、脑中,易引起铅中毒,其症状如头晕、头痛、失眠、多梦、记忆力减退、乏力、缺乏食欲、上腹胀满、恶心、腹泻等,重症中毒者有明显的肝脏损害。汽车尾气的氮氧化物和碳氢化合物经太阳紫外线照射会产生毒性很大的光化学烟雾,强烈刺激人的眼睛和呼吸器官,甚至危及生命。

世界卫生组织的报告中曾指出,奥地利、法国和瑞士三国汽车废气污染危害高于交通事故,长期暴露在空气中的汽车废气烟雾引起了 2.1 万人过早死亡。由于汽车尾气是低空排放,儿童吸入量为成人的 2 倍,长期吸入可导致贫血、眼病、肾炎等"城市儿童交通病"。

此外,二氧化碳等温室气体有将近 50% 是由汽油和柴油为动力的发动机燃烧的矿物燃料释放的,所产生的温室效应会导致全球环境和气候发生重大变化。而汽车尾气排放的硫化物也是酸雨形成的重要原因之一,酸雨能够破坏森林生态系统,改变土壤性质与结构,腐蚀建筑物和损害人体的呼吸系统和皮肤。

2) 交通物流对水环境的负面效应

交通物流中对河流水环境的负面效应主要表现如下。

(1) 水路运输中的船舶污染是造成水环境恶化的主因,尤其是长江、大运河等主航道污染的直接原因之一。船舶对水环境的污染主要包括运输过程中生活污水、固体废弃物、舱底压载水中的油污等的排放。有关资料显示,我国长江流域船舶年产生油污约 6 万吨,年产生船舶垃圾 18 万吨,年排生活污水相当于一个中等城市,这些污染物大多是未经任何处理直接排放到长江中。

(2) 交通物流基础设施的建设和使用要占用大量的土地。道路会改变地表水和地下水的水流和水质,有时会导致洪水、水土流失、淤泥的增加或地下水的枯竭等水环境变化。这些变化也会对自然植被和野生动物及人类活动产生影响。

同时,道路、车站等交通物流基础设施的排水系统设计和维护,不仅要保护道路及其周围的边坡,也应当考虑环保的要求,保证排水系统能与周围环境相适应。

(3) 交通物流中产生的粒子排放物及其他排放物也会污染水源,也会通过排水系统,导致土壤的酸化及其他形式的土壤污染。

3) 交通物流对海洋环境的负面效应

交通物流也可能从以下两个方面对海洋环境产生负面效应。

(1) 大量建设的远洋港口及其有关设施要征用沿海地带的土地,并经常需要进行疏浚工程,而疏浚工程及废弃物堆场会对海洋生物产生影响。而填海、炸岛建设的海港会破坏沿海地带原有生态环境,干扰自然生态系统,破坏久已形成的生物链。

(2) 交通物流过程中或人为造成的石油品和化学品的溢出及过多的废物排放是海洋污染的主因。全球平均每年有大约 100 万吨石油污染物产生于海上运输活动(海上燃油泄漏事故油船清洗),主要对海中动植物和海滩产生破坏性影响。近几年,海洋石油运输中原油泄漏事故不断发生,对海洋生态环境造成严重危害。泄漏的石油入海后,一是形成油膜抑制海洋生物(浮游植物)的光合作用,从而破坏海洋生物的食物链;二是石油分解,消耗海水溶解氧,造成海水缺氧,致使生物死亡;三是有毒化作用,石油所含有毒多环芳烃和有毒重金属,可通过生物富集和食物链传递而危害人体健康;四是影响海气交换,石油污染破坏海洋固有的二氧化碳吸收机制,形成碳酸氢盐和碳酸盐,缓冲海洋的 pH 值,从而破坏二氧化碳的循环和平衡。

例如,1999年12月12日,满载2000吨重油的"埃里卡号"油船在法国布列斯特港以南70 km处海域沉没,造成大量石油泄漏,严重污染了附近海域及沿岸一带,法国西海岸至少有20万只以上的海鸟成为"埃里卡号"油船泄漏污染海洋的牺牲品。这场事故已经成为欧洲历史上最严重的海洋石油污染事件。2011年,发生在渤海的康菲公司海底漏油事件,造成渤海海洋环境的严重污染,给渤海渔民带来巨大损失。虽然康菲公司同意出资10亿人民币补偿,但其造成的环境危害是无法用货币来衡量的。

4) 交通物流对土壤环境的负面效应

交通物流对土壤的侵蚀同样会产生土壤环境负面效应,主要包括以下两个方面。

(1) 道路本身就会对土壤有很大的影响,除非采取适当的减轻影响的措施。土壤侵蚀是最常见的交通运输道路工程项目对环境的影响,这是由于土壤和水流相互作用的结果,二者都会受到道路建设的影响。有时侵蚀会影响到离开道路建设地点以外的边坡、溪流、河流和水坝,在建设过程中由于开挖或构筑路堤,可能会影响到边坡的稳定性。道路开挖后的废弃材料可能会毁坏自然生长的植被,并加重侵蚀和破坏边坡的稳定性。

(2) 汽车排放的废气和固体微粒易在土壤中富集,对土壤造成污染。在交通繁忙的路段(通常超过20000辆车/日),由于每天大量车辆运行会产生土壤的污染问题,汽车排放出来的重金属,如铬、铅和锌等会留在土壤中残存上百年。

南京环境科学研究所的一项研究表明,江苏有1/10的耕地已经遭到汽车废气的污染。该所对沪宁高速公路和205国道等多条道路两旁的土壤及种植的作物进行了采样分析,结果显示受污染较重的土壤中有害物质竟有近百种。除最常见的铅污染,还包括多环芳香烃等有机污染物,部分地段小麦中含铅量甚至超过国家标准6.98倍。这些物质有一定的生物积累性和致癌、致畸、致突变的"三致"作用。与空气扩散不同,土壤中的毒物具有积累效应,时间越长,毒性越大,很难靠稀释和自身净化来消除。因此土壤污染一旦形成,仅依靠切断污染源的方法很难恢复原有生态,有时要靠换土、淋洗土壤等方法才能解决问题。

5) 交通物流对声环境的负面效应

城市噪声源中,交通运输噪声源占了最大比例。国家环保总局在2004年对全国47个重点城市的6903 km道路进行了声环境监测,其中2124.7 km路段等效声级超过70分贝,占监测路段总长度的30.8%。城市的交通高峰地带的噪声大都在80分贝以上,繁忙路段甚至达90分贝。而声级超过50分贝就会影响人们正常的工作、学习、休息和睡眠;70分贝以上的噪声会使人精神不集中;90分贝以上的噪声将严重干扰人们的工作、学习、生产活动,对人的身体健康带来严重危害。

德国的一项研究发现,65%的人口受到道路交通噪声的影响,这个数字是受工业噪声影响人数的3倍。为了降低道路噪声,世界各国都在制定相应的政策,通过改进车辆技术、铺设低噪声道路路面、降低噪声反射或吸收噪声、建筑物的隔音设施或通过交通限制及适当的道路规划,以减轻噪声污染。

面对资源相对短缺、生态环境脆弱的基本国情,发展我国的绿色交通物流业必须在科学发展观的指导下,以自然资源为基础,与环境承载能力相协调,走出一条与经济发展、社会进步和保护环境相和谐的可持续发展的道路。

二、绿色物流的含义

1. 绿色物流的由来

人类居住在地球上,世世代代繁衍生息,大家共同拥有一个地球,而且只有这样一个地球。时至今日,由于人类对资源掠夺式开发,地球已不堪重负,正向我们敲响"警钟",亮出"黄牌":南极上空的臭氧已减少40%;过量的紫外线损害人的免疫系统,危及人类健康;全球气温上升0.3~0.6 ℃;截至20世纪末,地球上已灭绝的动植物已有100万种。照这种趋势发展下去,美丽的大自然将不复存在,人类的生存将受到威胁。

地球是人类唯一的家园,绿色已成为大自然的象征。[①] 保护生态环境、回归自然是人类共同关心的议题。在21世纪,绿色革命席卷全球,追溯绿色革命的概念,有狭义和广义之分,狭义的绿色革命是指发生在印度的"绿色革命"。1967—1968年,印度开始了依靠先进技术提高粮食产量的"绿色革命"的第一次试验,结果粮食总产量有了大幅度提高,使印度农业发生了巨变。广义的绿色革命是指在生态学和环境科学基本理论的指导下,人类适应环境、与环境协同发展、和谐共进所创造的一切文化活动。如今,各行各业都开始利用"绿色"这一代表生命和环境保护的字眼,从产品的研制、生产、包装、运输、销售、消费到废弃物的回收、再利用的整个生命周期内,都在考虑环境保护问题。一时间,"绿色浪潮"、"绿色食品"、"绿色标志"、"绿色产业"、"绿色营销"、"绿色消费"等各种冠以"绿色"的名词如雨后春笋,让人应接不暇。

在物流领域,绿色的概念同样重要。但是"绿色物流"里的绿色,是一个特定的形象用语,既不是植物或农产品的代名词,也不是纯天然的代名词,而是泛指保护地球生态环境的活动、行为、计划、思想和观念在物流及其管理活动中的体现。众所周知,传统的物流活动各个环节都在不同程度上对环境产生了负面的影响,物流运输环节对环境的影响上述已经分析,不再赘述。仓储环节、包装环节、装卸搬运环节、流通加工环节等也对环境产生负面影响。

1)增长经济向稳态经济的转型

物流运输是经济发展的伴生物,传统经济理论都信奉"增长经济"的理念,即比拼经济的快速发展,具体表现为各国GDP的增长,它给人类带来一系列喜悦和剧增的财富。而今"增长经济"的单向思维,被经济发展的实践证明存在着严重的缺陷,弥补或消除这一缺陷的可行路径是建立经济与自然之间的双向思维,把经济发展置身于自然生态系统之中,重新架构未来的经济发展,使之成为一种能维系环境永续不衰的"稳态经济"。

稳态经济是一种从根本上区别于传统增长的经济,尊重生态学原理,并以生态学原理和方法指导经济发展的生态经济新模式。而从一种无视生态学原理的"增长经济"向尊重生态学原理的"稳态经济"过渡或转变,需要改变甚至革除固有的观念,形成与生态经济发展相适应的价值观,重新认识经济与自然生态系统、环境之间的关系,自觉地把经济发展看作是自然生态系统的有机组成部分,使经济发展不仅要尊重自身的经济发展规律,更要尊重维系经济可持续增长的自然发展规律。

---

① 万耀明,熊青.物流运输组织与管理[M].3版.北京:机械工业出版社,2009.

树立经济发展必然归属生态而且不能脱离生态的理念,把经济看成是地球自然生态系统的一个有机的组成部分,在经济发展中渗透更多的生态意识,认清经济与自然生态系统之间的内在联系,使经济发展能够日益朝着尊重生态学原理、表达生态学真谛的方向发展。

2)由"牧童经济"转向"宇宙飞船经济"

在整个 20 世纪,工业化浪潮以前所未有的速度和效率为社会创造了巨大财富,为人类社会提供了丰富多样的物质产品,也给企业带来了巨额利润。但与此同时,人类赖以生存的自然环境也在遭受严重破坏,资源被大量浪费,环境被严重污染,生态平衡正在受到失衡的威胁,人类开始面临着前所未有的生存危机。面对这一"有增长,无发展"的困境,人类不得不重新审视自己的发展历程,在这种认识的基础上就形成了"牧童经济"和"宇宙飞船经济"理论。

所谓"牧童经济"是一种形象化的表述,指的是随意浪费资源的一种粗放式的经济增长模式,它如同牧童在草原上游牧一样,哪里有草可吃,就在哪里放牧。"宇宙飞船经济"是相对于"牧童经济"而言,它把人类赖以生存的地球形象地比喻为茫茫宇宙中的一个小小的太空飞船,未来的经济也因此称为"宇宙飞船经济"。它要求在如此有限的空间里,为了人类自身的生存与发展,维持良好的生存状态,必须最大限度地节约使用资源,并且使其排放的废物最小,尽可能建立起既不使资源枯竭,又不造成污染,能够循环使用各种物质资源的新的经济形态,建立起一种资源消耗最小,环境损害最小的生态型的循环经济体系。

也许"宇宙飞船经济"的真正实现还要走很长的路,但它是绿色经济的一个路标,要彻底实现经济发展模式的转型,必须转变传统的线性经济发展模式,即"资源—产品—废弃物"的单向流动,逐步形成循环经济发展模式,即"资源—产品—再生资源"的反馈式流程,以最大限度地利用进入系统的物质和能量,最终形成绿色经济发展模式。

3)可持续发展理论

所谓可持续发展,是指既满足当代人的需要,又不损害后代人满足其需要的能力的发展,是一个涉及自然、经济和社会三大系统的复合性发展观念。

1992 年 6 月,在巴西里约热内卢举行了由各国国家元首和科学家参加的联合国环境与发展大会。为了实现人类永续发展,保护人类的共同家园——地球,与会者空前一致地达成了一项协议,表示要彻底改变各自现行的生产方式、消费方式和传统的发展观念,努力建立起人与自然相和谐的新的生产方式和消费方式,建立起与之相适应的可持续发展的新战略和新观念。会议通过了《里约环境与发展宣言》和《21 世纪议程》两个纲领性文件及关于森林问题的原则声明,签署了《联合国气候变化框架公约》和《生物多样化公约》两个公约,以此为标志,可持续发展从此成为国际社会的共识和人类共同追求的目标。这次会议被认为是人类发展史上的一个重要里程碑。

4)低碳经济理论

2009 年年末的哥本哈根会议使"低碳经济"一词迅速转化为大众化词汇,作为具有广泛社会性的前沿经济理念,低碳经济其实没有约定俗成的定义,低碳经济也涉及广泛的产业领域和管理领域。从一般意义上低碳经济可以被定义为:以低能耗、低污染、低排放为基础的经济模式,是人类社会继农业文明、工业文明之后的又一重大进步。低碳经济的实质是能源高效利用、清洁能源开发、追求绿色 GDP,核心是能源技术和减排技术创新、产业结构和制度创新及人类生存发展观念的根本性转变。

"低碳经济"提出的大背景,是全球气候变暖对人类生存和发展的严峻挑战。随着全球人口和经济规模的不断增长,能源使用带来的环境问题及其诱因不断地为人们所认识,不只是烟雾、光化学烟雾和酸雨等的危害,大气中二氧化碳浓度升高带来的全球气候变化也已被确认为不争的事实。

上述理论对在生产和物流运输过程中树立绿色理念,发展绿色物流具有不可忽视的重要作用。

(1) 仓储对环境的影响。

仓储过程对环境的影响主要有两个方面。一方面,商品保管中心必须对之进行养护,一些化学方法,如喷洒杀虫剂会对周边生态环境造成污染;另一方面,一些易燃、易爆的化学危险品,如果保管不当,会发生爆炸或泄漏,也对周边环境造成污染,破坏生态平衡,如果是库存生鲜农产品,易发生腐烂变质,对环境造成污染。

(2) 包装对环境的影响。

包装是在商品输送或保管过程中,为保证商品的价值和形态而从事的物流活动。包装过程对环境的影响主要表现在两个方面:一方面是包装材料的环境污染,如目前市场上流行的塑料袋、玻璃瓶、易拉罐等包装品种,使用后会给自然界留下长久的污染物。特别是一些工业品和消费品包装都是一次性使用的,这些包装是城市垃圾的重要组成部分,处理这些废弃物要花费大量人力、财力,而且不少包装材料是不可降解的,它们长期留在自然界中,会对自然环境造成严重影响。另一方面是过度的包装或重复的包装,造成资源的浪费,违背可持续发展原则,同时也无益于生态经济效益的实现。

(3) 装卸搬运对环境的影响。

装卸搬运是衔接各种物流活动的中间环节,是跨越运输和物流设施而进行的,发生在输送、保管、包装前后的商品取放活动。装卸搬运过程对环境的影响包括:装卸不当,商品的损坏,造成资源浪费和废弃;废弃物还有可能对环境造成污染,如化学液体商品的破漏,造成水体污染、土壤污染等,同样不经济,也不利于环保;装卸搬运中发生的粉尘烟雾对人员与环境造成污染等。

(4) 流通加工对环境的影响。

流通加工是指为完善使用价值和降低物流成本,对流通领域的商品进行的简单加工。流通加工具有较强的生产性,会造成一定的物流停滞,增加管理费用,不合理的流通加工方式会对环境造成负面影响。例如,加工中资源的浪费或过度消耗,加工产生的废气、废水和废物都对环境和人体构成危害。另外,流通加工中心选址不合理,也会造成费用增加和有效资源的浪费,还会因增加运输量而产生新的污染。

由以上分析可知,现代物流活动的诸多方面都会对环境造成负面影响,而且这种影响的程度是随着经济的发展而加剧的,因此,会对社会经济的可持续发展产生消极影响。在社会文明程度日益提高的今天,经济的发展必须建立在保护地球环境的基础上。随着经济转入成熟发展时期,物流将会成为经济发展的重要支柱。为了充分发挥现代物流产业对经济的拉动作用,实现长期可持续发展,必须从环境角度对物流系统进行改进,以形成一个与环境和谐共生的现代综合物流系统,改变原来经济发展与物流之间的单向作用关系,抑制物流对环境造成的危害,同时又要形成一种能促进经济和消费生活健康发展的现代物流系统。这就产生了"绿色物流"这一全新的概念,可以这样说,"绿色物流"作为可持续发展模式在物流行业中的具体表现,开始出现并逐渐成为 21 世纪物流管理的新方向。

2. 绿色物流的内涵

"绿色经济"发展是一个庞大的系统工程,是对整个人类经济社会行为的重新梳理,物流运输必在其中。在物流运输中,要抑制物流运输对环境造成的危害,形成一种能促进经济发展和人类健康发展的新的物流运输系统。

1) 绿色物流的本质

绿色物流是指在物流系统中,利用先进的技术方法和管理理念,实现物流运输作业和运营管理全程的绿色化,既满足客户对运输服务的需求,又减少运输过程中对资源的消耗和对环境的污染。

绿色物流倡导在运输作业过程中,采用环保技术,提高资源利用率,最大限度地降低运输活动对环境的负面影响。绿色物流要求在整个供应链系统运行中,实现环保和可持续发展下的盈利,采取与环境和谐相处的全新理念,建立和管理物流运输系统。

2) 绿色物流的内涵

理解绿色物流的概念至少应包含以下三个方面。

(1) 绿色物流是共生型物流。传统运输往往是以高效率带来的利润最大化为出发点,不考虑对环境的影响,甚至以生态破坏为代价,实现对物流运输利润的追求。而绿色物流则注重从环境保护与可持续发展的角度,求得环境与经济发展共赢、双赢。通过物流运输管理与技术的提高来减少和消除物流运输对环境的负面影响,并以此盈利。

(2) 绿色物流是资源节约型、环境友好型物流。绿色物流不仅注重运输过程对环境的影响,而且强调节约资源。在实际工作中,资源浪费现象是普遍存在的,它不仅存在于生产领域、消费领域,也存在于物流运输领域,如过量储存产品会造成产品陈旧、老化、变质,运输过程的商品破损,流通加工过程余料的浪费等。资源的浪费与不合理使用主要表现在管理和技术两个方面,如运输中的迂回运输、倒流运输等都属于管理问题;而尾气排放标准过低、燃油质量偏低等则与设备、技术相关。同时,各种资源、设备、能源的浪费,本身就是对环境的破坏。

(3) 绿色物流是循环型物流。传统物流只重视从资源开采到生产、消费的正向物流运输,而忽视废旧物品、可再生资源的回收利用所形成的逆向物流。循环型物流包括原材料副产品再循环、包装废弃物再循环、废旧物品再循环、资源垃圾的收集和再资源化等,以及运输设施、物料的再利用,特别是包装材料的循环利用。

3) 绿色物流的目标

绿色物流应达到的两个基本目标:一是实现共生型物流运输,即在提高运输效率的同时,不以牺牲环境和生态为代价,积极有效地采用环保技术和措施,实现运输与环境的和谐共生;二是实现资源节约型物流运输,通过高效率、集约化的管理,合理配置各种资源,使物流运输所需的各种物质资源得到最有效、最充分的利用,使单位资源的产出率达到最大化,减少物流运输中造成的资源浪费,特别要注意避免上述的不合理运输。以上两个目标之间是相互联系、相互制约的,这两个目标的实现,最终能使物流运输发展目标、社会发展目标与社会发展、环境改善协调同步,走上物流运输与社会都能可持续发展的双赢之路,实现既追求经济高效又追求节约资源、保护环境的可持续发展目标。

3. 绿色物流的意义

绿色物流是环保、低碳、节约型运输,并且应建立科学有效的预警与应急处理机制,特别是建立对环境突发事件和危险品运输的预警与应急处理机制,在物流运输中将运输过程中的大气污染和噪声污染降到最低。资源节约型物流运输还应包括对占用土地的集约使用、对运输车辆的集约使用,以及运输工具对燃料消耗的节约。

现代绿色物流运输发展的基础在于绿色物流理念的逐步形成。这一理念至少应包括经济发展与环境保护的协调、经济发展与资源利用的协调、完整的节约型社会建设、可持续发展的经济战略、从每一个环节开始的环保与节约。发达国家对绿色物流运输十分重视,在国家绿色物流政策引导下制定了多种控制污染的优惠政策,限制交通量,控制交通流,对废弃物和回收利用等方面都有强制性法规。

绿色物流运输不仅对环境保护和社会经济的可持续发展具有重要意义,还会给企业发展带来巨大的经济效益,越来越多的企业已逐步认识到绿色物流运输发展的重要意义。

1)绿色物流运输促进社会经济可持续发展

绿色物流运输建立在维护人类生存环境和可持续发展的基础之上,强调在物流运输活动的全过程采取与环境和谐相处的理念和措施,减少物流运输作业对环境的危害,避免资源浪费,从每一个物流运输作业环节上,促进社会经济的可持续发展。

2)绿色物流运输有助于降低企业经营成本

一件产品从生产到销售的过程,要经历原材料采购、加工制造、包装、储存、运输、装卸、销售、回流等过程,除加工制造外,其他环节大多与物流和运输相关,如果绿色物流运输能贯穿整个产品的生产、销售全过程,使资源利用、节能降耗、低碳减排、废旧产品回收等落实到作业的各个环节上,就可以最大限度地降低企业经营成本,实现环境效益和企业盈利的双赢。当然,在我国真正实现"低投入大物流"的运作模式还需要一定的时间。

3)绿色物流运输有利于提高企业的社会责任感和竞争力

企业在追求利润的同时,还应该树立良好的企业形象、企业信誉,履行社会责任。绿色物流运输体系的构建有利于提高企业的美誉度。绿色物流的核心在于实现企业物流活动与社会、生态效益的协调,实现企业的可持续发展。

运输是物流过程中最主要的活动,同时也是物流作业耗用资源、造成污染和影响环境的重要因素。运输过程中产生的尾气、噪声,可能出现的能源浪费和可能造成的二次污染等都是绿色物流运输必须解决的问题。近年来物流运输市场的竞争,公众对企业社会责任的关注等,都促使企业必须走绿色物流的道路,"绿色"已经成为提升企业竞争力的重要基础。

三、绿色物流在国内外的发展

1. 国外绿色物流发展概况

欧美等发达国家的物流业发展较早,对环境问题的重视程度也较高。这些国家从政府到国民对环境的思考和关注体现在包括物流活动在内的社会经济的各个方面。

1)对绿色物流的规划

在美国、日本以及欧洲物流业发达的国家,绿色物流活动早已引起政府的重视,在有关的物流规划中已经涉及相关的环保问题。

交通物流

美国政府在制定其到 2025 年的《国家运输科技发展战略》中规定,交通产业结构或交通科技进步的总目标是"建立安全、高效、充足和可靠的运输系统,其范围是国际性的,形式是综合性的,特点是智能性的,性质是环境友善的"。

日本政府在 1997 年所制定的《综合物流施政大纲》的目标之一是发展物流要"因应能源问题、环境问题以及交通安全问题等",2001 年 7 月,经由内阁会议通过的《新综合物流施政大纲》,延续了 1997 年所定综合物流施政大纲的计划进度,新大纲以 2005 年为达到目标年限,目的在于建构高度且全体有效率的物流系统。与此同时,建立符合国际标准的可持续发展协议,如《京都议定书》,它规定 2008—2012 年,主要工业发达国家的温室气体排放量要在 1990 年的基础上平均减少 5.2%。这个协议主要是要减少大气污染排放,防止地球变暖,对可利用的资源进行再生利用,实现资源、生态和社会经济良性循环,建立适应环保要求的新型物流体系。

欧盟为了提高欧洲各国之间频繁的物流活动的效率,也采取了一系列协调政策与措施,大力促进物流体系的标准化、共享化和通用化。例如:由全欧铁路系统及欧盟委员会提出的"在未来 20 年内,努力建立欧洲统一的铁路体系,实现欧洲铁路信号等铁路运输关键系统的作用"即为这一努力的体现。另外,欧盟各国普遍重视标准化工作,都设有由政府大力支持的标准化技术组织。在欧盟国家的企业和市场上,统一的欧盟标识、欧盟标准随处可见。由于欧盟国家经济的先进性,这些标准和标识相当一部分已成为国际统一的标准和标识,促进全球物流系统的标准化。

2) 工业生态园区与绿色供应链管理

在企业的生产和物流活动中,废弃物的产生在所难免,如果企业无法循环利用这些废弃物,则需要投入成本来处理它们。与此同时,单个企业的改变往往较为困难,如果进行绿色化的企业得不到供应链上其他企业的支持,则成本有可能大幅度提高,使这种改变在经济上不可行。

工业生态学在理论上为此提供了解决办法。该理论提出,企业应该像自然生态系统中的生物一样,相互依存、互为补充;理想的工业生态系统应能以完全循环的方式运行,达到"零污染"、"零排放"。在这种状态下,没有绝对意义上的废料,即对某一个部门来说是废料,而对另一部门来说却可能是资源。在工业生态学理论的指导下,形成了以下两种在企业群落层次实现工业共生的方式:①工业生态园区,核心是在工业园区内,通过预先设计工业生态系统,循环利用资源,以实现经济、社会和环境效益的最大化,工业生态园区的观念与传统的废料交换观念的区别在于,它不满足于企业间简单的一来一往的物质交换,而旨在模仿自然生态系统的运作机制,在企业群落中建立物质和能源的良性运作机制,使区内的总体资源得到最有效的利用。②绿色供应链管理,核心在于引入全新的设计思想,对产品从原材料购买和供应、生产、消费到废弃物回收再利用的整个供应链进行生态设计,通过供应链上各企业内部部门和各企业之间的紧密合作,使整条供应链在环境管理方面协调统一,达到系统环境最优化。

3) 绿色包装

减少产品包装对环境的影响是物流活动绿色化的重要内容。许多国家通过制定一系列政策法规或运用经济手段限制或鼓励生产厂商在产品设计及包装使用和处理方面减少对环境的影响。

第一,以立法的形式禁止使用某些包装材料。例如,某些国家规定禁止使用含有铅、汞、锡等成分的包装材料和没有达到规定再循环比例的包装材料。

第二,建立存储返还制度。例如,许多国家规定啤酒、矿泉水等饮料一律使用可重复利用的包装材料,消费者在购买时向商店交付一定保证金,返还容器时再由商店退还保证金,有些国家还将这种制度扩大到洗涤剂和油漆的生产和销售上。

第三,制定再循环或再利用法律,如日本的"再利用法"、"新废弃物处理法",欧洲各国的"包装废弃物令"等。

第四,税收优惠或处罚,对生产和使用包装材料的厂商根据其产品包装的原材料或使用的包装中是否全部或部分使用可再循环的包装材料,给予免税、低税优惠或征收较高的税赋,以鼓励使用可回收的资源。

而对于过度包装,许多国家都从环保和保障消费者权益的角度出发,立法施治。韩国明确规定:过度包装属违法行为。因而,对物品包装在整个商品所占的比例和层数,都有相应的严格限制,还经常对市场上的商品包装进行检查,对精简的包装予以奖励,对过度包装的商品予以罚款。德国倡导商品的"无包装"和"简单包装",强调包装要无害于生态环境、人体健康和能循环利用或再生,从而节约资源和能源。

4)逆向物流

逆向物流是绿色物流的一个重要组成部分,目前已经引起国外许多企业的重视。在政府方面,欧洲许多国家已通过法律条例,要求产品生产厂家必须从消费者那里回收已经到了报废期的产品,如在废弃电池回收方面,荷兰在1995年提出了《电池处理法规》,要求电池生产商和进口商对其投放到市场的电池承担回收和处理责任,并规定90%的废旧电池应得到分类收集和处理。在企业方面,他们也通过实际行动实现逆向物流,如UPS对于必须要运用到纸张的部分,但凡文件信封、计算机纸张、再次送件的客户通知单等,公司皆使用再生纸,并做好垃圾分类,将可再生的物资再次利用。[①] 到目前为止,快餐业巨头麦当劳已投入了1亿美元对废弃物进行回收利用,世界最大的零售商沃尔玛也鼓励顾客购买有利于保护环境的产品。一些企业在设计产品时就考虑到使用后的回收问题,欧美一些大的汽车公司正在进行以提高汽车的可拆卸率为目的的生产方式的改变。美国汽车的回收率非常高,按重量计算,每辆车75%的零部件都可重新利用,德国宝马公司和其他公司也在致力于这方面的工作,宝马公司汽车回收率已达80%。计算机行业的情况也是如此。

还有的企业在进行逆向物流管理时引入了第三方物流企业,旨在通过第三方物流商专业性的管理,使逆向物流更具有规模上和专业上的优势,并真正实现对物流成本的控制。在美国,第三方物流企业对80%~90%的零售业退货进行管理,主要面向生产厂商、批发商、零售商以及书籍、CD、DVD和其他商品的直销商。

2. 国内绿色物流的发展

现代物流活动对环境的影响已经威胁到我们的日常生活。在社会文明程度日益提高的今天,经济的发展必须建立在保护地球环境的基础上。当代对资源的开发和利用必须有利于下一代环境的维护以及资源的持续利用,因此,为了实现长期、持续的发展,就必须采取各

---

① 段爱媛.交通运输法教程及案例分析[M].武汉:华中科技大学出版社,2015.

种措施来维护我们的自然环境,可持续发展就成为社会经济发展的必然选择。

1992年里约环境与发展大会以后,中国政府率先制定了《中国21世纪议程》,将可持续发展战略确定为现代化建设必须始终遵循的重大战略。在保持经济持续、快速和健康发展的过程中,可持续发展的理念越来越为社会各界所接受。而绿色物流作为可持续发展的一个重要环节,与绿色制造、绿色消费共同构成了一个节约资源、保护环境的绿色经济循环系统。我国要实现经济的可持续发展,绿色物流是一个关键的环节。为此,我国政府在可持续发展的总体战略指导下,积极提出实施绿色工程的具体方案,促进企业对有关绿色管理策略的实施。在国家可持续发展原则的引导下,许多企业的社会责任意识开始形成,不少企业已具有环保意识,将生产绿色产品作为企业经营的宗旨和竞争的法宝,许多企业也开始按环境标准实行清洁生产。

我国物流的发展起步较晚,企业对绿色物流理念的认识才刚刚开始,企业物流系统的构建主要还是以降低成本、提高效率为目标。虽然一些企业也开始认识到物流中的环境问题,但对绿色物流的认识还非常有限,国内在绿色物流的研究方面还处于起步阶段,尤其是缺乏对资源环境的价值分析和成本估算,对于环境污染、交通拥挤的代价尚未以成本的形式引入到企业的成本核算体系中,实施绿色物流还未成为大多数企业的主动选择。

四、我国绿色物流存在的问题

1. 绿色观念较淡薄

一方面,绿色物流的理念尚未完全确立,人们对它的认识非常有限,一些政府领导对绿色物流的认识仅仅停留在思想上,在制订区域经济发展规划时,片面追求局部效应和短期经济效益;不少企业经营者甚至认为绿色物流只是一种环保理念,是不切实际的幻想,不能为企业带来任何经济效益,还会增加物流成本。另一方面,消费者对绿色经营消费理念仍很淡薄,绿色物流的思想更少。消费者追求的是绿色消费、绿色享用和绿色保障,而对其中的绿色通道物流环节,未有足够的重视和关心。因此,在发展现代物流的同时,要尽快提高认识、更新思想,把绿色物流作为全方位绿色革命的重要组成部分,面向绿色物流的未来。

2. 包装废弃物利用不容乐观

现今,西方一些发达国家的包装废弃物回收利用率都较高。例如,纸包装的回收率美国为47.8%、日本为37.1%。又如对塑料包装废弃物的回收利用,西方国家主要采用回收利用、焚烧和深埋处理,西欧、日本、美国塑料包装废弃物的回收利用率分别为15%、5%、10%,焚烧率分别为30%、70%、5%,深埋率分别为55%、25%、85%。再如玻璃包装的回收率西欧国家平均为30.5%,日本为49%。

而我国在包装废弃物的回收上不容乐观,如纸包装回收率仅为20.4%,塑料包装废弃物回收率约为10%,玻璃瓶约为20%。与发达国家相比,还存在很大的差距。

3. 基础设施不完善

近年来,我国在交通运输和仓储设施的建设方面投资较多,明显改善了我国的整体物流条件,但是在综合物流配送中心的建设方面还没有很好的规划,也缺少实际投资。这样的大型配送中心承担着全国物流资源的组织协调功能,是提高整体物流效率不可或缺的组成部分。

我国交通运输业目前存在的主要问题是：交通工具的增长与运输线路的增长不协调，道路堵车现象严重；城市交通不畅，严重影响全国交通运输网的运输效率，作为运输骨干的铁路改革进展缓慢等。我国传统的交通运输业经营分散，设备落后，物流技术含量不高，不能满足现代物流和配送的要求，物流基础设施尚待完善。

4. 绿色物流技术装备比较落后

绿色物流的关键在于不仅依赖物流绿色理念的建立、绿色导向的指明和绿色操作的运用，还离不开绿色技术的掌握和应用。而我们的物流技术和绿色要求有较大的差距，物流装备水平仍然较低，各种运输方式之间装备标准不统一，物流器具标准不配套，物流包装标准与物流设施标准之间缺乏有效衔接，在一定程度上延缓了物流机械化和自动化水平的提高，影响了运输工具的装载率、装卸设备的荷载率以及仓储设施的空间利用率。企业物流信息管理水平和技术手段比较落后，缺乏必要的公共物流信息平台，订单管理、货物跟踪、库存查询等物流信息服务功能较弱，制约了物流运行效率和服务质量的提高。仓储设施落后，库容体积小而分散，各种综合性货运枢纽、物流基地、物流中心的建设发展缓慢。总之，没有先进的物流技术，就没有现代物流的立身之地，绿色物流更无从谈起。

5. 物流标准化的基础工作十分薄弱

标准化是资源整合的一项重要基础性工作，应该包括：①设备、设施的标准化，如托盘、货柜、集装箱等；②信息标准化，如运输单据、出入库单据、条形码等；③管理模式标准化，如应答制度、赔偿制度、信息反馈制度等。目前，各地区各部门都有自己的标准，有些方面虽有国家标准，但没有加以普及和应用，直接影响了物流的运行效果。

6. 物流研究相对落后、绿色物流专业人才短缺

物流产业需要大批人才。相比较而言，我国在物流研究和教育方面还比较落后，从事物流研究的大学和专业研究机构还很少，企业层面的研究和投入更微乎其微。物流教育水平不高主要表现在缺乏规范的物流人才培养途径；在高等院校中开设物流专业课程的大学数量不够；与物流相关的大学本科教育虽有开展，但尚未得到国家教育主管部门的认可；研究生教育刚刚开始起步；物流职业教育则更加贫乏，企业的短期培训仍然是目前物流培训的主要方式。

五、我国绿色物流的发展

绿色物流是经济可持续发展的重要环节，对社会经济的不断发展和人类生活质量的提高具有重要意义。绿色物流的实施是一项系统工程，它需要政府、企业、社会等各方面的共同努力。

1. 政府对绿色物流的管理和促进

发展绿色物流需要政府部门的宏观管理、监督指导以及政策、资金上的扶持。政府要严格实施《环境保护法》、《固体废物污染环境防治法》以及《环境噪声污染防治法》等，并不断完善相关环境法律法规，在宏观上对物流体制进行管理控制。政府要加强对现有的物流体制强化管理，并制定一些优惠政策，鼓励企业绿色生产、绿色经营，如对公路运输提价，鼓励铁

路运输,构筑绿色物流发展的框架。

2. 加快绿色物流标准的制定

建立全国绿色物流标准化技术委员会,对绿色物流标准化问题进行统一协调、规划、管理。绿色物流标准化是以绿色物流为一个大系统,制定系统内部的绿色物流设施、机械装备、专用工具等的技术标准,绿色包装、仓储、装卸、运输等各类作业标准以及作为现代物流突出特征的物流信息标准,形成全国以及与国际接轨的标准化体系。

3. 绿色运输管理

积极推广共同配送是绿色运输管理的关键环节。从货主的角度来说,采取共同配送,送货者可以实现少量配送,收货方可以进行统一验货,从而达到提高物流服务水平的目的。从物流企业,特别是一些中小物流企业的角度来说,由于受资金、人才、管理等方面的制约,运量少、效率低、使用车辆多、独自承揽业务、在物流合理化及效率上受限制,采用共同配送,通过信息网络提高车辆使用率等均可使问题得到较好的解决。采取复合一贯制运输方式,以集装箱作为联结各种工具的通用媒介,起到促进复合直达运输的作用,可以减少包装支出,降低运输过程中的货损货差。同时,这种运输方式克服了单个运输方式固有的缺陷,从而在整体上保证了运输过程的最优化和高效化。另一方面,从物流渠道看,其能有效解决由于地理、气候、基础设施等各种市场环境差异造成的商品在产销空间、时间上的分离,促进了产销之间紧密结合以及企业生产经营的有效运转。

4. 绿色包装管理

鼓励生产部门采用尽量简化的、可降解材料制成的包装,在流通过程中应实现包装的合理化与现代化。例如,包装的大型化和集装化,有利于物流系统在装卸、搬迁、保管、运输等过程的机械化,减少单位包装,节约包装材料和包装费用;包装多次、反复使用和废弃包装的处理,采用通用包装、可周转包装,并对废弃包装物经再生处理,转化为其他用途或制作新材料;开发材料消耗少又有多种功能的新的包装材料和包装器具。

5. 绿色流通加工

流通加工,是指物品在从生产地到使用地的过程中,根据需要施加包装、分割、计量、分拣、组装、价格贴付、标签贴付、商品检验等简单作业的总称。流通加工具有较强的生产性,是流通部门对环境保护可以大有作为的领域。绿色流通加工主要包括两项措施:一是变消费者加工为专业集中加工,以规模作业方式提高资源利用效率,减少环境污染;二是集中处理消费品加工专业的边角废料,以减少消费者加工所造成的废弃物污染。

6. 建立逆向物流体系

逆向物流体系包括加工废弃物料回收和废旧产品回收系统。企业正向物流中产生废弃物料的来源主要有两个:一是生产过程中未能形成合格产品而不具有使用价值的物料;二是流通过程中产生的废弃物。为了节约成本、减少污染,厂商既要加强进料和用料的统筹安排,又要在产品的设计阶段就考虑资源的可得性和回收性能,减少生产中的废弃物料的产生。此外,废旧产品的回收数量、质量、回收方式以及返回时间的选择都应该在控制之中。如果这些问题不能得到有效的控制,就可能扰乱整个逆向物流体系,从而使得对这些产品再加工的效率得不到保证。因此,厂商必须负责收集废旧产品的批发商及零售商保持良好沟通。

7. 积极研究和使用绿色物流设施与技术

在积极发展绿色物流的同时,应大力推广计算机信息技术,发展专用绿色车辆、绿色装卸、仓储技术等。引进国外绿色物流管理技术,有助于破除盯着眼前的既得利益、不顾环境污染的问题,从而为绿色物流的发展奠定良好基础。先进绿色物流技术的发展是绿色物流战略得以实施的根本保证,主要表现在:①资源再生利用技术的进步,决定着废旧物品的再利用途径和方法,因而是企业进行逆向物流渠道设计的重要影响因素之一;②节能新技术、清洁能源、环保型车辆等技术有利于改善物流过程的能耗和废气污染现象,是绿色物流系统设备与工具决策的重要影响因素之一;③以现代信息技术 GPS、CIS(Corporate Identity System,企业识别系统)、网络技术等为基础的物流信息系统,有利于物流系统的合理规划和物流系统效率的提高,尤其是能帮助制定最佳运输路线,实现物流资源的共享,减少无效物流量,进而减少能量消耗和污染物排放等。

8. 加强对物流绿色化的研究和人才培养

我国物流的滞后,尤其与绿色理念相悖,除了认识有限、科技水平落后,也和相关人才的缺乏有关。绿色物流作为新生事物,对营运筹划人员和各专业人员要求面广和层次高,各大专院校和科研机构只有有针对性地培养和训练,才能为绿色物流业输送更多合格人才;也只有这样,现代物流才能在绿色的轨道上健康发展。

案 例

现代海上运输中,集装箱的使用呈迅猛发展之势,其中装运危险货物的集装箱数量更是大幅攀升,在整个海上运输中占有相当大的比重。由于集装箱的封闭形式,使我们不再能够直接弄清箱内装的是何种货物,货物是处于什么样的状态,这就给危险货物瞒报的发生制造了机会,进而使承运的船舶及船员处于极大的危险之中。2002年11月,"韩进宾夕法尼亚"轮在由新加坡开往苏伊士运河的途中,一个装有次氯酸钙的集装箱爆炸起火,造成一名船员死亡、一名船员失踪,新建造的"韩进宾夕法尼亚"轮也不得不被弃沉。虽然有关该事故的具体情况被韩进公司封锁,但有一种说法广为流传,就是作为承运人的韩进公司接装了托运人瞒报的危险货物,致使船方积载隔离不当而最终引发此次事故,这种说法凸现出的危险货物瞒报问题,引起了一些船公司和港口当局的警惕。船公司一方面要求自己的员工对托运人提供的运输单证仔细审查,遇有疑问及时请示;另一方面要求托运人提供尽可能详尽的单证资料,港口海事主管机关也加大了危险货物集装箱的开箱检查率。这在一定程度上遏止了此类问题的发生,但总体效果并不明显。

综上所述,如果托运人有意瞒报危险货物,一般情况下,是很难发现的。而实际上,通过瞒报运出去而又没有发生事故的、没有被发现的危险货物,也不在少数。应该说,瞒报现象的发生,一般不是船方故意造成的。船方容易出现的问题,是由于他们的知识匮乏,不但造成了自己对国家海事主管机关的危险货物适运申报的违法,也造成了船方对国际海事主管机关的船舶载运危险货物的申报违法。由于集装箱的启用,船方对箱内所装货物一无所知,如果箱内装的石头,托运人说是铁,他们也只能认为是铁,除非有明显的理由认为有必要开箱检查。

很明显,船方没有任何理由知道箱内装有危险货物而不申报,实际上他们是不知道。因此,危险货物瞒报现象的发生责任在危险货物的托运人。

第六节　交通物流趋势

一、物流系统的发展

物流系统是物流设施、物料、物流设备、物料装载器具及物流信息等所组成的具有特定功能的有机整体。物流系统由产品的包装、仓储、运输、检验、装卸、流通加工及其前后的整理、再包装、配送所组成的运作系统与物流信息等子系统组成。运输和仓储是物流系统的主要组成部分,物流信息系统是物流系统的基础,物流通过产品的仓储和运输,尽量消除时间和空间上的差异,满足商业活动和企业经营的要求。

物流系统的分类有多种分类方法。如果按规模分类:可分为大物流系统和小物流系统。可以认为大物流系统指的是社会、区域的物流系统,也称社会物流系统;而小物流系统指的是企业内部的物流系统,也称企业物流系统。如果按行业分类,也有工业物流系统、商业物流系统、企业物流系统、石油物流系统、煤炭物流系统等。总之,要视系统的划分来确定物流系统种类。

1. 物流系统的基本模式

一般地,物流系统具有输入、处理(转化)、输出、限制(制约)和反馈等功能,其具体内容因物流系统的性质不同而有所区别,物流系统基本模式图,如图 9.5 所示。

1) 输入

输入包括原材料、设备、劳力、能源等,就是通过提供资源、能源、设备、劳力等手段对某一系统发生作用,统称为外部环境对物流系统的输入。

物流系统与其他系统具有相似性,其构成系统的一般要素如下。

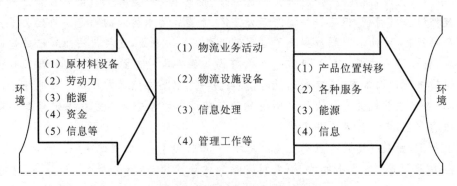

图 9.5　物流系统基本模式图

(1) 人,是支配物流的主要因素,是控制物流系统的主体。人是保证物流得以顺利进行和提高管理水平的最关键因素。提高人的素质,是建立一个合理化的物流系统并使它有效运转的根本。

（2）财，是物流活动中不可缺少的资金。交换以货币为媒介，实现交换的物流过程，实际也是资金运动过程，同时物流服务本身也是需要以货币为媒介。物流系统建设是资本投入的一大领域，离开资金这一要素，物流不可能实现。

（3）物，是物流中的原材料、产品、半成品、能源、动力等物质条件，包括物流系统的劳动对象、劳动工具、劳动手段，如各种物流设施、工具、各种消耗材料（燃料、保护材料）等。

（4）信息，将物流系统各个部分有效地连接起来，是使整体达到最优的重要纽带。准确而及时的物流信息是实现物流系统高效运转、整体最优的重要保证。

2）处理（转化）

处理（转化）是指物流本身的转化过程。从输入到输出之间所进行的生产、供应、销售、服务等活动中的物流业务活动称为物流系统的处理或转化。具体内容有：物流设施设备的建设；物流业务活动，如运输、储存、包装、装卸、搬运等；信息处理及管理工作。

3）输出

物流系统的输出，是指物流系统与其本身所具有的各种手段和功能，对环境的输入进行各种处理后所提供的物流服务。具体内容有：产品位置与场所的转移；各种劳务，如合同的履行及其他服务等；能源与信息。

4）限制（制约）

外部环境对物流系统施加一定的约束称之为外部环境对物流系统的限制和干扰。具体内容有：资源条件，能源限制，资金与生产能力的限制；价格影响，需求变化；仓库容量；装卸与运输的能力；政策的变化等。

5）反馈

物流系统在把输入转化为输出的过程中，由于受系统各种因素的限制，不能按原计划实现，需要把输出结果返回给输入，进行调整，即使按原计划实现，也要把信息返回，以对工作做出评价，此为信息反馈。信息反馈的活动包括：各种物流活动分析报告，各种统计报告数据，典型调查，国内外市场信息与有关动态等。

发展至今，物流系统是与典型的现代机械电子相结合的系统。现代物流系统由半自动化、自动化以至具有一定智能的物流设备和计算机物流管理和控制系统组成。任何一种物流设备都必须接受物流系统计算机的管理控制，接受计算机发出的指令，完成其规定的动作，反馈动作执行的情况或所处的状况。智能程度较高的物流设备具有一定的自主性，能更好地识别路径和环境，本身带有一定的数据处理功能。现代物流设备是在计算机科学和电子技术的基础上，结合传统的机械学科发展起来的机电一体化的设备。

从物流系统的管理和控制来看，计算机网络和数据库技术的采用是整个系统得以正常运行的前提。仿真技术的利用使物流系统设计处于更高的水平。

6）物流系统的构成

物流系统的构成见图9.6所示。其中，物流作业子系统在包装、仓储、运输、搬运、流通、加工、配送等操作中运用各种先进技术将生产商与需求者连接起来，使整个物流活动网络化、提高了效率。物流信息子系统运用各种先进沟通技术保障与物流运作相关信息的畅通，提高整个物流系统的效率。将物流运作与物流信息组成一个物流系统的目的就是要以最有效的途径提供最满意的服务。

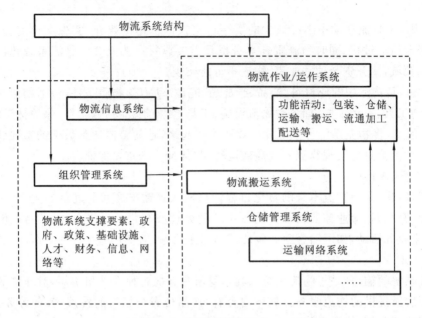

图9.6 物流系统的构成

2. 物流系统的功能要素

根据物流的基本职能,使物流系统具有基本能力,这些基本能力有效地联结在一起,形成物流系统的总功能,能够合理、有效地实现物流系统的总目标。由此,物流系统的功能要素较物流的基本职能表现出更加广泛的含义。

1) 运输功能

运输是为了尽量消除空间的差异,运输也是物流系统的重要环节之一。一般运输方式有陆路、空运和海运三种。一般在陆路运输中,铁路运输具有运输大批量的产品,价格相对经济的优点,同时,铁路运输也有一定的局限(如灵活性不强);公路运输的灵活性比较大,短途价格经济,但较难做到大批量运输;还有一种特殊的运输方式是管道物流,管道物流一般仅限于液体与气体,此外还可以运输一些近距离的粮食、矿粉等及一些轻便的物品,但随着技术的不断进步,管道物流的对象范围将会逐渐扩大。空运的价格相对比较昂贵,但是空运的速度快,对一些时效性要求比较高的产品来说,空运是最佳的运输方式。海运的价格低廉,可以大批量运送产品,并且可以运送大型的或超重的产品,但运输时间比较长。

随着物流的发展,对各种运输的基础设施建设的要求越来越高,要想更高效地完成运输,就要形成一套成熟的运输网络系统,经济、合理、快速、及时、零缺损地将物品送抵目的地。

运输的主要职能是实现物质资料的空间移动。运输在物流活动中处于中心地位,是物流系统的两大支柱之一。对物流活动的管理要求选择技术经济效果最好的运输方式及运输工具,合理确定运输路线,以实现安全、迅速、准时、价廉的目标。

运输是物流的核心业务之一,也是物流系统的一个重要功能。选择何种运输手段对于物流效率具有十分重要的意义,在决定运输手段时,必须权衡交通物流系统要求的运输服务和运输成本,可以将运输机具的服务特性作为判断的基准:运费、运输时间、频度、运输能力、货物的安全性、时间的准确性、适用性、伸缩性、网络性和信息等。

2) 仓储功能

仓储是物流中的一个重要环节,仓储起到缓冲和调节作用,一般仓储包括储存、管理、维护等活动。现代仓库除了具有上述传统功能以外,已经逐步转向流通中心型的仓库,即在上述活动的基础上还负责物品的包装、流通加工、配送、信息处理等活动。随着科学与管理技术的成熟与飞速发展,仓储的管理技术也在不断丰富,大量仓储业已经运用 ABC 分类管理、预测等技术科学地管理仓储、控制库存,达到整体效益的优化。由此构成仓储管理系统(Warehouse Management System,WMS)。

储存保管也是物流系统的核心功能要素之一,与运输一起构成了物流系统的两大支柱,在物流活动中处于中心地位。储存保管功能主要是通过仓库来实现的,其作业包括堆存、保管、保养、维护等活动。对储存保管活动的管理,包括仓储管理和库存控制两部分,应力求提高保管效率,降低损耗,加速物资和资金的周转。

在物流系统中,仓储和运输是同样重要的构成因素。仓储功能包括对进入物流系统的货物进行堆存、管理、保管、保养、维护等一系列活动。

仓储的作用主要表现在两个方面。

(1) 完好地保证货物的价值。

(2) 为将货物配送给用户,在物流中心进行必要的加工活动而进行的保存。

随着经济的发展,物流由少品种、大批量物流进入到多品种、小批量或多批次、小批量物流时代,仓储功能从重视保管效率逐渐变为重视如何才能顺利地进行发货和配送作业。流通仓库作为物流仓储功能的服务据点,在流通作业中发挥着重要的作用,它将不再以储存保管为其主要目的。流通仓库包括拣选、配货、检验、分类等作业并具有多品种、小批量,多批次、小批量等收货配送功能及附加标签、重新包装等流通加工功能。根据使用目的,仓库的形式可划分如下。

(1) 配送中心(流通中心)型仓库:具有发货、配送和流通加工的功能。

(2) 存储中心型仓库:以存储为主的仓库。

(3) 物流中心型仓库:具有存储、发货、配送、流通加工功能的仓库。

物流系统现代化仓储功能的设置,以生产支持仓库的形式,为有关企业提供稳定的零部件和材料供给,将企业独自承担的安全储备逐步转为社会承担的公共储备,降低企业经营的风险,降低物流成本,促使企业逐步形成零库存的生产物资管理模式。

3) 包装功能

包装的主要功能是保护产品、方便运输和促进销售。包装活动包括产品的出厂包装,生产过程中在制品、半成品的包装,以及在物流过程中换装、分装、再包装等。对包装活动的管理,主要是根据物流方式、销售要求和全部物流过程的经济效果,来确定包装材料和包装形式。

为使物流过程中的货物完好地运送到用户手中,并满足用户和服务对象的要求,需要对大多数商品进行不同方式、不同程度的包装。包装分为工业包装和商品包装两种。工业包装的作用是按单位分开产品,便于运输,并保护在途货物。商品包装的目的是便于最后的销售。因此,包装的功能体现在保护商品、单位化、便利化和商品广告等几个方面。前三项属于物流功能,最后一项属于营销功能。

4）搬运与装卸功能

搬运与运输既相似又不同，一般说来，搬运是指物料在系统工艺范围内的移动，或者说在制造企业内部，物料还未成为商品之前，在加工、生产系统内的移动活动称为物料搬运。搬运涉及搬运路线，搬运设备与搬运器具及搬运信息管理等，而装卸一般包括装上、卸下、搬运、分拣、堆垛、入库、出库等活动，要运用各种技术和工具消除无效装卸、提高装卸效率，构成物料搬运系统。

装卸搬运是随着运输和保管而产生的必要物流活动，是对运输、保管、包装、流通加工等物流活动进行衔接的中间环节，以及在保管等活动中为进行检验、维护、保养所进行的装卸活动，如货物的装上卸下、移送、拣选、分类等。装卸作业的代表形式是集装箱化和托盘化，使用的装卸机械设备有吊车、叉车、传送带和各种台车等。在物流活动的全过程中，装卸搬运活动是频繁发生的，因而是产品损坏的重要原因之一。对装卸搬运的管理，主要是对装卸搬运方式、装卸搬运机械设备的选择和合理配置与使用及装卸搬运合理化，尽可能减少装卸搬运次数，以节约物流费用，获得较好的经济效益。

5）流通加工功能

流通加工就是在流通过程中进行的辅助性加工。流通加工是生产领域的延伸，或流通领域的扩张，是面向市场需求的在流通过程中的定制加工系统。一般流通加工可以实现整个供应网络成本的降低，同时能满足多样化的市场需求。所以，针对大规模定制产品的制造过程，流通加工为延迟制造的实现提供可能。

流通加工功能是在物品从生产领域向消费领域流动的过程中，为了促进产品销售、维护产品质量和实现物流高效化，对物品进行加工处理，使物品发生物理或化学性变化的功能。这种在流通过程中对商品进一步的辅助性加工，可以弥补企业、物资部门、商业部门生产过程中加工程度的不足，更有效地满足用户的需求，更好地衔接生产和需求环节，使流通过程更加合理化，是物流活动中的一项重要增值服务，也是现代物流发展的一个重要趋势。

6）配送功能

配送是以配货、送货形式最终实现资源配置的活动，是整个物流的末端环节。作为一种现代流通方式，配送已不局限于送货运输，而是集运输、储存保管、装卸搬运、包装、流通加工、信息处理、经营、服务于一体，构成物流系统主体。配送活动的管理，主要包括配送方式与模式的选择、配送业务的组织及配送中心的规划设计、运营管理等。

配送功能的设置，可采取物流中心集中库存、共同配货的形式，使用户或服务对象实现零库存，依靠物流中心的准时配送，而无须保持自己的库存或只需保持少量的保险储备，减少物流成本的投入。配送是现代物流的一个最重要的特征。

7）信息处理功能

上述各种物流运作活动都要在物流信息的引导下进行。物流信息系统也是物流系统的重要环节之一，是物流系统的基础。一般物流信息系统从纵向可以分为管理层、控制层和作业层三种；从横向考虑，物流信息可以涵盖在供应、生产、营销、回收及各项物流运作中。

物流信息处理包括对与物流活动有关信息的收集、汇总、统计、使用等活动，以便获得相关的计划、预测等信息，以及有关的费用信息、生产信息、市场信息。物流信息化是现代物流系统能够高效运作的基础。现代物流是需要依靠信息技术来保证物流体系正常运作的。物流系统的信息服务功能，包括进行与上述各项功能有关的计划、预测、动态（运营、收发、存

#第九章

##交通物流优化

数)的情报及有关的费用情报、生产情报、市场情报活动。物流情报活动的管理,要求建立情报系统和情报渠道,正确选定情报科目和情报的收集、汇总、统计、使用方式,以保证其可靠性和及时性。

从信息的载体及服务对象来看,该功能还可分成物流信息服务功能和商流信息服务功能。商流信息主要包括进行交易的有关信息,如货源信息、物价信息、市场信息、资金信息、合同信息、付款结算信息等。商流中交易、合同等信息,不但提供了交易的结果,也提供了物流的依据,是两种信息流主要的交汇处;物流信息主要是物流数量、物流地区、物流费用等信息。物流信息中库存量信息不但是物流的结果,也是商流的依据。

物流系统的信息服务功能必须建立在计算机网络技术和国际通用的 EDI(Electronic Data Interchange,电子数据交换)信息技术基础之上,才能高效地实现物流活动一系列环节的准确对接,真正创造"场所效用"及"时间效用"。可以说,信息服务是物流活动的中枢神经,该功能在物流系统中处于不可或缺的重要地位。

信息服务功能的主要作用表现为:缩短从接受订货到发货的时间;库存适量化;提高搬运作业效率;提高运输效率;使接受订货和发出订货更为省力;提高订单处理的精度;防止发货,配送出现差错;调整需求和供给;提供信息咨询等。

8) 物流系统的支撑要素

物流系统处于复杂的社会经济系统中,必然要受到其他系统的限制和制约,因此物流系统的建立需要有许多支撑手段,主要内容如下。

(1) 政府政策支持。

如体制、制度,法律、规章,行政命令和标准化系统。国家的体制、制度决定物流系统的结构、组织、领导、管理方式。有了政府的政策支持,物流系统才能确立在国民经济中的地位。

(2) 物流基础设施建设。

物流基础设施是保证物流系统运行的基础物质条件,主要包括:物流设施,如物流站、场;物流中心、仓库;物流线路,如建筑、公路、铁路、港口等;物流装备,物流系统的建立和运行需要有大量技术装备手段。

(3) 物流人才培养。

高素质人才是物流系统高效运行的关键因素。随着物流业的发展,需要大量的专业物流人才。

(4) 信息技术及网络。

现代物流业作为一个新兴行业,需要高科技的信息技术做支持,因此要大力加强物流信息平台的建设。

3. 物流系统的特征

物流系统具有一般系统所共有的特点,即整体性、相关性、目的性、环境适应性,还具有规模庞大、结构复杂、目标众多等大系统所具有的特征。

1) 物流系统是一个"人-机系统"

物流系统是由人和形成劳动手段的设备、工具所组成的。它表现为物流劳动者运用运输设备装卸搬运机械、仓库、港口、车站等设施,作用于物资的一系列生产活动,而人是系统的主体。因此,在研究物流系统的各个方面问题时,把人和物有机地结合起来,作为不可分割的整体加以考察和分析,而且始终把如何发挥人的主观能动作用放在首位。

2) 物流系统是一个大跨度系统

这反映在两个方面,一是地域跨度大,二是时间跨度大。在现代经济社会中,企业间物流经常会跨越不同地域,国际物流的地域跨度更大。通常采取储存的方式解决产需之间的时间矛盾,这样时间跨度往往也很大。大跨度系统带来的主要是管理难度较大,对信息的依赖程度较高。

3) 物流系统是一个可分系统

作为物流系统,无论其规模多么庞大,都可以分解成若干相互联系的子系统。子系统的多少和层次的阶数,随着人们对物流的认识和研究的深入而不断扩充。系统与子系统之间,子系统与子系统之间,存在着时间和空间及资源利用方面的联系,也存在总目标、总费用及总运行结果等方面的相互联系。

4) 物流系统是一个动态系统

一般的物流系统总是连接多个生产企业和用户,随需求、供应、渠道、价格的变化,系统内的要素及系统的运行经常发生变化。社会物资的生产状况,社会物资的需求变化、资源变化,企业间的合作关系,都随时随地影响着物流,物流受到社会生产和社会需求的广泛制约。物流系统是一个具有满足社会需要、适应环境能力的动态系统。为适应经常变化的社会环境,人们必须对物流系统的各组成部分不断地修改、完善,这就要求物流系统具有足够的灵活性与可改变性。在有较大的社会变化情况下,物流系统甚至需要重新进行系统的设计。

5) 物流系统是一个复杂系统

物流系统运行对象——"物",遍及全部社会物质资源。资源的大量化和多样化带来了物流的复杂化。从物流资源上看,品种成千上万,数量极大;从从事物流活动的人员上看,需要数以百万计的庞大队伍;从资金占用上看,占用着大量的流动资金;从物资供应经营网点上看,遍及全国城乡各地。这些人力、物力、财力资源的组织和合理利用,是一个非常复杂的问题。

在物流活动的全过程中,始终贯穿着大量的物流信息。物流系统要通过这些信息把各个子系统有机地联系起来。如何把信息收集全面处理好,并使之指导物流活动亦是非常复杂的事情。

物流系统的边界是广阔的,其范围横跨生产、流通、消费三大领域。这一庞大的范围,给物流组织系统带来了很大的困难。而且随着科学技术的进步、生产的发展,物流技术的提高,物流系统的边界还将不断地向内深化、向外扩张。

6) 物流系统是一个多目标系统

物流系统的总目标是实现宏观的和微观的经济效益。但是,系统要素间有着非常强的"背反"现象,常称之为"交替损益"或"效益背反"现象,在处理时稍有不慎就会出现系统总体恶化的结果。通常,人们对物流数量,希望最大;对物流时间,希望最短;对服务质量,希望最好;对物流成本,希望最低。显然,要满足上述所有要求是很难办到的。例如,在储存子系统中,站在保证供应、方便生产的角度,人们会提出储存物资的大数量、多品种问题;而站在加速资金周转、减少资金占用的角度,人们则提出减少库存。又如在运输中,选择最快的运输方式为航空物流,但运输成本高,时间效用虽好,经济效益不一定最佳,而选择水运物流,则情况相反。所有这些相互矛盾的问题,在物流系统中广泛存在。而物流系统又恰恰要求在这些矛盾中运行。要使物流系统在诸方面满足人们的要求,显然要建立物流多目标函数,并在多目标中求得物流的最佳效果。

二、交通物流发展

1. 未来我国综合运输发展趋势

未来我国综合运输发展目标是:各种运输方式在社会化的运输范围内和运输过程中,按其运输特征,组成分工协作、有机结合、连接贯通、布局合理、竞争有序、运输高效、能最大限度地发挥各种运输方式的单个及组合的综合运输体系。从物流系统建设的角度,综合运输发展的任务就是为全社会物流活动提供优良的运输资源保障。

根据我国交通运输发展现状和综合交通物流系统发展目标,我国综合交通物流系统为适应经济社会及物流业的发展,将呈现出以下发展趋势。

（1）交通基础设施建设将继续保持较快增长速度。近几年,经过连续大规模的交通建设,我国交通运输紧张的局面得到缓解,但要适应经济发展需要,并做到适度超前,未来交通运输基础设施建设仍将继续保持较快增长。

（2）各种运输方式将依托自身运营特征和市场开拓能力,得到相应发展。铁路运输的发展趋势是巩固和提高在综合交通物流系统中的地位与作用。大范围开行铁路重载列车,提高铁路运送速度,充分发挥铁路在大宗物资,特别是煤炭、粮食、矿建材料等方面的运输优势,发展集装箱运输及与运输方式之间的联运,拓展市场服务范围。

公路运输的发展趋势是提高货运车辆的载重能力,降低单位运输成本;发展专用运输车辆,如集装箱、散装、冷藏、危险品等运输车辆,提高运输效率、运输质量、运输安全性;发展零担运输和快件运输,满足小批量、时效性较强货物运输的需要。

水运是一种较为经济的运输方式,必须尽快提高其在综合交通物流系统中的地位,发挥其在大宗货物运输中的作用。发展适应货物运输要求的专用船舶,如集装箱、冷藏船等船舶。

航空物流的发展趋势是发挥民航运输速度优势,发展民航货运,弥补高、精、尖等时效性较强或有特殊服务需求货物的空运能力不足的缺陷。

管道物流的发展趋势是增加成品油、煤炭等适宜采用管道进行运输货物的管道物流比重;提高管道物流技术水平,发展跨区域的长距离管道物流。

2. 运输方式适应物流发展的对策

各种运输方式要适宜物流的发展,首先必须确立综合运输的思想。综合运输体系的核心思想是:各种运输方式按照其自身技术经济特征,共同形成既分工又协作的有机整体。综合运输的思想比较适合现代物流的运作和发展特点,而且从综合运输的发展趋势看,也正在朝着适应我国物流发展的方向努力。

但是,由于我国物流业的发展尚处起步阶段,对现代物流的认识存在不足,更缺乏运作现代物流的经验,因此,我国发展交通运输的相关政策及措施,多为从单纯提高运输效率的角度考虑,发展综合运输尚存在许多不协调之处,难以适应现代物流的发展。为抓住物流业给综合运输发展带来的机遇,各种运输方式应根据自身特点制定相应的发展对策。

1）综合运输

综合运输是将各种运输方式作为物流活动的资源进行运作和管理，因此，必须解决国家交通运输统一管理体制问题，彻底打破各种运输方式之间的界限，在宏观上真正实现各种运输方式统一、协调发展和经营管理的分工与协作。

制订交通运输综合规划，减少可替代设施的重复建设，加强对物流影响较大的交通薄弱环节的基础设施建设，使交通基础设施建设在同样投资规模条件下获得最佳运输设施布局及最大运输能力。

积极发展各种运输方式能有机衔接的多式联运装备，改变过去各运输方式各自发展、自成体系的做法，共同开发。发达国家的多式联运装备与技术，如驮背运输、卡车渡运、火车渡船、货运飞机、双层集装箱列车、陆桥运输等已相当成熟，我国应积极借鉴。

大力发展多式联运货运代理，发挥其在各种运输方式之间协调运作、以最低的运输成本提供服务的优势，实现各种运输方式有机衔接的"门到门"服务。各种运输方式均应开放现有市场，为多式联运经营人和超级货代的成长创造条件。

2）水运

水运业提供物流服务主要包括两个方面：一是港口，进行物流活动；二是航运业作为承运者参与物流活动。为适应物流的发展，水运业应采取的对策有：

重视沿港口特别是集装箱枢纽港的建设，进一步提升我国外贸进出口能力；

加强近、远洋集装箱船队的建设，提升规模经营能力和竞争能力；

提升内河船舶的技术等级；

改善内河航道通航能力及港口设施；

积极开展水运与其他运输方式的联运；

港口及航运企业按照物流活动的要求进行经营管理的整合和调整。

3）公路

公路运输具有门到门运输的特点，随着我国高速公路逐渐成网，其在时效性和安全性方面的优势将日益突出。由于公路运输往往是物流服务的最终完成者，其重要地位不言而喻。公路运输要介入物流服务，应在以下方面采取对策：

根据物流的特点，开展网络化、规模化经营，发展跨省、干线公路运输，组建大型企业集团，为物流的发展创造组织与经营条件；

积极采用先进的组织与管理技术和手段，如计算机网络、无线通信、EDI、GPS等技术，提高经营组织与管理水平，提高运输生产率；

与电子商务企业紧密结合，开展B2C的商品配送、快递业务；

有条件的地区和物流企业应积极尝试组建第三方物流服务企业；

发展适应物流需求与环保要求的大吨位、箱式及配送车型，如集装箱、箱式半挂车，冷藏、危险品等专用运输车辆，市内小型封闭货车等；

全面提高现有运输车辆的技术水平，使运输车辆排放达到国家标准。

4）铁路

铁路运输业应采取的对策包括：

建立多元化经营机制，为提高铁路竞争能力创造基础条件；

改革管理体制，使铁路在运输市场竞争中保持体制上的活力；

实现市场化经营,按市场需求特点组织和安排运输;

组建物流运作企业,依托全国路网开展以枢纽站为基地和物流中心的物流服务;

吸纳其他物流企业参与铁路物流基地和分拨中心向外延伸的物流配送和接力运输;

提高铁路运输的服务质量;

加大设施及装备的研制力量和投入,使铁路基础设施适应现代物流组织下的日益多样化的货运需求,以确保货物运输安全,减少因硬件造成的货损货差;

积极探讨新的服务方式和拓展服务领域,为物流的发展提供灵活、机动、廉价、安全、运力大的运输服务,严格服务质量标准,把提高服务质量变成自身发展的追求而非外界强加的负担;

积极依靠科技进步,增加科技的投入,向重载、高速、牵引电气化、集装箱多式联运发展;

积极引进和消化吸收国外先进技术和装备,特别是为物流服务的专业化设备,如单元列车、铰接列车和双层集装箱列车、多式联运技术装备与特种装备,为配合公路费改税后公路运输成本结构出现的有利于公路联运的变化,积极开发公铁联运技术装备,如驮背运输和公铁联运车等;

加快铁路的技术改造,为铁路新技术的应用创造条件,力争少花钱多办事。

5)航空

我国的航空货运发展刚刚开始,规模较小,但民航在高附加值、高时效性的小批量货运上较其他运输方式具有独到优势,日、美等国均有开展航空物流服务的成功范例。民航应采取的对策有:

变分散经营为规模经营,走集约化、集团化的路子;

合理配备干线大型飞机和支线中小型飞机的比例,提高运输能力与效率;

积极拓展航空货运市场,为物流企业以及民航开展物流创造设施条件;增加机场建设及配套物流设施的投入,抓紧四大货运枢纽机场建设;改革航管体制,拓展服务领域,提高民航运输的安全性和服务质量。

3. 交通物流企业开展物流服务应注意的问题

交通物流企业必须依托综合运输网络为全社会物流活动的开展提供良好的运输资源。我国交通物流企业应不断提高运输服务质量和水平,为全社会提供优质的物流服务资源。各种运输方式中有条件和有良好经营管理能力的企业,应积极依托自身条件,向物流服务的第三方发展,成为能面向国内及国际提供企业物流系统设计、网络化低成本运输、多点储存及配送、产前及售后全方位物流服务的综合型现代物流企业,并通过先进的物流信息技术,实现物流过程的全程实时跟踪。以专业化、专门化的物流组织为企业提供广泛的物流服务,从而有效解决我国目前生产企业物流服务落后的局面。

下面介绍各种物流企业开展物流服务的途径。

(1)港口企业。港口企业开展物流服务,其关键是在发挥物流基地的功能和作用上做文章。随着世界范围内第三代港口的兴起,港口服务功能的多元化与全程化已成为现代大型综合性港口生存和发展的基本条件。现代大型综合性港口均具有货物装卸、存储、运输、通关、保税和信息服务等功能,完全涵盖了现代物流活动的各个环节,只要在管理和组织上进行适应物流活动的调整,达到对物流活动进行集中控制、即时信息传递和运输效率的要求,就会演变成物流活动最为集中的物流中心。港口处在陆运与水运两大交通物流系统的结合点上,可以充分发挥对各种物流活动进行组织、协调、衔接及仓储、保税、通关、简单加工等物流服务,使港口成为发展物流业的连接器和推进器。

(2)航运企业。航运企业开展物流服务,根据自身实力、网络情况应区别对待。对于中小型航运企业,其经营区域较小,航线亦少,且多为近洋、沿海、沿江支线,组织网络化要求较高的物流服务,难度较大。对这类企业,应在稳定既有业务的基础上下功夫,积极与大型航运企业和物流企业联合、联营,成为有实力的物流企业的网络环节,依托网络化效益发展物流业,要实现这一目标,关键是要转变小生产和各自为政的落后观念。对于大型航运及外贸物流企业,如 COSCO(China Ocean Shipping(Group) Company,中国远洋运输(集团)总公司)、SINOTRANS(中国外运股份有限公司)等,其有强大的近、远洋航运网和内陆基地及交通物流组织条件,这类企业开展物流服务应遵循以下原则:

根据物流组织的需要,合理调整航线及航班,同时,通过在航线上的优势互补,吸收中小企业结盟;

强化现有经营诸环节的物流意识,使既有系统适应物流运作和管理的需要;

组建专门的物流服务企业,主要依托本企业的网络资源条件,模拟或完全按"第三方"进行操作;

解决好物流运作与本企业既有业务的关系,使其相互促进,有效扩大企业业务规模,提高附加值,而不是相互干扰,影响企业发展。

(3)公路物流企业。公路物流企业开展物流服务,应组建跨区域经营的企业,从地域上扩展运输的服务范围,依托现有公路站场构建物流网络,加强与其他公路物流企业及其他运输方式企业的协作与联合。近期重点发展城市内与城市周边地区间的短途货物配送以及为其他运输方式进行物流服务提供配套作业,条件成熟时亦可借助其他运输方式进行长距离物流服务。同时,从适应物流服务的需要出发,改变落后的经营管理观念、方式与手段,提高从业人员素质,树立"以人为本"的适应市场竞争条件下的新型服务观念,借助新技术新装备开展物流服务。

(4)联运企业。由于联运企业具有多年从事不同运输方式之间"一票到底"、"门到门"多式联运的服务及操作经验,加之联运企业多具有仓储设施及运输车辆,联运企业开展物流服务独具优势。联运企业开展物流服务应依托区域中心城市大型联运企业,组建具有第三方物流运作能力的联运企业集团,以该企业集团为中心,通过资产重组和联合经营,开展区域性网络化物流服务。参加集团的联运企业,均可采取强化主业,并积极发展物流业务的经营策略,同时可依托所在城市开展配送服务,并加强区域性联运企业集团之间的业务联系,逐步构筑以联运集团为龙头,以全国联运企业为依托,吸收各种运输方式参加的全国甚至跨国物流服务网络体系。

4. 交通物流企业开展物流组织与物流服务应注意的问题

在物流热的行业环境下,尤其应该指出,交通运输与物流融为一体并不意味着物流业将取代运输业,物流服务也并不是运输业未来的唯一发展方向。随着现代交通自身的不断发展,交通产业中运输与信息的融合进程也在逐步加快。随着社会经济活动发展所产生的流通需求的广泛化、个性化和多样化趋势愈发强烈,并非所有流通活动都必须或能够以物流的组织形式和服务形式加以满足。由于物流企业所掌握的物流资源毕竟有限，且其物流能力具有较强的指向性，物流服务也因此具有较强的定向性与专注性，在运输业服务内容与服务方式不断发展的背景下，物流服务不可能取代单纯的运输服务。决定这一点的关键在于物流服务的环境条件较单纯的交通运输服务更为苛刻和复杂，且更为专业化。在针对满足特定服务对象与服务需求上，物流服务表现出了较大优势，而在针对随机性较强、节奏起伏较大和服务内容相对较为单一的流通需求时，运输服务则更易发挥其自身容量较大、自我调节功能较强和受外界因素影响相对较小的优势。物流服务的发展非但不会使运输业消失，恰恰相反，物流理论和物流模式将会对运输业的经营与管理产生良好的示范与借鉴作用，进而促进交通运输业的技术进步与观念更新，成为推动交通运输业发展的新动力，而运输业的发展也将为物流业在其所擅长的领域充分发挥其优势创造良好的环境与协作条件。

此外，全方位的物流服务也不是适用于所有交通物流企业，换言之，并非所有交通物流企业均可向纯粹的"3PL"，即第三方物流企业发展。由于物流服务与组织作为新兴的资金密集型与技术密集型产业，是一个高度集成化的行业，其所涉及的社会与经济层面远非传统的交通物流企业可比，其信息系统整合与物流全过程控制以及服务完成所产生的对技术、资金与管理水平的要求绝非一般交通物流企业所能承受。因此，相当一部分交通物流企业实际上只能在物流服务过程的一个或几个环节上承担服务任务，而在全过程上服从于一个纯粹的物流企业管理之下。这就需要交通物流企业具备良好的心态和对自身实力的清醒认识与准确定位。

因此，在全国"物流热"已经形成的大环境中，交通物流企业应保持必要的冷静与清醒，避免发生放弃发展交通运输而一哄而上地投入到物流运作与服务之中的混乱局面。在流通服务需求总体增长态势持续强劲的大背景下，物流业与运输业相互支持、相互融合与相互促进，将推进其各自的服务内容与服务方式的进一步合理化与完善化。

本章小结

本章要点归纳如下。

1. 交通物流优化包括综合交通物流系统、交通物流组织、交通物流管理、交通物流法规概述、绿色物流、交通物流趋势六方面的内容。

2. 综合交通物流系统是指由水运物流、公路运输、铁路运输、航空物流和管道物流等各种现代化运输方式分工协作、有机结合，所形成的技术先进、布局合理、结构优化的运输网络，是交通运输的宏观体系。

3. 综合运输在现代物流中的地位：

(1) 综合运输是发展现代物流的基础；

(2) 综合运输是现代物流各环节协调发展的先决条件，是发展国际物流的重要保证。

4. 综合运输在现代物流中的作用：

(1) 综合运输有利于降低物流成本；

(2) 综合运输有利于实现物流的集约化；

(3) 综合运输有利于实现物流各环节的有机衔接;
(4) 综合运输有利于实现物质的大范围空间流动;
(5) 综合运输有利于搭建绿色物流体系。

5. 交通物流组织的内容:广义的交通物流组织,是指从宏观出发,从微观着手,在既有的综合运输网络上,在一定的管理体制的调节与控制下,通过各种运输方式的配合和各运输环节的协作,实现运输工具、装卸机械高效运转和客货流合理流动的一系列过程。狭义的交通物流组织是指为完成某一具体任务的运输方案的实施过程。

6. 交通物流组织的作用:
(1) 交通物流组织能有效地协调运输能力与运量,使之平衡;
(2) 交通物流组织能够统筹安排,有效地保证运输生产过程中的协作;
(3) 交通物流组织能有效地克服运输体系内的薄弱环节;
(4) 提高整个交通物流系统运转的灵活性和高效性。

7. 交通物流管理是由铁路、公路、水运、航空和管道等各种运输方式构成的现代综合运输体系,构成该体系的每种运输方式都是交通物流管理的子系统。

运输方式选择的意义:
(1) 运输方式的选择是物流系统决策中的一个重要环节,是物流合理化的重要内容;
(2) 运输方式选择合理、恰当,将会促进各种运输方式协调发展;
(3) 运输方式选择合理、恰当,将会实现最佳的经济效益和社会效益;
(4) 运输方式选择也是运输规划和政府筹划时考虑的重要因素之一。

8. 交通物流法规,在本书中是指国家立法机关为了加强交通运输管理而颁布的法律,以及各级政府依照宪法和法律的有关规定制定和发布的行政法规、规章,是集行政法、民法和经济法于一体的调整交通运输关系的法律规范的总称。

9. 绿色物流运输的意义:
(1) 绿色物流运输有利于促进社会经济可持续发展;
(2) 绿色物流运输有助于降低企业经营成本;
(3) 绿色物流运输有利于增强企业的社会责任感和竞争力。

10. 我国绿色物流存在的问题:
(1) 绿色观念较淡薄;
(2) 包装废弃物利用不容乐观;
(3) 基础设施不完善;
(4) 绿色物流技术装备比较落后;
(5) 物流标准化的基础工作十分薄弱;
(6) 物流研究相对落后,绿色物流专业人才短缺;

物流系统是物流设施、物料、物流设备、物料装载器具及物流信息等所组成的具有特定功能的有机整体。

练习与思考

1. 综合交通物流系统是指由_____、_____、_____、_____和_____等各种现代化运输方式_____、_____，所形成的_____、_____、_____的运输网络，是交通运输的宏观体系。

2. 根据本章所学，以下不属于综合交通物流系统构成的是（　　）。
A. 载运机具系统
B. 载运线路系统
C. 综合运输网络系统
D. 综合运输枢纽系统

3. 以下（　　）不属于综合运输在现代物流中的作用。
A. 综合运输有利于降低物流成本
B. 综合运输是现代物流各环节协调发展的先决条件
C. 综合运输有利于实现物流的集约化
D. 综合运输是发展现代物流的基础

4. 交通物流组织的基本目的是（　　）。
A. 促进全国客货流的合理流动
B. 提高运输服务质量
C. 降低企业经营成本
D. 推动交通运输体系灵活、高效运转

5. 交通物流管理的特点有哪些？
6. 交通物流组织有哪些方面的作用？
7. 发展绿色物流运输的意义是什么？

德国物流中心的建设

德国联邦政府20世纪80年代规划在全国建立40个物流中心。下面以不来梅物流中心为例，介绍德国的物流中心组建的情况。

1. 物流中心的规划

不来梅州政府通过直接投资和土地置换的方式对物流中心投资。物流中心的原址是一片盐碱地，州政府从当地农、牧民手中以每平方米6~8马克的价格征用土地200公顷，由"经济促进公司"负责物流中心的建设工作。经济促进公司是由不来梅州政府的相关部门组成，是私营的事业单位。经济促进公司主要负责物流中心的三通一平和与物流中心相连的公路、铁路的基础设施的建设工作，还代表州政府负责物流中心的招商工作。经济促进公司通过招商让企业进入物流中心，进入物流中心的企业承担地面以上的建筑、设施的建设。经过三通一平的土地变卖或租用给进入物流中心的企业。第一阶段，每平方米土地卖30马克

（租用30年后再签协议）；第二阶段，只卖不租，每平方米土地卖50马克；第三阶段，每平方米土地卖70马克。现有的200公顷土地全部卖出或租用。

2. 物流中心的布局

物流中心的选址非常重要，德国政府对物流中心的选址和功能提出要求：

一是物流中心紧临港口，靠近铁路编组站，周围有高速公路网；

二是该区域内有许多大型的工商企业，工商企业是物流中心存在的基础；

三是附近有从事运输、仓储的物流企业；

四是有银行、保险等机构或企业；

五是物流中心要远离闹市区，面积至少有100公顷，周围要有发展空间。

物流中心的功能主要为区域的工业、销售企业提供物流服务，同时要成为当地的货物枢纽、集散地，通过其良好的集散条件，积极吸引物资到该区域，形成物资的交易中心，促进当地的经济发展。

3. 物流中心的组织结构

德国自定的物流企业的条件：

（1）具有一定的资本，其资本额要达到国家或银行规定的最低注册资本；

（2）具有经营物流业的能力，具备一定数量的物流管理人员和物流管理技能；

（3）企业法人没有犯罪记录。

4. 物流中心协会

德国的物流中心协会于1993年成立，由不来梅物流中心牵头组建，现有协会成员15个。德国联邦政府交通部赋予物流中心协会负责物流方面经验交流的职责。物流中心协会成立后，担负起物流中心建设的咨询服务，对外联络、对外宣传，民间与官方的合作的重任。德国的物流中心由民间或私营企业负责建设，物流中心协会向这些企业收取少量的会员费。

5. 评述

书选编《德国物流中心的建设》是考虑到物流业的形成和发展必须从国家宏观调控和企业独立经营两个层面上，做通盘规划与分析。在国家经济分析中，德国一直被认为是西方发达国家中的属于"强政府经济"一类的国家，即较多的国家干预与国家控制，德国的许多经济行为的确如此。但是，在本案例中，德国物流业的发展思路和实践，为我们展示了一个较为完美的政府行为与市场行为的有效结合，这为正在快速发展，但尚未形成有效规制的中国物流业提供了一个有益的参照物。

思考题

1. 你认为我国物流中心的建设发展思路应当是什么？
2. 物流中心的建设中，投资结构、组织形式、合理布局、管理机制等，如何做到最佳？

各章练习与思考题参考答案

第一章 交通物流概述

练习与思考参考答案

1. ①物流在时间上的刚性约束;②物流服务在时间上的弹性调整;③物流服务在范围上的延展性;④物流服务是为企业营销进行的创造性设计;⑤物流服务在实力上须有长期性伙伴关系。

2. 应采用水运物流方式。水运物流方式具有运输能力大、运输成本低的特点,采用水运物流方式最为合适。

3. (1) 按运输设备及运输工具不同分类分为公路运输、铁路运输、水运物流、航空物流和管道物流。

(2) 按运营主体不同分类:

自营(用)运输,是指货主自己完成运输,即自备车辆运输,并且自行承担运输责任,从事货物运输的活动。

经营性运输,是以运输服务作为经营对象,为他人提供货物运输服务,并收取运输费用的一种运输运营方式,是与自营(用)运输体系相对应的。

公共运输,是指由政府投资或主导经营的各种运输工具(如飞机、火车等)以及相关的基础设施(如公路、铁路、港口、机场以及相关信息系统等)组成的统一体系,由于其涉及因素相当多,因此又称为综合运输体系。

(3) 按运输的范围分类:

干线运输,是利用铁路、公路的干线,大型船舶的固定航线进行的长距离、大数量的运输,是进行远距离空间位置转移的重要运输形式。干线运输的一般速度较同种工具的其他运输要快,成本也较低。干线运输是运输的主体。

支线运输,是与干线相接的分支线路上的运输。支线运输是干线运输与收、发货地点之间的补充性运输形式,路程较短,运输量相对较小。

二次运输,是一种补充性的运输形式,指的是干、支线运输到站后,站与用户仓库或指定地点之间的运输。由于是某个单位的需要，所以运量也较小。

厂内运输，是指在工业企业范围内，直接为生产过程服务的运输，一般在车间与车间之间，车间与仓库之间进行。但小企业内的这种运输以及大企业车间内部、仓库内部则不称"运输"，而称搬运。

（4）按运输的作用分类：

集货运输，将分散的货物汇集集中的运输形式。

配送运输，将节点中已按用户要求配好的货物分送各个用户的运输。

（5）按运输的协作程度分类：

一般运输，孤立地采用不同的运输工具或同类运输工具而没有形成有机协作关系的运输。

联合运输，简称联运，它是将两种或两种以上运输方式或运输工具连起来，实行多环节、多区段相互衔接的接力式运输。

多式联运，在国内大范围物流和国际物流领域，往往需要反复地使用多种运输手段进行运输。在这种情况下，进行复杂的运输方式衔接，并且具有联合运输优势的运输称为多式联运。

4.（1）按行业划分，可分为铁路交通物流市场、水路交通物流市场、公路交通物流市场、航空交通物流市场、管道交通物流市场。这种分类可以用于研究不同运输方式之间的竞争，如综合运输、运价体系和各种运输方式之间的竞争等。

（2）按运输对象划分，可分为货运市场、客运市场、装卸搬运市场。货运市场对国民经济形态较为敏感，对安全质量和经济性等要求较高，而客运市场则与人民生活水平和国际交往有关，对运输的安全性、快速性、舒适性和方便性等要求较高。装卸搬运市场……

（3）按运输范围划分，可分为国内交通物流市场（如铁路交通物流市场、江河交通物流市场、沿海交通物流市场、公路交通物流市场）和国际交通物流市场（如国际航运市场、国际航空交通物流市场等）。

（4）按供求关系划分，可分为买方交通物流市场和卖方交通物流市场。在供不应求时，货主和旅客的需要常常得不到满足，买票难、出门难，以运定产的现象经常发生，迫切需要扩大运输生产能力。而供过于求时，又会有大量的运力闲置而得不到充分利用。买方与卖方市场的经营环境不同，物流企业所采取的经营管理策略也不同。

（5）按运输需求的弹性划分，可分为富有弹性的交通物流市场和缺乏弹性的交通物流市场。在富有弹性的交通物流市场中，运价的变动对运输量的影响较大，运价是调整交通物流市场平衡的有力工具。

第二章　公路物流

练习与思考参考答案

1.（1）汽车生产、销售量的提高。

（2）高速公路建设的加快，遍布全国的公路网，提高了汽车运输直接开展"门到门"服务的水平，给客户带来更多的方便。

（3）运输性价比较高，具有价格竞争优势。

(4) 汽车生产技术提高,使车辆性能和载重量提高(也造成运输超载的负面问题),也提高了运载能力方面的竞争力。

(5) 大型货车增多。

2. 公路运输是指主要使用汽车,也使用其他车辆(如人、畜力车等)在公路上进行货物运输的一种方式。

第三章　铁 路 物 流

练习与思考参考答案

一、单选题

1. A. 解析:铁路运输最大的特点是适合长距离的大宗货物的集中运输,并且以集中整列为最佳,整车运输次之。其优点是运载量较大、速度快、连续性强、远距离运输费用低(经济里程在 200 km 以上),一般不受气候因素影响,准时性较强,安全系数较大,是营运最可靠的运输方式。

2. D. 解析:铁路运输主要优点有①可以大批量运输,运输能力强。②具有定时性、连续性和可靠性,安全准时。③受气候和自然条件影响较小,可以按计划运行,能保证运行的经常性和持续性。④中长距离运输运费低廉,运输成本低于公路和航运,有的还低于内河运输。⑤节能、环境污染程度小。

3. D. 解析:正线是指连接车站并贯穿车站的线路;站线是指站内除正线以外的到发线、调车线、牵出线、货物线及站内指定用途的其他线路;岔线是指在区间或站内接轨,通向路内外单位的专用线路。

二、多选题

1. AB. 解析:铁路货物运输,按照货物的数量、性质、形状、运输条件等可区分为整列运输、整车运输、集装箱运输、混装运输(零担货物运输)和行李货物运输等;按铁路的属性,还可分为中央铁路运输和地方铁路运输。

2. ACD. 解析:铁路线路是机车车辆和列车运行的基础。铁路路基是承受轨道重力及列车载荷的结构,是轨道的基础。铁路轨道简称铁轨,是列车运行的基础。

三、填空题

1. 固定设备、活动设备;

2. 运输成本、速度、一致性;

3. 编组站、区段站、中间站;

4. 货运站、客运站、客货运站。

四、思考题

(1) 铁路运输在能源、原材料运输中的作用是其他运输方式不可替代的;

(2) 铁路运输能显著地提高交通运输可持续发展的能力;

(3) 铁路运输显著地降低物流成本,提高产品竞争力;

(4) 铁路运输的发展能充分发挥市场开拓和国土开发功能,在大城市交通中起主导作用。

第四章　水　运　物　流

练习与思考参考答案

班轮运输货运程序如下。

（1）揽货与订舱。

揽货就是揽集货载，即从货主那里争取货源的行为。船公司为使自己所经营的班轮运输船舶能在载重和舱容上得到充分利用，以期获得最好的经济效益，通常都会采取一些措施来招揽顾客，可以就自己经营的班轮航线、船舶挂靠的港口及其到、发港口时间制定船期表，并做广告宣传或者在各挂靠港设立分支机构等。揽货工作的好坏直接影响到班轮船公司的经营效益。

订舱是指货物托运人或其代理人向承运人（船公司或其代理）申请货物运输，承运人对这种申请给予承诺的行为。班轮运输不同于租船运输，承运人与托运人之间不需要签订运输合同，而是以口头或传真的形式进行预约。只要承运人对这种预约给予承诺，并做出舱位安排，即表明承托双方已建立了有关货物运输的关系。

（2）接受托运申请。

货主或其代理向船公司提出订舱申请后，船公司首先考虑其航线、港口、船舶、运输条件等能否满足托运人的要求，然后再决定是否接受托运申请。

（3）接货。

传统的件杂货不仅种类繁多，性质各异，包装形态多样，而且货物又分属不同的货主，如果每个货主都将自己的货物送到船边，势必造成装货现场的混乱。为提高装货效率，加速船舶周转，减少货损，在杂货班轮运输中，对于普通货物的交接装船，通常采用由船公司在各装货港指定装船代理人，由装船代理人在各装货港的指定地点（通常是码头仓库）接受托运人送来的货物，办理交接手续后，将货物集中整理，并按货物的性质、包装、目的港及卸货次序进行适当的分类后进行装船，即所谓的"仓库收货，集中装船"。对于特殊货物如危险品、冷冻货、贵重货、重大件货等，通常采取由托运人将货物直接送至船边，交接装船的方式，即采取现装或直接装船的方式。

仓库在收到托运人的货物后，应注意认真检查货物的包装和质量，核对货物的数量，无误后即可签署场站收据给托运人。至此，承运人与托运人之间的货物交接即已结束。

（4）换取提单。

托运人可凭经过签署的场站收据，向船公司或其代理换取提单，然后去银行结汇。

（5）装船。

船舶到港前，船公司和码头计划室对本航次需要装运的货物制作装船计划。待船舶到港后，将货物从仓库运至船边，按照装船计划装船。

如果船舶系靠在浮筒或锚地作业，船公司或其代理人则用自己的或租用的驳船将货物从仓库驳运至船边再装船。

（6）海上运输。

海上承运人对装船的货物负有安全运输、保管、照料的责任，并依据货物运输提单条款划分与托运人之间的责任、权利、义务。

(7) 卸船。

船公司在卸货港的代理人根据船舶发来的到港电报,一方面编制有关单证,约定装卸公司,等待船舶进港后卸货;另一方面还要把船舶预定到港的时间通知收货人,以便收货人做好接收货物的准备工作。

与装船时一样,如果各个收货人都同时到船边接收货物,同样会使卸货现场十分混乱,所以卸货一般也采用"集中卸货,仓库交付"的方式。

(8) 交付货物。

在实际业务中,交付货物的过程是收货人将注明已经接收了船公司交付的货物并将签章的提交单交给船公司在卸货港的代理人,经代理人审核无误后,签发提货单交给收货人,然后收货人凭提货单前往码头仓库提取货物,并与卸货代理人办理交接手续。

交付货物时,除了要求收货人必须交出提单外,还必须要求收货人付清运费和其他应付的费用,如船公司或其代理人垫付的保管费、搬运费等费用及共同海损分摊和海滩救助费等。如果收货人没有付清上述费用,船公司有权根据提单上的留置权条款的规定暂不交付货物,直到收货人付清各项应付的费用后才交付货物。如果收货人拒绝支付应付的各项费用而使货物无法交付时,船公司还可以经卸货港所在地法院批准,对卸下的货物进行拍卖,以卖得的货款抵偿应向收货人收取的费用。

第五章 航空物流

练习与思考参考答案

1. 练习题

(1) 优点:速度快,机动性大,舒适、安全,基本建设周期短、投资少。

缺点:运载量小,运输费用高,难以实现"门到门"运输以及容易受恶劣气候影响。

(2) 航空物流设备包括飞机、机场、空中交通管理系统和飞行航线等四个部分。

(3) 出口货物流程:托运受理、订票、货主备货、接单提货、编制单证、报关、货交航空公司、信息传送、费用结算。

进口货物流程:到货、分类整理、到货通知、编制单证、报关、提货、费用结算。

2. 思考题

参考答案:航空物流是交通运输体系的一个重要运输方式,它成为国际、洲际旅行的主要工具;航空物流带动了飞机制造业及相关行业和技术的发展,如波音公司,空客公司,保持了长盛不衰的势头,促使一系列设备与技术不断更新完善;航空物流促进了全球经济、文化的交流和发展,如旅游业等,有利于国家和地区间的相互协作和发展。航空物流的发展已成为某地区经济发达,对外开放的重要标志。

第六章 管道物流

练习与思考参考答案

1. (1) 根据运输介质可分为输油管道、输气管道、其他管道。

(2) 根据制造材料可分为竹制管道、铁制管道、钢制管道。

（3）根据动力驱动机械可分为蒸汽机驱动、内燃机驱动、电动机驱动和燃气轮机驱动等。

2. 优点：①运量大。②投资小，占地面积少。③运费低廉，效益好。④受地理条件和气候因素的影响小。⑤沿线无噪声，环境污染小。

缺点：①调节运量及改变方向的幅度较小，而且不易扩展管线，灵活性较差。②运输对象单一，通用性较差。若运输量降低较多并超出其合理运营范围时，运输成本会显著增加，其优越性便难以发挥。③使用地点固定。

3. （1）承担原油、成品油等油品的干线运输。

（2）承担油田伴生气和气田气等天然气的运输。

（3）承担煤、铁矿石等矿物的运输。

4. 管道物流系统的基本设施包括管道、储存库、压力站（泵站）和控制中心。

第七章　特 种 物 流

练习与思考参考答案

1. （1）具有广泛的国际性。

邮政运输网遍及全世界，凡通邮之处无论崇山峻岭、高山大河、穷乡僻壤均可通行无阻，具有广泛的国际性。

（2）具有"门到门"运输的性质。

邮政运输是一种手续简便、费用不高的运输方式。邮政机构遍及世界各地，为大众创造便利的条件。发出邮件和提取邮件，均可在附近邮局办理，手续简便，收费也不高，所以邮政运输基本上可以说是"门到门"运输，它为邮件托运人和收件人提供了极大的方便，因此在国际贸易运输中被广为采用。

（3）具有多式联运性质。

如果要投递一件国际邮件，那么该邮件一般需要经过两个或两个以上国家的邮政机构和两种或两种以上不同运输方式的联合作业方可完成。

2. （1）运输方式的选择。

由于大件物品一般具有超长、超宽、超高、集重等特征，因此适合于大件物品的运输方式主要有四种，即铁路运输、公路运输、水路运输及其联合运输。选择何种运输方式应根据所运货物相关参数、运输要求及运输地之间的交通情况、运输成本等来确定。

（2）运输路线的选择。

由于运输方式的不同，导致在运输路径的选择上存在着巨大差异。铁路、公路、水路三种运输方式中，水路运输与陆路运输相比，通行环境较好，大件船舶一般仅对河道通行宽度有要求。

3. 我国绝大部分从事大件运输的货运公司缺乏科学、有效的决策手段；在进行运输方式选择、运输设备选择、装载加固方案选择等方面的决策往往凭借经验，导致了决策复杂化的同时，运输安全得不到保障。我国大件运输业必须坚持科技创新，加快技术进步的步伐，研制具有国际先进的大件物品决策支持系统来辅助拟定运输方案，将大大提高我国大件物流的技术水平，增强我国运输企业参与国际大件物流的市场竞争力。

4. 最重要的是贵重品的运输组织。

(1) 贵重品托运人要提前向承运人员领取运单号,并向吨位控制室提前订好全程舱位。

(2) 贵重品必须用坚固、严密的包装箱包装,原包装上不得有其他粘贴物,包装箱上应当有铅封或火漆封志,封志应当完好,封志上应有托运人的特别标识。

(3) 贵重品的外包装上严禁使用贴签,每件货物上应使用两个挂牌,拴挂在货物的两侧。

(4) 贵重品需用精确的磅秤称重,实际毛重以 0.1 kg 为单位。

(5) 每份货运单货物的声明价值不得超过 100 美元,中国金币公司经民航总局批准限额 200 美元,但只能由中国民航所属航空企业承运。

(6) 货物收到后,应立即与国际仓库保管室联系,安排货物入贵重品仓库,并做好记录和交接工作。

5. 主要是成组运输,成组运输包括捆扎件运输、托盘运输、集装箱运输。随着物流业的发展,托盘运输迅速地在仓储运输配送中发展起来,而集装箱运输则大量地应用于国际贸易和国际多式联运中。成组运输能大大提高运输效率、降低运输成本,具有安全、迅速、节省等优点。特别是集装箱运输的开展,可以在各种运输方式之间自动顺利的转换,因而有利于大陆桥运输和多式联合运输的开展。

第八章　国际物流

练习与思考参考答案

1. (1) 国际物流是国内物流的延伸,是跨国界(或地区)的、扩大范围的物流活动。

(2) 国际物流是国际贸易活动的重要组成部分,是伴随着国际贸易和国际分工合作形成的。

(3) 国际物流的总目标是为国际贸易和跨国经营服务。

2. (1) 通过能力大;

(2) 运输量大;

(3) 运费低廉;

(4) 对货物的适应性强;

(5) 风险较大;

(6) 运输速度慢。

3. (1) 简化货运手续,大大方便货主;

(2) 提高货运质量,缩短运输时间;

(3) 降低运输成本,节省各种支出;

(4) 提高运输管理水平,实现运输合理化。

4. (1) 运输费用;

(2) 装运港包干费;

(3) 中途港的中转费用(包括目的地交货前的费用);

(4) 特殊费用;

(5) 利润。

5. (1) 成品出口渠道系统合理化；

(2) 单位成主装载系统合理化；

(3) 连贯运输托盘化。

第九章　交通物流优化

练习与思考参考答案

1. 水运物流、公路物流、铁路物流、航空物流、管道物流、分工协作、有机结合、技术先进、布局合理、结构优化。

2. B

综合交通物流系统由载运机具系统、综合运输网络系统和综合运输枢纽系统等组成。

3. BD

综合运输在现代物流中的作用包括：

(1) 综合运输有利于降低物流成本；

(2) 综合运输有利于实现物流的集约化；

(3) 综合运输有利于实现物流各环节的有机衔接；

(4) 综合运输有利于实现物质的大范围空间流动；

(5) 综合运输有利于搭建"绿色"物流体系。

4. ABD

交通物流组织的基本目的：

(1) 促进全国客货流的合理流动；

(2) 提高运输服务质量；

(3) 推动交通运输体系灵活、高效运转。

5. 交通物流管理的特点：

(1) 对象广泛。货物运输的对象包括工、矿、农、林、渔、牧等各种产品和商品，种类繁多，且随着新产品的不断问世和旧产品的不断淘汰，其类别和品名也在不断地变化。

(2) 运输方向性。货物运输具有方向性，即往返程货运量不相等。这是由于资源分布和生产力的配置所致。我国自然资源主要分布在西部和北部内陆地区，而工业基地主要分布在东部和南部沿海。自然资源和工业布局的错位态势，决定了我国地区经济发展的不平衡，决定了货运结构以能源、原材料和初级产品为主，也决定了物资由北向南和由西向东的基本流向。

(3) 运输时间性。货物运输需求往往在年内各季、季内各月以及月内各旬、各日之间不均衡。如我国铁路运输，长期以来存在着一、三季度运量偏低，二、四季度运量偏高，特别是第四季度运量骤增的现象。运输时间不均衡主要是由工农业生产和消费的季节性导致的。国民经济各部门生产和消费的季节性，可以分为四种情况：生产和消费都有季节性，如南方的甘蔗和北方的甜菜等；生产有季节性，而消费全年均衡，如粮食等；生产均衡而消费有季节性，如化肥、农药等；生产和消费都相对均衡，如煤炭等。

(4) 销售集中性。虽然货物运输的运输对象差异很大，但市场相对集中，特别是对于大容量的运输方式如铁路、水运，大多具有一定的批量。

(5) 运输组织的复杂性。与旅客运输相比，货物运输增加了货物的集散、装卸、中转组织，为了提高货物运输的效率，还要合理选择运输方式、运输路径以及运输工具。因此，货物运输过程不仅是货物运送的过程，还要延伸到货源组织、中转组织、货物配送以及工农业生产过程，并且，交通物流管理更复杂，涉及的机构也较多。

6. 交通物流组织的作用可以归纳为以下几个方面。

(1) 交通物流组织能有效地协调运输能力与运量，使之平衡。在交通物流组织系统的生产过程中，物流企业根据运量情况，对本企业的运力进行合理的调度，并与其他物流企业进行有效的运力调剂，以协调运力与运量，使之平衡，提高整个交通运输体系的社会、经济效益。运输组织通过制定运输方案，能保证运输工具的高效运行，从而提高交通运输业的微观经济效益。

(2) 交通物流组织能够统筹安排，有效地保证运输生产中的协作。对于一次运输任务的完成过程而言(以货运为例)，从货物的托运到交付，整个过程都在交通物流组织系统范围内，在这些过程中，运输部门与货主部门、运输部门内部相关的各运输生产单位之间，可以通过一定的组织形式，共同协作完成这一运输任务，并提高运输的效益。

(3) 运输组织能有效地克服运输体系内的薄弱环节，提高整个交通物流系统运转的灵活性和高效性。在运输体系中，对于压车压港严重的枢纽，可以增加集疏运转能力，改善运输体系中的"瓶颈"部位，避免因个别环节不能高效运转而降低整个交通运输体系的运转效益。

交通物流组织有利于促进综合运输规划工作和综合运输管理工作的进一步改善和提高。交通物流组织工作能够对综合运输规划工作和综合运输管理工作的好坏进行检验和评价，将检验和评价的结果进行反馈，对我们今后工作的开展具有重要的参考价值，对改善以后的工作具有重要的实践指导作用。

7. (1) 绿色物流运输促进社会经济可持续发展；

(2) 绿色物流运输有助于降低企业经营成本；

(3) 绿色物流运输有利于提高企业的社会责任感和竞争力。

附录 A
营造良好市场环境推动交通物流融合发展实施方案

国家发展改革委

近年来,我国综合交通体系不断完善,物流业持续快速发展,支撑实体经济降本增效的能力明显提升,初步形成了衔接互动的发展格局。但也要看到,我国交通与物流融合发展不足,交通枢纽和物流园区布局不衔接、多式联运和供应链物流发展滞后、运输标准化信息化规模化水平较低等问题仍较为突出,未能有效发挥交通基础设施网络优势,在一定程度上制约了物流业整体水平的提高。为进一步落实物流业发展中长期规划和工业稳增长的有关部署,促进交通与物流融合发展,有效降低社会物流总体成本,进一步提升综合效率效益,现制定本方案。

一、总体要求

(一)指导思想

全面贯彻党的十八大和十八届三中、四中、五中全会精神,认真落实国务院决策部署,按照"五位一体"总体布局和"四个全面"战略布局,牢固树立并贯彻落实创新、协调、绿色、开放、共享的发展理念,以提质、降本、增效为导向,以融合联动为核心,充分发挥企业的市场主体作用,抓住关键环节,强化精准衔接,改革体制机制,创新管理模式,打通社会物流运输全链条,加强现代信息技术应用,推动交通物流一体化、集装化、网络化、社会化、智能化发展,构建交通物流融合发展新体系。

(二)发展目标

到 2018 年,交通与物流融合发展取得明显成效,"一单制"便捷运输制度基本建立,开放共享的交通物流体系初步形成,多式联运比率稳步提升,标准化、集装化水平不断提高,互联网、大数据、云计算等应用更加广泛,公路港和智能配送模式有序推广,运输效率持续提升,物流成本显著下降。全国 80% 左右的主要港口和大型物流园区引入铁路,集装箱铁水联运量年均增长 10% 以上,铁路集装箱装车比率提高至 10% 以上,运输空驶率明显下降,全社会物流总费用占国内生产总值的比率较 2015 年降低 1 个百分点以上。

到 2020 年,初步实现以供应链和价值链为核心的产业集聚发展,形成一批有较强竞争力的交通物流企业,建成设施一体衔接、信息互联互通、市场公平有序、运行安全高效的交通物流发展新体系。集装箱铁水联运量年均增长10%以上,铁路集装箱装车比率提高至15%以上,大宗物资以外的铁路货物便捷运输比率达到80%,准时率达到95%,运输空驶率大幅下降。城乡物流配送网点覆盖率提高10个百分点左右。全社会物流总费用占国内生产总值的比率较2015年降低2个百分点。

二、打通衔接一体的全链条交通物流体系

(三)完善交通物流网络

完善枢纽集疏运系统。尽快打通连接枢纽的"最后一公里",加快实施铁路引入重要港口、公路货站和物流园区等工程。加快推进部分铁路枢纽货运外绕线建设,提高城市中心城区既有铁路线路利用水平。加强重点城市绕城高速公路建设,强化超大、特大城市出入城道路与高速公路衔接,减少过境货物对城市交通的干扰。鼓励城市充分利用骨干道路,分时段、分路段实施城市物流配送,有效减少货物装卸、转运、倒载次数。

专栏1 交通物流枢纽集疏运系统工程

1. 铁路引入港口工程

交通运输部、中国铁路总公司加快制定港口集疏运铁路建设方案,实施大连港、天津港、青岛港、宁波—舟山港、广州港、重庆港、武汉港、南京港等港口的集疏运系统建设项目。推进铁路线路引入内陆港、保税港区等。建设武汉港江北铁路二期,宜昌港紫云姚地方铁路,荆州港车阳河港区至焦柳铁路连接线,长沙港新港铁路专用线,岳阳港松阳湖铁路支线,连云港港赣榆港区铁路专用线,重庆珞璜港进港铁路专用线改扩建等。

2. 枢纽周边道路畅通工程

抓紧实施沿海和长江主要港口集疏运改善方案。实施昆明王家营、东莞石龙等2000个铁路货场周边道路畅通工程和交通组织优化方案

优化交通枢纽与物流节点空间布局。统筹综合交通枢纽与物流节点布局,加强功能定位、建设标准等方面的衔接,强化交通枢纽的物流功能,构建综合交通物流枢纽系统。编制实施全国综合交通物流枢纽布局规划,根据区位条件、辐射范围、基本功能、需求规模等,科学划分全国性、区域性和地区性综合交通物流枢纽。实施铁路物流基地工程,新建和改扩建一批具备集装箱办理功能的一、二级铁路物流基地。积极拓展航运中心、重要港口、公路港等枢纽的物流功能,支持重点地区以货运功能为主的机场建设。

专栏2 全国性和区域性综合交通物流枢纽布局

类　别	功能要求	枢纽名称
全国性综合交通物流枢纽	国家交通物流网络的核心节点,应有三种以上运输方式衔接,跨境、跨区域运输转换功能突出,辐射范围广,集散规模大,综合服务能力强,对交通运输顺畅衔接和物流高效运行具有全局性作用	北京—天津、呼和浩特、沈阳、大连、哈尔滨、上海—苏州、南京、杭州、宁波—舟山、厦门、青岛、郑州、合肥、武汉、长沙、广州—佛山、深圳、南宁、重庆、成都、昆明、西安—咸阳、兰州、乌鲁木齐等

续表

专栏 2	全国性和区域性综合交通物流枢纽布局	
区域性综合交通物流枢纽	国家交通物流网络的重要节点,应有两种以上运输方式衔接,区域运输流转功能突出,辐射范围较广,集散规模较大,综合服务能力较强,对区域交通运输顺畅衔接和物流高效运行具有重要作用	石家庄、太原、福州、南昌、海口、贵阳、拉萨、西宁、银川等

构建便捷通畅的骨干物流通道。依托综合运输大通道,率先推进集装化货物多式联运。编制实施推进物流大通道建设行动计划和铁路集装箱运输规划,做好骨干物流通道布局,到 2020 年初步形成集装箱运输骨干通道。在长三角、珠三角等客货流密集地区,研究推进客货分流的铁路、公路通道建设。有序推进面向全球、连接内陆的国际联运通道建设,加强口岸后方通道能力建设,开辟一批跨境多式联运走廊。

专栏 3　便捷通畅的骨干物流通道布局

以网络化组织为目标,以集装化货物多式联运为重点,逐步在全国推行便捷运输,实现货物在区域间的高效、便捷流通。
1. 南北沿海通道,服务沿海主要经济区、主要城市与港口。
2. 京沪通道,服务京津冀与长三角等地区。
3. 京港澳通道,服务京津冀、中原地区、长江中游与海峡西岸经济区、珠三角等地区。
4. 东北进出关通道,服务东北地区。
5. 西南至华南通道,服务成渝、云贵与北部湾、珠三角等地区。
6. 西北北部通道,服务西北与华北等地区。
7. 陆桥通道,服务西北、中原与东部沿海等地区。
8. 沿江通道,服务长江经济带上中下游地区。
9. 沪昆通道,服务华东、中部与云贵等地区。
10. 国际通道,中欧、中蒙俄、中俄、中国—中亚—西亚、中国—中南半岛、海上等通道。

组织实施物流大通道建设行动计划,不断完善骨干通道布局

(四) 提高联运服务水平

强化多式联运服务。推动大型运输企业和货主企业建立战略合作关系,重点在大宗物资、集装箱运输等方面开展绿色低碳联运服务和创新试点。支持有实力的运输企业向多式联运经营人、综合物流服务商转变,整合物流服务资源,向供应链上下游延伸。拓展国际航运中心综合服务功能,提升长江航运中心铁水联运比重。鼓励铁路运输企业在沿海主要港口与腹地物流园区之间开行小编组、快运行的钟摆式、循环式等铁路集装箱列车。加快普及公路甩挂运输,重点推进多式联运甩挂、企业联盟及无车承运甩挂等模式发展。制订完善多式联运规则和全程服务规范,完善和公开铁水联运服务标准,健全企业间联运机制。

拓展国际联运服务。完善促进国际便利化运输相关政策和双多边运输合作机制,鼓励开展跨国联运服务。构建国际便利运输网络,建设海外集结点,增加便利运输协定的过境站

点和运输线路,开展中欧、中亚班列运输。鼓励快递企业发展跨境电商快递业务,建设国际分拨中心、海外仓,加快海外物流基地建设。在具备条件的城市建设集货物换装、仓储、中转、集拼、配送等作业为一体的综合性海关监管场所。

(五)优化一体化服务流程

推行物流全程"一单制"。推进单证票据标准化,以整箱、整车等标准化货物单元为重点,制定推行企业互认的单证标准,形成绿色畅行物流单。构建电子赋码制度,明确赋码资源管理、分配规则,形成包含货单基本信息的唯一电子身份,实现电子标签码在物流全链条、全环节互通互认以及赋码信息实时更新和共享。支持行业协会及会员企业制定出台绿色畅行物流单实施方案,加快推广"一单制",实现一站托运、一次收费、一单到底。推动集装箱铁水联运、铁公联运两个关键领域在"一单制"运输上率先突破。大力发展铁路定站点、定时刻、定线路、定价格、定标准运输,加强与"一单制"便捷运输制度对接。

强化一体化服务保障。建立健全企业首站负责、安全互认、费用清算等相关制度。建立政府服务、企业管理、第三方监督的保障体系,确保企业对用户需求及时响应和反馈。研究实施对赋码货物单元从起运地经运输仓储环节至目的地的全程监督服务,对物流各环节及时进行动态调整和应急处置,确保衔接顺畅。

三、构建资源共享的交通物流平台

(六)建设完善专业化经营平台

支持社会资本有序建设综合运输信息、物流资源交易、大宗商品交易服务等专业化经营平台,提供信息发布、线路优化、仓配管理、追踪溯源、数据分析、信用评价、客户咨询等服务。鼓励平台企业拓展社会服务功能,推进"平台+"物流交易、供应链、跨境电商等合作模式。支持平台企业与金融机构合作提供担保结算、金融保险等服务。以服务"一带一路"战略为导向,推动跨境交通物流及贸易平台整合衔接。

(七)形成信息共享服务平台

依托国家电子政务外网、国家数据共享交换平台、中国电子口岸、国家交通运输物流公共信息平台等,建设承载"一单制"电子标签码赋码及信息汇集、共享、监测等功能的公共服务平台。对接铁路、航运、航空等国有大型运输与物流企业平台,实现"一单一码、电子认证、绿色畅行";对接社会化平台,引导其结合自身实际对赋码货物单元提供便捷运输。

专栏4　国家交通运输物流共享服务平台工程

1. 完善国家交通运输物流公共信息服务

完善政务、商务、要素资源、空间地理等信息采集、存储、查询、转换、对接、分析等功能,为企业提供信息查询服务。

2. 整合构建国家交通运输物流大数据中心

完善信息服务与数据资源目录体系,围绕物流诚信、安全监管、公共服务等专题,开展数据交换、存储、监控、查询与统计分析、大数据挖掘等工作,为政府决策、市场运行和公共服务提供信息服务支持。

3. 开展共享服务平台应用推广

打造一批网络交通物流公共服务产品,推广共享服务移动终端应用。

(八)加强对各类平台的监督管理

强化平台协同运作。编制实施国家交通运输物流公共信息平台"十三五"建设方案,建立数据合作、交换和共享机制。加强对各类交通物流服务平台的引导,促进企业线上线下多点互动运行,支持制造业物流服务平台与供应链上下游企业间信息标准统一和系统对接,强化协同运作。

整合共享信用信息。研究出台交通物流信息公开和数据开放相关管理办法。加强各类平台信用记录归集,逐步形成覆盖物流业所有法人单位和个体经营者的信用信息档案,根据信用评价实行分类监管,建立实施"红黑名单"制度和预警警示企业、惩戒失信企业、淘汰严重失信企业的机制。

四、创建协同联动的交通物流新模式

（九）构建线上线下联动公路港网络

完善公路港建设布局。加大政府支持力度,加快全国公路港建设,加强与其他交通基础设施衔接,重点构建一批综合型、基地型和驿站型公路港。鼓励龙头企业牵头组建全国公路港联盟,推动行业内资源共享和跨区域运输组织。

强化公路港功能。推进公路港等物流园区之间运输、集散、分拨、调配、信息传输等协同作业,鼓励公路港连锁经营。整合货源、车辆（舱位）、代理、金融等信息,为物流企业提供运营支撑、系统支持。鼓励推广生产生活综合配套、线上线下协同联动的新模式,促进多业态融合发展。发展往返式公路接驳运输。

专栏 5　国家公路港网络工程

1. 综合型公路港

以全国性和部分区域性综合交通物流枢纽为重点,形成约 50 个与铁路货运站、港口、机场等有机衔接的综合型公路港,提供一站式服务,具备多式联运、信息交易、零担快运、仓储配送、政务管理、配套服务等综合功能。可为超过 3000 家企业提供服务,货运专线超过 500 条,静态停车超过 3000 辆,仓库面积超过 8 万平方米。

2. 基地型公路港

以区域性和部分地区性综合交通物流枢纽为重点,形成约 100 个与骨干运输通道快速连通的基地型公路港,具备公路货物运输和综合物流的基本功能。

3. 驿站型公路港

以地区性综合交通物流枢纽和国家高速公路沿线城市为重点,形成一批与综合型和基地型公路港有效衔接、分布广泛的驿站型公路港,具备货物集散、中转换装、往返接驳等功能。

（十）推广集装化标准化运输模式

加大运输设备集装化、标准化推广力度。研究集装化、标准化、模块化货运车辆等设施设备更新应用的支持政策,推广使用托盘、集装箱等标准化基础装载单元。推进多式联运专用运输装备标准化,研发推广公铁两用挂车、驮背运输平车、半挂车和滚装船舶。加快研发铁路快运车辆、新型集装箱平车、双层集装箱车及特需车辆,提高公路集装箱货车、厢式货车使用比率,研究制定江海直达船型等标准,推进专业化航空物流运输工具研发应用。支持发展大型化、自动化、专业化、集约环保型转运和换装设施设备。培育集装箱、托盘等经营企业,鼓励企业构建高效的跨国、跨区域调配系统,推进相关设施设备循环共用。

加强技术标准支撑保障。发展改革、交通运输等部门要加强标准化等基础能力建设,依托现有研究机构和行业协会,加强对国家交通物流技术标准规范、大数据处理等的研究。标准化管理部门和行业主管部门要进一步提高交通物流全链条设施设备标准化水平,加快修订完善物流园区相关标准规范。建立共享服务平台标准化网络接口和单证自动转换标准格式。

(十一)发展广泛覆盖的智能物流配送

发展"互联网+城乡配送"。加快建设城市公用型配送节点和末端配送点,优化城市配送网络。支持交通运输、物流企业联合构建城市、农村智能物流配送联盟,支撑配送服务向农村延伸。鼓励利用邮政、供销社等网点,开展农村共同配送,结合农村创业需要,发展农村物流服务合伙人,打通农资、消费品下乡和农产品进城高效便捷通道。

推进"互联网+供应链管理"。鼓励在生产、流通、仓储等单元推广应用感知技术,推动库存、配送信息在供应链上下游及时共享、协同响应。鼓励供应链管理企业采用大数据技术,分析生产、流通、仓储等数据,对原材料、零部件、产成品等运输仓储提供系统化解决方案。

强化"物联网+全程监管"。充分利用无线射频、卫星导航、视频监控等技术手段,开展重点领域全程监管。规划建设危险品、冷链等专业化物流设施设备,建立和完善危险品物流全过程监管体系和应急救援系统,完善冷链运输服务规范,实现全程不断链。

五、营造交通物流融合发展的良好市场环境

(十二)优化市场环境

发展改革、交通运输、工商、检验检疫等部门要按照简政放权、放管结合、优化服务的要求,进一步完善相关领域市场准入制度。交通运输部门要组织开展道路货运无车承运人试点,研究完善无车承运人管理制度。发展改革等部门要将交通物流企业信用信息纳入全国信用信息共享平台和"信用中国"网站。交通运输、工商等部门要建立跨区域、跨行业、线上线下联合的惩戒机制,加大对违法违规行为的惩戒力度。交通运输、公安、安全生产监管等部门要加大公路超限超载整治力度,规范收费管理。铁路、港口等运输企业要顺应市场供求形势变化,加快完善运输组织方式,整合作业环节,清理和简化收费项目,降低收费标准。

(十三)统筹规划建设

发展改革、交通运输等部门要研究明确不同层级枢纽功能和定位,确定各种运输方式衔接和集疏运网络建设的要求,制定完善全国性、区域性综合交通物流枢纽规划。地方人民政府要编制地区性综合交通物流枢纽规划,加强综合交通物流枢纽规划与土地利用总体规划、城乡规划、交通专项规划的衔接。

(十四)创新体制机制

推进国有运输企业混合所有制改革,支持交通物流企业规模化、集约化、网络化发展。探索在铁路市场引入社会化集装箱经营主体,铁路运输企业要积极向现代物流企业转型,开放各类信息和接口,提高多式联运服务能力。建立海关、边检、检验检疫等口岸管理部门联合查验机制,促进一体化通关。加快出台大件运输跨省联合审批办法,形成综合协调和互联互认机制。

(十五)加大政策支持

国土资源部门要合理界定交通物流公益设施的范围,加大用地支持,在建设用地指标等方面给予保障。利用财政性资金和专项建设基金,鼓励和引导社会投资,加大信贷投放,支持综合交通物流枢纽建设、标准设备生产推广和绿色包装、公共服务信息平台建设等。支持

交通物流

交通物流企业通过发行债券、股票上市等方式多渠道融资。

（十六）强化衔接协调

充分发挥全国现代物流工作部际联席会议的协调作用，研究协调跨行业、跨部门、跨领域的规划、政策、标准等事项，促进政府、企业、中介组织、行业协会等信息公开与共享。行业协会等组织要更好发挥在政企沟通、信息收集、技术应用、标准推广、人才培训等方面的积极作用。

（资料来源：http://www.gov.cn/gongbao/content/2016/content_5088766.htm.）

参考文献

[1] 奉毅. 物流运输管理实务[M]. 成都：西南交通大学出版社，2007.
[2] 高自友，孙会君. 现代物流与交通运输系统[M]. 北京：人民交通出版社，2003.
[3] 株式会社学研教育. 美国最新图解百科. 工业科学系列：交通运输[M]. 美国最新图解百科编译组，译. 北京：吉林文史出版社，2011.
[4] 汪鸣. 物流产业发展规划理论与实践[M]. 北京：人民交通出版社，2014.
[5] 王喜富. 物联网与智能物流[M]. 北京：清华大学出版社，北京交通大学出版社，2014.
[6] 王裕荣. 交通运输[M]. 山东：山东科学技术出版社，2008.
[7] 亨·毕理克巴图尔. 区域综合交通运输一体化：运作机制与效率[M]. 北京：经济管理出版社，2012.
[8] 长安大学区域与城市运输经济研究所. 中小物流企业联盟发展经验与探索[M]. 北京：人民交通出版社，2015.
[9] 牛云霞. 物流运输管理实务[M]. 北京：人民交通出版社，2012.
[10] 王效俐，沈四林. 物流运输与配送管理[M]. 北京：清华大学出版社，2012.
[11] 朱新民. 物流运输管理[M]. 大连：东北财经大学出版社，2004.
[12] 何妍，朱亚琪，等. 物流运输管理实务[M]. 北京：清华大学出版社，2015.
[13] 魏全斌. 航空基础概论[M]. 成都：四川教育出版社，2008.
[14] 王先庆，李征坤，刘芳栋，张靖军. 互联网＋物流："互联网＋"时代，下一个千亿级"风口"[M]. 北京：人民邮电出版社，2015.
[15] 许勒尔. 触点管理：互联网＋时代的德国人才管理模式[M]. 于嵩楠，译. 北京：中国人民大学出版社，2015.
[16] 张理，刘志萍. 物流运输管理[M]. 北京：清华大学出版社，北京交通大学出版社，2012.
[17] 唐连生. 物流运输与配送管理[M]. 武汉：武汉大学出版社，2010.
[18] 高举红. 物流系统规划与设计[M]. 北京：清华大学出版社，北京交通大学出版社，2010.
[19] 吴吉明. 货物运输实务（物流管理专业用）[M]. 2版. 北京：人民交通出版社，2012.
[20] 李旭东. 国际航空货运实务[M]. 北京：清华大学出版社，北京交通大学出版社，2014.
[21] 陈海宽，汪成，李晨，姚金华. 交通运输服务贸易与物流[M]. 北京：中国海关出版

社,2011.

[22] 阂祖平.物流案例分析[M].北京:人民交通出版社,2005.

[23] 顾丽亚.航空货运业务[M].上海:华东师范大学出版社,2007.

[24] 朱新民.物流运输管理[M].3版.大连:东北财经大学出版社,2014.

[25] 戴小红.国际航空货运代理实务[M].北京:中国金融出版社,2014.

[26] 邱荣祖.现代物流运输系统工程[M].北京:人民交通出版社,2011.

[27] 丁俊卿.国际海运物流[M].北京:北京理工大学出版社,2013.

教学支持说明

"全国高等院校物流管理与工程专业类应用型人才培养'十三五'规划精品教材"系华中科技大学出版社重点教材。

为了改善教学效果,提高教材的使用效率,满足高校授课教师的教学需求,本套教材备有与纸质教材配套的教学课件(PPT电子教案)、案例库、习题库等。

为保证本教学课件及相关教学资料仅为教材使用者所得,我们将向使用本套教材的高校授课教师和学生免费赠送教学课件或者相关教学资料,烦请授课教师和学生通过电话、邮件或添加"华中出版课件服务"QQ等方式与我们联系,获取"教学课件资源申请表"文档并认真准确填写"教学课件资源申请表"发给我们,我们的联系方式说明如下。

地址:湖北省武汉市东湖新技术开发区华工科技园华工园六路华中科技大学出版社有限责任公司营销中心

电话:027-81321911 81339688-518

传真:027-81321917

E-mail:yingxiaoke2007@163.com

教材服务QQ:3098247382

华中出版课件服务QQ:1669973496

教学课件资源申请表

填表时间：_____年___月___日

1. 以下内容请教师按实际情况写，★为必填项。
2. 学生根据个人情况如实填写，相关内容可以酌情调整提交。

★姓名		★性别	□男 □女	出生年月		★职务	
						★职称	□教授 □副教授 □讲师 □助教
★学校				★院/系			
★教研室				★专业			
★办公电话			家庭电话			★移动电话	
★E-mail（请填写清晰）						★QQ号/微信号	
★联系地址						★邮编	

★现在主授课程情况	学生人数	教材所属出版社	教材满意度
课程一			□满意 □一般 □不满意
课程二			□满意 □一般 □不满意
课程三			□满意 □一般 □不满意
其他			□满意 □一般 □不满意

教材出版信息						
方向一		□准备写	□写作中	□已成稿	□已出版待修订	□有讲义
方向二		□准备写	□写作中	□已成稿	□已出版待修订	□有讲义
方向三		□准备写	□写作中	□已成稿	□已出版待修订	□有讲义

请教师认真填写表格下列内容，提供索取课件配套教材的相关信息，我社根据每位教师/学生填表信息的完整性、授课情况与索取课件的相关性，以及教材使用的情况赠送教材的配套课件及相关教学资源。

ISBN（书号）	书名	作者	索取课件简要说明	学生人数（如选作教材）
			□教学 □参考	
			□教学 □参考	

★您对与课件配套的纸质教材的意见和建议，希望提供哪些配套教学资源：